U0509693

方志学名著丛刊

上海通志馆 主编

方志考稿

瞿宣颖 著

上海书店
出版社
SHANGHAI BOOKSTORE PUBLISHING HOUSE

"方志学名著丛刊"出版说明

　　地方志是我国十分重要的一种文献门类，有着悠久的历史，其编修工作可以上溯至秦汉时期。然而总结其理论，使方志学从传统历史学范畴中脱离出来，形成一门单独的学问，却是近代的事情。其中，做了奠基工作的，公推清代中期的著名史学家章学诚。章学诚站在学术史的角度来论史，提出了"六经皆史"的观念，扩充了史学的研究范围。而在方志研究上，他基于丰富的修志实践，结合自己的史学理论创见，形成了一套完整的方志学理论。他强调"志属信史""方志乃一方全史"，明确方志在史学上的地位和作用，提出立"三书"、定"四体"等一整套修志的体例和法度，又倡导在州县专立志科以推进修志事业。总之，章学诚是方志学研究上绕不过的一个重要人物。梁启超称道他："能认识方志之真价值，说明其真意义者，莫如章实斋。"

　　章学诚之后，方志学在民国时期草创并蓬勃发展。自梁启超于 1924 年提出"方志学"这一概念后，不断有学者深入开展方志理论研究，如黎锦熙、吴宗慈、傅振伦、王葆心、李泰棻、瞿宣颖、甘鹏云、寿鹏飞等，他们或考证旧志，或从方志性质、源流、体例、编纂方法等角度研究方志理论，并对方志学的学科体系进行了初步探索。在当时的史地杂志和各省图书馆馆刊上，如《禹贡》《学风》《地学杂志》《浙江图书馆馆刊》等，多可看到这一时期丰富的方志学研究成果。另外，各省纷纷组建通志馆，编纂各地新志，20 世纪 30 年代成为民国纂修新志最盛的时期，而当时学者们对方志学的研究成果也多有反映在这些新修的方志中。

　　从中华人民共和国成立一直到改革开放前，方志学的理论研究与方志修纂处于艰难探索时期，进展缓慢。1980 年 2 月，国务院指示各地："编史修志，为历史研究服务"，随后各省及省会城市竞相成立史志编委会或修志机构。中国地方志协会、中国地方志指导小组也很快成立，在其指导下，"首轮修志"在全国范围内系统展开。为了配合修志工作实战，方志学的理论研究势必要深入进行。在 1996 年第二次全国地方志工作会议上，大力加强方志基本理论研究和方志编纂学研究被重点提了出来。因此有不少方志学专家学者如刘光禄、来新夏、黄苇、仓修良、林衍经、洪焕椿、邸富生、林正秋、陆振岳、巴兆祥等，投入到方志学的研究中。他们从对方志源流、性质、作用等基础理论的探讨，发展到对体例、结构、篇目、文体、文风、志种、资料工作等方志编纂理论的总结，以及对志书质量标准、方志学学科体系等问题的讨论，并延伸到志书的资料性、学术性、文献性、著述性、整体性研究等多方面。由此这一时期出现了不少优秀的方志学理论著作。这些理论著作不仅对当时的首轮修志工作提供了极好的学术指导，也间接地培养、造就了一批方志学者和修志人才，使得这一时期方志学呈现一派繁荣发展之势。

　　今年是"方志学"这一学科名称提出 100 周年，全国第三轮修志也已陆续启动，我们策划了这套"方志学名著丛刊"，通过遴选上述方志学重要发展期出现的优秀的、影响广泛的方志学著作，为中国特色社会主义新时代的修志事业提供一些基本参考书，助力新时代的方志工作者和研究者不断推陈出新，推动方志学科的不断向前发展。

上海通志馆　上海书店出版社

二〇二四年五月

方志考稿序

　　乌乎，伫中区以玄览，驰思乎千古之深，极望乎九域之遐，何吾民族之情态蕃变万殊而不可端倪也！据一室而欲概所见闻，据所见闻而欲祛其病苦以蕲于进境，几何其不错牾而败衄也。近代物质文明所集中之都市，类皆日竞于新而不可遏，至于竭心力以赴之犹若不及。若一涉足一回顾都市以外数里之郊，则其生活其智识乃堕都市居民之后，无虑数百年之迥绝。其道里相去弥远则其程度相绝弥甚。岂惟都市之与乡野为然？即一都市之中，其人民之思想或绝尘而驰，或犹胶附于高曾所诒而不少变。相去亦辄甚辽远。其怪异不循理性之现象，则显然可识矣。

　　吾中华民族能自认识了解其民族之特性邪？在此怪异不循理性现象之下，孰能认识之而了解之？不能认识了解而曰持一切之法可以束缚驰骤之，决无是也。广轮若此其大也，历史若此其永也。吾民族中一言一动一衣服一饮食，盖莫不有其历史与地理上之影响，而决非偶然成就。今欲于凌杂参错之中寻一线之脉络，以知吾民族之思想行动受害自于何方。则当上探时间之演化以明其层累之迹，下循空间之播荡以究其感受所由。然后相疾之所宜以疏药饵，因水之所近以立堤防。冲抵扞格之患庶乎其可以稍杀也。

嗟嗟，吾国人之不能认识了解吾民族性者盖有由矣。无真史故也。史不能明全体社会活动之迹，而徒措意于一二人之殊功美行。亦犹乎吾曹今日但知环吾左右者之思想行动大抵从同，而不知距吾曹稍远者，其思想行动乃胶附于数百千年之前而少所变也。夫史者非如几何之直线，但有长度而无宽度。乃譬之石之入渊，且下行且旁散为波状。往时之史，仅得下行之状，而于其波动未尝一顾焉，所以为无真史也。

然而有差近焉者，则方志是矣。方志者地方之史。有通史以观其会通，有断代之史以析其时代，则纵贯与横剖之象皆具焉。有地方之史以规其区域，然后于纵贯之中得横剖之象焉。古昔国史不可得详，然自常璩《华阳国志》以来，大至方州，小逮村镇，禹域之广，几无无志者。虽其良秽不齐，然吾曹生于载籍荒阙之日，犹得勉执残编以蕲吾向所云"明其层累之迹，究其感受所由"者，端惟此林林数万卷之方志是赖。读方志然后知种族之分合，然后知文化之升降，然后知民力之消长，然后知吾曹所习见习闻者之外犹有若彼若此者存也。

虽然，方志之涵史义，固亦自近百余年来而渐然。宋元方志存者寥寥，其义法虽不尽醇，犹不失记事纂言之意。至于有明，因修《一统志》而后征各省志书，俗人不学，相沿以方志为地理之记。甚且以为题名颂德之书，揽胜抒情之册。兔园谬解，场屋劣文，官吏视为具文，乡绅资其升斗，谈者相戒，摈勿寓目久矣。自顾炎武编读各省志书而有《郡国利病书》之辑，承学之士始渐知斯学之要。会乾隆朴学盛兴，毕阮诸公开府大邦，力振文业。有司承望风旨，大师如戴震、洪亮吉、孙星衍、武亿之伦，遂得传食名都，经年载笔。勒成诸志，颇复斐然。然诸君勤于考古而忽于纪实，实未能真知方志之体也。惟章学诚以独到之目光，萃毕生之精力，深明方志之当古国史，其纂述宗旨在乎刊除浮伪发挥实状，使后人得以追睹前事，纤悉无遗。以今日之语譬之，真所谓能写全体社会活动之迹者。虽其所撰不能尽如所期。然其发明义例，振起浮俗，使方志之用增其伟大。章氏之绩，可谓迈越寻常者矣。

自章氏之学闻于世。操觚之家得其绪论，所撰之志，类有可观。乾隆末叶以迄于今，卷帙颇复非少。然迄于晚近，学术弥光，章氏之说，犹有未尽厌时代所需者。故执章氏之说以驭吾国之方志，在今日犹多未合也。

虽然，此非章氏之过也。章氏建"州县请立志科"之议，盖深有慨于平日地方政事之不存，临事网罗散佚之难备。则虽有至美之义法，不能得至良之信史。而孰料言之百余年，不但保存文献之法无人加以讲求，且摧毁之，湮灭之惟恐其不澌尽。

一旦奉簿书之督责，则虚应功令相率为伪，漫录毫无根据之册籍，不惮公欺天下后世之听闻。此地方官吏所为也。若夫乡里人望，则又徒营营于声气之奔竞，耳目之炫耀，于装点门面之具，出之惟恐不速，于考见史迹之质，匿之惟恐不深。举世茫茫，所见如此。宜乎良志之不易有，而考史者辄为索然气尽也。

然而就现存之方志历数其裨益治史者之途，犹有六焉。社会制度之委曲隐微不见于正史者，往往于方志中得其梗概，一也。前代人物不能登名于正史者，往往于方志中存其姓氏，二也。遗文佚事散在集部者，赖方志然后能以地为纲有所统摄，三也。方志多详物产税额物价等类事实可以窥见经济状态之变迁，四也。方志多详建置兴废可以窥见文化升降之迹，五也。方志多详族姓之分合，门地之隆衰，往往可与其他史事互证，六也。凡此六端，皆为治近代史者亟欲寻究，而方志皆往往足供焉。广哉其所苞举，富哉其所沾溉也。

吾曹而欲稍稍认识了解吾民族乎，则此浩如烟海之方志不可不一瞻望其涯涘也。夫使乾隆四库开馆之日，能广收方志，一例编为提要，抑或有如朱彝尊之伦，有如《经义考》之作，以收纲举目张之效，则读书者循其所指以获其所需，岂不甚便？然而前修皆未尝措意也。此无他，往时无公共藏书之所。方志之庋藏固已不易。试历各省而求诸县志，其能每县得其一种葆存无缺者已尠矣。遑问其能集诸本而并存之，以权其美恶。一人精力有限，岂能尽如顾炎武周历以求。今日号为藏志最富之区，断推国立北平图书馆。盖承前代志馆征集所遗，往往有珍贵之本为其本县修志时所未见者。然所收偏于乾隆以前，而乾隆以后之新志弥复可珍，不宜割弃。近时上海涵芬楼亦聚千数百种，则新志亦渐备焉。北平图书馆所藏略见于《古学丛刊》所刊布之《清学部图书馆方志目》，而涵芬楼亦辑有目录。外此私家藏志者尚不乏人，虽更无编目以问世者，然求书倍易于往时矣。藏书之便如此，而提要之作犹阙然有待，非一憾欤?!

余之得略窥方志之学也，实初启于髫龄。先君文慎公轺车屡出，所至必检阅其旧志。试事报竣，捆载以行。归田以后尚余数巨箧，自余能识文字，常窃取而翻恕之。乐其易读，他固无所知也。岁月侵寻，驱驰四方，田庐荡然，藏书煨烬，惓惓故业，未尝或忘。比年忝据燕京、清华诸讲席，渐得观其图书馆之藏书，所见益富。辄思每种撰一提要，以备遗忘。然铢积寸累，程功殊缓。今岁之春，谒宜兴任振采先生于天津。任公世富藏书，近更竭十许年力，聚方志千五百种。分别部居，厘然不杂。且蓄志搜集，久而不懈。往往有瑰异之本，为北平图书馆所未有者。且侧重近著而不虚慕好古之称，切于实用，尤非寻常藏书家所及。闻余欲撰提要之说而跃然韪之。遂尽出其所藏，恣余检阅，相约成书，刻日为程，燃膏不辍。余每至天津则适馆授餐，随义商榷。家居则辇书相就，邮问稠叠。虽縻金费日不惜，惟以促书之成。乌乎！怀此有年，得贤主人倾心相助而后克举，文人相知之感，何可无也。虽然，任公亦岂姑欲余一书之就而已，又岂姑欲炫耀其所藏以为名而已？盖深知方志之有裨于史学，而可以蕲至于吾向所云"明其层累之迹，究其感受所由"，以渐为改造吾国家之指导。是以乐与余从事而不怠也。

提要之作，古今无以逾《四库》矣。其文字之流畅，评判之精充，足为永式。余之始辑是书，盖颇思步其绳尺而稍稍随宜通变于其间。大抵每书必首严其名称，次述其纂修之年月与纂修者之姓名，次述其旧志之沿革，次述其类目，次辨其体例，最后评其得失。尤注意于其所苞之特殊史料。将使读者开卷而了然于其源流所自与其内容所涵。方志不可得尽观，观此一编则亦庶乎可以按图索骥，而无望洋向若之叹。然余之草此书，仅为随笔笺记之体，以视朱氏《经义考》，虽不敢望其宏博，形式固犹近之。若纪氏之《提要》，则实非浅率之所敢比伦。兹姑承用朱氏之名谓之"方志考稿"，庶几旦夕不填沟壑留待他日写定云耳。

初稿将成，欲就正于贤达，则非暂付模印，其道无由。爰先检旧直隶、奉天、吉林、黑龙江、山东、河南、山西、江苏八省，署曰"甲集"。凡为六编以贡诸当世。

方今藏志之家，所收丰衍，固不止是书之所最录。以余隘闻瞀识，乌敢望悉取而见之。今兹所录，但以任氏天春园所藏者为限。是书既出，倘有闻而兴起，假余以绅緌之会，俾得续有所成，则固所愿而不敢请。其或别起新例，纠弹漏失，更有以胜余倍蓰者，则兹书直可覆瓿。余亦未尝不馨香企望也。

民国十九年十一月，瞿宣颖兑之父自叙于北平

方志考稿序二

　　古今载籍极博，一人之所得，殆真如饮河满腹之各有分限存焉。即其所得而终身研求之有不能尽者，况过此哉？凤苞少小粗解文字，即好聚书。长随宦辙，获奉教于当世贤达，始稍窥学问之藩，而频岁奔走，学业渐荒，将欲收视返听稍寻坠绪，则岁月侵寻，已邻炳烛之境。窃念方志一门，为国史初基。典章制度之恢闳，风俗土宜之纤悉，于是焉备。乾嘉诸老，树立宏达，突越前修。而敝习相沿，视等具文，白苇黄茅，芜滥极目。若蔇其榛楛，撷其英粹，有如亭林顾氏所为。不贤识小，庶几于史学有一得之献。迩年谢事，杜门却扫，发箧中所藏诸志先为编目。所未见者，百计访求。友朋驰讯，必以相属。北极穷边，南届海澨，邮裹络绎，寖以日多。生平所见，已公布之志目，学部图书馆所藏倬乎不可及矣。涵芬楼同此编摹，久而不懈，所得则颇相颉颃。四方交好，多怂恿以所藏志目问世者。顾私意编目有二难焉。各省修志，近者数年，远者百余年。其时代先后，若为前茅，若为后劲，必须排比严饬而后脉络可寻，优劣可论，则编目但称纪元不足以尽其用。一也。操觚之士名有隐显之殊，主修之官任有先后之别，编目但称某人修，又不能得其实。二也。欲去二难，则语焉宜详，非仅逐书举目而已。至如体例之精窳，事实之疏密，日夕泛览，遂多旁通。得失之林，胥可指数，并宜泐入一书，以便来者。然以人事卒卒，兹事体大，畜于心而未敢率然举也。近晤瞿君兑之，知其亦从事于此。每阅一书竟，辄为条记，略似直斋陈氏、竹垞朱氏之体。虽不尽如余向所拟议，抑自有方志以来未有之盛举矣。兑之讲学诸校，借书而读，多废时日。余则发愿尽出所藏，供其研讨。邮递、纸墨、写官之费，亦余一力任之。兑之谦不敢名其书曰提要，姑沿朱氏之称曰"方志考稿"。凡余所藏诸志大抵已悉列其中，而纲举目张几于明备。兑之好学能文，根柢夙裕。复治欧西史学，能以精到之目光，绳旧志之违失。每植一义，犁然有当于人心。其补实斋所未及者，虽会稽复出，亦当为之击节。兑之自以为读书记之流，余则谓允为书目中之上乘。虽不必以著述自鸣，要为今后治方志学者之津梁，不可废矣。求书三十余年，聚此数万卷，一旦得兑之为之整比，其为愉幸，何可言耶！

中华民国十九年十月，宜兴任凤苞序

方志考稿序三

　　方志之学，洽乎史裁通于政理，其说倡自章实斋先生，卓然无以易也。自实斋阐明斯义以来，晚出之志虽不能尽如所期，而既知旧说之非，已渐呈改进之象。实斋论志诸篇中，尤以《吴郡志》《姑苏志》《滦志》《武功志》《朝邑志》《灵寿志》及《〈姑孰备考〉书后》七篇最为深切。是七志者，夙负盛名，而修志家辄奉为矩矱者也。自经指斥，遂鲜称诵之而则效之者，则此七篇之效亦略可睹矣。假使实斋当日就其所见之志悉加评论，勒成专编，其效又当奚若。乃自实斋以后迄今百数十年间，未闻有继其所业而措意及兹者。推求其故，约有三焉。旧存志书大率芜秽，绳以史法，殆无完肤。概加讥评，恐伤忠厚。存而不论，又非所安。近出之志，作者见存。措词质直，又虑贾怨。此不敢为之者也。自昔藏书之家于方志非所注重，纵有藏庋，为数不多。欲窥其全，殆不可得。既鲜凭借，无自扪摸。仅据丛残，又嫌陋略。此不能为之者也。即或凭其势位，足以得窥多数之方志矣。而一省之中自通志以逮于县志，一志之中自始修以迄于数修，纷然杂陈，难以悉数。欲事钩稽，甚费时日。成书匪易，得名偏难。背于恒情，谁乐为此？此不愿为之者也。余往在北都，因修《龙游县志》，曾就部院及诸图书馆所存志书勤加参证。偶有所见，亦曾为之札记。仅得二百数十条，未能成书也。戊辰南归，并此失之，居恒窃自耿耿。今何幸而得兑之先生是编也！兑之以淹通之才、卓越之识，博稽广览，以成斯编，视余往昔所为既精且备。余书固宜覆瓿，则亡失亦不足惜矣。是编次第仍依《清一统志》，每篇先叙其编撰年代及姓名，次述其旧志源流，次述其卷数目次，次评其体例优劣，次约其地方沿革，最后评其得失，尤注意其所含之特殊史料。体裁既佳，考论亦当。其为不朽之作，有识皆知，无烦更说。乃必欲余以一言为之序，自惭弇陋，本不敢承。顾以为是编关于史裁与政理者至大，有不能不为天下后世告者，请具言之。修志之业，功侔国史。乡曲无知，恒借此为沽名牟利之方，甚或为徇知修怨之具。又以为事属一方，无与异地，纵腾簧鼓，终免讥弹。有此一编，足以破其谬见，则凡议修聘任以及采访编撰诸事，自不敢轻易将之。其一也。修志之人不尽才智，所闻所见每被囿于方隅，孰是孰非恒不得其正鹄，亦惟就其所见所知步之趋之而已。此虽通病，抑亦情势使然。

有此一编，则优劣既分，自能择善而从，知所矜式。且意存褒贬，成规具在，亦不敢率尔操觚。其二也。《四库提要》于他类之书不厌精详，独于此门采辑殊略。通计著录及存目所收不过百五十部。其所评骘亦仍旧见，无所发明。他家著录，宋志而外亦鲜论列。盖犹有轻蔑之见存也。是编出而方志之学始厘然独立为一科，不容鄙视。是实斋仅启其端，至兑之乃竟其业。其三也。承学之士欲于斯学窥其门径，而卷帙繁重，每觉茫然，陈陈相因，读之生厌，欲知美恶，别择尤难。得此一编粲焉具备，孰得孰失，展卷了然，兴趣既生，研求自易。编中又多含史料，尤与治史学者以参互之机兼通之益。其四也。方志为国史要删，实斋论之详矣。往时国史多偏重皇家政治，且有专馆掌之，犹有借于方志。今者国史之业既无专司，而著作体裁亦宜略变。必当参用《通志》之例，广载各地方社会情形，而不能偏重于中央政治，乃事理之当然，亦时势所必至。若是则有赖于方志者益多。是编既注重特殊史料，则他日修史者得以注意取材之源。其五也。自近世以来，政法凌夷，虽屡变而不能中理合度协于人情。国事脆脆，职是之由，虽其种因甚多，而秉政者不能深察民俗之所由成，与其所遗传、所蕴蓄、所薰习、所演进之迹，任情措置，亦其一端。然方志之芜杂纷乱，亦实无繇使秉政者得取以为考镜探索之资。故今日急务首在整理旧志，记其存佚，辨其精粗，详加考求，俾便采取。由局部以窥其全，因会通而察其变。以为他日立法施政之基，而求达乎好恶同民之治。其六也。综是六端，其关于史裁与政理之效，盖可逆睹矣。昔实斋之议修《史籍考》也，凡属史部之书，巨细不遗，悉登于录。独于方志一端厌其繁芜病其难聚，谓可取者稍为叙述，无可取者仅著书名，不及见者无庸搜访。此与其平日所述稍有不符，而于作考之旨亦觉未惬。窃谓惟其繁芜故应整理，惟其难聚故应搜寻，不宜畏难，不宜苟简也。此实千虑之失，不能为贤者讳也。余固有志焉而未之逮矣。兑之乃能举人所不敢为不能为不愿为，且并实斋所未为者而毅然为之，不数年间成斯巨制。发愿之宏，成就之伟，度越寻常，殊堪惊叹。不图今日乃有斯人。其沾溉于来世，功岂在实斋下耶？读者若仅以寻常目录之学视之，则浅之乎视此编，浅之乎视兑之矣。余是以不容已于言也。

　　　　　庚午孟冬之月，龙游余绍宋序于杭州寓居之寒柯堂

凡　例

一　本书以旧直隶为第一编，旧东三省为第二编，山东为第三编，河南为第四编，山西为第五编，江苏为第六编，总曰甲集。

一　历来修志者往往不题纪元之号，但云某某府志某某县志，若数本并陈，遂难分别。兹概依《乾道临安》《景定建康》之例，题其始修之年号，若同一纪元而有二本，则并题纪元某年。此虽与其原题之名不符，非得已也。若原题续志补志之类无损大旨，则悉依而不改。

一　同名之县若不冠以省名，则援引时难辨别，亦依前例辄为加题。

一　见存方志以有清一代为多，凡其次第仍依《清一统志》，其名称亦然，而注今名于下，如直隶注"今河北"之类。一省之中，首省通志，次府若直隶州志，次县若州厅志，次乡若镇志。其昔有今无，名号迭更者，未遑一一注明，避烦琐也。

一　凡称某官某人修者指其主修之长吏，若确知其执笔为某人者，则兼称某人纂；若两人同具名者，则称某某同纂；其长吏自撰者，则直称某官某人撰；其主修之长吏不止一人，则或称某人继前任修成，或称某人等修；其执笔之人不具名者，则称用某人稿，或请某人纂。随行文之便为之，而其大别如是。

一　《学部图书馆方志目》（本书简称《学部志目》）于某种下必称何年刊本及某人序，其实既著某年所修，则某年所刊殆可不赘，今惟旧志重刊或元本未见而仅见写本者始注明于下。至于旧志序文每多肤滥，其有无元不足道，今亦推其有关系者始述及之，以避屡见。

一　前代纪元屡见文中，如明万历、清康熙之类，实邻繁琐，今多去其有天下之号而称之，览者寻文自知先后，无取频举也。

一　称人以字以官爵以里居，恒致后人迷惘，今悉举姓名。惟偶有习见之人，因行文之便不宜数称其名，微变其例，非有所轩轾也。

一　每篇大抵先述其编撰年代及姓名，次述其旧志源流，次述其卷数目次，次评其体例优劣，次约其地方沿革。然依次排列，近于簿册，妨于文体，故仅能示大凡而已，不必每篇皆如是也。其一地方而有数篇者，则详于前不必详于后，详于后亦不必详于前，合而观之，自得其全也。

　　一　本书范围无时代之限，宋元诸志悉应列入，然以人所习见姑从阙焉。明志中若康海《武功志》之类，已有章氏定评，发挥无剩，亦不重赘。至于《四库》所著录者，颇多遗义，且见者亦希，则仍一例编次。

　　一　有不标方志之名而居方志之实者，亦应一体列入。然追源溯流，应以《华阳国志》为称首，兹姑依《四库》之例而取断焉。近代乡土志、文献志之流，实为方志别名，悉列不加疏剔，而名山志则暂未遑及焉。

　　一　学部图书馆志目于修志年代及姓名多有失实者，今皆纠正，惟其异同览者自见，不能一一表而出之。

　　一　本书本记事纂言之宗旨，聊备遗忘，偶有珍闻，辄加移录，不尽关于体例之是非，稍出范围，览者谅焉。

　　一　官名地名不遵时制，为章氏所诋，本书力避此病，然称某府之人不能称府人，不得不变其词曰郡人，诸如此类，不能胶柱。

　　一　本书每篇系论长短不齐，大抵详于名都而略于僻邑，苛于近著而宽于前代。尤以明代诸志篇幅既短，纸墨又多漫漶，体例则芜陋从同，文字亦庸劣一概，非之无举，刺之无刺，实不劳一一评骘，弥加简焉。*

---

　　* 按，此次整理对底本文字，缺漏处径以六角括号补出所缺文字，有误或疑误处亦在六角括号内注明。书中圆括号为底本原有。

目　录

方志考稿　甲集第一编　直隶（今河北）

〔雍正〕畿辅通志一百二十卷

雍正十三年总督李卫继前任修成，其时方颁诏各省修通志也。前志修于康熙十年，《四库提要》讥其以数月成书，本书凡例纠其选举人物或以明之南直隶误入，故今兹秉笔颇加矜慎。

凡一百二十卷，一至十诏谕宸章，十一京师，十二星野，十三至十五建置沿革，十五十六形胜疆域，十七至二十四山川，二十五城池，二十六七公署，二十八九学校，三十、三十一户口，三十二三田赋，三十四五仓厫，三十六七盐政，三十八九兵制，四十至四十一关津，四十三四驿站，四十七水利营田，四十八陵墓，四十九、五十祠祀，五十一二寺观，五十三四古迹，五十六七物产，五十八封爵，五十九、六十职官，六十一至六十六选举，六十七至七十名宦，七十一至九十人物，九十一至百二十艺文。

〔同治〕畿辅通志三百卷

同治十年辛未，直隶总督李鸿章请编修黄彭年修纂，继雍正唐志而作也。越十六年，至光绪丙戌而后告成。

据叙传云："招集成学嗜古之士，相与讨论。以为官府牍册，断烂罕存，私家纪述，寥寥无几。于是广征群籍，凡群经诸史以及圣训、'三通'、《一统志》暨诸省郡县志书、诸子百家文集、杂著，靡不甄录。又檄郡县采访，月以册闻，铢聚成钧，缕积盈笥，然后条区类别，分授纂编。康熙旧志，数月成书，雍正所增，仍多缺漏，今为增目，如漕运、海防诸表之类。旧志杂采史文，臆增牵附，今为订正，如人物首仓颉、廉范为渔汤太守之类。旧志引书不尽原文，义乖阙如，语多失实，今为刊削，如名宦不纪实政，空加赞词之类。旧志沿袭俗制，图不开方，本末未详，名实未副。今为综核，如州县有图，水道详源流，艺文列书目之类。凡所引用，皆注书名，惟引专书乃不复注，惩子目之繁碎，并同类于专条，以纲统目，为纪、表、略、录、传、识余，凡三百卷。"

本书目次一至十五为帝制纪之属，曰诏谕，曰宸章，曰京师，曰陵寝，曰行宫。十六至四十四为表之属，曰府厅州县沿革，曰封建，曰职官，曰选举。四十五至一百八十二为略之属，曰舆地，曰河渠，曰海防，曰经政，曰前事，曰艺文，曰金石，曰古迹。一百八十三至一百九十二为录之属，曰宦绩。一百九十三至二百八十六为列传之属。自二百四十五至二百八十六曰列女。二百八十七至二百九十七为杂传之属。二百八〔九〕十八、二百九十九为识余。三百为叙传。

〔光绪〕顺天府志一百三十卷

光绪五年府尹周家楣等修，两广总督张之洞、翰林院编修缪荃孙先后总纂。

据府尹沈秉成序曰："《燕京志》《析津志》佚矣。明《（洪武）北平图经》其书亦佚，仅见之《永乐大典》卷八千四百二十平字韵。文渊阁暑字号《北平图志》或即一书。又载旧志二册，又往字号载《顺天府新志》一册，书皆不传。传者万历间谢杰、沈应文志六卷，非略即舛，殊难可征。"盖几三百年而逢《畿辅通志》之纂辑，始开局从事于府志。其筹经费者直督李鸿章，订凡例者张之洞也。开局八年而书成。

本书目次如下。首曰京师志，其目曰图，曰城池，曰宫禁，曰苑囿，曰坛庙，曰祠祀，曰衙署，曰兵制，曰官学，曰仓库，曰关榷，曰厂局，曰坊巷，曰水道，曰寺观，曰风俗。次曰地理志，其目曰疆域，曰山川，曰城池，曰治所，曰祠祀，曰寺观，曰冢墓，曰村镇，曰边关，曰风俗，曰方言，曰天文表，曰沿革表。三曰河渠志，其目曰水道，曰河工，曰津梁，曰水利。四曰食货志，其目曰户口，曰物产，曰田赋，曰旗租。五曰经政志，其目曰官吏，曰仓储，曰漕运，曰矿厂，曰盐法，

曰钱法，曰典礼，曰学校，曰营制，曰驿传。六曰故事志，其
目曰时政，曰兵事，曰学派，曰祥异，曰杂事。七曰官师志，
其目曰传，曰前代守土官表，曰前代治境统部官表，曰前代州
县表，曰前代学官表，曰前代盐铁等官表，曰明督抚部院分司
表，曰明司道同知通判表，曰前代武职表，曰国朝监尹府尹表，
曰国朝州县表，曰州同县丞等表，曰总督分司表，曰道表，曰
同知通判等表，曰国朝学官表，曰国朝都统提镇表。八曰人物
志，其目曰先贤，曰杂人，曰鉴诫，曰方技，曰列女，曰释道，
曰流寓，曰选举表，曰爵封表，曰昭忠表，曰乡贤表。九曰艺
文志，其目曰纪述顺天事之书，曰顺天人著述。十曰金石志，
其目曰御碑，曰历代。而以序录志例终焉。

张氏所订修书略例二十七条，虽随手札记之语，颇有足
矫近代方志弊习者。录其尤要者数条如左。

第一　宜典核。或摘要或总录或类记，或分正附一列正文一为
夹注，其必应依年编次者，亦宜简要，不得徒事排比录钞类长编也。

第四　以官文书为据。

第七　图表散归各卷，图先表后。

第九　引书用最初者。

第十　群书互异者宜考订。

第十一　一人一事两地俱收者宜考证，不得沿误滥收。

第十二　采用旧志及各书须覆检所引元书。

第十三　引书注明第几卷。

第十六　纪事须具首尾具年月。

第十七　各子目须纪实，不得但存一名。

第十八　典礼则例非专为顺天设者不录。

是其立例之初，已有刊除俗体悉归雅正之意。加以故事属之洪良品，坊巷属之朱一新，经政属之傅云龙，晷度属之汪凤藻，以暨其他载笔之士，皆一时豪俊，学有专长。而缪荃孙擅目录之学，既自纂金石、艺文二志，兼为覆辑全书。故能卓然成不磨之业，为近时诸志称首也。

昔时京府之志有南宋乾、咸二《临安志》之前例在，然宋时行都草创，制度阔疏。非若燕京为五朝首善之地，建置宏赜，遗闻丰衍。且燕京掌故之书，层见迭出。秀水朱氏《日下旧闻》尤集大成。及乾隆中，更因朱氏遗规扩增为《日下旧闻考》一书。网罗富备，几于难以爇火助大明之光。是本书京师一志尤为不易著笔。乃今观全书，惟京师志最为精华所萃。不独与《日下旧闻考》无重规叠矩之嫌，且体制弥为今胜于昔。盖《日下旧闻考》为朱氏旧例所拘。朱书本为札记之体，增益既广，则头绪颇棼。即以坊巷一端而言，本书以现在街名为纲，而后溯其沿革。地望远近，了如指掌，不似《日下旧闻考》之多录诗文，阅之终卷尚不知其今在何处也。《坊巷志》本为朱一新精心之作。其别行之本，为近代言燕京故实者最佳之书，有以也。惟是光绪以来，迭经天灾人事之毁灭，时逾四纪，又将尽成陈迹。不知何日复续兹编矣。

　　然京师志虽以今状为主，而辽、金、元故城遗迹，自有其相承之线索。本书虽有辽、金、元、明《故宫考》诸篇，惜未能如《天咫偶闻》之追摹诸故城图而加精密也。

　　寺观志依张氏定例，但录宣武门之天主堂。然东直门之俄国正教堂，其关系亦不为不重。以至其他增建之堂，不一其所，非无官牍可稽。削而不存，其义安在？回教清真寺亦多阙漏，则尤属非是。自元代定都燕京，临御八方，兼容并包，无思不服。近自回部，远自欧西，人文交输，蔚成大业。余风所被，久而不泯。故燕京为万国会同之地，非一日也。今于外国人移殖之事业，一不纪载，何以显上都之雄富哉？若斤斤于敕建与否之区别，不免书生眉睫之见矣。

　　风俗、方言两志无一语出于自撰。其钩纂之勤，可谓甚至。此则官书之体，不容不尔。然去事实终嫌太远。惟物产志于所引诸书之外详缀按语，则差为得其实耳。

　　综计其引用之书，并钦定各书计之，在千种左右。然明清名家文集尚多未引者。又志中所已引者，如《北京岁华记》之类，亦漏列。而第一百二十二卷所辑书目中有《蓟门纪乱》一种，屡见于《通鉴考异》。今但云《日下旧闻》引之，亦偶疏也。

　　据《学部图书馆方志目》，前有《（康熙）顺天府志》八卷，考为康熙十二年修，写本。盖即《大兴县志》所谓庚戌重修之本也。

〔康熙〕大兴县志六卷 写本

康熙二十三年知县张茂节修，顺天举人李开泰纂。

凡六卷，一舆地，其目曰分野、沿革、形胜、山川、风俗、古迹；二营建，其目曰城池、坛壝、学校、公署、里社、邮舍、寺观、津梁；三食货，其目曰户口、徭役、田赋、经费、物产；四政事，其目曰名宦、职官、武备；五人物，其目曰乡贤、人材、节义、科目、隐逸、侨寓、仙释；六艺文，其目曰文集、诗集。据其凡例云，悉遵庚戌年重修府志所定体例，而目则稍为增减也。

大兴之置县也，自金贞元二年。明以来为顺天府附郭县。京师首善之区，凡有事实，胥不得为一县所专。宜其难于著笔。本志取材限于京师之东北方，示与宛平有别。然刻舟画地，往往有不可通者。例如风俗一门，即多溷杂。白云观燕九，宣武门浴象，又何曾属本县境哉？人物一门滥载羊角哀之属，亦殊失检。然志撰于康熙初年，其时流行者不过《帝京景物略》《万历野获编》诸书，都城佚事往往赖此而存。如南海蚂蚁坟事即《顺天府志》《日下旧闻》所未援引。故考古者所不得而废也。

〔康熙〕宛平县志六卷 写本

康熙二十三年知县王养濂修，顺天举人李开泰等纂。

凡六卷，一地理，其曰分野、沿革、疆域、形胜、风俗、山川、古迹、坟墓；二营建，其目曰城池、坛壝、学校、公署、里社、邮舍、寺观、津梁；三食货，其目曰户口、徭役、田赋、经费、物产；五人物，其目曰进士、举人、贡生、乡贤、人才、貤封、孝子、节妇、隐逸、流寓、仙释；六艺文，其目曰纶音、奏议、古文、今文、诗章。与《大兴志》小有同异，而琐细益甚矣。

风俗、物产诸门及人物之前段，皆与《大兴志》雷同，出自一手，已属无谓。若宛平之置县，始自辽开泰二年，即唐建中所析蓟县而置之幽都县。史文明白，而沿革门初未一述，则可谓拾其细而忘其大矣。

〔民国〕良乡县志八卷

民国十三年知事周志中修。

按所录旧序，志始于嘉靖三十九年知县安守鲁，继修于康熙十二年知县李庆祖，四十年知县杨嗣奇，光绪七年知县陈嵋，十五年知县范履福。李、陈二本盖未付梓也。

本书凡八卷，一曰舆地志，二曰建置志，三曰赋役志，四曰官师志，五曰人物志，六曰纪幽志，七曰物产志，八曰艺文志。其曰纪幽者，包括坛壝、祠庙、招提、邱垄也。

书成于民国十三年而地图无比例、舆地有分野，未免泥古而不知通变。其中文字讹谬，不暇一一摘举矣。

县为汉置，属广阳国，本书沿革门称东汉为广阳县亦非是。

〔咸丰〕固安县志八卷

咸丰五年知县陈崇砥主修，已未知县李应选续成。

按旧序，嘉靖乙丑知县何永庆创修，崇祯二年知县秦士奇再修，五年知县黄奇遇刊成，康熙壬子知县陈祝升奉檄再修，康熙甲午知县郑善述（《（同治）畿〔辅〕通志》作郑述者误也）又得明秦志增补之。据凡例云，他本俱佚，惟郑本具存全书。今本实采郑本而成也。书八卷，一舆地，二建置，三赋役，四学校，五官师，六选举，七人物，八艺文。

固安为汉方城县，晋有故安县，隋改今名，元以后自涿州来属畿甸。自嘉靖以来，正值浑河迁徙之道，为县巨患，故舆地篇独详之。赋役篇颇致详于旗租。凡例云，遵灵寿陆志稍加变通，而学校一门则仿王子洁《平山县志》庙志〔制〕、祭器、礼文、乐章悉行载入，其芜甚矣。近代诸志相习转载祭器、礼文、乐章，牢不可破。斯固本诸宋人先例，当时或自有其不得已之苦衷。然千卷雷同，识者决所不取也。

《顺天府志·艺文志》据《御览》六十四引《固安图经》，易水又名安国河，亦名北易水，汉之固安在今易州，隋开皇三年移治今地，改故为固。知《图经》亦起于隋，而《隋志》未著录也。

固安文献志二十卷

民国十六年固安贾廷琳撰。书分事汇、碑志两编，凡邑人之传志及本人所撰诗文，无不搜采。用力甚勤，然义例太泛，若在他邑，将使卷轴连楹而不能尽矣。但其书本以文献志为名，又体从长编，元非定稿，不必遽以为病。要之时人从事乡邦文献，所得若此，亦自可贵也。

〔乾隆〕永清县志三十五卷

乾隆四十四年知县周震荣主修，章学诚纂。

按本书前志列传，康熙十二年知县万一燕与训导乔寓著志十一篇，盖永清有志之始。

章氏此志号为名著，其卓识远到凌跞古今之处，允宜梳剔表章，以明志乘之进化。而其一偏之见不宜曲从者，亦当明著其失。故不嫌词费次于左焉。

盖县志本书依章氏创定之例，分为纪、表、图、书、政略、列传六目，皆略与旧史相应。纪之属曰皇言曰恩泽。推章氏之意盖欲以皇言当尚书，以恩泽当春秋，以皇言纪言，以恩泽纪事。然核其所集，皇言止于诰敕，恩泽止于蠲缓钱粮，斯固可已而不已矣。得非欲强应旧史而方志又不能上及帝纪，故姑以此相涂附耶?!

其次曰书之属。章氏之言曰："文章本乎制作，制作存乎官守。州县修志，古者侯封一国之书也，吏、户、兵、刑之事具体而微焉。今无其官而有吏，是亦职守之所在，掌故莫备于是，治法莫备于是。"斯言也，庸俗骇之。然有至理存焉。一县之政事孰掌之，科房掌之，科房固向日地方政府之本体也。自唐宋以来，掾吏不用士人，而后世地方无政事。无政事而地方无史矣。从来撰方志者，惟赋役与节孝名册或尚取材于科房档册。自余刑狱之烦疏，营缮之良窳，户口之分配，职业之种类，以逮其他，或虽存其名而无其实，或并其名而不存。盖科房胥吏利于把持矜秘，虽有问者固不肯举实以告，况无人过问哉。章氏翘举六官，制为六书，曰吏书、户书、礼书、兵书、刑书、工书，意诚至善。然如吏、刑、工三篇，因亦虚张篇目而实质甚疏。此缘胥吏之不肯竭其隐也。惟户书中载乾隆四十三年银钱粮价之定数以至绵布、肉、蔬诸日用品之通值，兼及县人之职业，诚极有用之史料。州县志书浩如烟海，章氏而外竟无一人焉注意及此，吁可慨矣！书之后继以政略，则他志之名宦传也。章氏以为名宦不当收于人物，职官不当备书政绩，故立此门以求核实。虽采取旧志之语，而真伪疑似，辨之殊严。

殿之者则十传也。以人为类者六篇，其七则义门列传，以志同居之大族，与士族表相为羽翼。其八则列女列传，以存节孝之册。其九则阙访列传，以存旧志之疑。其十则前志列传，以存前志之源委。

文征则别为一书，附于志后。凡为五目，奏议第一，以著制度之变，征实第二，以考文献之原，论说第三，诗赋第四，金石第五。论说叙录云存二首，检之仅得一首，未详其故。要之其分类尚有可议者。

表之属曰职官，曰选举，曰士族，职官、选举两表皆本年经事纬之法，秩序井然。士族表托于周官小史奠系世、辨昭穆之义，意至深远。然其言曰："州县之志，尽勒谱牒矣，官人取士之祖贯，可稽检也。争为人后之狱讼，可平反也。私门不经之纪载，可勘正也。官府谱牒之讹误，可借雠也。清浊流品可分也，姻穆孝友可劝也，凡所以助化理而惠士民者，于此可得其要略焉。"观此则知章氏亦徒得其一端而已。夫岂知家族里居之系于地方文化之升降、经济能力之隆替、种族血统之分合、政治情势之安危，正不止于宦斯土者得之可以助化理而惠士民也？章氏而诚知此义，则于北街贾氏，当详其婚配族姓以著女真部族汉化之由矣。于庞各庄郑氏，当详其受田之数以著汉军入关之渐矣。仅勒其名字，抑其末也。《顺天府志·艺文志》乃反谓士族备述牒谱，名都巨族载不胜载，是于章氏探本立言之微旨，更茫乎未有所知。俗见亘胸，雌黄妄下。章氏有知，地下应为不平矣。

府志又称："他若职官宜分品级，教职应列佐杂之先，舆地既有总图，合境须载全图之内。士族固以城中为首，而城内古迹反后于四乡，列女非以阀阅相高，而柴氏三人别见于士族，兵书既载兵额，而武弁不表职名，工书勤记树株，而

河防不详夫额，亦属千虑一失。"此则吹垢索瘢，小疵不免，
固无损于著述之宏旨也。

〔光绪〕永清县续志十四卷

光绪元年，知县吴钦继前任李秉钧修成，浙江举人魏邦
翰纂。

据《顺天府志·艺文志》云："门类一准周志，惟去士族
一表增封荫、袭荫二表，流寓一传，风土志、杂志数目。惟
流寓载王士祯究属牵强，风土志、杂志是寻常志所应有，而
非实斋志之体例。其卷末续志剩言，专论周志，或褒或贬均
无空论，亦周志之诤友也。宋元旧志如张淏之《续会稽》，梅
应发、刘锡同之《续四明》，拾遗补缺，各自为篇。至明以
来，修志者类取前志，散入己作，增益删补，无迹可寻。是
以新志行而旧志遂废。是编名曰续志，列于前志之后，体例
最善。秉笔者之虚衷，亦可见矣。"

〔民国〕安次县志十二卷

民国三年县人马钟琇纂修。

安次，汉县，元改东安，民国以与湖南东安同名改从旧
名。书凡十二卷，一地理，二、三赋役，职官，四选举，五名
宦，六人物，七列女，八至十一艺文，十二杂记。

据卷十二旧志姓氏录，创于万历年间邑人张文举、阮宗道，天启间重修者为邑令郑之城，康熙十六年续修者邑令王士美、侯应封、李大章，乾隆十四年重修者邑令李光昭。但据《顺天府志》文举为嘉靖辛卯举人，书成而未刊行，《辽史拾遗》曾引之也。本书体裁类皆撷取旧志精华，诚可谓榛楛必翦者。然于现代状况殊少述及。以云保存旧志则或有之，信今传后则未逮也。

〔光绪〕通州志十卷

光绪五年知州高建勋主修。

据旧志序，《通州志》始于嘉靖乙巳，因弘治间州人周通所创旧稿而成，康熙丁丑知州吴存礼再修（据《顺天府志》尚有康熙十年知州阎兴邦一本），其附入潞县事迹，则采万历间县人聂启元等所修《潞县志》共编，乾隆辛丑知州高天凤三修，道光戊戌知州李宣范补订重刊。

书凡十卷，一封域，二建置，三漕运，四赋役，五学校，六官师，七选举，八人物，九风土，十艺文。

按本志，通州实在征粮地不过数百顷，盖多旗地故也。其要政乃在漕运。通之立州，始自金源，京师仓庾仰给南漕，通为缩毂之区。其所以为畿甸名州，至今繁庶，凡以此也。本志别立漕运一篇以纪之，固其宜矣。

泛观全书，步趋旧志，典型未失，犹为善本。惟艺文一卷甄采殊嫌挂漏。此则方志通弊，固难以独责是书矣。

按漷县于顺治十六年裁并通州。其县志可知者，据《顺天府志》有张祥、徐玠两本。又万历二十一年知县魏之幹一本、三十五年知县艾友芝一本均佚也。

〔乾隆〕三河县志十六卷

乾隆二十五年知县陈昶修。

据其序称县志始于明季邑令王自谨，修于国初任塾，而皆未锓木，则犹无志也。自谨万历十二年任，塾康熙十年任也。其后康熙三十九年有知县郑富民一志，仅存其序。

书凡十六卷，一职方，二形胜，三建置，四典礼，五赋役，六乡闾，七风物，八职官，九选举，十兵防，十一水利，十二、十三人物，十四杂识，十五、十六艺文。

三河，汉潞县地，唐置今名，明清为顺天辖县。源流不为不长，而故实殊鲜，志亦敷衍成文而已。其于风物篇力称其风俗勤朴，且赘以骈俪之套语，他亦可想矣。而《顺天府志》乃称其体例谨严采取简净，且注出处，顺天旧志中最善之书，未免誉之过当。

〔乾隆〕武清县志十二卷

乾隆七年知县吴翀修。

据所录旧序，志始于万历十一年陶允光，修于康熙十年知县邓钦桢，再修于康熙三十六年知县章曾印。

凡十二卷，一星土等，二田赋等，三河渠等，四古迹等，五职官，六选举，七名宦等，八人物，九列女，十至十二艺文。艺文一项几占全书之半，所录邑人章奏关于近畿赋役者甚多，然以入艺文则其意义已稍失矣。

《顺天府志》讥其人物一门子目颇病驳杂，艺术一人第称其精岐黄并无事实佐证，观其遗行亦不仅以艺见，列女亦人物也，何以别为一门？诚为可议。然斯亦非独本志独有之纰弊也。

〔康熙〕宝坻县志八卷

康熙十二年知县牛一象主修，前有县人保和殿大学士杜立德序，盖承其意而作也。据弘治间知县庄襗旧序，襗于弘治辛酉就前教谕高惠草稿纂成。至嘉靖丙寅，知县唐炼再修。但据《（光绪）顺天府志》引唐志序，则唐志之前尚有武德智、胡与之二志也。

凡八卷，一舆图，二建置，三赋役，四秩官，五人物，六丛纪，七、八艺文。

宝坻立县自金大定，其地原为香河之新仓镇，故取"如坻如京"之句以立名。而本书舆图志云地产鱼、盐、芦苇故曰宝，又水中高地曰坻，其附会已可哂。至风俗门漫取杜牧、

韩愈文泛滥无归之语七八句聊充品汇，又赋役中剥船条下称
大学士论曰云云，古今无此书法。而八卷之中艺文占篇幅之
半，古今亦无此著作体。畿县之陋乃至是哉！

〔乾隆〕宝坻县志十八卷民国六年知事查美咸石印

　　乾隆十年知县洪肇懋延江阴蔡寅斗纂。其前有沈德潜、
汪由敦、钱陈群等序。

　　洪氏自序称数年来广搜前代之藏书，博购名流之别集，
又过遗墟而访，召故老而咨，积日既久，札记渐多。是其畜
志成书非操觚率尔者比。其附录与邑绅书，侈陈所采正史以
外之书，觐缕不休，似乎殚见洽闻。然如孙盛《春秋》、王隐
《地记》不言其存佚，则抑非真得著书之体者也。盖其所注重
尤在议论。故其言曰"志中惟人物最重，比于史家之列传，
今合一邑数千年之氏族而得与者无几，则众将瞅然而环睨之，
吾惟参之博核之真，以义理为权衡而已，不与只字单词皆有
所出"云云。则其所蕲向者，亦不过如是而已。

　　然观其凡例中所标举订讹一条云："志以传信也，非可信
而傅会之，或失则诬，或失则凿，浮谈不根，徒为识者笑。
且以似乱真以虚混实，而千古不白之案从此滋矣。旧志虽简
而讹者实多，有古迹讹者，有姓名讹者，有职官讹者，有事
实讹者，有水道讹者，有年代讹者，皆一一厘正，无俾仍
误。"折衷一条云："有得一说而众说可废者，则专主焉，有

合众说者而一说始明者，则旁通焉，有两说可并行不悖者，则兼存焉，有因一说而历考其所以然者，则追溯焉，有止一事而再三见而各系以说者，则分引焉，要必标其所自出。"盖犹闻康乾朴学家之绪论者欤。宝坻为故香河县之新仓镇，以此得名。金大定中始置，至明清遂为顺天属地。据志原额六千余顷，圈去四千余顷，而补折仅一千余顷。洪氏按语云："既以民地圈拨，乃即官地以补之，就地还地甚便，而前志乃以不若他州县所偿于邻境之高阜，致憾于偏枯，其亦未之思矣。"然县自五代以来已兴盐利，灶丁之田有在县地者，合民地、灶地及增收之地亦将及四千余顷焉。雍正间且分设宁河县。盖近畿之腴壤非他邑所及矣。

书十八卷，一职方，二形胜，三建置，四祀典，五赋役，六乡闾，七风物，八职官，九选举，十封表，十一人物，十三列女，十四拾遗，包古迹、禨祥两项，十五别录，包寺观、仙释、剩语、义冢四项，十六集说，包河堤、营田、蚕桑、剥船、里役、圈给六项，十七、十八艺文，中以集说为创体，于民生利病不能列入他类者，皆入此门，略如章实斋之创掌故一编，颇为可取。然如蚕桑之录《齐民要术》，殊为泛无所归。盖仍未酌衷至当。不止如《顺天府志》取讥名目繁琐也。

〔光绪〕宁河县志十六卷

光绪六年知县丁符九主修。

宁河自雍正间始设县，故本无志。乾隆四十四年知县关廷牧始发起采访纂成。据关氏凡例，实多本诸宝坻洪志。自云纂修志乘大约增损前书，使其事加于前，文省于后，故谨严是尚。而丁氏亦步亦趋，未尝立异。其例云："星野、疆域、山川及风俗方音等志今不异于古，无庸改置，其余所当增入者备载于各条之后，不敢别立规模，自矜创见。"是则重规叠矩后先如一矣。

凡十六卷，一采访告示等，二职方志，三、四建置祀典志，五赋役志，六职官志，七选举志，八、九、十人物志，十一至十四艺文志，十五风俗志，十六杂识志。

雍正九年就宝坻之梁城镇分设县治，竟未及修城，其陋可想。然县之芦台实京东巨镇，亦史乘名迹。（后唐赵德钧镇芦台军置盐场。）建置志云："其地多回民，咸丰年间创建礼拜寺，有碍风水，士绅禀官立碑永禁再建。"亦异闻也。又杂识志云，鱼骨庙在神塘县治正南六十里，地近海，当年有巨鱼浮岸上，其骨大且多，土人因取之修一庙，其栿、檩、枋、椽俱用鱼骨为之。是否实有此庙无缘确知矣。

〔光绪〕昌平州志十八卷

光绪己卯知州吴履福主修，州人御史刘治平任其事，而编修缪荃孙创例也。

按所载历修姓氏，隆庆中尚宝卿崔学履主修，康熙癸丑知州吴都梁再修。吴志号"昌平新志",见《日下旧闻》引也。李因笃有《芹城小志》,《日下旧闻》多引之,亦昌平之故典也。

昌平为汉昌平军都二县地,明正德中升州,领顺义、怀柔、密云三县,清仍为散州焉。

书十八卷,一皇德记,二舆图记,三、四土地记,五山川记,六大事表,七职官表,八选举表,九道里、风土、祠庙、伽蓝四记,十冢墓记,十一会计簿,十二学校志,十三衙署、营卫、物产三志,十四列女传,十五列女传,十六艺文录,十七丽藻录,十八叙录。观其名例,近于洪孙之撰。然所变者名,所因者实,实无以大异于旧志也。划四至于土地,别名以道里,易赋役为会计簿,皆有未安。若风土记之类则弥为徒有空名。惟艺文一录搜采州之掌故颇多精蕴。盖目录之学,固缪氏之专长也。

缪氏撰《顺天府志》引王萱龄《昌平志稿》之《军都考》一篇云:"军都,即'薰鬻'一音之转,《史记·绛侯周勃世家》正义云:'昌平……本汉浑都县',《易·艮》:'九三……厉阍心',王本'阍'作'薰'。是浑、薰、军古音同也。《夏小正》:'鸡孚粥','粥'通作'𥻲',《说文》'𥻲',呼鸡声。鬻,《说文》:'孚也,从弥者声',都字亦从邑,者声。州人呼粥为州,满洲为满朱,亦为满都,《尚书》'教胄子',《说文》引作'教育子',是鬻、都古同音也。故《汉书·燕刺王旦》策曰:'薰鬻氏虐老兽心,奸巧边氓……

薰鬻徙域，北州以妥。'薰鬻本居于此州，及徙域而军都之名
不去。"颇有资于考证。

昌平外志六卷

光绪十八年训导麻兆庆撰。刘治平续修州志，曾邀兆庆
充采访，以沿革考证互异，别作此书。

凡六卷，曰沿革，曰纰缪，曰河渠，曰金石，曰校勘，曰
拾遗。盖专以考光绪新志之阙略者也。其宗旨大抵以今昌平
本汉、晋、后魏军都安乐县，而汉、晋、后魏昌平县则非今
昌平州。今州之名昌平盖自隋始。其论颇能提纲挈领，前志
实逊其精到。然所持诸证，间有误引陋书，且论证方法亦多
未合。其细已甚，不复赘词。若夫河渠本诸亲验，金石广搜
逸遗，以及拾遗补叙朱滔、刘总事迹，皆信足为前志诤臣。
其苦心孤诣不可没矣。

据《顺天府志·艺文志》，宋文《昌平州志》八卷钞本，
光绪辛巳知州宋文、邑人刘御史治平续修成十二卷，自康熙
十二年，后至今未修，缺失颇甚，而关隘详载里数、艺文止
列目录，皆体例之善者。此书今未见，故附录于此。

〔康熙〕顺义县志民国四年知县汤铭鼎重印本

康熙五十八年知县黄成章主修，前有康熙十三年知县韩

淑文一序，盖淑文为创修者，而成章扩充之。

书八卷，一疆域、建置，二形胜、田赋，三秩宦，人物，四艺文。隋始置顺州，明初改为顺义县，故无多可举之事实。疆域篇能致详于旗庄之制度，是其足称者。然其建置篇斤斤于官厅之风水，自诩其改正之功，更于艺文中自载其记文。满纸荒唐，古今怪事。至名宦、乡贤之滥引史籍，更属旧志通病，抑可无讥矣。据《顺天府志》，隆庆间县人吏科给事中杨霆修《顺义志》，《辽史拾遗》曾引之。

〔雍正〕密云县志六卷

雍正初知县薛天培主修。其任县事则自康熙五十七年始也。

据《顺天府志·艺文志》云，张世则《密云志》万历六年修，取邑人刑部主事祝文冕稿为之。《辽史拾遗》引作刘效祖《密云志》，即此书。及其后而康熙六年知县赵弘化续修。

凡六卷，一纪恩、沿革等，二城池、学校等，三兵制、官师等，四五六艺文等。

密云为汉白檀地，魏始置郡。大抵边邑文献鲜征者，乡贤遂无可纪。本书虽援他志之例，漫以窦禹钧等撷拾充数，仍不过寥寥数人，辗转雷同，实堪嗤点。亦无暇一一攻其短矣。

〔光绪〕密云县志六卷

光绪七年知县丁符九主修，符九曾修〔宁河县志〕已著录。盖同治中前知县黄宗敬延番禺张鼎华续修，后任赵文粹又延会稽孙德祖、安岳周林续成之，丁氏复取而刊行之也。

周序列今之方志四弊云："取法于元、明《一统志》，滥觞于《太平寰宇记》、嘉熙《方舆胜览》，以人物诸目与山川故迹相次，是地理专书，略具类纂之意。其流连景物附会名胜者又不足言。其失也陋。人类不同，奚翅倍蓰。今乃必欲强为分析，官曰慈祥岂弟，士曰孝友端方。学皆鸿儒，纵有班输技略，斥为小道而不书。女皆贞妇，虽有威姑德迈，以其偕老则不书。千篇一律，求其去取之故辄不可得。其失也拘。经生家动陈大义，墨守义法，作为文章其事不合便自夷芟。或者义取简絜，至欲仿《武功县志》而称谓直书古人官名地名，致使古今莫别，其失也妄。艺文之名，所以胪列书目。近代分列篇章，状志碑铭，录其原文，复增子注。其失也滥。"于是本实斋之学，准其体例，摭其论说，凡为六卷。卷一、二纪之属曰巡幸、皇恩、宸翰。卷二图之属曰天文、舆地。卷三表之属曰沿革、官师、人物。卷四考之属曰学校、田赋、兵制。卷五、六略之属曰政略、事略。事略之中复分忠义、人物、列〔烈〕女、氏族、阙访，亦略如章氏永清之例。然所附诗文各占一册，其中吟弄风月之篇仍居泰半，而如嘉靖修石匣城等宜入舆地者反未表出。则犹未能纯然摆落俗例者也。

密云当边境，古北口所在也。据《舆地图说》云，长城围环密云东北西三面边城，以关为界，关外以分水岭为界，墙子路依东陵右山，距青椿三十里，林木蓊蔚，迄鲜居民，即如南坎、北坎等村樵垦无常，率多迁徙。北趋承德，中隔禁山，鸾远曲盘，几四百里，田户之治重改隶焉。卷宗多芜，时迹莫考，旧图从佚，良有以也。又赋役考全县民地才七百余顷。斯皆足见边邑文献之不足征矣。

〔民国〕密云县志八卷

民国三年县议事会议长宁权主修，县人宗庆煦总纂。

密云在汉为白檀，后魏始置密云郡，明初置县而省州，固朔边重地也。据宗序旧志重修于同治季年，告成于光绪七年，而于前此之志一字未及。

书之类例颇异前规，其凡例自云分地理、政事、人物、艺文四大纲。观其目次，则卷一、二为天文、舆地，卷三沿革、职官表、人才表，卷四学校、田赋、兵制，卷五县议事会、警务、商会，卷六政略、事略，卷七艺文，卷八诗歌。其实则取光绪志之例而变通之也。然如贡举表易为人才，殊为未惬。旧志于本邑名贤别立人物一门，而寻常科甲则但记姓名于表，自属酌衷立制。今既未立人物一门，而但胪列举贡号为人才表，何其诬也！

惟田赋一考，叙其种类别为六项。曰皇粮，庄头掌之，曰旗租，即官租，由县署经征，曰王府各租，亦庄头掌之，曰屯卫地，曰民田，曰开垦地。以前明原额考之，自节次圈丈、投充、冲压之后，所余民田不过六分之一。于近畿田制可谓得立言钩元之法。事略中氏族一门，原为方志要目。然观其所列，仅得数家，且自秉笔者宁宗二氏之外，并未考其受田卜居本支百世之由，则氏族亦徒托空言而已。以视章氏《永清志·士族表》之规模相去固远，即光绪志之氏族一门亦犹视此为胜也。又轶事一门旧志泛以史册渔阳、范阳事疏入，亦当删而未删者。

至艺文一门，以有关政事者列于上卷，而私家纪述退入下卷，自是分别部居之一法。惟元王思诚《重修文庙碑记》"至元二十八年迄今五十载，寖以倾圮""至至元六年"云云，注云当是至正。此不知元代两用至元纪元也。前至元二十六〔八〕年至后至元六年恰将五十载，若至正则不止此数矣。古人文字不宜妄下雌黄，有如是也。

综观全书，于舆图之改正，胜于旧本不啻倍蓰。行文质实不芜，亦殊难得。其凡例中有云礼俗习尚采风所重，惟顺属各县俗尚大略相同，勉为纪录，必多夸饰，故略而不书。即此可见其无不知而作之弊也。固犹足当佳志之目矣。

〔康熙〕怀柔县志八卷

康熙辛丑知县吴景果、吴江潘其灿同纂。

　　据吴氏序，万历中蜀人周仲士始创县志，类多浮辞，而实事反略，迄无重修者。然顾贞观梁汾曾撰《温阳纪略》，《日下旧闻》曾引之。其书虽非志体，要必可观也。

　　洪武十三年分密云、昌平二县地立怀柔，其后以隶昌平州。清代每年巡幸热河，为跸路所经，于是虽小邑而日见冲要。其地红螺山、髺髻山等皆有名蓝，俗所谓庙会，他志所不详而本书颇有纪述。亦异乎俗手之为矣。

　　凡八卷，一建置等，二行宫等，三官师等，四赋役等，五、六、七文，八诗。

　　其所录诗杂存景果与其灿倡和之作。《顺天府志》谓流连风景无关考证究不合法，诚然。

〔乾隆〕涿州志二十二卷附同治续志十八卷

　　乾隆三十年知州吴山凤修。

　　据凡例，涿志昉于成化乙巳知州张逊，正德间知州刘坦增辑之，康熙丁巳知州刘德弘再修。但据《（光绪）顺天府志》则嘉靖丁未尚有史直臣一志，而《辽史拾遗》引唐舜卿《涿州志》不详时代。

　　本书分八志二十二卷，采旧志者十之二三，续增者一二。其举旧志之舛误，如误读《史记》独鹿鸣泽之文而曰鹿鸣泽在独鹿山下，误读《三国志》孙资字应龙而曰刘放之孙，则本书纠正之功为不鲜。然人物志录汉昭烈、宋太祖事迹皆仅述其琐事，而风俗于旧志各条外但录《北京岁华记》以补之，且不著明《北京岁华记》为何人所撰，皆不可解。

末附同治十二年知州周治达续修十八卷，即吴志规模而以近事加入也。

〔民国〕房山县志八卷

民国十六年知事廖飞鹏主修，邑人高书官编纂。据凡例，县之有志始于万历庚辰，继修于康熙三年知县佟有年，三修于康熙三十年知县罗萱田，复修于同治十一年。今本存佟、罗两序及同治李恩傅序，差可考见沿革。惟万历志修于知县马永亨，《辽史拾遗》《日下旧闻》均引之，本书失载姓名也。

本书卷一、二、三皆地理，卷四政治职官，卷五礼俗实业，卷六选举人物，卷七、八艺文。门类较简。

按金大定二十九年始置万宁县，以奉山陵，明昌二年改为奉先县。元至元三十七年改为房山县，属涿州，而本志竟不详著。惟山脉河流疏证详明，地图准望确切，为旧志所不及耳。

其政治一篇，以现行规例列首，而以旧志所载附胪于后，先河后海，眉目秩然，足为良法。然礼俗一篇则云先就前清旧礼志其仪节器数，何其前后矛盾进退失据耶？不知民国礼文原无官册，不劳牵强比附。且即令有之，亦不应全据此以当礼俗之目。又其所录辩论孔庙祀典之五项，殊不知所由来，

仅文庙一端乃占礼俗全篇篇幅之半，其他一半又泛引相见等
礼以充数，皆芜滥不殊于旧志。

　　至实业一篇，皆似奉行故事之表册。除矿业外，了无征
实之意。古迹一篇，于县之隋石经略无考证，反滥引熹平石
经等事以充篇幅，金石不录原文而入之艺文，皆为未当。

〔民国〕霸县志五卷

　　民国八年知事唐肯主修，长洲章钰纂。

　　其绪论云："古今经世之文有三，曰史书，曰志书，曰政
书。史书所以记已往，志书所以记现在，政书则由已往以成
就将来使人遵而守之。是书既定名'霸县志'，则非霸县史可
知，非霸县行政书可知，其所记者专属霸县现在所有之事之
人之物。"斯数语也，实从来所未闻。显然与实斋之旨不
侔矣。

　　由其执志书非史之说，故分全书为土地、人民、政事三
项。然三者终难分明畛域也。政事为人民活动之一种，尤以
自治、慈善二者为最显著，不得谓不属于人民。土地中之属
于人为之建置者，若河渠、建筑及城、镇、乡之区分等，又
乌在非政事也。即以人物一端而言，既立名人一篇以统旧志
所谓人物，又复别设乡贤一类，乡贤之下又复分为本籍、外
籍二目，又列进士以下诸目谓之功名，皆多窒碍也。

　　如右所言因已稍变旧志面目矣。其中可称之处，若度量

衡比较表，货币价表，交易习惯，斯皆至可珍之史料，而户口数以城、镇、乡分列用意亦佳。卷末附文献征存亦善用实斋之法。斯其善胥不可没也。

凡五卷，其土地志之属曰位置、面积、气候、性质、源流、物产、河渠、建筑、城镇乡、古迹，其人民志之属曰户口、职业、财产、宗教、风俗、习惯、名人，其政事志之属曰官吏、学校、武备、警察、司法、监狱、自治、财赋、邮电、差徭，继以杂志及文献征存焉。

霸州为周世宗就益津关置，明以后属顺天府，民国改县。

其历来修志姓氏存本书杂志篇中者，康熙甲寅知州朱廷梅、同治甲戌知州朱乃大也。

〔康熙〕文安县志八卷

康熙四十二年知县杨朝麟修。

据凡例，邑志初刊于崇祯己巳，任知县者唐绍尧。继成于康熙癸丑任知者崔启元。本书乃参订前志而成者。凡八卷，一皇恩，二方舆等，三赋役等，四名宦等，五甲科等，六、七、八艺文事异。

文安汉县，周置霸州，以县隶焉，清为顺天府属县。受浑河水患最深，故第三卷详纪关于堤防疏浚之文字，而艺文、事异中亦此类为多焉。《顺天府志》摘其古迹广陵城云：“《五代史》：刘海蟾，燕地广陵人。”今五代史无此语，因汉燕王旦诗列空城，因《魏地形志》有平曲城列平曲县，展转牵引，不出地志之习。盖考据之疏不能为之恕矣。

〔光绪〕大城县志十二卷

光绪丁酉知县赵炳文徐国桢修，县人刘钟英纂。

据序，县志创于万历癸未，续于康熙癸丑，而未及撰人。据《顺天府志》，隆庆五年知县忽鸣撰志略，是为大城志之始，万历十年知县狄同煜续修。

又据《顺天府志》，康熙三年知县刘汉儒王秉乘同修，康熙八年知县张象灿又修。

大城为汉勃海郡之东平舒县，五代改今名，属霸州。

凡十二卷，一舆地，二建置，三食货，四礼乐，五武备，六封建，七官师，八选举，九人物，十五行，十一金石，十二艺文。食货志中起运本折各款非清制，自系转录旧志，然未标明殊漏。

〔康熙〕保定县志

康熙十二年知县成其范主修，县廪生柴经国纂。按其所称，县志始于嘉靖己亥王奉，修于万历辛卯梁太和也。

宋置平戎军，继改保定，宣和中降为保定县属莫州，元初省入益津县，寻复置，属霸州。

按志载，康熙十年户仅一百八十六，口仅八百七十四，即嘉靖最盛时即止七千余口，而原额民地即止五百余顷。其俭陋实不成为县。且清苑既为保定府治，则县不当袭保定之名，实旧制之疏者。（今已改称新镇县。）

书不分卷，录其目次如下，象纬、方舆、建置、学校、典礼、食货、官师、选举、人物、艺文，存县志之形式而已。《顺天府志》谓其名宦、乡贤两传纯以四六空言，非铭非赞，而事实遂毫无可考，非无故也。

〔道光〕蓟州志十卷

道光十一年知州沈锐主修。

蓟名虽古，而置州领县则自唐以来，至于有清，未之或改。据所载原序，则清代县志一修于康熙十七年知州董廷恩，再修于康熙四十三年知州张朝琮，嘉靖〔庆〕十六年知州赵锡蒲曾续修而未成书。而明志则有成化十四年、嘉靖二年、崇祯元年三本。成化志撰者汪浦〔溥〕，嘉靖志撰者熊桐，崇祯志撰者赵三极，据《（光绪）顺天府志》称并已佚。盖名州重镇，故纪述独勤详焉。

凡十卷，一序例诏谕，二方舆志，三建置志，四祀典志，五赋役志，六官秩志，七名宦志，八仕绅志，九人物志，十艺文志。本州为有清陵寝所在，供应饷糈，自康熙以来最为民困。自康熙三十四年挑挖河道至乾隆三十年改为陆运，关系民生，利病互见。又盘山为州名胜，行宫梵宇，缔构相望，皆宜立专篇以纪之。今则或附见建置篇中，或附见山川篇中。至《方舆纪要》所称东起山海西讫居庸凡二千里皆属蓟镇之边墙，志皆未之及，殊为可议。《顺天府志》讥其艺文所收大抵不专为蓟州而作，抑其末也。赋役志户丁一门述顺治元年原额人丁一万一千九百十一丁半，内节年编审，开除逃亡、故绝、投充、优免人丁一万四百四十一丁半，实存人丁仅一千四百七十丁，而编志时则总计男妇大小二十万五千二百七十一口。虽康熙中新增人丁永不加赋及雍正初丁粮摊入地粮两制足以稍除隐匿之弊，然清初兵燹之烈及投充丁户之多可以概见。又顺治间圈投去原额民地四千余顷，实存原额民地仅七十顷有奇，嗣后加以受补清查开荒入籍等地，始复四千余顷之额。休养生息综核名实之效可以深长思矣。盖近畿诸县赋役最为明清间史迹所由见，尚论者所宜审观而明辨也。聊发其意于此，识者详之。

〔乾隆〕平谷县志三卷

乾隆四十二年知县朱克阅主修。

据所载旧序，志创于隆庆六年，重修于万历二十年，康熙六年知县任在陛续修，《顺天府志》云朱志以为金在陛误也。雍正六年知县项景倩再修。

平谷亦汉县，元以后属蓟州，而人物稀简，故实寂寥。

志仅分三卷，地理、国赋、秩官、选举、人物、艺文六志而已。

〔康熙〕保定府志二十八卷

康熙十九年，知府纪宏谟修，郡人郭棻纂，继万历志而作也。凡二十八卷，一图说，二沿革，三建置，四疆域，五山川，六古迹，七祠祀，八经政，九兵制，十风俗，十一、十二职官，十三选举，十四名宦，十五人物，十六仕迹，十七以下忠烈等，二十五列女，二十六祥异，二十七纪事，二十八艺文。其门类芜杂，至不可究诘，惟图说差可取。

〔光绪〕保定府志八十卷

光绪十二年知府李培祐主修，七年成书。其时方修《畿辅通志》，大府通檄采访，故各府县纷纷以此时修志也。保之立州始于宋。据志云，明景泰年郡人张才考订纂稿，成化年大宁卫都指挥使于琳校刊，此后有隆庆五年通判冯惟敏、万历三十五年知府王国桢、康熙十九年知府纪弘谟三次修。

本书卷帙繁重，体例详核。纪之属曰恩泽，表之属曰沿革、晷度、田赋、户口、封爵、职官、选举、荐辟、例仕、武弁、封荫、恩荣，略之属曰舆地、吏政、户政、礼政、兵政、刑政、工政，录之属曰前事、古迹、艺文，继之以列传、杂记，共八十卷。盖亦用《畿辅通志》之例也。

其艺文录之方志一门，为一府诸志提纲振领，推源溯流，诚为善法。然但录无关轻重之序文一二篇，殊不及《顺天府志》之评骘精当。又强分明清为两段，中多标题舛误之处。例如《（顺治）安肃县志》有两本，其前一本实系崇祯志之刊于顺治者，今分为两书，不将使人疑眩哉？《学部志目》所载，本书亦未全搜。盖中秘所藏，秉笔者不能悉见也。

列传俱采集传体，如李塨、颜元诸传博取碑志、文集而成，深费爨积，远胜诸县志之草率，实全书精华所在也。

乾隆定制领州二、县十五，曰清苑、满城、安肃、定兴、新城、唐、博野、望都、容城、完、蠡、雄、祁州、束鹿、安州、高阳、新安。

〔康熙〕清苑县志十二卷

康熙十六年知县时来敏撰。

据所录旧序，嘉靖戊戌知县李廷宝创修，万历己丑知县王政续修。

凡十二卷，一舆地，二建置，三学校，四秩官，五礼制，六食货，七选举，八名宦，九人物，十风俗，十一艺文，十二纪事及寺观。观其标题已征其凌杂无叙，其中风俗仅二叶，纪事仅一叶。清苑为宋以来要塞，岂绝无可纪之史事？是其专注意于纂录人名而绝未一稽史乘也。

〔同治〕清苑县志十八卷

同治十二年知县李逢源修。

按旧序，《清苑志》创于嘉靖戊戌知县李廷宝，续修于万历乙酉知县王政，再修于康熙丁巳知县时来敏，越二百年始有今志也。

凡十八卷，一地舆，二建置，三学校，四职官，五选举，六田赋，七忠烈，八名宦，九至十一人物，十二风俗、封赠等，十三兵制，十四以下文征。

清苑县始置于隋，宋升保州，明立保定府，遂以县附郭，而雍正以后为直隶总督治所焉。

本书田赋一篇有现在户口数，分乡析载，为他志所罕见。所述地粮亦罗罗清疏，忠烈一篇附录郭棻甲申纪事，兵制一篇附录咸丰三年团练始末，皆极有关系之文。惟风俗与封赠等同列一卷，不解其何以凌杂至此耳。

〔乾隆〕安肃县志十六卷

乾隆四十三年知县张纯主修，嘉庆十三年知县石梁补修。按石序，志创刻于前明，已四续修。考之旧志各序，则嘉靖壬子一也；崇祯癸未二也；崇祯癸未本未刊行，顺治丙戌刊行之，三也；顺治辛丑重订其阙误，四也；康熙甲寅，五也；

康熙丁巳续，六也。殊不止四次矣。《（光绪）保定府志》著录者，崇祯志知县卫一统所修，顺治志知县卢一魁、康熙志知县梁舟王连瑛所修也。安肃自北宋始立军，金改遂州，明降为县，建置甚晚，载籍鲜征。撰志者侈谈沿革，动成笑柄。如山川门内于象山条牵入陆九渊之象山；黑山条下注云："汉明帝太和元年公孙瓒城雄州以自固，与安肃黑山贼为乱"，不知其所作为何等语矣。即以黑山而论，乃黎阳之黑山，此特名相类耳（见《读史方舆纪要》），乌可混为一谈也？然古迹、风俗、建置等门于县之习俗信仰颇能致详，欲考北方之民间祠祀，此书良有所资也。

赋役一门，滥叙古制，方产一门，博征物类，一则似马氏《通考》，一似李时珍之《本草纲目》，芜滥可嗤。至艺文中之唐册遂州都督彭王元则文，误以剑南之遂州当金源所立之遂州，正如《江西通志》以刘秉忠为筠州人同堪喷饭矣。

书凡十六卷，一序例、图说、星野、封域、山川、古迹、风俗、封迹，二建置，三赋役，四方产，五学校，六选举，七职官，八宦绩，九、十人物，十一寓贤、高隐等，十二至十六艺文板已漫漶颇难校读。

〔乾隆〕定兴县志十二卷

乾隆四十四年县令王锡瑑修。定兴自金大定中立县，至康熙十一年县令张其珍始创志书。（其珍，《学部志目》作奇珍，误也。）锡璁就原书增损而成，据其自序，事增于旧十之二，文省于旧十之一。观其叙次芜杂，漫无裁判，盖亦不过虚应故事之志书而已。了无足观也。

定兴秦置范阳县，汉属涿郡，隋开皇初改遒县，唐初废，金大定六年改置今县，自明以来属保定府。

〔道光〕新城县志十八卷 附光绪续志十卷

道光十七年知县李廷棨修。

据所列姓氏，万历乙酉知县王好义创修，四十五年知县张栋继修，及康熙乙卯知县高基重、周家柱辑而未梓。

新城县唐太和六年置，本固安地，古督亢泽也。明以来属保定府。建置差晚，故实无多，而本书于河渠、古迹、土产诸门钩稽殊密，体裁精雅，固近志中之佳构也。

凡十八卷，一疆域，二星野，三河渠，四古迹，五建置，六赋役，七风俗，八土产，九典礼，十职官，十一选举，十二人物，十三列女，十四武备，十五祥异，十六纪事，十七艺文，十八缀言。

附续修志十卷，光绪二十一年知县张丙嘉修。前有张之万序，计十卷，曰河渠、建置、赋役、职官、选举、人物、列女、艺文、古迹、祥异。与前志详略互见，故不能别行也。

〔光绪〕唐县志十二卷

光绪三年陈咏主修，栾城拔贡张惇德纂。惇德即与修保定府志者也。据序云"县志创于嘉靖十七年知县孙廷臣，修于康熙十一年知县王政。又几二百年而后有今志"，实则中有万历三十五年知县杨一桂及雍正三年知县王恪二次修本也。据《学部志目》，尚有《（康熙）唐县志》八卷，知县郭鼎修，康熙三十五年刊本。

书十二卷，一、二舆地，三田赋，四学校，五经政、庙祀、礼仪，六职官，七选举，八、九人物，十艺文，十一杂稽，十二识余等。县自汉属中山，明以后属保定府。县西北有葛洪山，不知何以能附会葛洪仙迹，此亦古传说之不可理解者。

田赋篇记前明之矿害，经政篇志已废之社仓，可谓无蕴不披。然凡例云："今城西大洋村有耿额驸勤僖公墓、多罗县主渥格嵩氏墓，此系满洲事迹，例不具载。"不知所谓例者何也。此而不书，乌得谓之详矣？

〔乾隆〕博野县志八卷

乾隆三十一年署知县吴鳌修。

按吴氏详学政文，称旧志刻于康熙十五年，知县王国泰修，盖将百年而后有续修之举也。

博野为汉蠡吾地，桓帝以后设博陵县，后改博野。

书凡八卷，一建置等，二政事等，三职官，四选举，五名宦等，六儒林等，七艺文，八诗赋。

其自述凡例，曰正名目，曰尚体要，曰斥淫祀，曰远鄙佞，曰崇典礼，曰扬善类，曰征文献，曰留余地。然乡贤与儒林分目，艺文与诗赋歧名，亦不知其例何居矣。

按博野名人以颜习斋为杰出，志于儒林列二程，谓其世居博野，艺文亦滥载程子行状等，实未免依附。曷若搜求习斋之遗裔、里居与其遗文而表章之，乃真足为博野之光哉？夫所贵乎志古迹者，为如司马子长过大梁而叩夷门、入圣宅而观礼器，足以接武名贤发抒观感。习斋之在博野，岂无流传之故实可以兴怀者？其子孙今复何如，其里居今果何在，其著述手迹犹有传者耶？果一县有此一人，虽特立一篇以志之可也。乃今观吴氏之言以及当时大府诸公之序，于尹会一则道之津津，于习斋则一字不及。意者官阀高而耳目近则人震其名，笃行玮儒反不为俗流所重矣。斯则读旧时方志动有感焉，不必独为习斋致慨也。

〔咸丰〕容城县志八卷

咸丰七年知县詹作周、裴福德相继主修，盖取乾隆二十六年知县王克淳修本而增订之也。至光绪二十二年知县曹鹏再取修之。按所录有隆庆三年知县李蓁春创始一序，万历甲辰知县蒋如萍重修一序，康熙癸丑知县赵士麟及孙奇逢一序。

目录前有咸丰三年团练纪事一篇，余舆地、宫室、学校、食货、秩官、人物、艺文、灾异共八卷。

容城为汉县，五代以来属雄州，洪武改属保定府，疆域篇中称魏文帝更名范阳郡，隋开皇元年改范阳为遒县，语皆不可解。县之伟绩以杨继盛、孙奇逢两贤为最，是宜详其家世源流，辟为专篇，以著名德之有自。而今以姓名厕入人物，了无发挥，徒泛取遗文载入艺文，甚非志法。

〔雍正〕完县志八卷

雍正十年知县吕守曾主修，县人生员田瑗纂。

据旧序，万历四十四年知县张保民始修，康熙癸丑知县刘国安重修。《学部志目》作安国，误也。

完县为汉曲逆地，后汉改蒲阴，魏晋改北平，金为完州，明改县，隶保定府。

其古迹篇有木兰祠而不言其所自始，又十六社村庄有村名释义，皆乡曲一孔之谈也。

书凡八卷，一舆地，二建置，三兵政，四食货，五职官，六名宦，七选举，八人物，九艺文，十杂志。

〔崇祯〕蠡县志十卷 附康熙续志一册

崇祯十四年整饬保定兵备副使钱天锡修，顺治辛卯知县祖建明增补。

据本书爵秩志，崇祯十二年吏部覆议保、河、真、顺、广、大六府新添三道整饬兵马稽核钱粮，保定应增设兵道一员，分管南十州县。又敕山西按察司副使钱天锡："今准该部题覆增设事理，特命尔整饬保定兵备，在蠡县驻札。"是驻蠡之整饬兵备道为添差之员，天锡首膺此命，故特著其原始。学部图书馆志目以为知县误也。又祖建明之建字作廷亦误也。

汉有蠡吾，金元置蠡州，明省州置县，以隶保定，畿南一大邑也。崇祯时流寇氛逼近畿，亟于防务，于是特出宪臣以督城守。天锡之为此志盖有旌伐之意。凡十卷，一方舆，二建置，三亩籍，四祀戎，五爵秩，六选举，七人物，八祥异、荒政，九艺文，十寺观、仙释、陵墓，凌杂无叙，非所语于志体也。

末附康熙十九年知县耿文岱续增一册，则又仰承功令之作，弇陋益甚。光绪续志讥其以日行之案牍登志是也。

〔光绪〕蠡县志十卷

光绪二年知县韩志超修，继康熙耿文岱续志而修也。

凡十卷，一、二方舆志，三建置志、学校志、祀典志、亩籍志，四爵秩志，五选举志，六、七人物志，八灾祥志、荒政志，九艺文志，十寺观志、仙释志。所录仍以旧志为多。惟卷八荒政一篇纪述视他志为特详，亦可珍之史料也。

〔康熙〕雄县志三卷

康熙九年知县姚文燮撰，据其申上宪文，则自嘉靖以来未经续修，板籍荡废也。据《学部志目》，有万历《雄乘》二卷，知县康功修。

书三卷即订三册。一舆图，二疆域，三风土，四赋役，五建置，六礼制，七戎务，八官师，九选举，十士籍，十一人物，十二祥异，十三艺文。

雄县为五代瓦桥关地，周世宗始置雄州，明初降为县，盖地小民瘠，无复为重镇矣。

文燮以地方官而当史官之役，亲秉霜豪，其言较之粉饰成书者实多深切。即以赋役一门论，圈占、带投两事为满洲入关后最可痛心之虐政。虽康熙中已明谕停止，各县志从无追论其失者。文燮独于颂祷之中仍溯从前隐痛，不少曲讳，而未经准免之狐皮本色岁办，亦昌言其害，略无顾忌。斯岂古之遗直犹有存者与?! 即此一端，其书固有足重者。所惜篇简错舛，纸墨漫漶，不易寻绎耳。

〔乾隆〕祁州志八卷

乾隆二十年知州罗以桂修。

据所录旧序，有嘉靖四年潘恩一序，称旧志之修三十有九年，其详则不可考矣。继嘉靖志则有崇祯元年知县郭应响、康熙十九年知县梅朗中各一修。

书凡八卷，一舆地，二建置，三赋役，四官师，五、六选举，七艺文，八记事。

其记事门云："关汉卿，元时祁之伍仁村人，伍仁寺旁有高基一所相传为汉卿故宅，而北西厢中方言多其乡土语，至今竖夫庸子犹能道其遗事。"不知今复何如矣。

州为汉安国县，隋义丰县。《通考》云："本唐定州地，分建祁州，宋景德初移治于定州蒲阴。"本书沿革门失引此语。

〔嘉庆〕束鹿县志十卷

嘉庆三年知县李符清与编修沈乐善、户部主事裴显相同修。

束鹿在汉时为安定侯国，其后为县，唐至德中改今名，清雍正中以属保定府。盖保定最南辖县，处深、冀、赵、定之交者也。至县之得名，盖以县治北之束鹿岩（见《读史方舆纪要》）。本志云："鹿者陆也，古鹿陆通，杜佑、李吉甫以为邢、赵、深三州为大陆，殆其义乎？"此向壁之说耳。

篇末移录旧序，次第凌杂，颇难循绎。大抵天顺以前志无可考。天顺初有县学训导翁君所修，越三十余年而一续，又越三十年而再续，正德九年知县阎济刊板印行。康熙十年知县刘昆重修，乾隆二十七年知县李文耀再修。本编则继乾隆志而起者也。卷一地理志，星野、沿革以至古迹属焉。卷二河道。县之地势平衍，素为滹沱下游，乾隆二十四年，河始南徙入冀州，故历来河患为县要务。以专篇纪之，宜也。卷三建置，城池以至桥梁属焉。而于坛庙一项，考其沿革略无剩义，未免指大于股之诮。卷四田赋，卷五学校，卷六职官，卷七选举，卷八人物，卷九风土，风俗以至祥异属焉。卷十艺文，中载陆陇其《黍稷辩》一篇，不知何所取义。至《郑烈妇诗序》一篇，则入之列女较为得宜。此其得失之大凡也。

〔雍正〕高阳县志六卷

雍正八年知县严宗嘉属县人兵部员外郎李其旋纂，其旋李霨之子。按旧序，天启志修于孙承宗，康熙志修于李霨。盖以望族秉笔，为例久矣。

书凡六卷，一舆地，二建置、兵政、食货，三名宦、选举，四人物、侯籍，五、六艺文杂志。

高阳为汉县，后魏为高阳郡治，隋置蒲州，唐废州属瀛州。周宋以来为高阳关，与辽相争置重兵处。其曰高阳者，司马贞曰高阳氏所兴，应劭曰在高河之阳也。若郦食其自称高阳酒徒，则陈留雍丘之高阳，今杞县地矣。

高阳士族之多，河朔推最。唐有许氏敬宗、齐氏映，明有田氏_{景旸}、孙氏_{承宗}、李氏_{国樠及霨}，使能仿《新唐·宰相世系表》之例著其隆替岂不甚善？乃其义例反云"外史之义在于据实直书，不必立表以拟国史"。谬悠若此，无足观矣。

〔乾隆〕正定府志五十卷

乾隆二十七年知府郑大进撰，大进揭阳进士也。

本书称正定府志创于嘉靖戊申知府唐臣，盖二百年而后始有此作。其自叙云："博采群书，网罗散失，正讹十之二三，补亡十之四五，扩充十之六七。"用心亦可谓勤矣。

凡五十卷，一恩纪，二至四地理，五六事纪，七灾祥，八、九建置，十赋役，十一、十二风物，十三十四惠政，十五至十七典礼，十八至二十武备，二十一、二十二选举，二十三至二十六职官，二十七二十八世系，二十九、三十名宦，三十一至四十三人物，四十四至四十九艺文，五十杂记。

详其编撰之法，体裁虽无发明，而采撷悉有所据，事纪一篇尤见良工心苦。惟世系一篇首列帝王，于是赵佗后唐废帝及韩林儿皆入选，使章实斋见之必不以为然。然此种偶开之例亦未为全不可也。

正定自汉初为正定国，北朝以后为恒州，五代时即为府。清制领州一、县十三，曰正定、获鹿、井陉、阜平、栾城、行唐、灵寿、平山、元氏、赞皇、晋州、无极、藁城、新乐也。

〔崇祯〕正定县志十四卷

知县陈谦修辑，不著年月。兹据《学部志目》题崇祯志。按其首叶修志姓氏有内翰林国史院庶吉士等官，则入清以后所加也。其标题结衔系挖去原修姓氏而改刻浚仪陈谦，明非原本之旧也。凡十四卷，一图，二地理志，三建置志，四政事志，五赋役志，六祀典志，七兵防志，八刑法志，九封爵志，十职官志，十一选举志，十二人物志，十三艺文志。篇简错乱模糊不堪卒读，置之可也。

县为府附郭治，汉以来无变革焉。

〔光绪〕正定县志四十六卷

光绪元年知县贾孝彰主修。据前令庆之金序，时以同治辛未续修《畿辅通志》通饬府县纂修志书也。正定旧志万历四年始修于知县周应中，天启七年续修于知县李梴，皆已佚。顺治三年知县陈谦复修之，以迄是时。庆氏又撰《蔚州志》，别见著录也。

志阙修者二百年，故漏略不完者多，仅就府志及碑刻补成而已。凡四十六卷，一至六沿革、星野等，七、八事纪灾祥，九至十五城池等，十六至二十户口等，二十一至二十四秩祀等，二十五至三十四封赠、荫恤等，三十五至四十四名宦等，四十五六金石、艺文。

卷帙虽繁，门类殊为猥杂，至以古蹟古迹析为两类，他可概见。惟艺文专载县人著述而诗文则分载各卷，不失矩型，惜所载诗文多猥滥耳。卷末杂记所采颇博，惟书名多未闻者为可异。

〔乾隆〕获鹿县志十二卷

乾隆元年知县韩国瓒修。

按旧序，嘉靖癸丑知县赵惟勤修。本书凡例中有旧志毁于戊寅城陷之语。盖崇祯末流寇之乱，而事纪中竟无一语说明之，其疏可想。自云今谨依旧本而加损之，不故为沿袭，亦不意为更新，但求当可而已。又其序力称陆氏《灵寿志》以为不可及，其识度宗旨不过如是也。

凡十二卷，一图考等，二地理，三建置，四祀典，五籍赋，六学校，七兵防，八官师，九事纪，十选举，十一人物，十二艺文。

汉常山石邑县地，隋开皇中置鹿泉县于此，唐至德初改今名。

〔光绪〕获鹿县志十四卷

光绪七年知县魏揥儒修成，海宁举人曹铄纂。

据志，县东三十五里有石家庄，自铁路修辟以来，其地益著，而获鹿之名反晦矣。

书凡十四卷，一、二地理，三建置，四籍赋，五世纪，六祀典，七保息，八学校，九兵防，十官师，十一选举，十二人物，十三金石，十四艺文。艺文专纪著作，而旧志中之诗文分入各篇，采撷甚滥，亦非良法。

〔雍正〕井陉县志八卷 _{附光绪续志三十六卷}

雍正八年知县钟文英修，盖取前任周文煊志稿而订之也。

凡八卷，一地理，二建置，三祀典，祥异，物产，四政事，五官师，六人物，七选举，八艺文。

井陉之关于史事尚矣。本书事纪门寥寥四纸，大抵不过掇拾村塾之书，非所语于考古也。

井陉汉常山县，金天会中曾置威州，元废。

末附光绪续志三十六卷，光绪元年知县常善修。

〔同治〕阜平县志四卷

同治十三年知县劳辅芝修。

据所录旧序，乾隆三十年知县邹尚易取旧志稿编订而成。据凡例引李延赏城隍庙碑记称旧志云云，是明已有志，邹氏修志时已佚也。

阜平本行唐地，金章宗时置今县，隶正定府。

书仅四卷，一天文，二地理，三人物，四政典，其凡例诋旧志门类烦碎，故以此矫之。然艺文附于政典，仍载诗文，抑不知何说也。

〔道光〕栾城县志十卷

道光丙午知县李钤继前任桂超万修成。

凡十卷，曰舆地志、食货志、职官志、武备志、选举志、人物志、人物外志、艺文志。

其人物不屏宦官，艺文不录诗文，皆卓出胜凡。卷末志余、卷首辨讹皆有搜辑订正之功。其凡例自称以武亿《安阳志》为法，宜其有此矣。

〔同治〕栾城县志十四卷

同治十一年知县陈咏主修。县人拔贡张惇德纂。按惇德曾撰唐县、延庆州两志，盖畿人之能治掌故者。据所载历修姓氏则万历二年知县耿继武创修，康熙十一年知县赵炳重修，二十二年知县王玑再修，道光二十六年知县桂超万三修，其旧序则失载矣。凡十四卷，一、二舆地，三世纪（事略、祥异），四赋役，五保息（仓廒等），六学校，七武备，八九职官，十选举，十一至十三人物，十四艺文。

栾为古邑，后汉始立栾城县，宋以后属正定府，沿革久矣。志于沿革一篇虽复寥寥短简，而事略一篇颇见甄采之勤，于近事尤详。艺文专载碑碣及著述，不取诗文，皆他志所罕及者。独县人韩林儿不为立传，苏味道虽立传而入之宦迹，皆未允协，为可惜耳。

〔乾隆〕行唐县志十六卷

乾隆癸未知县吴高增修，前有壬辰知县文有斌一序。

据所录修志姓氏，志初修于康熙十一年，重刊于十九年，再修于乾隆九年，任知县者何琛、王鹤、张振义也。

凡十六卷，一恩纪，二图经，三地理，四官师，五惠政，六食货，七建置，八典礼，九名宦，十、十一人物，十三风俗，十四、十五艺文，十六事纪。

行唐为汉南行唐县，唐曾置泒州，旋废。本书地理志所采皆荒僻之词，如谓箕山为许由所隐，《方舆纪要》已辟其妄。其图经内有所谓"礼翼四教图"，有所谓"思性怀形图"，益为怪诞。盖误以州县志书为令长纪功之簿，致此谬悠。惟风俗、好尚二门尚不尽粉饰，为异于他志耳。

〔咸丰〕平山县志八卷_{附光绪续志}

咸丰三年知县王涤心修。

据所录前志历修姓氏，一修于嘉靖庚戌知县李从今，再修于康熙壬子知县汤聘。凡例讥前志云有地理而无建置，有人物而无选举，未免缺略，而混学校于地理尤为失体。据《学部图书馆方志目》，尚有《（顺治）平山志》五卷。

平山置县始自唐中叶，明以后属正定府。

书分八卷，一舆地志，二建置志，三赋役志，四学校志，五职官志，六选举志，七人物志，八艺文志。中如学校一篇，绘图贴说，庞然占一巨册，而人物仅费纸二十余番，其以虚文滥占篇幅可知。末附光绪二年知县唐荫桐续刊一册。

〔光绪〕元氏县志十四卷

光绪元年知县胡岳主修，正定府学教授赵文濂纂。

据序，元志创修于嘉靖间知县周居鲁，续修于顺治六年知县祖永杰，再修于乾隆二十三年知县王人雄。又据祖序，称"闲览旧志……微惜其太略，而中多鱼鲁。翻阅典籍，得前令盐台张公重修县志，稿虽脱而工未竣。余瞿然曰，修废举坠有司之事，何忍其湮没？乃延博古诸儒分局校雠，……亟缮张公前志，仍竟其局后绪。明季告终，清朝启运，其鼎革损益、官师姓名、灾祥政治有古迹前未详者，无妨检入。另书后册以成一朝信史，备异日辖轩采择"云云。是周志简略而今亦并无存矣，惜乎祖氏所修仅取张公旧稿从而增益之。又阅百年始有王志之续，据其序录较为精详，而胡氏始得以依据而成今志也。但据《学部志目》，尚有《（崇祯）元氏志》六卷，知县张慎学修。

书凡四十卷，一地理志，二、三建置志，四世纪志，五赋役志，六保息志，七学校志，八官师志，九武备志，十选举志，十一二人物志，十三四艺文志，以归余等终焉。

按元氏本鲜虞故封，中山边邑，自赵封公子元于此，因而得名。为正定府属县，素号僻陋，声名文物，甚鲜可传也。

〔乾隆〕赞皇县志十卷

乾隆十六年县令黄冈竹修。

赞皇自隋立县，至明万历间始有志，然已久佚。此书亦粗具规模，聊胜于无而已。大抵旧志积习相沿，其坌陋处固不胜枚举，而最难索解者，厥惟人物、风俗二门。夫人物之当志固也。然其采撷之源，必然明著，使读者一望而可征信。乃旧志于前史人物，则滥收名人以为光宠，而不问其是否确隶本县。于近代人物，则肤滥语调，累牍连篇，并不示人以从何采访。此其一。风俗志则照例以冠、婚、丧、祭分述，而不悟冠礼之废已久，何劳踵此虚文？冠、婚、丧、祭以外，岂遂绝无他种礼俗可述？乃于可以无述之风俗必不肯缺一门，而于不可无着之风俗反不肯着一字。甚矣流俗之难悟也！

纪人物最善之法，莫如按族姓以定世系。例如赞皇李氏之在唐，定兴鹿氏之在明清，代有闻人，正宜详为编列，以昭其渊源之有自，且考见家族盛衰之由。如曰征文考献，此真是矣。何必东涂西抹，一鳞半爪，复强立孝友，忠义诸品目以涂附之乎？此志中最可笑者艺文一门，唐代李氏，文采彪炳，若每人所作诗文皆予列入，则仅《会昌一品集》已不胜其载矣。如此絓一漏万，毫无意义，何如其已！

又事纪中载李卫公问休咎一节，卫公一生事迹昭然区宇，若谓乡里所关，不录其大而录其细，何软？即以琐事而论，唐宋人所纪卫公佚闻亦不知凡几，岂修志者概未之见耶？

据学部图书馆志目，有《（康熙）赞皇志》九卷，知县李同清修，康熙十一年刊本。

〔光绪〕赞皇县志二十四卷

光绪二年知县周晋堃修。号为二十四卷，中有一卷止二叶者，诚如实斋所讥矣。

〔康熙〕晋州志十卷咸丰十年知州朱宝林取旧志补刊

康熙十四年知州郭建章撰，有魏裔介序文。二十九年知州姚祖法增修，三十九年知州康如琏三修。

据序志创于万历，其详不可得闻矣。

晋州为古鼓子国，元始置州，明以后隶正定府。

本书卷一曰区别地理，卷二曰纪录建置，卷三曰缔核贡税，卷四曰宏宣典礼，卷五曰评骘秩官，卷六曰历稽选举，卷七曰表章先献，卷八曰采掇艺文，卷九曰阐扬风化，卷十曰通纪事迹。即其目类可觇其纤诡之习犹沿明旧。所排纂史材亦凌杂无序，不知何以历年无重订之者。

〔乾隆〕无极县志十卷

乾隆十三年知县黄可润修。

据凡例云："旧志明纂于邑人安嘉士，顺治年间修于知县高必大。安志已无存，高志亦残缺，不特纪事多讹略，而艺文亦多寿赠谀词，于古人提要撷实之意全失之。"则前志之陋亦可概见。

无极为汉中山属县，明属正定府，雍正二年改属定州，十二年复属正定。按《通鉴·唐纪》，贞元九年，王武俊掠安喜、无极万余口，徙之德、棣。胡注云："按《无极山碑》云，无极山与天地俱生，从上至体可三里所，立石为体，三丈五尺，所石上青下黄白，所前正平可铺两大席，在无极西南三十里。景福二年以无极县为祁州。"此事本志未引，乃云无极山距县一百六十余里，何也？

书十卷，一地理，二建置，三祀典、灾祥、物产，四田赋，五秩官，六宦迹，七、八人物，九、十艺文。卷末附公牍数篇，有涉及物价工价者，皆有裨史实之文字也。

〔光绪〕无极县续志十卷

光绪十九年癸巳知县曹凤来修。前志自乾隆十四年知县黄可润续修，后百三十余年间而后有此辑也。

书凡十卷，一地理志，二建置志，三祀典、灾祥、物产志，五田赋志，六宦迹志，七、八人物志，九、十艺文志。卷首列绅民铺张曹氏本人政绩之公禀，诞陋可想。

惟地理志有云："前志所称凿井之妙，今多束鹿人为之，邑人不及也。南侯坊村杨姓铁工世传制造铁水车，技勇大刀最为得法，他邑铁工皆自谓远逊。"此则犹为实录可资考证者。

〔康熙〕藁城县志十二卷

康熙三十七年知县赖于宣修、教谕张丙宿参订，至五十九年知县阎尧熙复用旧板增订。

据阎序，县志创始于嘉靖甲午，撰者县人李正儒，而重修于康熙戊寅，中间百六十年无志。据学部方志目有《（嘉靖）藁城县志》十卷，知县尹耕修，即李志也。

本书十二卷，一封域志，二营建志，三赋役志，四礼仪志，五事异志，六秩官志，七选举志，八锡命志，九循良传，十人物志，十一列女传，十二文集志。

藁城自汉以来为县，且属巨鹿，属恒州，属正定府，亦数千年未改。滹沱贯邑境而绝无山脉，此县之所异也。

赋役志称"前明勋戚佃地九役十四厂，原地一千三百余顷，顺治年间尽行拨补安肃县。邑人马祖发等公识云：按拨补安肃租地，皆藁民耕种祖业，庐墓聚族，衣食于斯者也。每岁完租而外，佃民更无他虑。或遇水旱，惟凭年之荒歉以为租之盈缩。一自奉拨安肃，业主惟按地索租，每亩额银数倍粮则。即遇灾年报蠲，多免业主，而佃户邀免无几。且地之腴者，间被业主强夺，图利转鬻。纵有坟墓，亦皆罔恤，卒至争讼靡宁。至地之瘠者，又欲交还业主，而留难不收。以故坐垫偿租，佃民受困思逃"云云。又赋役志云："县经历代兵燹之后，人物彫耗，土地荒旷，户口存者仅三之一。明永乐十四年，徙山西诸户以实藁城，历宣德、正统，生息渐繁。"以上两事皆县之史实，宜标而出之也。

文集志载明高帝征赵民望司节序敕谕，亦可与《明史》相证。

〔光绪〕续补藁城志十一卷

光绪七年署知县汪度取同治十一年知县朱绍谷、举人张毓温补辑之本刊之。据秩官志云，自康熙六十一年至乾隆二十六年，职官见《正定府志》，与续志相接。自此后至咸丰二年，八十余年，以咸丰三年之乱，县署案籍毁失无存。朱本盖乱后掇拾者也。

〔光绪〕新乐县志六卷

光绪十一年知县雷鹤鸣主修，正定府教授赵文濂纂。

据旧序，万历庚寅知县张正蒙创修，顺治间知县林华皖再修，乾隆二十二年知县麻廷璥续修。但据《学部志目》，有《（康熙）新乐县志》二十卷，知县林华皖修，康熙元年刊本。

新乐汉新市县地，隋置今县，明以来为正定府属县。

书仅六卷，一星野等，二学校等，三户口等，四职官等，五艺文，六金石，具体而已。

〔咸丰〕大名府志二十二卷

咸丰三年知府毛永柏取前知府武蔚文修本刊行。

按旧序，洪武景、泰之间志凡再修。弘治甲子，东明知县唐锦续修。嘉靖己酉，茅坤来倅广平，受檄重葺，已而迁去，不果，而潘仲骖继成之。入清而康熙十一年知府周邦彬、乾隆二十五年知府朱煐两修，而朱志盖迄未杀青。武氏取朱氏之稿稍加订正，而职官表以下则别为续志以附于后焉。故名曰咸丰志，实即乾隆志也。

大名为古魏郡地，唐以来迭为重镇，明为大名府，领县十州一，乾隆以后定辖大名、元城、南乐、清丰、长垣、东明及开州七州县，而地望益轻矣。

凡二十二卷，一星野等，二疆域等，三、四年纪，五山川等，六城池等，七里甲等，八学校等，九军政等，十、十一职官，十二选举，十三名宦，十四、十五人物，十六流寓等，十七至二十二艺文。

其中年纪一篇尚为详略适中，惟未注出处为可惜耳。至古迹陵墓等，杂凑成篇，殊为可哂。如谓庄周墓在东明县，而引《东明县志》云："知县杨日升访周墓至城东北十里许，见古邱高数丈，指之曰：'此周墓也。'询居民果皆庄姓，复命工塑像于墙壕内，得庄子瓦像。"诞妄一至如此。

〔乾隆〕大名县志四十卷

乾隆五十年知县张维祺修，未及刊而携以去官，后任李棠于五十四年取其残稿刊行之也。

其自序云："往在肥乡官舍，同年友章君学诚与余论修志事。章君之言，余未之能尽也，然于志事实不敢掉以轻心焉。二图包括地理，不敢流连名胜侈景物也。七志分别纲目，不敢附丽失伦致散涣也。二表辨析经纬，不敢以花名卯簿致芜秽也。五传详具事实，不敢节略文饰，失征信也。庶几一方之掌故不致如章君之所谓误于地理之偏焉。"是其承章氏之绪论，卓然具深识也。

大名本即魏县，五代时分设，乾隆二十三年裁魏县并入，移治府城，与元城同为附郭，而大名为首县。斯志为并县以后作也。《大名志》创于嘉靖，及万历间县人张若恂起而修之，此见于卷末成谖跋者。

然按艺文志，大名县旧志隆庆四年知县李本贡〔意〕创修，万历四十一年知县李一鳌重修，康熙十五年知县顾咸泰三修。魏县旧志则万历三年知县李幼淑重修，天启四年知县陈序继修，康熙十九年知县李尚斌继之。殊与成跋不合。

凡四十卷，一至十为图说，则他志之疆域篇也。十一、十二官师表，十三至十五选举表，十六、十七建置志，十八祀典志，十九赋役志，二十风土志，二十一、二十二古迹志，二十三至二十六艺文志，二十七禨祥志，二十八名宦传，二十九至三十六乡贤传，三十七、三十八列女传，三十九流寓传，四十杂记。

〔同治〕元城县志六卷

同治十一年知县吴大镛修，候选直隶州知州王仲甡同纂。

据凡例，元志创始于康熙十四年知县陈伟，其时正奉修《一统志》之诏也。几二百年无续修者，元城为大名附郭县而简陋如是，亦足怪也。

凡六卷，一舆地志，二建置志，三田赋志，四宦业志，五人物志，六艺文志。据其凡例，则大纲仍乎前志，条目

遵奉章程。自云"仍旧志原文者十之四，节取府志者十之
三，博征群书及采辑民献者亦十之三"，其亦虚应故事之
作而已。

〔康熙〕南乐县志十五卷

康熙辛卯知县王培宗修，举人诸城邱性善纂。先是，康
熙辛亥知县方元启尝有辑本也。

据旧序，南乐志肇于嘉靖丁酉知县叶龙皋，继修于丙寅
杨守诚，而钱博学继之，顺治癸巳蔡琼枝继之。

凡十五卷，一天文图志，二地理图志，三帝本纪，四建
置图志，五沿革表，六赋役志，七风俗志，八方物志，九秩
祀志，十纪年，十一职官年表，十二选举年表，十三宦业列
传，十四人物列传，十五艺文志。

南乐为汉东郡乐昌县，后唐避李国昌讳改今名。

康熙十一年，以直督卫周祚议修通志，通饬遵行，此书
即是时奉功令而作，沿袭旧制而已。

〔同治〕清丰县志十卷

同治十年知县高俊修。

清丰即卫国之顿丘，在淇水南，汉置县，唐始易名清丰，
历代隶属屡有变更，明以来定属大名府。

书凡十卷，一沿革，二古迹等，三田赋等，四祀典等，五科贡等，六宦业等，七经述等，八忠节等，九、十艺文外志。观其分类立名已多诡诞，更无论于史法矣。

〔民国〕清丰县志十卷

民国三年知事刘朝陛主修，邑人胡魁凤等纂。

据其所述，清志创修于明嘉靖三十七年知县李汝宽，续修于天启四年知县潘士闻，三修于清顺治二年知县李欇生，四修于康熙十五年知县杨璟，五修于雍正八年知县段世奕，六修于同治十年知县高俊。

类列大抵皆袭前志之旧，非能与时偕行者也。

〔乾隆〕东明县志八卷

乾隆二十一年知县储元升修，有道光中续增数页。

据旧序，嘉靖十五年知县高禄始修，万历四年知县常澄续修而末竟，四十四年知县李遇知又修，天启三年知县张福臻又修，顺治三年知县张学知又修，康熙十一年知县杨日升又修。

书凡八卷，一舆地，二建置，三田赋，四职官，五选举，六人物，七杂志，八艺文。

东明本汉东昏县，金隶曹州，元隶大名，洪武初避水徙治云台集，谓之新东明，寻复废，顺治四年复设，隶开州。
盖自古为河流冲决之地矣。

〔嘉庆〕开州志八卷

嘉庆十一年前任知州李符清主修，掌云南道监察御史天
津沈乐善纂。

据序云："州志始修于明嘉靖甲午州人冢宰王崇庆，续修
于万历甲午州牧沈尧中，再修于崇祯己卯州牧唐铉，三修于
康熙癸丑州牧孙棨。"据所录王序云："旧典之坠，迄来七十
有三年。"则更有前乎此者也。

开州为古濮阳地，秦汉为东郡治，唐宋以来为澶州，金
皇统中始改开州，盖由宋之开德府改也。清属大名府。

书凡八卷，一地理志，二建置志，三田赋志，四职官
志，五选举志，六人物志，七列女志，八艺文志。似为简
要。据其凡例，颇注意于搜采遗佚，实事求是，就中征引之
书必注出处固自有识。特仍斤斤于取法《武功志》，不免于
陋耳。

〔光绪〕开州志八卷

光绪九年知州陈兆麟主修，进士前江苏丹徒知县祁德昌
纂。大致仍前志体例，所更定不过一二名称而已。

凡八卷，一地理志，二建置志，三田赋志，四职官志，五选举志，六人物志，七列女志，八艺文志。

〔嘉庆〕长垣县志十六卷 附道光续志二卷

嘉庆十四年知县李于垣属阳湖贡生杨元锡纂。

据叙录，长垣志明弘治以前无可考，可考者自明正德十一年知县张治道始。嘉靖二十年知县杜纬重修，隆庆五年县人赵莘因旧志更博采见闻，纂辑成志，及万历三十一年知县张文炫又属莘子举人浩重纂，康熙十九年知县宗琮又因旧志续纂。又据凡例，雍正庚戌知县胡承璘撰续志稿四卷，为未成之书。

长垣汉县，明以来属大名府，建置虽古而沿革则殊简也。书为十六卷，一图考，二沿革表、封爵表，三职官表，四选举表，五地理书，六建置书，七田赋书，八典礼书，九事纪书，十循政记，十一人物记，十二列女记，十三、十四艺文录，十五金石录，十六叙录。冠以叙例二十八条，大抵皆章氏之绪论也。叙例中有云："近代方志每列寺观，夫寺观何足云建置耶？今以寺观载于里甲某里某村下以存其名，所以抑二氏也。"此则迂陋之见，章氏所不出也。

事纪书引《隋书·经籍志》云，古者朝廷之政，发号施令，百司奉之，守而不忘。又云，吕伯恭撰《大事记》，朱子称其精密。此二语已属不伦矣。为掌故之书则不可为大事记，为大事记则不可为掌故之书。详志家所以须有年纪之篇，为其年经事纬足以明古今之变、纳繁于简也。可以为记，可以为表，而不可以为书。曰事纪书，其名先自不合，更检其内容，则杂记恩泽、祥异及佚闻三则而已。信其如此，则全志不皆可谓之事纪书哉？综观其体例议论，多似是而实非，盖袭章氏之皮毛而未得其元珠者也。末附续志，道光二十九年知县陈右昌修。据其序略谓先请常熟蒋庸主修，蒋意李志太繁，乃删削而合并之，又觉其过当，乃与郭余裕详校增辑之，县人以李志为可惜，因别为续志二卷。然创其事者盖前任葛之镛，助成之者举人、主讲寡过书院聂泰，皆湘人也。其体则一反李氏之所为，凡例首条云："志即记也，既曰志矣，何必曰书曰表曰录，故为别异其名？兹刻门类悉仿旧志而概名为志，以归画一。"其不满于李志可想。然既不循其体例，则宜别行而不当曰续志附于其后也。

〔光绪〕邢台县志八卷

光绪三十一年知县戚朝卿请贵筑举人候选知县周祜纂修。据序云，邢志凡四修，万历、康熙、乾隆三志不复可得，今得见者惟嘉庆志，迄今将及百年云云。但《学部志目》有《（乾隆）邢台志》，知县刘蒸雯修也。

观其凡例于旧志之疏罅改订已多。凡分八卷，一舆地，二建置，三经政，四职官，五选举，六人物，七古迹，八艺文，大致犹为简要。然如灾祥改为前事而隶于经政，选举篇科目之前忽列历代试格，皆难索解。

邢台为顺德府附郭县，汉以来之信都襄国也，史事最长而志殊未之及，其他抑可知矣。

〔乾隆〕沙河县志十卷

乾隆二十二年知县杜颛修，前有顾栋高序。颛，栋高门人也。

据序，志创于万历十六年县令姬自修（其名据秩官志补），康熙二十六年知县谈九乾续修。杜氏力诋其援据之疏，采摭之杂，叙次之紊，体例之乖。今就沿革一篇观之，本志能据各史地志为说，固自非前志所及。至于图绘之精，剞劂之工，亦足见有作不苟，不愧承顾氏之绪余者矣。其凡例十数条，皆灼然有见，其论古迹曰："古迹必实有故事可稽堪资后人凭吊者方为足据，或本无与轻重而复已颓废，或不在封域而谬为掇拾，或虽有踪迹而系以荒诞不经之词，未免收之过滥。兹固未敢概从删削，而每存其说必加以论辩，或亦不失传信传疑之意。"此义殊为往时修志者所忽，其说良可存也。

凡例又云："是编之辑，搜采悉系躬亲，凡履涉所至，自邑之绅士以逮山僧野老、舆隶贩夫之属，靡不周咨博访。"观其荟纪一篇，巨细兼收，颇多常人所忽之故实，信乎非躬历而勤索者不能。修志者若能通采此例而扩充之，当能补偏救弊不少也。后附道光二十五年知县鲁杰续增之本，其自序云："慨志乘之修已久，亟欲修之而又不敢妄为重修。因思杜志本属详明，原板亦极完善，第为续增可也。"其卑以自牧之意亦殊足多，固胜不知而作者矣。

沙河，隋开皇中置，唐武德中曾立温州，旋废，明以后属顺德府，宋璟墓在焉。

书十卷，一舆地，二建置，三风土，四田赋，五秩官，六选举，七、八人物，九、十艺文。

〔同治〕平乡县志十二卷

同治七年知县苏性撰。

按旧志序，万历十二年知县王应创修，继即毁佚，康熙八年知县赵弼重修，十九年知县卞三畏增补，乾隆十六年知县杨乔三修（《学部志目》"乔"作"香"，误也），此其大较也。其中赵弼一序明云"康熙八年，予不佞承乏兹邑"，而竟误刊为乾隆八年。舛谬一至于此，秉者之草率可以想见。

据其凡例，乾隆十五年以前事迹多依旧志原文，凡十二卷，一星野，二、三地理，四典礼等，五田赋等，六职官等，七、八选举等，九人物，十至十二艺文。

平乡为汉巨鹿县，后魏改今名，自明以来属顺德府。

〔同治〕广宗县志十二卷

同治十三年知县罗观骏修。

按旧序，隆庆六年知县张民范始修，万历二十六年知县马协续修，康熙三十二年知县吴存礼、嘉庆七年知县李师舒各一修。

凡十二卷，一封域，二建置，三祠祀，四田赋，五典礼，六封爵，七官师，八选举，九宦迹，十人物，十一祲祥，十二艺文。大致记以旧志之文而附以近事而已。

县自元宪宗时始分平乡置，明初废，旋复，属顺德府。

〔光绪〕巨鹿县志十二卷

光绪丙戌知县凌燮修。

据历修姓氏，万历二十一年知县何文极、顺治十八年知县王鼐、康熙二十年知县陈可宗、五十一年知县郎鉴各修一次，而存者仅王志而已。《学部志目》"郎鉴"作"邱鉴"，误也。

巨鹿在秦汉向为郡，永乐间始为县，属顺德府，志于史事沿革略焉未及。

凡十二卷，一地舆，二建置，三学校，四典礼，五赋役，六风土，七事异，八官师，九选举，十人物，十一列女，十二艺文。所取法者陆氏《灵寿志》也。

〔光绪〕唐山县志十二卷

光绪七年知县苏玉修。

据教谕杜霭序，唐志创于万历间（知县郑宗周、县人赵鹤年修），顺治初年因灾散佚，今所传者乃康熙十二年知县孙缵重修，内有康熙十九年知县朱君魁鳌续补数则。又据凡例，续修志稿系同治十三〔二〕年知县缵〔续〕魁等汇辑。

书十二卷，一舆地志，二建置志，三世纪志，四田赋志，五保息志，六典礼志，七学校志，八官师志，九武备志，十选举志，十一人物志，十二艺文志。

县在汉为柏人，金改唐山，自元以来属顺德府，其曰唐山者，据皇甫谧"柏人城，尧所都也"。其沿革门云："秦灭六国，置巨郡。"不谓之巨鹿而谓之巨郡，大乖书法矣。

〔道光〕内邱县志

道光十二年知县施彦士修。

前有康熙七年训导牟瑞征一序，盖曾修于是年也。旧志规模分以八纪，曰天纪、人纪之类，纤诡可笑。今本亦仍之，盖增补而非重修也。

内丘故汉巨鹿郡之中丘县，隋以杨忠讳改，明以后隶顺德府。本书录《史记·扁鹊传》，亦殊不审其命意所在。

〔宣统〕任县志八卷

宣统己酉知事谢晁麟创修，委训导陈智编纂。至民国四年知事王亿年始增补付印。据谢晁麟序，邑志始辑于隆庆元年，再辑于康熙十二年，二十五年三十年两次续补，复修于道光初年。又据王亿年序，则志书板片于咸丰三年悉付劫灰。据《学部志目》则隆庆志知县林九畴修，康熙志知县季芷修。

任邱〔按，任邱应作任邑〕始建于汉，属广平国，明清为顺德府属县。其县疆土东西五十里，南北四十里，真弹丸之地矣。

据王序，任邑九河下流失其故道，大陆之墟，陷为巨泽，尚无术以疏浚而拯救之。是水患为县之大事。故卷一河流一篇，援引疏证颇为详明，且于现行状况记注无失。

其疏浚一篇载顺治中知县吴怀忠之十七河疏浚记，以行水丈尺编为歌诀，实佳史料。

卷三田赋一篇叙述亩额亦极明显。兹磔括其言曰："所谓原额者即万历时条鞭刊定之额，其时江陵当国，普丈天下田亩，事核而数核，故清初赋役沿其法而不革。所谓额外者则明代之马场与皇庄各居其半，至清而场升科，皇庄改为更名地。"按清代近畿仍有圈地其后虽别予受补，然明之秕政亦未尽除，特任县在畿南故不及耳。

又按光绪三十三年以后有带征之学警经费，本县额征计二万一千贯有奇，其数亦不可谓不巨，此又光绪以前旧志所无也。

军屯差徭之沿革详见邑人徐连之记。兹亦曧括其言曰："军屯始隶正定卫管束，田亩赡足，户各安业，康熙二十八年裁卫归县，被任邱、易州拨去十分之七，一粮四派，代粮纳租，以补任、易二处，且有漕运、差徭、屯丁独办，数十年来，讫无宁岁。其后奉文将行差丁匠银粮并加入地粮额内，仍当徭差，地少粮多，屯民之困极矣。乾隆十一年县令批谕，每逢杂差毋得混派，惟兵差一体充当。"

〔乾隆〕广平府志二十四卷

乾隆乙丑知府吴谷修。

按所录旧序，嘉靖二十七年知府翁相修，给事中陈斐谪丞长垣时所撰也。康熙十五年知府沈奕琛重修，但据序录则实成化间知府秦民悦创修也。

凡二十四卷，一、二星野建置，三疆域山川，四、五学校武备，六赋役等，七水利，八坛祠，九寺观，十陵墓，十一古迹等，十二封爵等，十三、十四职官，十五、十六选举等，十七、十八名宦等，十九至二十三人物列女等，二十四杂事。

广平始见《汉·地理志》，北朝以来为洺州，明复广年〔平〕为府。雍正四年以河南彰德府之磁州来属，遂领一州九县，则永年、曲周、肥乡、鸡泽、广平、邯郸、成安、威县、清河及磁州也。本书于沿革一不登载。

至如人物传以张揖为魏太和中博士，明明舛误，宜为光绪志所纠弹矣。

〔光绪〕永年县志四十卷

光绪三年知县夏诒钰撰，盖据前任王镛之稿删定而成者也。

其凡例云，永年有志创自前明县令宋祖乙，现行本为乾隆中孔广棅重修。据职官表，宋盖崇祯中任也。据《学部志目》，有《（乾隆）永年志》十八卷，知县王珍修，乾隆十年刊本。

永年为汉广平地，唐为洺州，金置永年县，为广平府治。

凡例能引永清、枣强之例，是颇知所取法矣。然艺文仍录诗文，并不依省局新编通志及广平旧志之体，一失也。旧志录《春秋》经传、诰敕、奏疏皆以为非，殊不知苟足资佐证之文不得避习见，苟确有关系之文亦不得避复见也，二失也。

其目次卷一至二十为星野、山川、疆域、沿革、建置、水利、田赋、户口、学校、秩祀、营制、驿传、古迹、碑碣、寺观、冢墓、风俗、土产、祥异、杂稽、诸志，二十一至二十三为封爵、职官、选举三表，二十四至二十五为兵事、宦迹二录，二十六至三十六为人物诸传，三十七至四十为艺文。

观疆域录邑人风俗之说，古迹篇采冉伯牛墓而又附以诞妄无稽之谈，意识之卑，无足论矣。

〔同治〕曲周县志二十卷

同治八年知县存禄修，县人进士刘自立纂。

按序，嘉靖辛卯知县黄骅创志，万历癸卯知县高出增修，顺治十二年知县李时茂再修，乾隆丁卯知县劳宗发三修。本书凡例云，仍修旧典，非夸新献，其宗旨已可概见。寥寥六册，分至二十卷（细目未录），叠矩重规，无当大雅也。

曲周，汉广平国县，郦商封邑也。

〔雍正〕肥乡县志六卷

雍正十年知县王建中修。

据序，嘉靖十七年戊戌知县邹理始修，四十年辛酉知县商诰再修，万历十八年庚寅知县廉靖三修，康熙二年癸卯知县焦服祖四修，四十九年庚寅知县许国栻五修。但以屡遭漳水板没书亡，鲜复存者。

肥乡始立于魏，属广平，迄无改易。

书凡六卷，一图考等，二物产等，三名宦等，四、五艺文，六典籍及志余。诗文谓之艺文而著述谓之典籍，亦可谓颠倒矣。

〔同治〕肥乡县志三十六卷

同治六年丁卯知县李鹏展请教谕赵文濂纂辑。其序文署名作鹏屏，殆误刊也。

书凡三十六卷，一舆图，二星野，三沿革，四建置，五疆域，六山川，七学校，八事纪，九兵纪，十武备，十一赋役，十二坛祠，十三寺观，十四冢墓，十五古迹，十六风俗，十七典祀，十八物产，十九封爵，二十职官，二十一保举，二十二选举，二十三封荫，二十四名宦，二十五人物，二十六忠义，二十七孝友，二十八隐逸，二十九列女，三十寓贤，三十一仙释，三十二灾祥，三十三著述，三十四五艺文，三十六杂记。

其中兵纪一篇有咸同间征剿战守纪略，皆记教匪事迹，良为可珍之史料。武备篇载阵法图，虽嫌芜滥，亦他志所未及也。

〔乾隆〕鸡泽县志二十卷

乾隆三十一年知县王锦林取十九年前知县王光燮稿订正而刊之也。

按所录旧序，则有顺治四年知县吴应文、康熙十二年知县姜焅两次所修。据凡例则云创于前明贡生康守愚、邑令曹孔荣。

据《学部志目》，有《（崇祯）鸡泽志》九卷，殆即此也。

鸡泽之名始见《春秋》，隋唐以来遂以名县，明清属广平府，然非要地也。

凡二十卷，一星野，二疆域，三建置，四山川，五学校，六坛祠，七古迹，八风俗，九典礼，十田赋，十一武备，十二职官，十三选举，十四宦迹，十五封赠，十六人物，十七列女，十八灾祥，十九杂事，二十艺文。

是书续于王志之后，历时未久，而自云不数月即告竣，前志所有刺谬一一厘正，是亦有意吹求，非真具见地者也。

〔康熙〕广平县志五卷

康熙十五年知县夏显煜修。

据旧序，万历十七年知县陈鏊创修，万历戊申知县王一龙续之。今悉仍前体，未尝更张也。凡五卷，以土地、人民、政事、文献分统之，强事离析，纤诡不经，犹乎明人陋习而已。

本大名魏县地，金大定中置今县。

〔乾隆〕邯郸县志十二卷

乾隆乙亥县训导王炯撰。

据所录旧序，知志始于成化，其撰志者已不可考矣。一修于万历元年知县张第，再修于顺治三年知县韩思敬，而集

事于康熙十二年知县张慎发（据凡例作二十二年，显误衍
"二"字），至雍正八年知县郑方坤复增补之。

　　书凡十二卷，一编年，二舆地，三建置，四食货，五礼
仪，六秩官，七宦迹，八选举，九人物，十、十一艺文，十二
附余。其所谓附余则佚事、庙宇、寺观，则仍陆氏《灵寿志》
之见也。

　　邯郸之名著自《春秋》，迄于今未改。其在史册，所关者
大矣。本书既无沿革，又无大事记，仅撷拾空言琐事以为编
年，而确凿可据之史实反以入之佚事。其颠倒陋略，盖未闻
史法者矣。

〔康熙〕成安县志十二卷

　　康熙十二年知县王公楷属举人南和张櫕纂。

　　据王序，志创于万历二十七年知县刘永脉，后十年训导
王孙昌增饰之。据《学部志目》，有《（顺治）成安志》五
卷，知县贾三□〔策〕修。

　　成安立县甚久，而地处冀鲁豫之交，于古或隶司州，或
相州，或冀州兖州，明以来始定隶广平府。本书方域志曰三
方错处之区，而河南尤近，地多寄庄，考试有冒籍，狱讼不
直者恒规避不赴质——纪实也。

　　书凡十二卷，一舆图，二沿革，三方域，四总纪，五建
置，六赋役，七秩官（按目次作秩官而书实作职官），八宦

迹，九贡举，十人物，十一、十二艺文，附古迹。往往卷祇数
弃。其中总纪漫取史事排年杂载，毫无义法。列传皆未列出
处。流寓一项列鲁昭公，则以县有乾侯驿也。

〔康熙〕威县志十六卷

康熙癸丑知县李之栋修。

据凡例，威志自明县令钱朮（嘉靖二年任）创于前，胡
容、田可井、张蒙正嗣修于后，顺治丙戌袁天秩（《学部志
目》作党天秩）又益续志一册，今奉文纂修，特取二志加以
近事汇成也。

书十六卷，一星野，二疆域，三沿革，四古迹，五建置，
六学校，七坛祠，八田赋，九风土，十秩官，十一宦迹，十二
选举，十三人物，十四艺文，十五灾祥，十六杂志。

威州，金置，明初始降为县，属广平府。其故实简略固
宜。然本书仅移录旧文，勉分部居而已。每卷至有仅一二纸
者，加又讹夺漫漶，至不堪寓目也。

〔同治〕清河县志

同治壬申知县王镛修。

前有黄彭年一序，其时黄任修《畿辅通志》也，有云：
"《文渊阁书目》旧志中载《清河图志》二册，新志仅书名，

皆无卷数。康熙中邑令卢士杰修志，称初编五卷后益为十二卷，士杰又益为十八卷。考明正统中杨士奇题本，言文渊阁书皆永乐十九年取自南京，当时已有新旧两志，而卢志称志创自嘉靖十三年邑令孟仲遴，更定于万历八年邑令向日红。殆数典而忘矣。然就书目及卢志所记，清河志在明已四修，乃我朝自康熙十九年重修之后迄今百九年，竟无续而纪之者。"然历来志乘所述源流多就现存者而言，已佚之书势难遍致，不能独责之卢氏也。据《学部志目》，有《（康熙）清河志》十八卷，知县钱启文修，康熙五十七年刊本。

本书凡例称仍依原式以次增补，是其体例并无别识心裁，固胜不知而作。然其云"田赋旧志凡裁革各款概行载录，兹仿府志仅载现行事例，余悉裁去"，则大悖乎撰志之义也。凡新修之志当预为旧志散佚计，故文求其省，事求其详。若现行事例之外刊而不载，则旧志苟佚，来者将何考焉？况纪制度之书贵于穷源竟委，不应存今而略古乎？

清河为汉郡，北朝立贝州，以为属县，明以后复为广平府属县。其在东汉有党人之论，其在北宋有王则之乱，此皆县之要事，志无一语及之，何也？

〔康熙〕**磁州志十八卷**附同治续志六卷

康熙三十九年知州蒋擢取康熙二十年前任知州任塾所修本而增订之也。

据任序，自嘉靖癸丑至万历庚辰三十年间，有周文龙、孙镠、栗永爵、罗湖赵范相继重修。顺治戊戌知县张瑞午复承巡抚贾汉复之命重草上之，然率略不足当贾意也。任志成后又有康熙三十三年知州康善述增修，而蒋氏概以为未可，十余年后，遽又取而重订之。盖以后竟前，人情不免。然其凡例云："里甲、村市当附于疆域之末，古迹当另为一卷，而以陵墓、寺观附之，风土、物产宜另为一卷，祥异有关鉴戒亦宜另为一卷，前志俱收入杂志内，而坊表寺观尽删，恐非志乘之体。"则其抨击前志，亦非无故也。磁州以地产慈石得名，在隋唐间屡置屡废，明以后属河南彰德府，雍正四年怡贤亲王办理畿辅水利，以滏河由直隶统辖为便，奏请改属直隶广平府。

书凡十八卷，一星野，二疆域，三沿革，四山川，五营建，六学校，七祠祀，八赋役，九水利，十风土，十一古迹，十二秩官，十三宦迹，十四兵制，十五选举，十六人物，十七艺文，十八祥异。

末附同治十三年知州程光滢续本，除星野、疆域、山川、古迹不再见外，余皆就原有之门类补入近事，故不能单行也。

〔乾隆〕天津府志四十卷

乾隆四年知府程凤文修，前任李梅宾创始，其秉笔者则内阁《三礼》纂修官吴廷华荐举博学鸿词汪沆也。

　　天津为汉泉州章武参户县地，元通海运，遂为重地，雍正三年改明天津卫为州，九年复升府。领六县一州，则天津、静海、青县、沧州、南皮、盐山、庆云也。

　　此书大抵合采《畿辅通志》《长芦盐法志》《河间府志》及诸县志而成，前无依据，弥见其创始之艰。其中纠正旧县志之误者，如地舆篇，县志谓春秋时为清国，晋为清州，此必误引《宋史·地理志》之清州也；山川篇，《青县志》云："中山在县南二里，唐阳城隐此"，此误引《唐书》"阳城隐中条山"而夺去条字也。类此者尚多，皆非漫无剪裁者可比。天津要政惟盐、河两项，故于盐法、河渠志之独详。然元以来海运之沿革未之及，仅略载于杂记中，抑其疏也。

　　凡四十卷，一天章，二地舆，三星土，四形胜、疆域，五风俗、物产，六山川，七城池、公署，八乡都、户口，九学校，十坛壝，十一古迹，十二田赋，十三盐法，十四驿递，十五兵志，十六、十七河渠，十八祥异，十九封建，二十名宦，二十一至二十四职官，二十五六选举，二十七至二十九人物，三十至三十二列女，三十三至三十九艺文，四十杂记。

〔光绪〕天津府志五十四卷

　　光绪二十一年知府沈家本等监修，候选主事桐城徐宗亮纂，同知诸暨蔡启盛核正。

按徐氏凡例，知其体制略依章实斋氏之说，而蔡氏跋语则称覆观一过始见诸多脱误，不能重纂，遂去其太甚者。

今观其分类，纪之属曰皇言曰恩泽曰恤政，表之属曰沿革曰封建，考之属曰舆地曰经政曰艺文曰金石，传之属曰宦绩曰人物曰列女曰殉难士女，大体未差。然第八卷历朝沿革自云："以史志为定，以光绪通志及前志并州县诸志为辅，其天津、青、静海、沧四州县分叙各别，互参始明。舆地一事，古今名实纷然百变，必一一求其至确，虽通材未易任此。"于是广罗诸书，重叠比较，正文与按语杂糅不分，览者数行俱下，仍不得其要领。自来无此撰志之法。盖徐氏原稿或尚未为定本，而蔡氏不能详为去取之也。

天津开商埠始于咸丰中，本志自应详为纪载，乃仅录条约数款及英、法两领事每年所交地亩钱文，附载公廨之后，且并法租界亩数亦缺而未载。何陋略一至是哉？同治天津教案几酿国际战争，为近代一大史案，志亦一字未及。可谓计锱铢而遗泰岱。至全书文字牵强难索解处颇多，抑其末节矣。

〔乾隆〕天津县志二十四卷

乾隆四年知县朱奎扬修。前有陈宏谋序，宏谋时任天津河巡道也。

据凡例："县本无志，县志即卫志耳。卫志向有胡文璧本最佳，今本只存其修志一书，议论颇核。"今按其书载艺文内，略谓"官府、市廛、营伍、庐舍率自本朝创设，前此未之有焉，则其志之无考也固宜"，因历述沿革，而请伦彦式秉笔为之志。

据《学部志目》，有《（康熙）天津卫志》，康熙十三年副使薛光斗修也。

凡二十四卷，一纪恩，二星土，三地舆，四形胜疆域，五山川，六古迹，七城池公署，八学校，九盐法，十海防，十一河渠，十二田赋，十三风俗物产，十四五职官，十六名宦，十七选举，十八人物，十九列女，二十至二十三艺文，二十四杂记。天津既无掌故可言，故撰志甚艰。本书于盐法、海防、漕运、屯田诸政加意纪述，可谓得体。

〔同治〕天津县志二十卷

同治九年前云南盐法道编修吴惠元撰，采嘉庆间诸生蒋玉虹之志稿残篇而成，以续乾隆志者也。

据依凡例："体例悉依旧志篇目，间有更订，应增者附之。海口通商各政则将前后谕旨并一切章程纂入。"其时参阅诸官正天津教案中人也。

〔嘉庆〕青县志八卷

嘉庆八年知县沈联芳修，前广东西宁县知县倪铼纂。

据艺文志所录旧序，创修于万历丁未知县应震，重修于康熙癸丑知县杨霞。

河间府县，旧志以为春秋时之清国，义无所据。其在汉则泉州参户县地也，宋始置清州，盖以河清名，明改青县，顺治省兴济县并入，雍正九年以后隶天津府焉，漕运所经要道也。

书八卷，一天章等，二山川等，三赋役等，四职官等，五人物等，六蠲恤等，七八艺文。

〔同治〕静海县志八卷

同治十二年癸酉知县郑士蕙撰，举人蕲水郭光庭校正。

据载县志创修于明天启某年知县王用士，续修于康熙十一年知县阎甲允。又据序，称"取阅旧志，体裁乖谬，文辞芜杂，且字多漫漶不可识，为芟薙补辑，择其可存者存之"云云。是旧志甚无可取，而今恐亦并无存矣。

静邑始置于金，初名靖海县，明改静海县，属河间府，清初因之，雍正三年属天津州，九年设府，以县属焉。

书凡八卷，一地理志，二建置志，三灾祥物产志，四田赋志，五官师志，六人物志，七选举志，八艺文志。

静海为励杜讷故里，屡代以文学显，志宜有专纪，而阙焉不详，抑不能举史职矣。

〔乾隆〕沧州志十六卷

乾隆八年知州徐时作修，举人武进胡淦纂。

据序，前志作于康熙庚申而未详撰人。按《学部志目》，知为知州祖泽潜也。

据凡例："康熙间开馆修《明史》，特命督抚各修省志，其成式一以贾中丞秦、豫二志为准。雍正间《一统志》历久未成，复诏各省纂修通志，仍如前式，恪遵功令，昭法守也。"然则此志为当时通行之志体也。

凡十六卷，一星野、疆域、沿革，二建置，三学校，四祠祀、礼制、物产，五赋役，六盐政、兵防，七职官，八选举，九、十、十一人物，十二纪事，十三古迹、遗闻，十四、十五、十六艺文。

沧州故汉勃海郡地，北朝始设沧州浮阳郡，明隶河间府，雍正设天津府，遂以州改隶。志有"古无勃海国"等十考，于旧志沿讹之处能引史籍以正之，功殊不细。

〔光绪〕南皮县志十五卷

光绪戊子知县殷树森修。前有张之万序，云："《南皮志》创修于明万历时知县李正华，康熙十二年知县马士琼、十九年知县刘址相继续修。"

凡十五卷，一舆地志，二建置志，三典礼志，四学校志，五风土志，六赋役志，七职官志，八、九选举志，十、十一人物志，十二列女志，十三、十四、十五艺文志。

据其凡例云："邑人潘孝廉震乙采访订正，粗就匡略，未卒业而殁，今借孝廉遗稿为蓝本而以新采各条随类编入。所用体例悉遵府志，稍加变通。"南皮张氏为六百年巨族，而无专纪以推本其著籍所由，亦阙典矣。

〔同治〕盐山县志十六卷

同治六年知县王福谦主修，南皮举人潘震乙纂。

据旧序，志创于嘉靖癸巳知县时尚儒，隆庆壬申知县李莩续修，康熙辛亥知县朱鸾鹭三修，癸丑知县黄贞麟删正之，庚申知县熊士晋再补，乾隆初年有修而未刊者，谓之钞志。

盐山，隋县，历隶沧州，雍正设天津府，遂以改隶焉。

书十六卷，一舆地，二建置，三典礼，四学校，五风土，六赋役，七职官，八官政，九、十选举，十一、十二人物，十三列女，十四金石，十五、十六艺文。

典礼、风土等篇肤滥累牍，而金石中之《正德重修庙学碑》乃云文未典雅不载，存其虚而去其实，斯岂足言志体耶？惟其考订疆域沿革较之旧志为核耳。

盐山新志三十卷

　　近人县人贾恩绂撰。不著刊行年月，亦一失也。

　　其叙列云，所志篇著十六，而纲总以四，不袭正史，不避创格/曰疆域，曰法制，曰文献，曰故实。规模稍异于旧矣。又云盐务有志昉于明之嘉靖，再修于隆庆。其书久佚，今可见者，仅康熙十九年之本。乾隆中修而未刊，名曰钞志，亦复不可得见。兹编以同治志为据依，间亦采及康熙志，故其书创多于因。综其所长，盖有二焉。叙疆域沿革无附会之词，一也。能多制表，事丰而文省，二也。然其所短亦有三焉。其建置篇叙学款有涉恩怨之语。按传世之作，宜严公私之辨，范氏《吴郡志》涉及家世，已非著书正体，况于标榜一己乎？一也。又于教育制度多所评骘，微论其非是非之公，即专以著书体裁而论，此种评骘岂可尽邪？二也。至人物分目，为历来陋习，钱泰吉《海昌志》例已略道之，此书高掌远蹠而独不能脱此窠臼，三也。然方志得此，固为上乘矣。

〔民国〕庆云县志十二卷

　　民国三年东边镇守使县人马龙潭倡修，知县孟繁荫为之序。

据所录旧序，万历中知县柯一泉取县人杨羽墀所修刊行，康熙十二年知县李居一续修，十九年后任李兴祖踵成之，嘉庆十四年知县潘国诏属邑人崔旭再修。

今志大抵规仿前志，曰地理、建置、赋役、典礼、职官、选举、人物、列女、风土、艺文、新政、杂志，凡十二卷。

庆云即古无棣县，明初改今名。志于沿革门谓"永乐中析乐安州北地，置庆云县，隶河间府沧州，其省会为直隶"，数语已难索解，其他讹率鄙倍不一而足。人物一门侈陈马氏事实，并及其他里人。自古少有以现存之人入志者，更未闻修志之人自为生传者。其为乡曲之私何以自解？至于赋役、秩祀等门于民国新制并不一及，而久为诟病之八景亦仍照例摹绘，是直与重刊旧志无别。盖修志之意原不在此故也。

〔乾隆〕河间府志二十卷

乾隆二十五年知府杜甲属举人上海黄文莲编纂，盖即承前任王检请胡天游所修旧稿也。

《河间府志》创修于嘉靖庚子知府郜相，再修于万历己卯知府杜应芳，三修于康熙丁巳知府王凂。

书为二十卷，以四部括之，曰舆地，曰官政，曰人物，曰典文。其星野篇有星野分类占法，谓出于王凂。凂自言常习天文禁本及太乙诸占，书其说于郡志，亦可怪矣。

其自述之语曰事增于前，文减于旧。然全书大抵多庸泛之语，不似胡氏手笔，盖偶用其名以震俗耳而已。其《琐录》一篇所采河间故实颇多。然河间自明以来多产奄竖，何以无一语及之？若谓其不足污笔墨，又何以备载魏阉诸媟语耶？

河间府跨古数州之地，其界域非片言可详。清制领州一，曰景，县十二〔按，应为十〕，曰河间、献县、阜城、肃宁、任邱、交河、宁津、吴桥、东光、故城。

〔乾隆〕河间县志六卷

乾隆二十四年知县吴山凤属举人上海黄文莲纂。文莲纂《河间府志》已著录。

县志创于万历辛卯知县赵完璧，重修于康熙癸丑知县袁元。据凡例云，赵志仿《史记》，名"乘史"，已无从购得。旧志谓其文胜于质，略而未备。袁志亦以奉檄纂辑限于日时，错漏弥复不少。

本书凡六卷，为十目，曰地舆、建置、赋役、典礼、风土、官职、宦绩、选举、人物、艺文。其中如古迹专载故书所记，或今存或今废，条疏分明，故为可法者矣。

河间，汉武垣县，隋改今名，元明以来为河间府附郭县。

〔乾隆〕献县志二十卷

乾隆二十六年知县万廷兰与县人御史戈涛同修。

按所录旧序，万历十三年知县章汝蕴创修，康熙十二年知县刘征廉续修，乾隆十二年知县吴龙见三修。然舆地篇引元《献州记》，未之及也。

据凡例，则其更张旧志合于史法者数事——增图创表，一也；户口夫役刘志芟削明制，今详析疏列不厌其繁，二也；合循良于名宦，析选举于人物，三也。于是除图表不列卷外，一舆地，二建置，三食货，四礼乐，五武备，六封建，七官师，八选举，九至十一人物，十二至十七典文，十八祥异，十九至二十杂志，凡二十卷。

县为汉乐成县，金置献州，明省州为县，其形胜以滹沱为著。

从前滹沱环抱邑西、南、北三境，而兼走于东，康熙五十年南迁渐废，志于滹沱河堤变迁沿革颇存厓略。

食货篇云："国初定兴等处所占旗圈以县地拨补之。其后各州县民嫌荒歉不愿受补，自康熙二十八年至乾隆三年渐次退回本县。考其数，涿州、保定全退无余，定兴军地未退者二百八十二顷有奇，更名地未退者八十五顷八十余亩，至文安县所退之数反溢所拨之数百六十余顷，则未审其由。"此亦县之故实可注意者也。

食货篇全录明万历年条鞭赋役额款，盖据明志张汝蕴所辑本录之。时为万历十三年，去九年初定条鞭时未远，犹足见其本末，且正供、杂办纲目分合之故，皆留心国计民生者所必详（原按语）。如所谓马草银、农桑丝折绢银、盐钞钱、地亩绵花绒银、宫勋子粒银、牧马子粒银，他志固多从刊落，即清代各种地亩税款，亦无如此详悉者。中如退出石之亨遗造行差地二顷四十三亩，《赋役全书》且误作六亩，不有详明之县志曷由参稽而互证之？戈涛跋称"尝读陆清献《灵寿志》，至于田赋一门几当全书四分之一，自洪、嘉旧制以及万历初定条鞭之法，顺治、康熙间之所斟酌损益，无不纤悉备具，夫乃得其纲目分合之著，《明史》之所不详。……夫一代之史，于政治之大未尝不各为一志，然率皆提其大纲，其随时随地设施之详，不可得而概见。能详举而备列之，宜莫如诸县之志，而作者不皆审知体要，往往详所可详而略其宜详"云云。实切中旧志之弊。

综观全书，得于详者多，失于滥者尚少。每篇提要数语，皆言之有物，确能揽挈大纲，非如他志之具文塞责。征引旧籍，殚见洽闻，体例精宏，衰然巨籍。意者其时纪昀已通籍，得其参订，又当乾隆中叶物力富赡之时，故克如此。惟县人戈涛、源兄弟并列编订，而所采典文凡涉其私人往还者亦一例列入，甚至物产门中自称"予旧有苹果诗"亦全行刊载，并不知所谓予者何指。此则大非著书之体矣。

咸丰续志序云："明建文间南北兵争，邑人无复存，志莫考已。永乐二年迁近省人实畿辅，而献始有民，至万历初乃有志。"不知何所据，当是故老传闻之说，此亦足补正史之遗也。

〔咸丰〕初续献县志四卷

咸丰七年知县李昌祺修，其曰初续者，据其凡例以乾隆志为主而续纂者自为一书，名曰初续，以继修待后人也。所续者惟选举、人物两门，而古迹建置亦间及焉。

〔民国〕献县志二十卷

民国十四年知事薛凤鸣修，县人张鼎彝撰。

其凡例云，以近人贾恩绂《盐山志》为法，其力矫积习立言有体，实近志中罕见者。例如用《热河志》例以晷度代星野，一善也。古迹如河间献王陈简肃公墓以照片列首，二善也。析县境之土性为表，三善也。于乡区之判，辨里屯地方警区之沿革而不偏废，四善也。于文献志之仕进篇附民国职员表，存县人之资历以徇俗见而仍不碍著书之体，五善也。艺文篇之著述并著提要，六善也（惟未著存佚为遗憾）。别立宗教一篇详著教堂教民数目，七善也。方言之后兼采歌谣，八善也。

综凡二十卷，统以四志，曰舆地，曰经制，曰文献，曰故实，而诗文附录殿焉，则章氏之家法也。文字雅驯，语皆征实，非博贯古今能见其大者不能为也。薛序云以六月之光阴、二万四千缗之款项修成四十余万言之县志，则尤足多矣。

　　录其子目如左以资鉴证。

　　卷一至卷四　舆地志一

　　　　疆域篇一之一　晷度　幅员　山川　河道　土壤

　　　　沿革篇一之二　附表

　　　　建置篇一之三上　城池　署廨　里屯地方警区　乡镇集会　铁路土基

　　　　建置篇一之三下　坛庙附寺观义地　堤防桥梁　救生缆　坊表书院义学　仓局

　　　　古迹篇一之四　古城　山水　宫阙　园亭　堤台堡厂　陵墓

　　卷五至卷七　经制志二

　　　　设官篇二之一　历代国制官制

　　　　赋役篇二之二上　田制　丁户　科则

　　　　赋役篇二之二下　制用　耗羡　折征附征　杂税

　　　　新政篇二之三上　公署改组　警政　学政

　　　　新政篇二之三下　实业　自治　选举　司法　商会

　　卷八至卷十二　文献志三

　　　　封爵篇三之一　汉魏晋诸侯王表　列传

　　　　职官篇三之二　汉以下可考者表　明清两代行政官表　明清以来教职表　民国行政官表　民国司法官表　宦绩列传

　　　　仕进篇三之三　汉后征辟可考者表　前代科举　明清科名表一二

三 明清荐绅表一二 命夫命妇表一二难荫附 候补候选诸官毕业生 民国职官表

人物篇三之四上 名宦列传

人物篇三之四中上 高介 忠义 孝友 任恤

人物篇三之四中下 文学 寓贤 别传 耆民 附民国褒扬

人物篇三之四下上 烈女传

人物篇三之四上下 节孝略

艺文篇三之五

卷十三至卷二十 故实志

祀事篇四之一

兵事篇四之二

宗教篇四之三 道教 佛教 清真教 天主教 耶稣教

物产篇四之四 植物 动物 货物

谣俗篇四之五 方言 歌谣 风俗

金石篇四之六上

金石篇四之六下

轶闻篇四之七 附祥异表

叙跋篇四之八

〔雍正〕阜城县志二十二卷 光绪戊申重印本

雍正甲寅知县陆福宜修，前志修于康熙壬子，此奉檄而重修者也。据《学部志目》，有《（顺治）阜城县志》二卷知县曹□〔邦〕修，不全。

　　书二十二卷，一星野，二沿革，三疆域，四城池，五公署，六学校，七典礼，八古迹，九坛祠，十物产，十一贡赋，十二风俗，十三邮传，十四武备，十五封建，十六仕籍，十七选举，十八貤封，十九人物，二十列女，二十一祥异，二十二艺文。中如农官入之风俗，刘齐之入封建，封典则号为貤封，恤典则附于祥异，皆非是也。

　　县为汉置，后汉废，晋复置，自明以来属河间府。

〔乾隆〕肃宁县志十六卷

　　乾隆十六年知县尹侃主修。

　　据所录旧序，万历二十六年知县水成性创修，康熙十一年知县王宏翼续修。其目曰方舆、建置、赋役、典礼、学校、职官、人物、选举、列女、艺文。

　　金升河间之平鲁寨为县，元废而寻复置，明以来遂隶河间府。尹序云："按旧志邑令成序，以田赋弗清弊且旁出为丈亩厘额，撮其梗概授之锓梓，厥后王令续志竟逸其文，谨勾核诸曹史积册，断自有明万历为始，洎国朝以来，编丁摊户、垦地改额诸额特为一卷云云。"是其掇拾之功为不可没。然其义例亦犹乎按部就班之寻常方志而已。

　　肃宁为魏阉故里，其所遗秽迹必甚多，而志于魏阉一字未及。虽曰隐恶扬善，然于董狐之谊则乖。此固历来志乘牢

不可破之积习，不能徒以责之肃宁。后之当史职者，宜以大
公为心。若《（乾隆）武清志》之附内臣于乡贤之后固属不
可，然事无美恶有则必书，不必为乡里讳，则庶几古之道也。

〔乾隆〕任邱县志十二卷

乾隆二十七年，知县刘统修。

据所录姓氏，嘉靖甲午初修者知县王齐，万历丁丑继修
者知县顾问，康熙壬寅重修者知县吴琼胥琬，壬子续修者知
县刘日光、姚原泲也。刘、姚以后厥惟此作。

任邱古鄚地，汉有任邱城，隋始为县，明清隶河间府。
其所属赵北口池淀纵横，舟楫所萃，康熙以来岁时巡幸，南
北行旅常所经焉。

书十二卷，一地舆志，二建置志，三食货志，四礼乐志，
五武备志，六封建志，七官师志，八选举志，九人物志，十
五行志，十一艺文志，十二绪言志。所谓绪言则杂录也，然
多记梦幻而不及实事，无以为也。

〔康熙〕交河县志七卷

康熙十二年知县墙鼎修。

据艺文志，万历十三年知县马中良始创县志。有余继登
所撰序。继登即撰《典故纪闻》者，其序自云稍为删繁就简，

则继登曾任笔削也。

凡七卷，一地理，二建置，三赋役，四官师，五人物，六艺文，七杂志。

交河为汉中水地，立县自金大定，沿革短浅，故无甚可书，聊存梗概而已。

〔民国〕交河县志十卷

民国五年知事高步青等修。

凡十卷，一舆地，二田赋，三学校，四经政，五职官，六选举，七、八人物，九艺文，十杂稽。

志虽修于民国，而规模悉仍旧贯，于今制殊少纪载。然于建置能注明今状，又以光绪间出土之唐阳气寺钟证景城之为交河地，亦有功于考古也。

〔光绪〕宁津县志十二卷

光绪二十六年知县祝嘉庸主修，县人举人吴浔源编纂。

按所录旧序，万历间县人王良贵创修，康熙十三年知县程裕昌续修，二百余年，阙然无述。

凡十二卷，一二舆地，三田赋，四学校，五经政，六职官，七选举，八、九人物，十艺文，十一二杂稽。

据沿革表，唐天宝中置县，金天会中改今名，自明以来属河间府。不知唐天宝置何县，且明代为宁津卫非县也。又据凡例，县境三经废绝，皆外属。自建武丁酉至建安乙酉其中废绝者一百六十七年，自天保癸酉至开皇丙辰又废绝四十五年。自熙宁二年知县任先觉续修，而乾隆中进士季洞苍有《吴桥文献考》。隋开皇中于平原置将陵县，金又分将陵置吴桥，遂为河间府属县。观其序例皆老生常谈，凡十二卷，一舆地志，二、三、四建置志，五田赋志，六官政志，七、八、九人物志，十杂记，十一二艺文录。

〔光绪〕故城县志十二卷

光绪十一年知县张焕修。

据旧序，景泰六年县人马伟始修，嘉靖乙酉知县赵荣显继修，万历二十二年邑人夏维藩再修，四十二年知县李元忠三修。入清以后，康熙十九年知县宋尔祁修，三十三年知县沈嘉珍再修，雍正五年知县蔡维义三修。纪录不为不勤，而凡例云所存惟雍正蔡志也。

本志仍奉通志局功令而作，依样葫芦而已。其凡例中所述增损各节，皆无关宏恉。

唐贞元中始置故城，属贝州，明清隶河间府。本书引黄文莲《河间府志》以故城为秦汉厝地，明马氏《甘陵志》言之盖详云。

书凡十二卷，一建置沿革等，二疆域等，三学校等，四

乡村等，五坛庙等，六宦迹等，七选举等，八列女等，九、十
文翰，十一二续文翰。

〔光绪〕东光县志十二卷

光绪十二年知县周植瀛主修，举人宁津吴浔源纂。浔源
撰《宁津县志》已著录。

据所录旧序，正德十六年县人邝廷佩创修，万历三十二年
知县佘良弼重修，崇祯十八年知县邵建伟三修。邵序云，佘志
近略，又得邝公旧本于郭氏，曰繁简之间折衷斯二者而已。康
熙十二年奉檄修志，于是知县王九鼎三修，三十二年知县白为
玑取而续之，道光二十九年以后屡有重修之议，迄兹而始告成。

东光为汉勃海属县，唐属景州，明以后属河间府。本书
沿革表以为秦属上谷郡而指旧志属巨鹿者为非，不知何所据
而云然？全书十二卷，一、二舆地，三田赋，四学校，五经
政，六职官，七选举，八、九人物，十艺文，十一、十二杂
稽，别经政于田赋、学校，此命名之未当也。杂稽中含事略、
祥异、陵墓、寺观、识余五篇，独占二册，此谋篇之未当也。
然异闻零识，赖此以多存，犹胜他志之空疏敷衍者矣。

〔乾隆〕宣化府志四十二卷

乾隆癸亥知府王皖主修。

　　按叙，嘉靖中蔚人尹耕始有《两镇三关志》，其后郡人孙世芳乃有专志，康熙间进士胡以温复补修之。据《（同治）畿辅通志》云，弘治中抚军马中锡创修府志，嘉靖庚申翰林孙士芳踵修，与此稍异。

　　宣化明为宣府镇，领宣府前卫及万全左右等十卫，延庆、保安二州。康熙三十二年改府，雍正六年以山西蔚州来属。领州三：蔚、延庆、保安；县八：宣化、赤城、万全、龙门、西宁、怀安、怀来、蔚。

　　书四十二卷，一纪恩，二地理，三星土，四形势疆域，五、六山川，七古迹，八城堡，九公署，十乡都户口，十一田赋，十二学校，十三典祀，十四塞垣，十五、十六兵志，十七驿站，十八封建，十九至二十二职官，二十三四宦迹，二十五六选举，二十七至二十九人物，三十、三十一列女，三十二风俗物产，三十三四世纪，三十五至四十艺文，四十一杂志，四十二订误。

　　观其凡例，宗旨颇多诞误，如辽金之事必统于宋，祠祀去取必准祭法，人物则妄为功过之衡，仙释则斥为风化之累。且曰："郡志之辑悉本之史，旧志之合于正史者存之，其不合者删。"信如此则有正史即可概方志矣。

　　然其中亦有可取者，则所采录咸具出处是也。尤以世纪一篇为叙次翔洽得法。

　　宣化为朔边重地，长城之沿革自昔纷纭。塞垣一篇于《日知录》之说未尽援引，然于明制延袤里数颇存其概，以与今制相较，有足见今昔之变迁者。

〔康熙〕宣化县志三十卷

康熙五十年知县陈坦主修。

据凡例，"宣自叶中兴、马天禄、孙克承诸先生肇修镇志外，近惟胡东瓯留心文献著有续志，其成卷帙者郡人阎中丞持去，欲登梨枣未就而失"云云。

书三十卷，一建革，二疆域山川，三四诏命，五巡幸象纬灾祥，六恩恤，七城堡，八营建，九赋役，十俸廪，十一储备，十二学校，十三祠祀，十四物产，十五风俗，十六法令，十七武略，十八、十九秩官，二十、二十一选举，二十二名宦，二十三乡贤，二十四以下艺文。

宣化为旧宣府前卫，康熙三十二年置附郭县。虽为边邑，然疆理戎索，此实奥区。其故实有足道者。建革志称："县城内故宣府左卫地方，其内街巷房屋多有脊兽，半属故明左卫指挥、千、百户所居（按至今犹然）。在启、祯时，尚有门楼或一进房屋，迨至己巳、辛巳饥荒，世禄阙给，世官遂有行乞，其屋多毁，后渐更为园畦。又云考昔镇城人烟辐辏，虽僻街小巷亦似通衢。盖驻防官军不下二万，而附郭前左右三卫兴和一所之指挥、千、百户、镇抚又八百余员，合计官军户口殆三万有奇。于是官有第宅，军有房屋。又绅衿商民与四方工役杂处其中，气象郁葱，真名区也。迨明启、祯而后，饥馑师旅前后频仍，其后官军裁减而里宅寥落尤多。"即此一端足征县之源远流长矣。

赋役志载历来屯田情形及豁免门税原委，诏命志载明清诏敕，亦多有关系之史料。即法令志等篇所录，或有过滥，而综其大体固犹是旧志之详核可珍者也。

〔民国〕宣化县志十八卷

民国十一年县人郭维城纂。

据凡例，县志之作成于康熙五十一年县人陈坦，前乎此者有蔚人尹耕《两镇三关志》，邑人孙世芳《宣镇志》，进士胡以温续镇志，大都就镇言镇。陈志以此为蓝本，宜乎文繁事简无可讳言，自后会无拾遗补缺者。又云："时殊势异，公署案牍大半失落无存，存者亦多剥蚀于蠹，人事变迁，老成凋谢，乾、嘉、道、咸间事鲜有知之者。于是事则宁缺勿滥，文则宁简勿繁，但求确实，而考古次之。"又有云分门别类非出一人手笔，芜杂在所不免。然则掇辑之难与其保存之苦有足多者，不能过事吹求也。

书凡十八卷，一地理志，二建置志，三古迹志，四物产志，五实业志，六财赋志，七学制志，八礼俗志，九兵备志，十警察志，十一宦绩志、职官志，十三、十四人物志，十五选举志，十六、十七艺文志，十八大事记。

其新增之实业志颇能注意社会经济状况，而礼俗志则仅移录照例文书，此瑕瑜之互见者也。他篇多注明所采之书，而艺文所录皆无从踪迹，此详略之不均者也。至大事记称孝钦后为崇熙皇太后，古今无此书法，其不能举史职也宜矣。

〔道光〕万全县志十卷

道光十四年知县施彦士就乾隆初年知县左承业本增订。

据所录乾隆七年口北道按察使司佥事金志章序，置县以来迄今五十载，知县左承业始成县志。又据凡例称，万全自改卫设县后未修志乘，在前明时有《西路志》《上西路志》，久已湮没不存。其事迹可见者，皆由《畿辅通志》、蔚州尹氏《两镇三关志》、宣府孙氏《宣镇志》中采录云云。

书十卷，一方舆志，二建置志，三食货志，四武备志，五秩官志，六选举志，七人物志，八艺文志，九事纪，十志余。县在唐末为武州文德县地，明为宣府西路万全右卫地，康熙三十二年置县，即今张家口地。朔塞雄关，商旅辐辏，自清代以来久已然矣。而志仅存旧习，于茫渺无凭之星野觏缕连篇，而商税马牧等为张家口之重要事实，反仅附见志余中，殊为轻重倒置也。

〔康熙〕龙门县志十六卷

康熙五十一年知县章焞撰。

据凡例云："孙太史镇志四十二卷，龙门仅其附及，又止于嘉靖四十年。后监司李公仙凤修有《三路志》，饷府王公志国、杨公国士袭为《下北路志》。然仅就中采录，挂一漏万。"盖龙门为唐新州属县，明置龙山卫，至康熙三十二年始复为县。故志无沿革之可言也。

书十六卷，一沿革、疆域、山川，二象纬、灾祥，三城堡、边垣、形势，四营构，五赋役，六俸廪，七学校、祠祀，八武略，九秩官，十名宦，十一选举，十二、十三人物，十四五六艺文。

章氏自序云："后之君子览斯志者，其亦知宣府为直隶之苦地，而龙门又为宣府十属之苦地，庶几其有裨益于斯人。"盖章氏以行取去官，以循吏之用心为此志也。

〔康熙〕怀来县志十八卷

康熙五十一年知县许隆远纂修。

怀来故唐妫州，辽改今县，明置怀来卫，至康熙三十二年合怀来、保安二卫，土木、榆林、矾山三堡而为怀来一县。故旧志无多。据序，前代惟嘉靖至万历数十年间有志，其后阙如。

今志艺文篇中尚录存万历怀、延二卫志白炳跋及康熙癸酉志邑人徐元佐跋，此二本者盖皆不可复见矣。

按其目次，卷一建置、疆域，卷二分野、灾异、祥瑞，卷

三临幸、封建、学校，卷四文官、武弁、赋税、土贡、关梁、
惠政、坟墓、土产，卷五风俗、市集、寺观、公署、坛壝、仓
场，卷六扁额、山川、水利、古迹、景致，卷七名宦、职官，
卷八忠孝、节义，卷九战功，卷十仕籍、武科，卷十一乡贤、
寓公、谪迁、文学、仙释、异术、凶德，卷十二至十八艺文。
分析琐碎，殊乖体要。然历年已久，借以考见前明边疆文献，
固亦难得之书矣。

〔光绪〕怀来县志十八卷

光绪八年知县朱乃恭属县人举人席之瓒纂。

据旧志序，康熙五十一年始修，虽云嘉靖至万历间有志，
盖亦无存矣。康熙三十二年始合怀来、保安二卫，土木、榆
林、矾山三堡而为怀来县，隶宣化府，所云明志，亦必卫
志也。

书凡十八卷，一纪恩，二世纪，三地舆等，四物产等，
五建置等，六仓库等，七户口等，八学校，九祀典，十军政，
十一职官等，十二人物，十三科第等，十四节孝，十五杂记，
十六、十七、十八艺文。

怀来故实之最要者莫如土木之变，此书分纪于世纪、杂
记两篇中，且挂漏亦多，其余益不足观矣。

土贡门称杨木长柴产宝凤山，为京师坛庙祭祀之用，柴
烟直上，产他处者皆不堪用。旧志明万历间岁贡九百斤，康

熙初贡三千二百斤，道光十二年以后加至一万一千斤。怀来
粮额仅三千余两，而土贡乃如是之重乎！

〔乾隆〕蔚县志三十一卷

乾隆三年知县王育榤撰。蔚在明为卫所属宣化，康熙三
十二年改县属宣化府，故前此无志。育榤求得明《宣镇志》
一部《两镇三关志》半部，即其所载参以州志之仅存者，本
其事迹别为义例。为卷三十一，一图考，二建置，三星野，
四疆域，五山川，六形胜，七关隘，八城池，九公署，十学
校，十一坛壝，十二武备，十三户口，十四田赋，十五方产，
十六职官，十七师儒，十八贡举，十九封荫，二十人物，二
十一列女，二十二故家，二十三游寓，二十四乡耆，二十五
祠庙，二十六风俗，二十七古迹，二十八坟墓，二十九祥异，
三十艺文，三十一杂记。

据县教谕柴柏龄跋云："纂志难矣，而纂蔚县志尤难，何
也？县与州画地而治，不分而析之不可也。然人民土田互相
管辖，即士大夫之聚族处者，仁让相接，亦无彼疆此界之见，
则欲过为析之而又不得。……余受而读之，见其宜分者分，若
户口、田赋、职官、贡举、人物、列女之属是也。宜合者合，
若灾祥、方产、风俗、武备之属是也。分之中有合，合之中有
分，若建置、沿革、山川、形胜、关隘以及城池、学校之属是
也。"今观其所载多注明出处，可征其属词比事之不苟矣。

〔乾隆〕蔚州志补十二卷

乾隆十年知州杨世昌修。

据凡例，前志修于顺治十六年知州李英，不曰续而曰补者，取拾遗补阙之义也。以前蔚县与州合，康熙三十年以后则县与州分，今又专属蔚州之志也。

书凡十二卷，大致仍前规。一地舆，二建置，三秩官，四政令，五武备，六祀典，七赋役，八学校，九选举，十人物，十一外志，十二艺文。

〔光绪〕蔚州志二十卷

光绪丁丑知州庆之金修，州人杨笃编纂。按本书艺文志著录万历志为知州刘生和著，崇祯志为知州来临著，皆注云佚，而国朝志知州李英著者则云存。今李志亦罕见矣。

蔚州始建于周，在唐属河东道，至明犹属大同府，及清而改隶直隶宣化。又康熙中曾改故蔚州卫为蔚县，及乾隆而裁并入州。故其分合离并之迹殊为特异。庆序云："在前明以州卫分隶两镇，在本朝以州县共治一城。今虽并省为一，而语其地则民田屯田之为赋异，语其民则州学乡学之占籍异，语其俗则属宣属云之错居亦异。将征于今而繁剧又若是，余知其难而不敢志。"是也。盖蔚志之存志三，州志作于顺治之末，县志作于乾隆之初，志补补州志，其成稍后于县志（据庆序）。志补援据较博，县志取材州志而加详云（凡例）。

按其义例，以表、志、传、记四部总摄大纲。表三，曰舆地、封爵、职官。志九，曰地理、建置、祠祀、赋役、学校、选举、兵、金石、艺文。传四，以采之正史及贤良祠传、满汉名臣传者为史传，录其全文；采之名人文集及家传、墓志、行状者为集传，节其大要；次以列传，则各志及今采访事实也；又次以列女，则古名媛及今节孝贞烈也。记五，曰大事、风土、名宦、流寓、杂记。此其大较也。

其尤可记者，地理志之山川门用《吴郡志》例兼采诗文，使流连风景之文得登高能赋之用。古迹门将志补之已详者类次每条之末，其未备者订误析疑期于一是（原案语）。赋役志向为繁重之篇，而本书挈领提纲，不过五纸，已觉了然。金石志备载原文，得资考核。艺文志惟载州人著述，并附以考证，至有涉志乘之诗文，则已分附地理、建置、祠祀等篇中，不枝不漏，因事制宜，翦裁位置，惬心贵当。近年方志中实罕遇此佳构。

〔同治〕西宁新志十卷

同治癸酉知县寅康主修，弘州书院山长举人杨笃撰。

据光绪元年知县王兰芬跋称，邑先为卫，本无志，康熙三十二年改置县，阅十余年知县何芬、张充国始纂成之。然《四库存目》有顺治十二年西宁道苏锐所修志也。

据寅序云："其书第详时事，于考古为疏，于地理尤疏。如自汉迄晋仅举一阳原，而以属之上谷、广宁，自北魏迄隋唐仅举一安塞而以属之涿郡、武州，以金襄阴与弘州异治，以元弘州与顺圣同属，凿空谬妄，大都类是。"又据其艺文志云："何志成于康熙四十六年，纪志成于五十一年，其稿出于黄州林盛，盛又本之《宣镇志》。今辑新志，援据既与之别，故所采寥寥。"

今按西宁为明顺圣川城，属宣府本卫，康熙三十二年始置今县，在辽金则弘州襄阴、顺圣两县也，今为阳原县。立县既晚，考证沿革弥难，志于地理、山川、古迹三篇详乎言之，文亦近雅。其跋云："义法门目多本之通志府志，间有离合乃征他书，非所自创，故卷首不标举凡例。事增于旧者十九，体亦大异，两书并行，各从所据，非与争名，故篇中不条加辩驳。卒恨学殖浅陋，无能熔铸古今，成一家言，上追作者，然以征旧邦之文献备县官之掌故，亦庶乎其可。"是其识度有非近世修志者所及矣。

书凡十卷，一纪恩、地理、星度，二建置、疆域，三山川、古迹，四赋役、学校、兵防，五职官、选举，六、七人物，八列女，九风土、武事，十艺文、杂志。

〔光绪〕怀安县志八卷

光绪二年知县李葆贞属孝感程燮奎纂。

怀安唐代旧县，明废为卫，康熙三十二年复为县。康熙四十五年有殷武二志未刊，至乾隆六年知县杨大昆始编定付刊。

书凡八卷，一方舆志，二建置志，三食货志，四武备志，五秩官表，六选举表，七人物志，八艺文志。大抵敷衍蹈袭之文。如沿革门所载金元事实亦必系以宋之纪年，使人不知所述为何国之事，人物志绝未注明所据何书，皆违乎著作之体。

卷三有书院条规一篇，他志多弃去不录，此书能注意及此则尚可称。

然怀安为历代边关用兵之地，因事制宜，自应别立边墙或塞堡一门以纪李信屯、柴沟等堡之兴废。家有随珠而不知宝，反从人而羡燕石焉。此秉笔者不明史地之过也。

〔乾隆〕延庆州志十卷

乾隆七年知州李钟俾修。

据旧序，州志始于成化十一年蒲州谢梦桂，时任州事者李蒛也。嘉靖戊申州人苏乾续修，万历四十六年知州宋云霄属州人贾希颜三修，顺治十年知州迟日豫四修。

书凡十卷，一建置等，二城池等，三户口等，四封建等，五名宦等，六忠节等，七隐逸等，八边防等，九、十艺文。

延庆亦金元用兵之地，乃援《图书集成》之例以杂记体为纪事一篇，而无大事记，他无论矣。

〔光绪〕延庆州志十二卷

光绪五年知州何道增修，栾城拔贡张惇德纂。其序力诋前任屠秉懿所辑为猥琐鄙俚殊失体裁，故有改属张氏别纂之举。

延庆故唐妫州地，唐末置儒州，元以后由龙庆而改隆庆，由隆庆而改延庆，初辖永宁县，乾隆二十六年并省。志于疆域篇附张氏自撰之延庆州沿革考，于旧志之以汉潘县、广宁县、晋宁郡附会本州辨之甚力。又山川篇《妫川河考》以妫川河为《水经注》之清夷水，亦有功考古之文字也。

凡十二卷，一、二舆地志，三赋役志，四学校志，五经政志，六职官志，七选举志，八人物志，九列女志，十艺文志，十一古迹志，十二杂稽志。其杂稽志暨卷末之志余故实颇丰，非他志之漫录齐东野语可比。

〔道光〕保安州志十卷

道光乙未知州杨桂森修。

据凡例，保安州名始于元顺帝后至元四年。旧志创于康熙八年知州宁完福，重修于康熙五十年知州梁永祚。

书分天、地、人、物四部，天部一卷，地部三卷，人部三卷，物部三卷，缕晰牵强。如旧志序入于物部之类，实为无谓。

保安州为唐新州地，辽改奉圣州，元改今名，清隶宣化府。

第七卷附录杨氏《劝纺织示》，有当时棉花棉线市价，至为可珍。

〔光绪〕保安州志四卷

光绪二年知州寻銮晋修。

据序，康熙己酉、辛卯，道光乙未各一修，此即继道光杨志而作者也。书凡四卷，而不分纲，不过以近事补入前志而已。

〔光绪〕永平府志七十二卷

光绪五年知府游智开属乐亭举人史梦兰纂。

据凡例，万历初闽人郭造卿作《永平志》一百三十卷，顾亭林游永平时已称其全书不可得见。然据卷末所录旧志序，"万历己亥河南按察司副使、管永平府事徐准序云：弘治十四年郡张行人纂者简而赅，万历十九年闽郭文学纂者博而赅，删繁补缺可为全书"，是郭志之前有张志，郭志之后有徐志；其后复有崇祯壬午知府李在公所修之本，因乱未刊，顺治戊戌有莱阳宋琬所修之本，乾隆甲午有江宁王金英所修之本。
据凡例云今存者此二本。康熙志体例未允，考据多疏，其所
援引俱不注书名，乾隆志体例较为整齐，而于前志所引古事
古人仍复承讹袭谬，豪无辩证。今本于前志之疏舛颇有订正
之功，并具于卷首辩讹条下。但如称辽道宗改元寿隆，旧志
于齐陶传及纪事中皆引作寿昌误，其实道宗纪元为寿昌非寿
隆，此不误而以为误也。至凡例首称《读史方舆纪要》纪永
平事有引《金志》云云，遂谓金、元郡乘今皆不传，不知所
谓《金志》乃《金史·地理志》，非府志。此而不辨，亦可谓
率尔操觚矣。然其注意舆图，删除滥载，终为有识，异于他
志，未可非也。

　　凡〔七〕十二卷，一疆域等图，二以下为沿革等表，十
九以下为封域、建置、赋役、艺文四志，四十九以下为列传，
七十一二为志余。

　　其中变例如特立后妃一传以处燕、辽诸后，列女则存其名
氏为表而余其事实为传，叠床架屋，徒滋篇幅，实未见其宜也。

　　永平为汉辽西右北平地，北朝以后为平州，洪武间定永
平府名，乾隆二年改山海卫为临榆县，于是领卢龙、迁安、
抚宁、昌黎、乐亭、临榆、滦州六县一州。

〔顺治〕卢龙县志六卷

　　顺治十七年知县李士模修。据序称，前此无志也。卢龙

自唐以来为平州治所，明设永平府，遂为附郭县，而志乘缺如可异也。书六卷，一星野等，二城池等，三后妃等，四先圣、人物，五烈士等，六艺文，以伯夷、叔齐为先圣别出于人物之外。其体例类如此，无甚可取。然边地志书，版本精雅若此者亦罕觐也。

〔同治〕**迁安县志** 光绪十一年知县牛昶煦补成本

同治癸卯知县韩耀先主修。

据其凡例仿《景定建康志》之例为图者二十有九，为表者四，为志者三，末立志余一门以收轶事丛谈。

迁安于汉为辽西令支县，金大定中立今名，元改平州为永平府，以是至于明清仍其贯焉。志于沿革改志为表，深得立言钩玄之妙。故由沿革以至于选举列前五卷，由疆域以至田赋列第六至十二卷，由宦绩以至列女列第十三至十八卷，而艺文缺焉。斟酌损益，稍殊近代方志通式，知其不惮改作，饶有特识。其辨证周将军故里、辽太后城迁民镇诸条，订正旧志之讹谬可谓有功。又志余所录亦颇有异闻足存者。

据叙录，迁安旧无志，万历九年知县白夏因邑人王之衡稿厘订之，康熙十二年知县王永命因其残本并邑人刘明经钞本复加编述，订为二卷，未付梓也。康熙十七年知县张一谔与邑人郭联因王志之旧更辑成八卷，乾隆丁丑知县燕臣仁重加编纂，凡三十卷。本志属稿时亦已漫漶，十存二三矣。

〔光绪〕抚宁县志十六卷

光绪三年丁丑知县张上龢主修，乐亭举人史梦兰编纂，盖与《乐亭志》同纂也。

据载旧志修辑姓氏，知县谭琳、刘馨修。考谭为顺治十年任，刘为十四年任。刘传有"县志自明万历十九年修散佚者多公为谘询补续"之语，是抚邑之志盖创于万历，而万历残本今亦不复见矣。本书凡例又云："旧志修于康熙壬戌赵端，去谭、刘之修甫数载。"

县在汉为骊城，至唐武德二年始置抚宁县，乾隆二年割县之东境分置临榆县焉。

书凡十六卷，一封域等，二古迹等，三风俗等，四城池等，五学校，六坛庙，七关堡等，八户口，九赋役等，十职官，十一选举，十二名宦，十三四乡型等，十五列女，十六志余。

〔同治〕昌黎县志十卷

同治四年知县何崧泰修，副贡生迁安马恂纂。

据序康熙十三年知县王日翼修辑，以后杳无赓续。

昌黎，汉县。本书地理篇云，辽以定州俘户置营州邻海军，其县一曰广宁，金大定因与关外广宁县同名，改为昌黎，即今之昌黎县。辩旧史昌黎地里之误甚详。然昌黎、柳城之考见于顾氏《日知录》，志不引之何也？

至其体例，犹乎旧习未有更张。一天文，二地理，三建置，四田赋，五职官，六人材，七列女，八艺文，九大事纪，十志余，凡十卷。

〔乾隆〕乐亭县志十四卷

乾隆二十一年知县陈金骏修。

据所录旧序，万历二十一年知县潘效〔敦〕复创修，天启二年知州刘松补修。

汉勃海郡有临乐县，王莽改曰乐亭，金大定中因置今县，明以后属永平府。

书凡十四卷，一、二职方，三建置，四田赋，五风土，六兵防，七官师，八选举，九名宦，十人物，十一列女，十二杂记，十三、十四艺文。

风土篇述顺治年间膏腴之地尽归旗圈，田之属民者不过十分之二，率皆水洼沙坨，农以勤力胜之，亩获不过斗余云云。能实写农民生活状况，故非他志所及。

又杂志篇述"县治往尝有怪，居者惮之。成化间冢宰尹公闻此事，会推县尹，乃于辛丑进士中择才望有德福者知县事，得沁水李公瀚。仍择钦天监官善术者偕往。及至，监官视之曰，怪在谯楼。时谯楼建置久矣，撤之果得一巨蛇。又壁间掘一女尸，不知何时，颜色如生。出而瘗之，怪遂息。李官至尚书，寿几九秩"云。案朱国桢《涌幢小品》云："李瀚，沁水人，为乐亭知县。邑门外有古木数十章作祟，吏兹土者多病死，人为危之。公一日毁台斩木，得朽骨若干。"此即一事之传闻异词也。虽属诡诞，亦明代传说之可珍者矣。

〔光绪〕乐亭县志十五卷

光绪三年县人举人史梦兰撰。

梦兰以私人撰志得以独行其志，故厘订矫革之功为多。略举其要，废星野之篇，一也；删八景之名，二也；世纪注明所采之书，三也；古迹、寺观叙杂志，此明韩浚《嘉定县志》所以为《四库提要》所讥，今遵《武功县志》将古迹归地理、寺观归建置，三〔四〕也。以此而论，固胜于旧志矣。然注意其细而未及其大，所以芜辞仍满卷也。

凡十五卷，一、二、三地理，四、五、六建置，七职官，八选举，九、十、十一人物，十二、十三食货，十四武备，十五杂志。

〔嘉庆〕滦州志八卷

嘉庆庚午知州吴士鸿修。

据所录纂修旧志姓氏，正德间郡绅许庄私辑一州事实，嘉靖戊申知州陈士元就而订之，万历戊午知州周宇用原板续修，康熙八年知州侯绍岐增修，十九年知州马如龙续编。

滦州始置于辽，清以隶永平府，故源流较短。

书八卷，一疆理，二建置，三则壤，四学校，五官师，六选举，七、八艺文。则壤志中有明代历朝户口，又其乡里分屯社二种，土民为社，迁民为屯，皆他志所不易睹。观其所引陈、周二志叙引，则编次之法一本旧志也。

〔光绪〕滦州志十八卷

光绪乙未知州杨文鼎修。

据凡例云，嘉庆志分八纲七十一目，门类较孙志为备，今仍其大概而为之变通，盖犹乎前规也。然其有进乎昔者则图绩之精详也，有增乎昔者则铁路矿务之属也。其时学校巡警尚未举办，故志未之及矣。

凡十八卷，一图，二至六为沿革、爵秩、选举等表，七至十三为封域、建置、学校、赋役等志，十四至十七为官师等传，十八为外编。滦州始置于辽，军号永安，金、元因之，雍正以后为散州，隶永平府，本书沿革表叙此未能明析。

学校一门备载礼乐器，绘图贴说至占两册之多，而矿务为滦州新政之要，反仅摘钞公牍数篇。且仍公牍体裁，乖于史笔，亦泥古而不知通之过也。

然寺观门于祠宇之香火一一为之疏记，此殊足考见宗教与社会经济之关系，他志所宜取法者。风俗、方言或见封域或见外编，亦较他志为核实。

〔乾隆〕临榆县志十四卷

乾隆丙子知县钟和梅主修。临榆置县始至乾隆二年，在前明为山海卫，固久为重镇。志中尚录存康熙己酉管关通判陈天植及康熙仲春永平佘一元重修《山海关志》序。据光绪县志，则嘉靖乙未兵部主事葛守礼创修，万历丁酉张时显、天启庚戌邵可立增补，而崇祯辛巳山石关内道范志完修《山石志》也。

志目如次，卷一沿革、星野、灾祥，卷二疆域、山川、里市、风俗、物产，卷三城池、公廨、学校、秩祀、古迹、胜境、邱墓，卷四赋役，卷五积贮、驿递、盐法、关法，卷六边海，卷七、八职官，卷九选举，卷十、十一人物，卷十二、十三、十四艺文。

临榆故为关，是以此志于关之禁令防御独详，在方志中为别具一格者。其风俗一门，尚无雷同之弊。

〔光绪〕临榆县志二十四卷

光绪四年知县赵允祜修，以时方修《畿辅通志》檄征县志也。

凡二十四卷，一至五为表之属，曰沿革、职官、选举，六至九为舆地编，十至十二为建置编，十三、十四为武备编，十五至十七为赋役编，十八至二十三为事实编，二十四为续编，曰补遗志余。不曰人物传而曰事实编，谓非国史不得立传也。

其凡例末条云："旧志虽云简略，皆经当时修辑名人考订，新志多就取裁，原板仍存以备征信。"其谦慎之意甚美。以视他志之动攘前人之作为己作而毁之惟恐不尽者，斯为超出矣。

〔民国〕临榆县志二十四卷

民国十七年知事仵墉主修，县人程敏侯稿，此据仵、程两序而可知者也。前有高凌霨序则云修于县人谷芝瑞，而谷序则又云聘高为总纂。盖徇俗互相标揭，非其实矣。

据其目录，凡二十四卷，曰沿革、职官、选举三表，舆地、建置、武备、赋役、交通、事实六编，而以图以冠，志余殿焉。其稍变于旧志者，则以事实当人物也。

是书之精采在舆图之精密，若边城若街市若道路，开卷了然，可省文字之烦，实旧志所不及，亦今世诸新志中所罕觏。然其体例多可议者。窥其宗旨，似欲略古详今，于旧志所已有者檃括概要而不复相蹈袭，故沿革仅有一表而于设关置县之详未之及焉。然于赋役、坛庙、学校、风俗、物产等

门率多移录旧文。至交通一篇自应于京奉铁路经过之商货运
输、旅客往来情形详为纪载，且秦王岛为船舶鳞萃之所，其
出入口状况亦概未述及，致使虚立一卷之名，仅得数纸之实。
以视他编，繁简悬绝。至于北戴河为近年新开辟之游览区，
人耳其名，其中经营点缀，亦地方一段故实。乃既不著之胜
境，亦不列之山川，仅于卷首图画中及山川门"联峰山"条
一见之，实疏罅之大者。

　　选举表中田震东以孙中玉官山东兖州镇守使、赠光禄大
夫建威将军。按清代无镇守使官，而民国亦不应有封典，其
为舛误不待言。乡型一篇附录田中玉传，按生存之人不入人
物已成旧志定例，所以杜迎合而存公允，自来无敢公然犯之
者。此风一开，以后之志乘恐将成为市恩之书，虽有直笔亦
不足以取信矣。此不可为法也。

　　按《（光绪）永平府志》卷二十一抚宁县下云："戴家河海
口在县东南四十里，明时海运，此为积储之地。"附注云："前
志所载渝河水道今实难辨，而郡志渝水下流，第曰为蒲泛河为
狮子河，会戴家河由联峰山南入海，而戴河之由来概不为载。"

〔乾隆〕遵化州志二十卷

　　乾隆五十八年知州傅修主修。

　　遵化为汉无终地，县始置于后唐，故为蓟州属县，康熙
二年建孝陵于县西凤台山，升为州，乾隆八年复升为直隶州，

领丰润、玉田两县。

据所录旧序，县故无志，万历戊午知县张杰始修，康熙中知州郑侨生续修，乾隆二十一年知州刘靖再修。

凡二十卷，一、二、三陵寝，四、五方舆，六建置，七赋役，八兵防，九典礼，十封表，十一风土，十二、十三职官，十四名宦，十五选举，十六人物，十七列女，十八至二十艺文。

赋役篇载原额地七千余顷，顺治初圈占之后仅存十之一，民生贫埆可想。风土篇载列肆居奇者率多山右人，此种事实他志鲜道及者，盖视为无足重轻，而不知流寓户口之多少大有关于经济势力之变迁也。

〔光绪〕玉田县志三十卷

光绪十年知县夏子鎏修。

据旧序，万历辛亥缪思启创修，康熙甲寅知县王时泰重修，辛酉王光谟踵成之，乾隆丙子知县谢容再修。

玉田汉无终地，唐万岁通天元年立今名，明隶顺天府，雍正曾隶永平府，乾隆以后属遵化州。

凡三十卷，一至七舆地，八至十一建置，十二、十三赋役，十四典礼，十五祥眚，十六、十七职官，十八、十九选举，二十名宦，二十一至二十七乡型，二十八至三十列女。

《广韵》载阳氏出无终，至今望族仍以杨氏为称首，盖阳变为杨也。此为世族中一大案，本书能注意及此，殊征特识。舆地中之风俗、方言诸篇亦颇能审核。惟创立待定传一门以纳生存人物，其利病尚有可议。

〔乾隆〕丰润县志八卷

乾隆二十年知县吴慎修。

据旧序，隆庆庚午县人谷峤、康熙癸丑知县张如骞各一修。

书凡八卷，一星土、建置沿革、疆域、山川、城池、官署、学校，二坛庙、古迹、田赋、仓储、武备，三职官、封赠，四选举、风俗、物产，五忠义、政事、文学、武功、高行、孝友、淑德，六流寓、贞节、杂记，七、八文苑。据其凡例云，皆据旧志删繁补漏、考故增新也。

凡例又云："欲观之书如徐梦莘之《三朝北盟会编》、宇文懋昭之《大金国志》等皆求之而未得。"当时检书之不易如此，欲求著述之审慎，何可得哉！

本书于考据非所长，然杂记篇举县之特产及工业如桃花碱、丰腴、麦笠、煤窑、浭酒颇多事实，较他志之敷衍具文抑远胜矣。

旧志以丰润为汉右北平土垠县地，《畿辅通志》则兼举徐无。置县之始实在金源，初名永济，盖避卫绍王讳改今名也。《元史》作丰闰，明为蓟州属县，康熙中改属遵化州，雍正中又改永平府，乾隆中复改属遵化州。

〔乾隆〕易州志十八卷

乾隆十二年知县张登高主修，盖乾隆九年知县杨芊本有志，登高取而刊行之也。按志所载谢迁旧志序，弘治元年诏修《宪宗实录》遣使采摭四方事实以备纂述，于是知州罗绮始成《易州志》。至十五年后复经纂订，万历辛卯及顺治乙酉又两次重修。据《学部志目》，有《（顺治）易水志》，知州朱懋文修，《（康熙）易水续志》，知州韩文煜修。

易自汉为县，明隶保定府，雍正间卜泰陵于此，升为直隶州，以涞水、广昌二县隶焉。涞水故属保定，而广昌故属山西也。

本书以泰陵图及统制列于卷首。统制云者，泰宁镇所统辖之规制也。卷一为星野祥异，二建置沿革，三公署，四村社，五学校，六丁役，七田赋，八祀戎，九古迹，十风俗，十一政事，十二职官，十三宦迹，十四科目，十五人物，十六至十八艺文。据其凡例称，文物事实不专于易者概从删，是其旨趣在求简。然艺文志所载韩愈送李端公及董生二序，岂专于易耶？盖俗儒秉笔，不能博搜往籍，耳目所周，不过家弦户诵之诗文。故于所不必载者不能忘情，而于必应载者反视为无足轻重。然此亦无庸专以责之易志矣。其最谬者，建置沿革一篇有"始皇二十五年并燕，置上谷郡，领易、涞、遂、瀛等十二州县"数语，此是何等书法邪？

〔乾隆〕涞水县志八卷

乾隆二十七年知县方立经修。

据所录杨芊序，县志一修于康熙丁巳知县陆宬篆，再修于乾隆己未知县王治。又据王序云："旧志三卷，始之者前明唐公治，南公椿也（一嘉靖末年任，一万历元年任）。去华摭实，缕析条分，厘为十一卷者，我朝陆公宬篆也。今已磨灭不可复传。"《学部志目》陆宬篆作陆宬，十一卷作十卷，盖皆误字也。

凡八卷，一地理志，二建置志，三食货志，四祀戎志，五职官志，六科贡志，七人物志，八艺文志。

涞水置县始于开皇中。自改隶易州而后，密迩泰陵，又境内有怡贤亲王园寝，跸路所经，行宫所在，声明文物不无可纪矣。

〔乾隆〕广昌县志八卷

乾隆二十五年知县赵由仁修。

据旧序，广志始修于明崇祯间知县刘世治。据凡例称，知县王佩琦、吴继诚均有修本，惜未得见旧本。今所存者惟知县杜登春康熙三十三年所修之本也。

广昌汉蛬狐县，属代郡，辽定今名。清初属山西大同府蔚州，雍正初定泰陵，以广昌为来脉所关，始改隶直隶，今称涞源。

书凡八卷，一方舆志，二建置志，三学校志，四职官志，五赋役志，六选举志，七人物志，八艺文志。

〔光绪〕广昌县志十四卷

光绪元年知县刘荣修，其时任知州者则阳湖赵烈文也。

卷首录旧志序而不载其年月，盖崇祯五年知县刘世治创修，康熙三十年杜登春补修，乾隆二十五年知县赵由仁再修，本书则奉续修《畿辅通志》采访条款而辑者也。

书凡十四卷，一舆地志，二建置沿革表、古城考，三职官表，四选举表，五吏政略，六户政略，七礼政略，八兵政略，九刑政略，十工政略，十一前事录，十二金石录，十三古迹录，十四列传。似亦暗袭《永清志》之规模，惟无所发明耳。

〔乾隆〕冀州志二十卷_{其中二、三、四三卷为抄本}

乾隆十二年知州范清旷修。

据所录旧序，成化十一年知州李德美创修，嘉靖二十七年知州王元亨重修，康熙十四年知州李显忠又修。《明史·艺文志》有冀州曹安志，今则亡矣。

书凡二十卷，一职方，二建置，三典礼，四五赋役，六乡闾，七风物，八封表，九至十一职官，十二至十四选举，十五至十七人物，十八拾遗，十九、二十艺文。据其凡例云，仿新修畿辅志而稍变其例。故法度犁然，明赡有余。

冀州为汉信都，北朝以来冀州治信都，相沿不改。雍正二年，由正定府属州改直隶州，割深州之衡水，共南宫、新河、枣强、武邑为五县焉。

〔民国〕冀县志二十卷

民国十八年新城王树楠纂。

冀州为禹贡九州之一，所统至广。自汉魏以来，冀州刺史部常理信都。迨隋初郡废，始专有州之名。明并以所治信都县省入，民国复改为县，于是至广之域夷为至狭矣。然则冀县范围止以信都为限，而故书所称冀州不得滥载。去取之间不容忽也。

本书仿《广陵通典》及《读史方舆纪要》之体，贯串史事，自为论断而以所引诸书附于其后，联绵数卷，不分篇第，在方志中诚为创格。今按其全书二十卷，大抵一、二为史事，三为山水，四、五为建置，六为祠祀，七、八为村镇，九至十三为职官，十四至十六为田赋，十七为巡警学校自治等，十八至二十为人物。其脉络依然可寻也。

稽其得失，有可议者六焉。记冀州大事但宜取其涉于本州者，其因本州而旁及者不能一一毛举，此自著书通例，否则将成全史而非一县之志也。本书卷一述袁绍得冀州，但云袁绍之强自得冀州始，而其下引《袁绍传》及《英雄记》韩馥事实之，是矣。乃记高欢起兵则遍举参赞大谋之李元忠、娄昭以至侯景数十人刺刺不休。夫高欢起兵之事非一端，此数十人亦并非必与冀州有关。若概须加入，则虽尽举北齐一朝之史岂能竟其说？此其一。自两晋以来诸侯王久不就国，其为国屏翰者皆别领节镇。本书卷一历述列朝大事，于封国致详独甚。且于唐顺宗封子絿为冀王下云："其时河北皆为王氏父子所据，盖亦虚封。"殊不知诸王莫非虚封。既为虚封，则其封号仅为掌故之一端，而殊非地方之大事。今于封号则斤斤往复，而于历代名宦之政绩反不叙列。于此不免轻重倒置矣。此其二。述高齐事至九纸，而自顺治至民国反仅五纸，于史家详近略远之旨殊乖。此其三。卷四"宋太祖建隆二年增修冀城"条下云："城内有汉冀州从事安平赵征碑"云云，今按碑刻与宋城何涉？此类自以别为金石为宜。此其四。卷九称汉文帝十三年遣丞相史出刺并督察监察御史。今按，监察御史唐官，汉之侍御史亦非丞相史所能督察。此语未详所出，显然讹谬。此其五。卷十七所述大抵皆警务、学堂、自治、司法等新政，自成一卷，元无不可。然学堂一门仍兼叙古学校及选举制，殊为不伦。此其六。盖贯群书以成文，过求详博，不免有失检之处也。

至其每事必详制度之沿革，又能以表谱驭繁赜之文。若水患表及赋税表，皆深得史法，抑又非《广陵通典》所及也。

〔道光〕南宫县志十六卷

道光十一年知县周杖主修。

据所录旧序，康熙十二年知县胡景铨曾修一次（《学部志目》景铨作胤铨，误也），魏裔介为之序。据凡例，明代有叶、邢两志，叶志无存，邢志阙略，县人卢凤有志十卷早失其稿，郑宏庆续邢志系抄本亦无从觅，惟胡志具有全书。

书十六卷，一地舆，二建置，三学校，四典礼，五赋役，六风土，七事异，八官师，九选举，十人物，十一列女，十二至十六艺文。

观其书法大抵步趋灵寿，自以为得。殊不知艺文以有关一邑之政教风俗者为前编、关一人之学问经济者为后编，实非善法。而灵寿所创之方言一例转未之取，是诚不足言体例矣。然凡例称："旧志流寓载南宫子，既非核实且失之褒，又列扁鹊、邓禹、鲁义姑，俱失之诬。"是修志者未尝无去取剪裁之能，徒以惑于积习，故虽知其诬而仍不敢不载也。

其转录邢志称："先时居民撤屋掘土深入丈余，辄得磁瓮瓦甓，其中皆金银珠贝，或大窖贮古钱至数石。儒学明伦堂前出银二窖，盘、碗、盆、盎画以蛟龙，至于玉盂、金鼎、簪珥、跳脱不可胜计。计自成化十七年发至弘治间其藏始尽。

每掘获一物，人必纠众持挺呼号，昼夜攘夺，铁钺莫能禁也。今田父野老拾一二小物，考其器名图象皆王侯之制，其故殊不可晓。"此为考古学中一段故实，意其所称必汉广川王墓也。盖汉之南宫尝属广川国，隋以后始属冀州也。

南宫，汉县，其后迭有兴废，清初属正定府，雍正初改隶冀州。

〔光绪〕新河县志十六卷 宣统元年补刊本

光绪元年知县赵鸿钧修，宣统元年知县王澍霖取而补其阙遗刊行之也。

按旧序，志创于嘉靖四十三年知县蔡懋昭，修于万历二十二年知县徐治民，再修于康熙十八年知县王汝翰。

清河汉堂阳县，元立今名，雍正二年升冀州为直隶州，以县隶焉。

书凡十六卷，一图考，二天文，三地理，四建置，五学校，六赋役，七典礼，八风土，九职官，十选举，十一人才，十二列女，十三纪事，十四、十五艺文，十六杂志，讹夺颇殊甚。

〔乾隆〕枣强县志八卷

乾隆十七年知县单作哲修。

　　按所录旧志序，知有嘉靖、万历、康熙三本（详见嘉庆志条下）。据单氏自序，谓规模一本旧志，而笔削之指间有异同，草创甫就，卒卒授梓。凡为八卷，一地理志，二建置志，三赋役志，四职官志，五选举志，六人物志，七艺文志，八杂稽志。

　　枣强，汉县，其字是强非疆，而杂稽志云"强与疆通，则枣强者产枣之疆"，异矣！唐以后属冀州，雍正二年冀州升直隶州，以县属焉。志于董仲舒故里及宋河故道等引证颇多，综其大体在旧志中为文字修洁者。嘉庆志序称之，为不诬矣。

〔嘉庆〕枣强县志二十卷

　　嘉庆壬戌，知县任衔蕙继其父增宰是邑，而属阳湖杨元锡编纂。

　　据前有总督颜检序及卷末叙录，则嘉靖三十四年知县罗廷唯始撰邑略，万历二十二年知县郭维宁续修，万历丙辰知县王鹤龄再修，康熙六年知县胡梦龙重纂，八年复为之序，乾隆十七年知县单作哲继纂。罗、郭、王三志皆泯灭，惟胡、单二志仅存。然据《学部志目》，尚有康熙十九年知县董廷荣一志也。

　　观叙例一篇，类本章氏之说，甚至语句亦多袭旧。虽无所发明，可谓知取法乎上者矣。

　　其目次一天章纪，二恩泽纪，三图考，四沿革爵封表，

五职官表，六选举表，七地理志，八建置志，九田赋志，十
学校志，十一典礼志，十二循政略，十三史传，十四列传，
十五列女传，十六风土记，十七杂记，十八、十九艺文录，
二十叙录。

综其为书，简核明净，实方志中之谨饬者，然循政略述
其父字而不名，终乖史法。据方宗诚续志序云："单君高密宿
儒，又尝从游于方望溪，得明著述之体要，故其为志博考详
稽微若不足，而义法谨严、文体精洁则任志有不逮焉。"盖亦
见及此也。

〔同治〕枣强县志补正五卷

同治十二年知县方宗诚撰。据其序，单、任二志皆称精
善而任志为尤详。同治十年访求旧志则仅得一朽蠹单志，胡
志已无有矣。惟任志板本具存，乃用宋张淏《会稽志》续编、
明张恺《常州府志续集》之例，但补记嘉庆八年以后之事实，
并以单、任二志互相校阅，择善而从，征引古籍，正其遗
误云。

〔同治〕武邑县志十卷

同治十一年知县彭美撰。

据序旧志始撰于万历庚寅，知县王学易，续修于康熙甲

戊知县许维梃。

武邑为汉县，所隶州亦相承不改。

本书凡例云："王志不可见，仅存许志，缺讹太甚，难资考核。兹历一百七十余年，事实日积，文献难征。同治二年两次城陷，卷册被毁。"此旧事散佚失传之由也。又云："兹编谨从简严，凡非关本县及历代沿革之际非实与本县相系者不敢旁征。"此又其修纂之宗旨也。然如学校志备列从祀先贤名氏，亦何尝不仍蹈他志积习。篇幅虽窘，亦非真能简者也。

〔乾隆〕衡水县志十四卷

乾隆三十二年知县陶淑撰。

按旧志历修姓氏，万历十年知县周子文创修，顺治二年知县张恒、十四年知县任宏孝，康熙七年知县王万方、十九年知县萧鸣凤重修。

衡水立县自隋开皇十六年，其后或属冀州，或属深州，或属正定，雍正二年始改属冀州。其故城没于漳水，永乐间迁今治。本书宦绩门有云唐羊元珪，未详何许人，延载元年为衡水令。按唐无延载年号，不知何所据而云然。即此一端可知其陋。综其全体，亦复肤泛无可称者。

书十四卷，一图考，二地理，三建置，四田赋，五典礼，六学校，七官师，八选举，九、十人物，十一以下艺文。艺文所采多非专属衡水者，亦且挂漏甚多。

〔康熙〕赵州志八卷 写本

康熙十二年知州祝万祉属学正阎永龄、州人进士王懿等编纂。

据所录惟隆庆元年知州蔡懋昭序，云弘治癸丑知州张清尝汇编之而不及六邑，正德初知州程遵乃以六邑事总编之而各为一卷。其沿革如此而已。

州为汉恒山巨鹿郡地，明永乐以后为直隶州，领县六，曰宁晋、隆平、柏乡、高邑、临城、赞皇。

其目次一地理，二建置，三田赋，四祠祀，五官师，六人物，七风俗，八艺文。

其中如物产一门杂引古事，人物篇悉取战国以来赵人引入，殊为芜滥。

〔光绪〕赵州志十六卷

光绪二十三年知州孙传栻取州同孟传铸遗稿修订刊行。

赵州为汉常山地，北朝始立赵州。本书沿革表省北齐改郡曰南赵郡、州曰赵州一节，殊嫌简漏。

书十六卷，一、二舆地，三建置，四祠祀，五、六官师，七至十二人物，十三至十六艺文，大致仍用旧志之文。惟旧志风俗、杂考、属邑皆为一纲，今则属邑另编，为变旧例耳。

赵州故迹之可珍者，曰柏林寺，寺有吴道子画壁；曰安济桥，据唐张嘉贞安济桥铭，为隋匠李春之迹，《朝野金载》称其工磨砻密致如削，望之如初月出云、长虹饮涧，上有勾阑皆石狮子，其工程伟杰可想。本书并未述其今状，亦不列入古迹，皆非法也。即以艺文而论，李贺诗"买丝欲绣平原君，有酒惟浇赵州土"何未采入耶?

〔光绪〕赵州属邑志八卷

不著撰人姓氏年月。前有序曰："赵志在前代有汇编之而不及属邑者，有总编之而各为一卷者。有至隆庆初州守蔡公始合属邑约会成书，所以存州县统辖之体也。康熙间州守祝公重修州志，邑辑为一卷附州志后，迄今二百余年无续修者。"兹盖因重纂州志摘录旧志并据各县采访册编为八卷，附州志后也。

〔乾隆〕柏乡县志十卷

乾隆三十一年丙戌知县钟赓华修。

据旧序，柏志始修于明万历二十五年知县马写（按，"万历"应为"嘉靖"）。顺治庚寅署知县彭述古得愧燕魏公所著柏志遗稿续刊成之，其后甲戌太学生魏恻吾复出所著邑志，知县张延庭取而刊之。康熙三年魏裔介撰为十卷，十九年庚申再撰，知县谢廷瑞取而刊之。故钟氏之序曰，柏志创自前令马写，张延庭续成，今所存者刊于谢廷瑞，其裁定则魏文毅相国承先志而继述之者也。

书凡十卷，一星野等，二古迹等，三祠祀等，四墓域等，五户口等，六名宦等，七列女等，八县令表等，九贡生表等，十祥异等。

柏乡古鄗邑地，隋置今县，明隶正定府，雍正二年升赵州为直隶州，遂为属县。

据钟氏自序云："蓝本旧志，参以畿辅、赵州各志，复走吏百余里外从正郡购取旧卷，亦多散佚无稽。不得已抱郡志归，又皆胜国嘉靖前事。其新志则柏乡已改隶赵州，概从芟不录。退则访书吏之最年老及已退事者，口述数宗，分签珍纪。余或剥苔剔藓，录取碑铭，又或从椓头墙壁搜得一二事。"载笔之难如是，今观其部居修整，或尚魏氏之遗规也。

〔康熙〕临城县志八卷_{中有嘉庆年中增入者}

康熙辛未知县杨宽修，其前有万历二十五年县人乔璧星承知县杨鹏搏令撰本，更前有嘉靖三十年知县王永兴撰本。今本又乔之孙巳百所纂也。

临城为汉房子县，天宝中改今名，自是以来属赵州。

书分舆地、建置、食货、官师、选举、人物、艺文、述考八志，具体而微。

深州风土记二十二卷

同治十年知州吴汝纶撰。

据叙录云，康熙志张萋英后叙云："深之有志，自前明成化间始。但事出草创，叙次舛驳，不足征信。"成化之后，凡有万历及康、雍、乾、道四志。汝纶撰是书，所因者盖寡。汝纶于同治十年十一年官是州知州，其后移官他处。盖属稿未定，故不以志名，而变其称以示谦也。书刊于文瑞书院，即深州之书院。距其经始盖几三十年矣。书既不以志名，则自可不拘志体，即小有罅漏，亦可无深论。然汝纶桐城文士之杰，近代方志寂寂少佳构，则又不容不取而抉摘其瑕瑜以为后来借镜之资也。

书为篇二十一，曰疆域，曰河渠，曰赋役，曰学校，曰兵事，曰官制，曰职官，曰名宦，曰艺文，曰古迹，曰金石，曰人谱，曰荐绅，曰名臣，曰文学，曰武节，曰吏绩，曰孝义，曰流寓，曰烈女，曰物产。就中有例属创辟足征特识者焉，人谱一篇是也。中国自秦汉区分郡县以来，人民里贯遂往往为一切政治社会制度所附丽。试举其大凡——乡举里选，则人民参与政治之涂径也。月旦评，则舆论机关也。乡官，则人民自治团体也。里社，则社会娱乐也。社仓、义学，则社会救济事业也。凡此或导自汉魏，或盛于唐宋。要皆赖有固定之里居，敬恭桑梓，长养子孙，情谊隆洽，根柢盘固，而后能发挥其力量竭尽其职务。此可睹于承平之世者也。至若戎马之变，饥馑之灾，与夫政治之压迫，不幸被其地，则虽安其土乐其业之民亦不得不去而他徙。于是乡里之组织，必首蒙其破坏。推迁演迤，莫穷其纪，新旧相兼，吐纳相代。譬如植树，往往易地而新萌滋焉。凡此则又与文化之开拓息息相关者也。征之于古，则秦代之徙民实蜀、实咸阳、开五岭。此以政治之压迫而迁徙者也。王莽之乱，开辟地江南之渐。建安之乱，洛都转致空虚。永嘉之乱，士族相携南渡。此以戎马之变而迁徙者也。至于饥馑之徙民，更史不绝书矣。验之于迩，则江南巨族，多托始于赵宋；湘蜀大姓，多启业于清初；黔滇人士，多衍支于流宦。故欲推知近代史迹，即私家谱牒而了然，不待他求矣。核而言之，人民里贯，是政治社会制度所从出也。其迁徙之迹，又文化升降所从显也。自汉以来，历世久远，苟能举诸巨宗强族，溯其渊源，踪其分合盛衰往来久暂，斯诚治史者之一伟绩，足令吾曹深明历来社会组织之进化情状，且布露吾民族精神与世共见也。惜乎昔之治方志者，多忽视谱牒为无从重轻，而私家谱牒又秘不可见，散不可纪。汝纶独以卓然远到之识，创人谱一例，网罗散逸，详而不冗，可以垂为法式。其所举安平崔氏自汉至五代千有余年，斯实北方文化史中心问题矣。又云："自明至今五百余年，族姓视前一变。永乐间迁民实畿辅，州所属诸望姓大抵迁自永乐者为多。金元以前千余年旧族今存者希矣。"然则世变之剧，顾可不深长思欤？！表而出之，彰撰者之用心也。

其体例之善次于人谱者，曰金石文字，记其出处，记其现状，并详著其原文不稍变易。一州掌故，苞举无遗。千百年后，虽金熔石泐，而文字流传班班可考。保存史料之法，莫善于此。所录明洪武学校格式碑，足征明代地方教育制度，且补明史选举志之疏阔，致为可珍。大抵近代诸建置碑记，骤观之似琐陋无足数，往往于其中得社会经济情状之真。苟能率海内方志尽如深州之例，其裨益史学当无穷矣。

又次则赋役篇。自洪武以来赋役源流一一疏通证明，不避烦琐而有纲举目张之效。

其文词之美者，则疆域一篇。疏举版图分合，言皆有物，非他志蹈袭具文可比。兵事一篇，尤其称意之作，他志亦多未具也。然篇以兵事为名，而叙金施宜生事及清末传教事，皆稍有阑入之嫌。物产一篇，为全书最后脱稿者，附论农商状况、士女风俗，兼仿《史记·货殖列传》《汉书·地理志》之体，得事核词雅之长。昔章学诚撰《文史通义》，历诋文人不宜修志。今观汝纶之书，视学诚之卓识，何尝有不及哉？安见文人之必不能撰史也？学诚见康海之《武功》滥获虚誉，故有激而为此说。然明人疏陋纤诡，本不得与于文学之林，不直不能撰史也。

据《畿辅通志》云，《深州志》明嘉靖时附于《正定志》，万历中刘应民始分编纂辑，国朝康熙丁丑李天培重修，雍正壬子知州徐绶续辑，道光七年知州张范东、邑人李侍御广滋增修。

深州置自隋开皇中，唐废属冀州，旋复，元初属河间府，明属正定府，清因之雍正初升直隶州，领武强、饶阳、安平三县。

〔乾隆〕饶阳县志四十卷

乾隆十四年知县单作哲修。作哲修《枣强县志》已著录。

据序云，饶之有志创自万历二十九年知县翟燿，为前志三卷。继修于顺治三年知县刘世祚，是为后志二卷。百有余年始一重续焉。

书分上下二卷，一沿革志，二星野志，三方域志，四建置志，五地征志，六官田志，七户口志，八课程志，九经制志，十积贮志，十一沟洫志，十二土宜志，十三学校志，十四典祀志，十五礼仪志，十六武备志，十七风俗志，十八封爵志，十九恩荣志，二十杂稽志，二十一二三官师录，二十四五选举录，二十六名宦传，二十七循良传，二十八乡贤传，二十九仕绩传，三十儒学传，三十一文苑传，三十二孝友传，三十三忠义传，三十四善行传，三十五六七贞烈传，三十八事纪，三十九、四十文纪。

本志并无凡例，绎其序跋所载："依类条次，其前志误者正之，略者增之，支且芜者汰之，采访于士民事可疑人未详者阙之。"盖依据旧志略为损益而已。末有邑人尹德备一跋，称扬单氏政绩。虽属谀言，犹胜于以本人事迹滥载于志中也。

县为汉置，元明属晋州，清初属正定府，雍正二年改隶深州。

〔康熙〕安平县志十卷

康熙二十六年知县陈宗石纂修，前有于成龙序，盖以康熙十一年奉修《一统志》之诏也。

据序称，邑志创修于嘉靖二十九年知县沈同人，续于万历十六年邑人王三余，再修于万历二十三年知县何鏊。

安平县秦属上谷郡，唐初于县置深州，寻移州治饶阳县，以安平属之，元明以来，属正定府，清还以属深州直隶州也。

书凡十卷，一舆地志，二建置志，三古迹志，四赋役志，五职官志，六选举志，七人物志，八、九艺文志，十杂纪志。多分子目，殊极繁琐。

〔雍正〕定州志十卷

雍正十一年知州王大年修（《学部志目》作黄大年误也）。

按所录修志姓氏，有弘治癸丑官贤、嘉靖壬午倪玑、万历己未沈庭英、康熙壬子黄开运四本。

定州之升直隶州在雍正二年，原辖曲阳、新乐二县，十二年以保定之深泽来属，而新乐仍归真定。本志即兼括两县而修者。

按元代聚工匠于定州，此实北方工业艺术集中之地，而志无述焉。

书凡十卷，一图经星野等，二礼仪，三学校，四赋役，五职官等，六、七人物等，八纪事等，九、十艺文。

〔道光〕定州志二十二卷

道光二十九年知州宝琳修。

书立六门，曰天门，曰历纪，曰地理，曰人物，曰政典，曰艺文。每门咸有子目若干，其中最可称者为乡约类。其凡例云："乡约类前志仅登其名，他志亦多从简略，今从定州旧立之四十余约，每约绘图，复以所行保甲法详说之，改其类曰乡约，务使四境之广，粲若列眉，一乡之微，了如指掌。"每乡为图，真他志所无也。

然于人物门力矜其去取之严，谓有一身事两朝及数姓与迹附畔逆者概从删撤，此又过也。

〔康熙〕曲阳县志十一卷

康熙壬子知县刘师峻撰，前有魏裔介序。

其凡例云，旧志繁杂无次，今从简确，然不及旧志撰人姓氏及时代，此一异也。曲阳为汉县，《汉书·地理志》注已云有岳祠，唐以后为定州属县，祀岳之典崇焉，而志于崇祀之礼秩、庙貌之规模一不言及，仅录祭文数篇而已，此二异也。体要尚如此其疏，他无论矣。

凡十一卷，一图考，二方域，三建置，四赋役，五官职，六礼仪，七选举，八人物，九风俗，十艺文，十一杂志。

〔光绪〕曲阳县志二十卷

光绪三十年知县周斯亿修。

曲阳旧志修于康熙壬子知县刘师峻，刘志自称概从简确，本志则以详备矫之。凡例自云参用洪亮吉泾县、淳化，孙星衍三水，武亿偃师、安阳，李兆洛凤台，董裕诚长安各志，故倬然有名著之风。就其凡例中所自举者，如谓旧志多空言臆说，实事反荒略不备，今详考史传参以碑志，除风俗、人物得之采访外，余均注明所出；又谓前志于人物、风俗多有褒无贬，今则美恶同登以示法戒，皆确有所见，不同凡响也。

书凡二十卷，一舆地图说，二县治沿革表、自汉以来职官表、群职表，三自唐以来贡举表、仕进表、乡饮封赠表，四列女表，五大事记、灾异记，六山川古迹考，七城廨建置考，八学校考，九礼仪风俗考，十财赋考、土宜物产考，十一、十二、十三金石录，十四艺文录，十五循良传，十六名贤传，十七文学传、武略传，十八忠节传、孝义传，十九工艺传、禄仕传，二十列女传、叙传。

曲阳为北岳庙所在，其山川古迹考备载其制而分别注明今存今无。曲阜、鹿邑等志之于孔庙、上清宫皆未能及此。如舆图之分社为篇，大事记之辩《通鉴》"柏肆谷"之误，皆精详不苟。不独远胜刘志，抑近志中所罕见也。

工艺传所载杨琼以雕石之工为元世祖所赏，两都宫殿石工出其手者不可枚举，且与王氏同业世婚，实为今日定州石工所自昉。两姓事迹亦载王氏追远碑及杨琼神道碑（本书卷十三金石录），比而观之，尤可见其渊源也。

〔雍正〕深泽县志十二卷

雍正十三年乙卯，知县赵宪请罗定知州县人王植纂辑。

据凡例云，深泽前明无志，自康熙乙卯邑令许来音始为搜茸，于乡绅张靖之家得前教谕张劝所辑稿，复较阅郡志、祁志，与邑士绅王镔、袁斌〔砇〕等参互考订之，是为旧志。

深泽立县自汉，宋以后属祁州，雍正二年定州改直隶州，十二年以曲阳及深泽隶焉。

书凡十二卷，一编年志，二舆地志，三建置志，四职官志，五礼仪志，六食货志，七选举志，八人物志，九、十、十一艺文志，十二附余志。

本书稍殊别者，则编年一志。他志编年多仅从史籍中采取关于本邑战伐大事实之，而本书所列则举凡建置之兴废、制度之沿革，下逮故老之传闻，凡有年月可籍，悉为排比。

虽不能无挂漏，固深合方志之义者也。

〔乾隆〕热河志一百二十卷

乾隆四十六年和珅等奉敕修，已入《四库》著录。

热河久在边外，虽在在有辽、金、元诸朝之史迹，而未为史家所重视，故掇拾之功尤难。御制序云："为各省之志书易，为热河之志书难。彼其以汉人书内地事，且各府州县本有晋《乘》、楚《梼杌》荟而辑之，其易也不待烛照数计而龟卜也。热河之志则以关外荒略非内地，而辽、金、元之史成于汉人之手，所为如越人视秦人之肥瘠忽然，故曰难。夫辽、金、元非若唐宋之兴于内地而据有之也，又其臣虽有汉人通文墨者，非若唐、宋之始终一心，于其主语言有所不解风尚有所不合。且辽、金、元皆立国不久旋即逊出，则所纪载欲其得中得实盖亦难矣。夫辽、金、元之史纪内地而欲其得中得实尚且难之，况边关以外荒略之地乎？其不能得中得实亦益明矣。"本书于此独三致意，于辽以上兼考慕容氏遗址焉。

热河以温泉得名，康熙中建避暑山庄，乾隆中改名承德府。本志名热河，仍从其朔也。

书凡百二十卷，一至十二天章，十三至二十二巡典，二十三四徕远，二十五至四十四行宫，四十五至四十八围场，四十九至五十四疆域，五十五至六十三建置沿革，六十四晷度，六十五至六十八山，六十九至七十二水，七十三四学校，

七十五六藩卫，七十七至八十二寺庙，八十三文秩，八十四
兵防，八十五职官题名，八十六官迹，八十七至九十人物，
九十一食货，九十二至九十六物产，九十七八古迹，九十九
至一百二故事，一百三至一百六外记，一百七至一百二十艺
文。就中晷度一门删星野之谈天，测斗极之出地，最为精识。

〔道光〕承德府志八十六卷

道光九年热河都统成格、知府海忠修，光绪十三年知府
廷杰重订。乾隆敕修《热河志》以来，边地之纪载差备，成
格复以府尚无志，于是悉遵《热河志》程式而广所未备，别
类分门为八十六卷。所辑宋、辽轶事甚富，而采《临安志》
引书之法亦最精洽也。

〔民国〕隆化县志六卷

民国八年知事罗则逖修，通县施畤纂。

宣统二年，热河都统与民政部议准实行画拨承德、丰宁
两县地建隆化县，初建于唐三营之围场总管衙门，民国四年
改建于皇姑屯之行宫，为县治也。

凡六卷，一曰地理志，二曰世纪志，三曰风俗志，四曰
俊义志，五曰著述志，六曰政典志。

其著述志实即钞录诗文，而漫列哲理、考证诸目，不知

何取。其余各篇亦多虚事铺张羌无实事也。

〔乾隆〕口北三厅志十六卷

乾隆二十三年宣化知县黄可润校修。口北三厅者，张家口、独石口、多伦诺尔也，元为上都兴和路及兴、松、云三州地，明为开平卫及兴和守御千户所地，又为全宁卫之西北境、大宁都司朵颜卫及营州前屯兴州五屯卫之西北境，后俱废为鞑靼诸部落驻牧地。清初坝内为农田，坝外为察哈尔东翼四旗、西翼正黄半旗游牧地，雍正中设三厅理事同知，隶口北道。

本书凡十六卷，一地舆，二山川，三古迹，四职官、官署、坛庙，五经费、地粮、村窑、户口、风俗、物产，六台站、考牧，七藩卫，八人物、列女，九至十世纪，十二至十五艺文，十六杂志。

其地舆、山川、古迹三篇，据诸史及金幼孜《北征录》、周伯琦《扈从北巡后纪》〔应为《扈从北行记》〕等书疏证古今地名之同异，尤注意于元开平之故迹，较若列眉，足与《日下旧闻考》媲美。惟古迹篇云斡耳朵即《辽史》中所谓斡鲁朵，疑即当时之帐殿，斯则偶未检《元史》，不知其已明云斡耳朵即宫殿也。世纪一篇历举历代兵事深为周备，艺文篇所载诗文，亦皆切于掌故者。

方志考稿　甲集第二编

〔乾隆〕盛京通志四十八卷

乾隆元年府尹宋筠、府丞王河等纂，咸丰元年府丞雷以诚补修重刻。

前志为康熙二十二年将军伊把汉、府尹董秉忠等修也。本书开卷即未列前志纂修年月，序文中亦无一语及康熙志之始末，是不待读之终篇，已决其无著述之法矣。

凡四十八卷，一至四为典谟志，五京城志，六坛庙志，七山陵志，八宫殿志，九苑囿志，十建置沿革志，十一星野志，十二疆域志，十三、十四山川志，十五城池志，十六关隘志，十七驿站志，十八公署志，十九、二十职官志，二十一学校志，二十二选举志，二十三户口志，二十四田赋志，二十五风俗志，二十六祠祀志，二十七物产志，二十八古迹志，二十九帝王志，三十、三十一名宦志，三十二至三十四人物志，三十五、三十六孝义志，三十七列女志，三十八隐逸志，三十九流寓志，四十方伎志，四十一仙释志，四十二至四十七艺文志，四十八杂志。

其中率陋之处不可悉数，姑摘其一二端。如古迹一篇但举辽、金诸州县之名，而太半不能指其为今何处。夫古迹云者，谓其有迹可寻也，若但举其名，复奚赖于志也？后妃一门专以辽、金两朝为断。不知慕容基业，渤海建邦，亦不宜没其世数。至于京城宫殿等皆寥寥数纸，图尤粗劣，实无以称陪都志典制。当时物力全盛，而成书不过如此，亦可异矣。

书名"盛京通志"，其实以后来之东三省为范围。按其沿革篇云："顺治元年悉裁诸卫，设昂邦章京副都统总治之。顺治十年以辽阳为府，置辽阳、海城二县，宁古塔设昂邦章京副都统诸员。十四年除辽阳府名，以沈阳为奉天府，置府尹。康熙元年奉天昂邦章京改镇守奉天等处将军，宁古塔昂邦章京改宁古塔将军。三年锦州改为锦县，广宁改为广宁府，设广宁县、宁远州。四年裁广宁府设锦州府移驻锦县。是年奉天府又添设承德及盖平、开原、铁岭四县，辽阳改为辽阳州。二十三年，于黑龙江岸筑爱珲城，设将军、副都统驻防。自是西抵山海关东抵开原，奉天将军统之；西接开原威远堡，东抵海滨，宁古塔将军统之；东连宁古塔，西至喀尔喀，南至松花江，北至俄罗斯，黑龙江将军统之。雍正五年，于宁古塔境内设永吉州长宁县。十二年于明复州卫地设复州，于明金州卫地设宁海县，又于锦州府增设义州。"是其大较也。

〔乾隆〕四十四年盛京通志一百三十卷石印本

乾隆四十四年武英殿大学士阿桂等奉敕重修。以旧本叙事简略体例亦多未合也。

凡一百三十卷，一至七圣制，八九纶音，十至十七天章，十八京城，十九坛庙，二十宫殿，二十一山陵，二十二星土，二十三建置沿革，二十四疆域形胜，二十五至二十八山川，二十九至三十二城池，三十三关邮，三十四津梁、船舰，三十五六户口，三十七八田赋，三十九至四十二职官，四十三四学校，四十五六官署，四十七至五十选举，五十一二兵防，五十三至五十七名宦，五十八至六十四历朝人物，六十五至八十一国朝人物，八十二至八十六忠节，八十七孝义，八十八文学，八十九隐逸，九十流寓，九十一方伎，九十二仙释，九十三至九十六列女，九十七至九十九祠祀，一百至一百四古迹，一百五风俗，一百六七物产，一百八杂志，一百九至一百十四历朝艺文，一百十五至一百三十国朝艺文。

其建置沿革表分奉天府、锦州府、吉林、黑龙江四部，是仍以盛京为总括东省之名也，惟所载偏于留都者为多耳。

本书视前志于旗田、官庄、园场赋则多所详定，人物兼载辽、金宗室，皆为较胜。不独《四库提要》所称旧本不载盛京、兴京、东京创建修葺之由等条而已也。

〔民国〕沈阳县志十五卷

民国五年知事赵恭寅修。

据例言："县志向无成书，光绪末叶，都林布篆承德时始与邑绅从事编辑，金正元继任，就原书付梓，是为沈阳志之嚆矢。是编多采旧志，而稍有异同。"

勃海大氏始置沈州，是为设治之始。元为沈阳路总管府，明为沈阳中卫，隶辽东都指挥使司。清初建都，尊为盛京，顺治十四年设奉天府，康熙四年设承德县，民国二年复明旧名为沈阳县焉。

书凡十五卷，一地理，二职官，三民治，四教育，五财政，六司法，七实业，八交通，九人物，十古迹，十一礼俗，十二物产，十三宗教，十四慈善，十五艺文。

地理篇于疆域山川而外兼述宫殿陵寝，用《（光绪）顺天府志》例也。沈阳为前代陪都，其兴王基业犹在，固宜特笔纪之，以别于古迹。然犹惜其过简，不能望宋敏求、朱彝尊之书也。

民治篇分列户口、选举、警察、保卫四项，似足包罗一切。然近今民治之选举与前代贡举终有不同，不能并为一谈，警察亦不属人民自治，皆应别出也。

人物篇中氏族一门纪满洲汉军诸族源流，最为有功史乘之作。

辽阳乡土志一册

光绪三十四年知州洪汝冲修。其时学部有编辑乡土志之令，属州人永贞撰稿也。

州为辽之辽阳县，元置辽阳路行中书省于此，为关东统部治所，形势雄重可知。明置都司城，顺治十年设辽阳府，十四年移府于盛京为奉天府，辽阳县仍旧，康熙三年升为州。虽地望稍降，固关外诸州县中之饶有史事者也。

本书分两部。一曰乡土历史志，设置沿革、政绩录、兵事录、耆旧录、人类、户口、氏族、宗教、实业、工政、商政、学务、警务属之。一曰乡土地理志，州境、区界、公所、城池、桥梁渡船、祠祀庙宇、古迹、坟墓、市镇学堂、山、水、道路、田赋、厘税、物产、商务属之。

然历史地理断难强为区分。盖地方志云者，本以地理为纲，而纪述现状亦必侧重其历史背景也。

〔民国〕海城县志八卷

民国十三年知事廷瑞修。前志修于宣统元年知县金衍海，本书继宣统志而作也。

县在辽为海州，明置海州卫，顺治中裁卫设县，属辽阳府，十四年改辽阳为州，遂为奉天府属县。

凡八卷六目，曰地理、人物、政治、人事、物产、艺文。

〔咸丰〕开原县志八卷

咸丰七年知县全禄修。

据序，旧志乾隆五十六年知县明亮修。据凡例云，久系传钞。盖虽修而未刊行者也。

开元之名昉自元之开元路，明太祖改元字为原，而清因之。永乐七年置安东卫于三万卫之西南，开元城为治所。康熙三年置今县，隶奉天府。

凡八卷，一星野、祥异，二建置沿革、疆域、形胜、山川、城池、关隘，三物产、古迹、景物、公署、职官，四学校、祀典，五礼制、坛庙、选举、兵防、驿站，六民户口、民田赋、风俗，七名宦、人物、忠孝、节烈、流寓、仙释，八艺文、杂录，诸门之上复冠以天文、地理、人事之目，亦犹乎明人陋习也。

其建置沿革叙述异常简略，而古迹篇中反遍列辽东诸古地名，礼制一门抄撮泛滥，尤变本加厉。盖僻县可纪之事不多，不得不敷衍成篇也。

〔民国〕铁岭县志八卷 _{附康熙志}

民国四年知事陈艺修。

其序曰："铁岭旧有钞本两卷，稿成于康熙丁巳，知县贾弘文修，邑人董国祥纂，历二百余年未梓行。"今志更定新例，而以旧志附行，亦创体也。

凡八卷，一图，二气界、疆域沿革、城市、官厅、乡村六志，三户口、山水、道路、险要、田亩、物产、祠庙、古迹八志，四政绩、兵事、县署、行政、改革、禁烟、监狱、教育、警察、田税、盐货税、地方杂捐、自治十一志，五农事、工艺、商务、矿务四志，六宗教、慈善、礼俗、民族、人民程度、灾害、佚闻、铁路交涉、外国教育堂医院学校九志，七名宦、寓贤、乡官〔官应为"宦"〕、忠节、孝义、耆旧、儒林、列女、职官、科举、选举十一志，八艺文志。

《明史·兵志》辽东都指挥司统卫二十，其第六卫曰铁岭，康熙三年始置县，光绪三十二年增设法库厅，割县西陲隶焉。其在辽为银州富国军地。

书中农事、工艺诸篇颇有事实，非如他志仅取官文书缀录塞责。惟人民程度一篇命名嫌与教育相复，又佚闻篇所载嫌与古迹无多差别耳。

〔民国〕锦县志二十四卷

民国九年知事王文藻修。

据序云："锦县无旧志，惟《盛京通志·风俗总载》云，人多慷慨尚气节，有墨胎氏之遗风，注云《锦州府志》。观此则似《盛京通志》未修之前锦州府已有志矣。"今兹纂修盖未睹前志也。

凡二十四卷，一、二地理，三、四建置，五职官，六经政，七、八教育，九选举，十武备，十一财政，十二实业，十三交通，十四宦迹，十五、十六人物，十七礼俗，十八、十九物产，二十宗教，二十一慈善，二十二至二十四艺文。

锦州始置于辽，为临海军节度治所。康熙元年以锦州为锦县，属奉天府。四年设锦州府，以锦县为附郭县。民国二年裁府设锦县焉。县城即明广宁中、左二屯卫城也。

本志凡例四十余条，于近代各志体例讲之甚悉，折衷准则，颇费苦心。盖关外州县与旗官辖境错杂，制度纷糅，而国体变更以后立言之体复多所殊异。志虽泰半以《盛京通志》为依据，然其整齐排比之功亦不可没也。

但有失之过详之处，如教育中之纪文庙祀典推原溯流，已与本县有风马牛之概，而艺文中录及本县职官之诗文，更为他省俗志所无之例也。

其新增之专篇，若宗教、慈善以及附见经政篇之户口表、附见人物篇之氏族源流，皆确有裨于文献。民国以来各省志书尚往往泥于旧习，于当代制度略无一语，以此衡之，为卓识矣。

犹有憾者，若工艺、币制自应分入财政、实业，而本书乃以治玉、治革之工业及典商、钱票二事分列于礼俗篇，此仍不免囿于俗例也。

〔宣统〕新民府志

宣统元年知府管凤龢撰。

其序云："凡所列之表皆就光绪三十四年所调查统计者编纂。始于宣统元年春，越九月而出版。其间事实之变迁又不知凡几。日编一页，夕付手民。脱误尤多，前后体例皆未能一致。"今按其书但载表式，更无卷数。唯列沿革、疆域、道里、航路、山川、户口、村镇、职业、居留、衙署、巡警、卫生、教育、司法、监狱、岁入、岁出、实业、货币、交通诸门而已。虽其中如商业店铺及司法案件诸表实为志书不可少之史料。然究是报告之文书，非地方之史乘。前有杨德邻序云："举凡体例编目之说一扫而空之，事维其实，数维其详，将以鉴别其妍媸得失，视症结以奏刀圭。"亦纪其实也。

府在明为沈中卫与广宁左卫界。治所本苇塘，河流迁徙，积淤渐平，地当南北孔道，村落聚而成市。乾隆初年移巨流河巡检驻此，是为有新民屯之始。其时全境属承德、广宁二县。嘉庆十三年设新民抚民同知。光绪二十八年设府，除自理地方，以广宁小黑山新设之镇安县、养息牧新设之彰武县隶焉。三十二年，复分辽中县隶奉天府。

〔民国〕宽甸县志略二册

民国四年知事程廷恒撰。

宽甸城，相传勃海所筑六甸之一，明末与满洲构衅置兵于此，始著于世。同治十三年奏准开垦，居民渐集。光绪二年设治。嗣为南满铁道所经，非复昔日景象矣。

本书为略者六，曰建置、兵制、地理、古迹、人物、风俗，为表十六，曰经纬方里，曰疆域，曰山川，曰政绩，曰司法，曰宗教，曰学校会社，曰岁入岁出，曰自治，曰户口，曰巡警，〔按，于此缺预警〕曰矿产，曰邮递，曰祠庙，曰物产。其曰略者，亦仅能撮举肤阔之词而已，转不如诸表之犹存事实也。

〔民国〕庄河县志十二卷

民国八年知事廖彭修，十年刊成，县人宋抡元等纂。

县在清初为盖平县地，乾隆三十七年始置岫岩通判，复以极南沿海之区过于鸷远，析置庄河厅，民国改县焉。海口外有鹿岛，即毛文龙屯驻地也。

凡十二卷；一地理，二古迹，三职官，四人物，五民治，六教育，七财政，八礼俗，九交通，十实业，十一物产，十二艺文。文字荒陋，其地理篇称赵尔巽为次帅，人物传谓李秉衡曾为东三省大经略，古今无此书法无此官称，他可知矣。

西安县志略

宣统元年知县雷飞鹏撰。

西安者，故盛京围场东边之威远堡门，满洲初起时之叶
赫部也。太祖既平叶赫，以其地为大围场。自康熙以来，狝
狩之礼不时行，然犹守入围之禁。顾年代绵远，居民渐次阑
入，颇以蕃息。光绪二十六年，始弛禁招垦。次年遂设县治。
其曰西安，以在盛京行围西流水域与邻县西丰先后建设，故
均冒西名。县以光绪二十九年建城，初分围地为十六社，洎
举行自治，乃并社为乡。此其建置之大较据志可征者也。

志为篇十一，曰建置，曰监狱，曰地形，曰户籍，曰自
治，曰财计，曰保卫，曰教育，曰实业，曰礼俗，曰叙志。其
十篇固皆依据事实，质而不虚。复于其间列表以明升降变迁
之迹，核繁复错综之数。如建置篇则有政纪表，户籍篇则有
户口、年龄、职业表，财计表列表尤夥。斯皆修志之良法。
若以衡之旧志，则凡旧志之可省者省焉，若艺文之类是也。
可并者并焉，若列女之附于户籍是也。其旧志所视为具文而
此书发挥甚当者，尤莫如礼俗。夫礼俗之所以可珍，为其足
以与他处相较而辨其异同寻其源委。不避俚俗，不辞习见，
然后不为虚作，此书得其意矣。凡建置久长者，其志易撰而
难工；建置促近者，其志难撰而易工。若西安之比者，固在
易工之列。然综观全书，去取剪裁适如其分，简而不疏，密

而不紊，非具史识者未易几及。况其行文雅洁亦已接轸阳湖，不信边荒之区乃有此佳志也。

〔宣统〕昌图府志

宣统二年知府洪汝冲因陆军部征旧志无以应而有是修也。

昌图本属科尔沁左翼三旗，同治三年设理事同知，光绪二十五年改府，辖辽源州，奉化、怀德、康平三县。

志凡六章，曰疆域志、政治志、实业志、交通志、风俗志、人物志。

虽资料稀简而所载表册为多，不以文字见长，独得保存故实之法，亦方志中之别开生面者。就中如司法状况及患病种类诸表，关系社会状况实非浅鲜。使撰志者尽能甄采及此，以视虚载节妇姓名累册不休者，有功于史学岂道里可计哉！

〔民国〕昌图县志十八卷

民国五年知事程道元修，续文金纂。

昌图为科尔沁旗地，嘉庆七年（《蒙古游牧记》作十七年）招垦设治，初为昌图厅理事通判，旋升为抚民同知。光绪三年升府，民国二年改县。

书凡十八卷，一天文，二地理，三建置，四祀典，五职官，六政事，七财政，八教育，九实业，十慈善，十一交通，十二宗教，十三户籍，十四礼俗，十五物产，十六人物，十七选举，十八艺文。

其天文中尚存星野，地理中尚存胜景，甚至每景缀以自作之诗，已属结习未除。至宗教编所述各教考本为旒赘，兼复纰缪百出，尤为可已而不已者。若夫人物兼载生存，则与奉化志例正同，非方志正格也。

〔光绪〕奉化县志十四卷

光绪十一年知县钱开震修，安州陈文焯纂。

奉化者，故昌图厅之梨树城也。光绪四年昌图升府，乃即城设县，与怀德、康平并隶焉。

邑本蒙荒，嘉庆以来始辟而居之，为蒙汉人杂居之所，故考订史材，弥为不易。书凡十四卷，曰天时、地理、建置、祀典、勋职、人物、选举、兵赋、物产、艺文、杂录，其凡例云：“直隶临榆新志例谓志者史之一体，县志一书凡所纪载皆志也，若再别其篇目曰某志，似志之中又有志矣。所论实为近理。今节取之，于每卷标目改某志曰志某，则仍通卷皆志之意，无并语脚病矣。若他志径改曰编曰书曰略，似皆觉有未安，姑合焉。”《昌图府志》亦同此说，语已陋浅。又云：“本邑泉水无名或随口呼道，多为鄙俗不雅，今准怀仁新志例半为更定。”似此尤为乖妄矣。至如人物、艺文不避生存之录。虽曰穷荒草创，不得不通变宜民，然而难乎传信矣。

双山县乡土志

民国三年知事牛尔裕撰。

双山本内蒙哲里木盟达尔汗王旗地，光绪三十三年丈放，宣统二年设安垦局，民国元年改设县治，蒙荒无历史可言，志仅钞纂案牍以应故事而已。

〔光绪〕吉林通志一百二十二卷

光绪十七年将军长顺等修。编修李桂林纂。

吉林元无省志，仅附见于《盛京通志》，已详前条。道光四年，吉林将军衙门堂主事萨迎阿撰《吉林外纪》，非纯乎志体也。志吉林尤难于志盛京。本书序云："方志之书首重沿革。乾隆中敕修《热河志》及《皇舆西域图志》皆为创举。其沿革仅始自秦汉以来。吉林则肇自唐虞，事追隆古，较西北之开辟独前千数百年。挹娄勿吉之殊称，肃慎女真之异号。别为七部，判为五京。夫余界接于掩瀌，黑水中分于枫地，部族之数既已纠纷。而大岭以东，七县隶于都尉；粟末以北，三州置于渤海。郡县之制，权舆斯托，必尽明昔时四至八道之分，始能定今日星罗棋布之势。此沿革之难志者一也。郑樵云，疆域有时而更，山川千古不易。山川者，疆域所由分也。吉林之山则长白峙其东南，绵亘千余里，三江发于长白，其源流或千余里或五六千里。自来史志，荒略殊多。如盖马之号，《明志》误认于辽东，黑龙之名，《金史》谬施于宋瓦。是由祀年绵长，道路悠远，传闻不免失真。兼之文字互殊，声音屡译，记载尤不能无误。今欲例综《禹贡》，兼桑经郦注之规，体列方言，备译史舌人之掌。藉非寻山脉水、访渎搜渠，何以得其主名信今传后？此山川之难志者二也。……凡此皆地志之通裁而于吉林为创例。既无征于文献，固极费于搜罗。加以食货之数，经政之常，学校之规模，与夫古今职官之同异，虽皆整齐故事，排比旧文，要其去取之间，亦贵具有微旨。不敢蹈欧阳修刊落事实之失，仍薪免罗鄂州抄取计簿之讥。别识心裁，盖有志焉而未之逮也。"本书之作盖其难其慎矣。

凡一百二十二卷，一至五圣训志，六天章志，七、八、九大事志，十至十二沿革志，十三至二十七舆地志，二十八至三十五食货志，三十六至四十三经制志，四十四至四十九学校志，五十至五十七武备志，五十八至七十一职官志，七十二至一百十九人物志，一百二十金石志，一百二十一二志余。

〔民国〕农安县志八卷

民国十六年知事郑士纯修。

农安为蒙古科尔沁部郭尔罗斯旗，嘉庆五年设长春厅理事通判，光绪八年增设农安分防照磨，十五年设县，隶长春府。本志以县当辽之龙州黄龙府，所引证有未尽足据者。然具有精心，亦近志中之难得者。其凡例自云，体例多采《吉林通志》及宁安等县志。关外诸志于考证沿革动云古肃慎、夫余、靺鞨，重规叠矩，千手雷同，实为锢习。本志虽知广引故书，而仍未能免此也。书凡八卷，一沿革、大事、象纬、舆地，二交通、物产、实业、田赋，三建置、职官、行政、司法，四教育、祀典、选举、自治，五军警、兵事、外交，六税捐、度支、钱币，七乡村、氏族、户口、风俗、慈善、卫生、宗教，八人物、古迹、金石、艺文、志余。其凡例自云仿《通考》《通志》而为之名目。然田赋与税捐，古迹与金石，皆分列两处，未见其当也。

虽然有可称者两事焉，一曰编年纪月预为续修地，免后人之改作也。二曰用《宁安志》例附刊照片以辅笔墨所未及也。修志者咸能用心若此，则秉笔非艰而传世可期弥久矣。

〔民国〕扶余县志

民国十三年吉林省议会议员县人张其军撰。其例言自云以报告本县一切状况及鼓吹本县文化为宗旨，又云利在尽人能读。盖通俗之书也。

县在康熙中为新城县，光绪三十二年升府，民国改县。因避与山东新城同名，改曰扶余。以古国之名名县，易致混淆，抑非良制也。

〔民国〕双城县志十五卷

民国十年知事高文垣修，县人前候选训导张鼐铭纂。盖以省令征县志，取乡土志增损之而成也。

凡十五卷，曰沿革志、舆地志、职官志、政治志、赋役志、礼俗志、物产志、教育志、实业志、交通志、宗教志、人物志、列女志、艺文志、拾遗志，其规模固已大殊前志。盖事实较丰，故易为力软。

就中沿革一篇叙述详确而无附会之弊，礼俗一篇悉本现状而言，不与古礼相牵合，皆近世方志所不及。其他亦俱精当无可议者。独人物志多载时人，谀言满幅，艺文志自录所作诗文。无论如何，难逃后日之诽诮，谓之瑕不掩瑜可也。

近今诸志于并时人物每不能割爱，此或各有不得已之苦衷。然使撰志者专立氏族一门，据诸家谱牒以入志，则无论存殁，可以一律登载。其所重者在族姓之盛衰不在一人之美恶褒讥，不致有贡谀豪士之嫌矣。奈何其弗思也。

双城乡土志二册

民国五年知事魏绍周修。

嘉庆十七年，于阿勒楚喀拉林西北、古双城子地方，移驻京旗一千户兼移奉、吉两省三千旗户，编为二十四屯。光绪八年，设理事通判以治之，管理地方旗民事务，为双城厅。至宣统元年改府，民国复为县，今为中东路所经，顿成都会矣。

书列历史、政绩、兵事、耆旧、人类、户口、宗教、学务、实业、地理、山水、道路、物产、商务诸门，类皆勉强凑泊而成。盖当时县境既尚未发达，故实亦荒寂无传，固不免于艰窘也。惟金大定二十五年所立得胜陀颂一碑，殊为重要史料。得胜陀在涞流河之例（今称拉林河），太祖誓师伐辽之地也。持以此证《金史》，则双城之为金会宁府肇州近之矣。

〔民国〕宁安县志四卷

民国十三年知事王世选修。

其凡例自云："宁安向无志乘，本志根据省志、盛京志，并仿上海、晋江、南阳、丰镇、青阳、营口各县志成例而变通之。"其所取法固非必上乘，殆偶取边省所见之志而即依为蓝本耳。

宁安为故宁古塔地，于唐为勃海国境，故志采唐晏所著《渤海国志》颇多。所记前代掌故，凡属于宁古塔者，悉已包罗。其凡例云："缘宁古塔在有清咸丰以前疆以东海，广博无垠。其建置所及，诏令条教所颁，颇多联合。非详其沿革莫谂源流，异乎泛引也。"

书凡四卷，一舆地、建置，二职官、祀典、选举、自治、教育、司法、军警、赋税，三度支、交通、职业、古迹、宗教、祠宇，四人物、物产、风俗、赈恤、艺文、志余。

观其制名，已多未安者。例如国家祀典与民间祠祭在民国以来久已无悬绝之畛域，若文庙、关岳庙之春秋祭祀更非一县所独有，则祀典不宜与祠宇分篇。赋税为度支之一项，则赋税不宜与度支分篇。军队与警察性质不同，则军警不宜并为一目。职业仅及商、工、农、渔猎四项，则其目亦嫌空设。此其蔽也。

然其古迹中之古城、古陵墓、古金石、古建筑纪述特详，兼附照片。宁安有俗称东京城者，吴兆骞诗指为金源建国处，本志则据《新唐书》《松漠纪闻》等书证为勃海国之上京。其故城内三殿基址巍然如旧，基高丈余，上排礎石，每排均十，似九间制，礎圆径二尺余。其规制之崇阔可知。加以据山林之险，带江湖之利，陬区天宅，岂必在九州之内哉？读此志所记，弥令人神往也。

宁古塔夙为中原迁客所萃，金人挟徽、钦二帝北行，相传曾至于此，清初南中士大夫荷戈来此者项背相望，故载笔者颇多。如《宁古塔纪闻》《柳边纪略》《吉林外纪》诸书，皆足取材。本志在关外诸志中最为雅驯，亦以此也。

〔民国〕桦川县志六卷

民国十五年知事唐纯礼等修。

　　桦川向为三姓副都统辖境，光绪三十二年设依兰府，民国元年设县。

　　凡六卷，一大事、沿革、舆地，二交通、实业，三物产、建置、职官、行政、司法、选举、自治，四教育、礼乐、军警、兵事，五田制、财政、度支、货币、殖民、风俗，六宗教、慈善、卫生、人物、古迹、金石、艺文。

　　大体无乖而过于繁冗。如礼乐篇之祀典仪注久不奉行，且并不专属一县，乃亦蹈袭他志积习，依样葫芦，殊无取也。

呼兰府志十二卷

　　民国四年前知府黄维翰撰。

　　其例言自称：“始于光绪三十四年，迄宣统二年脱稿，壬子以后搜丛稿补成之，视原稿约损十之三四。”又云：“黑龙江省旧无省府县志，《黑龙江外纪》《卜魁纪略》《黑龙江述略》诸书文简而事核，然皆略而不详。此书得之父老传说者十之三四，得之实地调查者十之四五，得之于旧记者十之二三。”边塞之地，前无依据，而裒然成此巨帙，其用力之勤诚不可没矣。

　　呼兰者以呼兰河得名，《金史》之胡刺温水也，距会宁府百里而近。清初属索伦部，旋隶黑龙江将军，设呼兰河八卡伦。雍正十二年置呼兰城，同治元年设厅，光绪三十一年升府，移治兰城而设巴彦州于旧呼兰厅，又巴彦分境设木兰县，分府西北境设兰西县，于是辖一州二县。

　　书分十二略，曰地理、政治、财赋、交通、外交、祠祀、学略、武事、人物、礼俗、物产、艺文。其建置、乡区、职官隶于政治，灾祲隶于财赋，皆异于他志之例，然所存事实甚丰。

　　新辟之区人口未殷，故人物篇较简寂。其例言云："呼兰旗署旧档全体清丈，翻绎经年，所得者以历年职官、户口、节孝名数为多。"此诚可珍之史料。然相其义类，似应以节孝等名氏与户口种族（人物略云有满洲、达呼尔、蒙古、索伦、瓜尔察、锡伯、巴尔虎、额鲁特、他贲、汉人、回民十一种）分列二篇。今混曰人物略，抑稍失当矣。

方志考稿　甲集第三编

〔雍正〕山东通志三十六卷

雍正七年山东巡抚岳濬修，继康熙十三年巡抚张凤仪志作也。其序云："山东之有通志自前明嘉靖朝始，帙简义略，粗有规模。康熙甲寅诏修《一统志》而《山东通志》缘是再辑，扩前志十之三四。"本志之修盖以雍正七年诏增修《一统志》及各省通志故也。今按所载嘉靖十二年志陈沂序："正德间中丞白沙黄公举六郡志事未就，嘉靖初余宪副子华尝手撰志草，亦未成而去，九年庚寅沂转官兹省……越二年壬辰巡按方公（按，方名远宜）至，首询志事，适陆宪副举之有督学之任，得余志草十有二卷，……六月十有六日开局于贡院，迄明年三月稿成，人物初取白沙公稿余取余稿云云。"按元人于钦有《齐乘》，盖可云山东旧志之嚆矢也。本书严订义例，一曰叙志目，二曰正字体，三曰谨书法，四曰审详略，五曰别异同，六曰信古而择，七曰随俗而迁，八曰正讹以传信，九曰阙疑以慎言。其所见皆不过如此。

凡三十六卷，其目曰典谟、星野、建置、城池、疆域、山川、形胜、圻封、古迹、巡狩、阙里、田赋、盐法、学校、选举、兵防、驿递、河防、漕运、海疆、秩祀、桥梁、风俗、物产、职官、公署、宦绩、人物、列女、仙释、方技、陵墓、五行、经籍、艺文、杂记。就中经籍一门最为率陋，不注存佚，不注来历，又不知分类。盖成书苟简又无名手为之订例也。

〔宣统〕山东通志二百卷

光绪庚寅巡抚张曜创修，荣成进士孙伟田总纂，中间时作时辍，宣统三年始渐次告成，民国戊午付印。

本书体例颇殊前志，兹橐括其略例曰：舆图第一，山川则案其脉络，道路则案其迂直，古城之有阯者、市镇之大者、村社之近驿路者皆有图；通纪第二，以编年之体书水旱兵戎大政；疆域志第三，其子目曰沿革表，曰城池，曰封建，曰山川，曰形胜，曰古迹，曰风俗，曰物产；职官志第四，编其名籍曰表，详其制度曰考，记其政迹曰传；田赋志第五，其子目曰户口，曰税则，曰仓储，曰荒政，曰盐法，曰关榷，皆详其轻重多寡及其岁入、动支、起运、存留之数，以四柱核之而书于册，其各府州县所用权衡度量则为之表；学校志第六，志学校贡举之制，其贡举名籍则依科编年而为之表；典礼志第七，尤重典礼之特行于山东者，若阙里释奠之礼，若时巡祭泰岳之礼；兵防志第八，其大者曰驻防，曰海防，而附以官制表；河防志第九，依年编载而以表明之，别志漕运与海运；艺文志第十，曰经籍，曰金石；人物志第十一，于通例外特辟二门，曰先贤传，曰两汉经师，凡近人列传见国史者录之，见碑碣者录之，见他省名宦者录之，见刊行集部者录之，凡录皆注其所出；杂志第十二，其子目曰轶闻，曰琐事，曰流寓，曰寺观，曰仙释，而以旧志序例题名终焉。

其总例曰："凡各志有表有考有纪载，皆先为长编，稽之正史以溯本原，考之国朝官书以昭法守，再参之杂史、别集以及私家撰述，乃定著于册，皆注其所出于下。"善哉斯言，其定例不可谓周密，顾成书不自一人，今检其文亦未必尽能注所出，尤以金石一门凌乱为甚，至人物志之未能完善，更为本书附识中所自道。众手修书艰于画一，观此益信矣。

〔道光〕济南府志七十二卷

道光二十年知府王镇继前任王赠芳修成。

府志修于康熙三十一年，淄川唐梦赉所撰。本志多据《山东通志》例纠正之。雍正以后泰安、武定均升府，统属亦大有变迁。然仍多移录旧志之语，非全体更张也。

济南之为府在宋时，雍正以后定辖历城、章邱、邹平、淄川、长山、新城、桓台、齐河、齐东、德州、清平、禹城、临邑、平原、陵县、长清、济阳十七州县。

凡七十二卷，一星野，二沿革，三疆域，四圻封，五、

六、七山水，八城池，九公廨，十桥梁，十一、十二古迹，十三风俗物产，十四田赋，十五户口，十六仓储，十七学校，十八祠祀，十九兵防驿递，二十灾祥，二十一恤政，二十二盐法，二十三至三十二秩官，三十三至三十八宦迹，三十九至四十四选举，四十五至五十六人物，五十七至五十九列女，六十仙释，六十一方伎，六十二侨寓，六十三陵墓，六十四经籍，六十五至七十艺文，七十一杂记，七十二补遗。其补遗卷中云，江禄齐州济南人，显然错误。

《山东通志》云清初有张泰运、王苹同辑府志，此书盖不传也。

〔乾隆〕历城县志五十卷

乾隆三十七年升东昌府知府、前知县胡德琳修。盖李文藻、周永年同撰稿也。

县志自崇祯庚辰县人叶承宗始修，康熙元年知县李师白再修（据《学部志目》）。本书以叶志脱误时见，李志未能是正而作也（据胡氏序）。

《元和郡县志》云，晋永嘉之后移治历城。自是以来鲜有改易，明以来为济南府附郭县。

凡五十卷，一、二总纪，三至五地域考，六至九山水考，十至十三建置考，十四至十八古迹考，十九至二十二艺文考，二十三至二十五金石考，二十六封建表，二十七职官表，二十八至三十一选举表，三十二袭爵表，三十三弛封表，三十四宦迹录，三十五至四十八列传，四十九五十杂缀。

其自序云："凡历代掌故、风土之记、寰宇之志及直省通志、名人总集下逮稗官小说无不搜罗，金石之文无不抉剔，山川之脉络、沟渠之分合皆亲至其地综览而条析之，虽不敢谓豪发无遗憾，而订误者十之三，补缺者十之五。"观其征引之繁，良非虚语。《（康熙）济南府志》谓："《通志》云晋永嘉之后移治历城，'晋永嘉'乃宋元嘉之误。"胡氏据《元和郡县志》驳其舛谬，《（道光）济南府志》遂援以纠正之，其考证之功，诚足多矣。

〔民国〕续历城县志五十四卷

民国十三年刊成，县人毛承霖等修。

据凡例："历邑旧有志书，康熙时为叶志，乾隆时为胡志，兹之所续，续胡志也。续修之举起于光绪季年至宣统三年，录稿十余帙，实未成书。己未秋检出原稿重加厘订，删削者十之二三，增益者十之五六。"惟毛氏则躬与始末者也。

凡五十四卷，曰总纪，曰地域考，曰山水考，曰建置考，曰古迹考，曰艺文考，曰金石考，曰职官表，曰选举表，曰世袭表，曰弛封表，曰宦迹录，曰列传，曰杂缀。

书虽成于民国，然事实以宣统三年为断，故仅以续志为名。盖不欲多所更张也。其中地域考多采沧州叶氏《考古录》，山水考多录前志，体例既无所更订，资料亦鲜扩充。杂缀一门至盈两册，中如周书昌言一士人宿泰山云云，无论其虚诞不经，且与历城何涉？秉笔者之不能别白，咎无可辞矣。

〔道光〕章邱县志十六卷

道光十三年知县吴璋主修，刑部主事、前翰林院庶吉士吴县曹懋坚纂，即璋之内侄也。

书凡十六卷，一星野，二建置，三山水，四古迹，五赋役，六礼俗，七职官，八选举，九名宦，十、十一人物，十二列女，十三艺文，十四金石，十五轶事，十六外编补遗。

据旧序，弘治壬子知县陆里创修，礼部主事杨循吉纂，李东阳作序；正德癸酉吕秉彝续修；嘉靖丁酉祝文冕又修；万历丙申知县董复亨三修；康熙庚午知县钟运泰四修；乾隆乙亥知县张万青五修。可谓勤矣。中如古迹一篇，征引考订尚颇勤核。章邱故高唐县，隋改今名。

〔道光〕邹平县志十八卷

道光十六年知县罗宗瀛取顺治徐志为蓝本续修也。

据历修姓氏，嘉靖十二年知县叶林始修，顺治十六年知

县徐政、康熙三十四年知县程素期、嘉庆八年知县李琼林各
一修。

徐志有顾炎武为之校编，马骕为之讨论，施闰章为之撰
序，号为最善本。书大要取其原文而以近事附入也。

本书略依其例，曰总纪，曰方域考，曰赋役考，曰建置
考，曰山水考，曰古迹考，曰表，曰宦迹考，曰人物考，曰艺
文考，曰杂志，凡十八卷。

其方域考包沿革、疆界、星土、里社四门，赋役考包户
丁、田赋、盐法、杂税四门，建置考包城池、学校、官署、坛
庙、兵驿、坊表六门，古迹考包城址、坟墓、园亭、寺观四
门，表包封建、职官、选举、赐封、袭爵五门，艺文考包金
石、著作二门，杂志包风俗、物产、灾祥、轶闻四门，实较他
之繁立名称者为简净。

惟地图仅列方域，沿革一种虽于史地之考证埤益甚巨，
而他项城垣、公署之建置概无图以明之，殊无以存故迹。此
俗例之似赘而实不可缺者也。

其总纪一篇意在历叙本邑大事，至附益之道光以后事实，
称人以字以古官名，直如函牍体裁，最为不合。而伏生祠入
于古迹中之坟墓一门，又不为马骕立一详传，续纂者皆不能
辞疏漏之咎。要之徐志本取马氏遗草而成，故规模雅饬一如
其所著《绎史》。珠玉在前，益难为继也。

邹平为汉梁邹、邹县两县地，北齐曾置平原，隋复故名，
梁邹遂废，唐隶淄州，宋以后隶济南。

〔乾隆〕淄川县续志八卷_{依康熙志本}

乾隆八年知县王康修。

据序，"志权舆于嘉靖二十五年，及隆万间有王秋澄先生起而纂订之，迨康熙丁卯高念东、唐济武捃摭而会萃焉。又有《淄乘征》一册，考疑订误"云云。盖其在明代，嘉靖二十五年知县王琼、三十九年孙孝、万历二十一年知县朱万春，三次修辑。康熙间知县张嵋属县人秘书院检讨唐梦赓〔赓当为赍〕撰稿，即今志所本。今志凡例云，旧志精详典核，极称善本，故悉刊原文而以续修者附入每篇之后，亦创例也。

淄川为汉般阳县地，刘宋置贝邱，隋开皇中改今名，唐置淄州，元为般阳路，洪武十二年降为县，属济南府。淄水经其东南。雍正十三年以本县南乡离城最远，分益都之颜神镇为博山县，并割十七庄属焉。盖由一道而为州为县，古今之变也。

书八卷曰舆地志，建置志，赋役志，官师志，选举志，人物志，艺文志，轶事志。所续之事实既无多，如星野之类续以歌诀，尤为陋诞。

〔嘉庆〕长山县志十六卷

嘉庆六年知县倪企望修。

据序："县志成于前明韩希龙，易世而后，残缺失次。康熙丙申孙衍汇纂为十卷。"凡例则云："前令文宗炌有续志稿二卷，自康熙辛卯至乾隆庚辰五十年事迹略存梗概，亦前后志绝续之梯级也。"本书艺文志中录存旧稿序文尚多，皆未刊者也。

凡十六卷，一舆地，二建置，三食货，四灾祥，五秩官，六选举，七至十一人物，十二至十五艺文，十六杂缀。

长山为汉於陵宋武强地，开皇十八年改今名，唐宋以来属淄州，明初州废改属济南府。

〔康熙〕新城县志十四卷

康熙中知县崔懋撰。前有康熙三十二年王士禛序。禛字未改，是犹康熙版也，然漫漶脱落几不可识矣。

新城之置，自元至元十九年并淄莱路田、索二镇，于驿台立新城县治，隶般阳路，明洪武十二年改属济南府。据王序，志初修于嘉靖，再修于天启，此为三修。又云今贤使君修举废坠，又得梁溪严子传氏以良史才左右而倾助之。是主修于崔而严实为之秉笔也。又据凡例云："山川、古迹、艺文多从司徒王公所纂，备考一帙摭拾纂辑。"司徒王公谓王之垣也。然《学部志目》称天启志知县张必大修，崇祯志知县孙胤奇修，顺治志知县马孔彰修，孙、马二志皆写本也。

凡例所标更张各节，如列传向入艺文今移置人物志，又旧志备载纶音，今则但于恩恤款内具载姓名、爵秩。如斯之类，固已今胜于前。

　　然人物篇以鲁仲连、王蠋冠首，如此则凡春秋战国之齐人不皆可以入选耶？艺文篇列王之垣《进圣功图疏》及《请正位中宫疏》，如此则凡新城人之文集不皆可以入选耶？

　　同一文也，有置之艺文无足轻重置于他处其涵义始显者。例如卷十二王之垣所撰《赵公去思碑记》云："赵公自衣，夏惟一葛，冬惟一布，士民则之无敢奢华者；宴会酌定肴十五器，果五品，饭三道，不宰鸡鹅，每席折鸡鹅银五分。"之垣明嘉靖间人，则所纪为明中叶风俗及物价，此至可珍之史料也。若入之社会风俗或经济制度门中，其为用不尤显耶？方志之必须重加整理者，此类是也。

　　续志二卷亦崔懋撰，不分门类，惟列有关建置之公牍数十篇而附以杂诗数首。盖亦保存史料之善法，但宜云附录而不宜遽名为续志耳。章实斋力主通志、掌故、文征三门鼎立，其亦斯意也。

〔乾隆〕齐河县志十卷

　　乾隆二年知县上官有仪修。《学部志目》题为雍正志，今按其成书已在乾隆中，改题从其实也。

　　齐河本古祝阿县地，唐废祝阿为禹城，宋置齐河镇于县境，齐阜昌中始设县，自是因之未改。明、清隶济南府。万历戊寅训导陶性、康熙十二年知县蓝奋兴各修一次也。

　　书凡十卷，一沿革、地理、星野、城池，二山川、桥梁、官署、衢市，三户口、赋役、物产、风俗，四学校、兵防、祠祀、坊楔，五驿传、铺舍、职官、宦迹，六恤政、灾祥、选举，七乡贤，八赠荫、忠烈、孝义、列女，九古迹、坟墓、艺文，十诗文、寺观。

其艺文不应与诗文分为二志，或系刊刻偶误。然驿传、铺舍之分，并非误字也。要为体裁之不当而已。

〔康熙〕齐东县志八卷

康熙己丑知县余为霖修。

据历修姓氏，正德十一年知县萧敬谏创修，万历十五年知县刘希夔继修。

齐，（金）阜昌间改淄川之赵严口为齐东镇，置夹河巡检司，元升为县，明代以地狭人少，割青城、邹平、章邱等县地隶之，辖济南府。

书凡八卷，一职方纪，二建置纪，三赋役纪，四官师表，五选举表，六人物表，七艺文编，八杂录编。其杂录皆案牍文字之有关地方掌故者。

末附志续数十纸，嘉庆间所增也。

〔乾隆〕德州志十二卷

乾隆五十三年知州王道亨修。

据旧序，万历甲戌知州唐文华曾修一次，是为唐志。即《四库存目》之李楯志也，然李楯序称"以德州旧志浮舛混淆，漫无统纪，命予重辑"，则唐志以前尚有不可考者矣。天启五年知州安受善复修，是为安志。康熙十二年知州金祖彭序则称州人工部员外郎程君正夫辑《德州诗搜》又搜及志草，垂成而卒，乃补而刻之，是曰金志。据邹士廉金志正伪辩，则又谓正金志修于康熙十二年，伪金志改于康熙十八年，亦可异矣。

又据凡例云："明洪武三年修《大明一统志》，州县仍无专志，永乐十六年诏天下郡县卫所皆修志，邑之有志，实始于此。"万历四年唐志凡例云，志以旧志为本，天顺间重修《一统志》，采用德州志语，则天顺以前已有德州志可知。传说景泰五年知州洪钊有《德州志略》，已无可考。

张庆源有记德州志本末一篇云："余所及见者有州人田山姜先生《长河志籍考》一编，州人宋蒙泉先生《德州新志稿》七册，州人吴八千先生《桑梓图考》一卷、《河漯纪略》一卷，又与州人邹君圣裔协纂拟稿十二卷，太仓孙筼亭先生《德州志稿》八册。"可谓富矣。

德州在汉为鬲县，唐置长河，宋置将陵，元置陵州，明以德州移治隶济南府，与陵县易相混淆，故志于沿革篇辩之曰："今之德州昔之所谓将陵，所谓陵，今之陵县，昔之所谓德州，所谓安德也。"

凡十二卷，一沿革等，二纪事，三河渠，四疆域等，五建置，六州卫、户口、赋役，七漕政等，八宦迹，九人物等，十贞节，十一丛记，十二艺文。

〔嘉庆〕德平县志十卷

嘉庆元年知县钟大受修。

据旧序，嘉靖甲寅知县赵镈始修，万历丙午、康熙壬子、乾隆癸巳，知县王霖、戴玉缙、钱大琴三次续修。

德平为汉平原鬲县地，唐置今县，属德州，其后因而不改，明以来为济南府属县焉。

书凡十卷，一方舆，二建置，三食货，四典礼，五官师，六选举，七人物，八恩恤，九祥异，十艺文。

选举、人物于唐以前史传诸人并不明述何县之人已属舛略，其艺文志载知县何元熙城隍庙求雨祭文及先天卍字坛式，满纸荒唐，非驴非马。又诗词载萧统赠明山宾及李白经鹦鹉州〔洲〕吊祢衡二诗什，亦适彰其挂漏也。

其序自云："赵、王、戴三志无存，惟钱志成于乾隆癸巳不甚合体，纪载亦多渗漏。"盖齐固失之，楚亦未为得也。

〔光绪〕德平县志十二卷

光绪十九年知县凌锡祺修，继嘉靖志而作也。

凡例云："兹编根据旧志，间亦略有异同，斤斤之心求免

舛误。"然前志之疏缪，实不特无所绳纠，且因讹袭陋而不
觉，至事实亦所增无几。不知何取乎此重规叠矩也。

〔嘉庆〕禹城县志十二卷

　　嘉庆戊辰知县董鹏翮修，训导牟应震纂（其名见本书艺
文志）。禹城古祝阿地，唐天宝立今名，洪武初属济南府，雍
正二年曾改属高唐直隶州。

　　书凡十二卷，一图书，二星野，三疆域，四建置，五食
货，六典礼，七官守，八选举，九人物，十艺文，十一灾祥，
十二外志。中如食货一篇以地、银、米、麦四项分列旧额新
额为表，高下厘然；人物一篇断自旧志所载明代人物，不滥
引史乘以为光宠，皆颇得法。

　　艺文篇中有张象津撰《漯川义学记》，称漯川有韩氏村，
一村老老幼幼不世其先人学而奉西洋教者十八九矣，西洋教
者世所称耶苏之天主教也。此记嘉庆中作，此大有关于宗教
史之故实也。

〔同治〕临邑县志十六卷

　　同治十三年知县陈鸿翔修。

　　据旧序，万历十九年县人邢侗始撰，顺治九年知县陈起
凤续修，康熙五十二年知县唐开陶又续，六十一年知县魏壮

又补修。据《学部志目》，则尚有天启志，知县赵有午修。

凡十六卷，一、二舆地志，三食货志，四学校志，五、六祠祀志，七职官志，八选举志，九人物志，十至十二艺文志，十三至十五金石志，十六杂事志。

其凡例自云："不数月而成书，虽体例视邢、唐二志为完善，而书成仓卒，或不免挂一漏万也。"今观其所采撷多出旧志，新增事实若同治六年之河患及七年之捻患亦殊简略。

临邑为汉县，永平中封北海兴王子复为侯邑，其后复为县治。唐以来属齐州，元曾割属河间，旋属济南，明以来遂定为济南府属县。

县西之漯阴城即齐之犁丘邑，汉置漯阴县属平原郡，后汉曰隰阴，刘宋得广固，遂于此侨置临邑，是今之临邑自刘宋始。至汉之临邑则在今茌平地，旧志以汉之临邑为今之临邑，而通志改定之也。

〔乾隆〕平原县志十卷

乾隆十三年知县黄怀祖修。

据旧序，万历十八年知县刘思诚修，邑人进士高知止撰，其后二十年知县黄景章即其版而稍续之。本书赵重煦传云："尝重修县志锓板行世，今遍购不得，仅得其科目志一册。"重煦顺治时人。凡十卷，曰疆域、建置、食货、学校、祠祀、职官、选举、人物、杂志、艺文。

县在汉为平原郡平原及绛幕、扬（杨）虚诸县，唐以后属德州，清隶济南府。

〔道光〕陵县志二十二卷 光绪乙亥增补本

道光二十五年知县沈淮主修。

光绪元年知县戴杰因沈志板片残缺，于济南假得全帙，检辑遗闻，增补重刊。

据旧序，陵志明嘉靖癸丑知县孙昺创修，万历甲辰知县宋文明续修，康熙癸丑知县史飏廷再修。

书凡二十二卷，一沿革表，二爵封表，三秩官表，四选举表，五疆域志，六河渠志，七赋役志，八建置志，九风土志，十古迹志，十一学校志，十二祀典志，十三礼仪志，十四兵防志，十五祥异志，十六艺文志，十七金石志，十八官师传，十九人物传，二十流寓传、忠义传，二十一列女传，二十二杂记。

县为汉厌次地，晋以后为安德县，明洪武始改置陵县，属德州。本书艺文、杂记几全为东方朔事，据凡例云援《开庆四明续志》止载吴丞相一人诗词之例也。大致叙述详核，于祀典必考其源流，于金石甄综亦多，非率尔操觚者也。

〔道光〕长清县志十六卷

道光十四年知县舒化民修，奉新举人徐德城纂。徐氏序云，舒氏为靖安人，以德城曾与修靖安志，故以志事委之。

据旧序，志创于万历乙未知县李宗延，康熙壬子知县岳之岭重修。

长清为汉卢县，隋析长清镇置今县，宋以后迄为济南府属县，南北朝相拒守之碻磝城即在县境矣。

书凡十六卷，一、二地舆志，三、四职官志，五、六食货志，七、八学校志，九、十祠祀志，十一至十四人物志，十五艺文志，十六杂事志。

据其凡例，旧志所载悉存之不稍删改，事有异闻，则数说并存。盖其慎也。又于标识行款分别义例颇为森严，其用心殊为精到。此自著述之金针，不得以其琐屑而少之也。即其所增订之案语观之，其于旧志切磋之功为不少矣。

县有灵岩寺，在县东南之方山，《水经注》所谓玉符山，李吉甫《十道图》以润之栖霞、台之国清、荆之玉泉与此为四绝。《金史》称灵岩寺有屋三百余间，且连接泰安之天圣寨，介于东平益都之间，驻兵于此足相应援。故本书别附《灵岩志略》以纪之，仿《歙县志》黄山、《高要志》端溪之例也。然所录多据李兴祖灵岩旧志，于史事征引未备。

〔乾隆〕济阳县志十四卷

乾隆二十九年知县胡德琳修，德琳于三十九年又修《东昌府志》。据序，成化己巳知县张端创修县志，万历己酉知县

侯加乘续修，顺治己丑知县解元才继之。张尔岐撰县志九卷
见《山东通志》著录也。

书凡十四卷，一舆地，二建置，三赋役，四水利，五礼
乐，六职官，七选举，八人物，九至十三艺文，十四杂记。

济阳自金天会七年始析章丘之标竿镇及临邑县地置。张
尔岐故里也。其乡贤传中据旧志列《颜氏家训》中所纪张禄
一人，不知北朝之济阳当指济阳郡而言，非后来所置之济阳
县也。故书中籍隶济阳之人岂可胜计？独取张禄以冠于篇，
抑又陋矣。

〔嘉庆〕东昌府志五十卷

嘉庆十三年知府嵩山取四年知府张官五稿修订。

乾隆三十九年胡德琳志序云，康熙五十年孙元衡欲延刘
淇修之，以忧去不果，后金启洛又修之，稿垂成而去任，今
存者系明万历所修。据《学部志目》，万历志万历二十八年知
府王命爵修也。东昌在汉为东郡、魏郡、清河、平原四郡地，
唐为博魏贝等州地，元为东昌路，洪武初改府。乾隆以后定
辖县九，曰聊城、堂邑、博平、茌平、清平、莘县、冠县、馆
陶、恩县，州一曰高唐。

本书于旧志体例之更定，若删除总纪增入秩祀、学校专
篇，未必遽当，然于地理志考证实多纠定之功。如旧志以聊
城为邢地，齐取于邢而有之，以为西鄙之类，诚舛缪之尤也。

凡卷五十，曰疆域图考、历代沿革、星野、山水、五行、风俗、形胜、分封、兵革、建置、食货、秩祀、学校、职官、名宦、选举、列传、忠烈、孝义、儒林、文苑、隐逸、侨寓、方伎、仙释、列女、经籍、金石、古迹、物产、艺文、异闻、志余。

〔康熙〕聊城县志四卷

康熙二年知县何一杰据万历十四年前任韩士廉本补修，故结衔尚是韩名，实可题万历志也。书已漫漶不可读矣。

聊城自秦汉以来为县，隋唐以来为博州治，明初立东昌府，以为附郭县焉。

书凡四卷，一建置等，二官守等，三人物等，四艺文。

〔宣统〕聊城县志十二卷

宣统二年知县陈庆蕃修，县人靳维熙取同治乙丑叶锡麟稿成书，继康熙志而作也。

书凡十二卷，一方域志，二建置志，三田赋志，四学校志，五典礼志，六职官志，七选举志，八人物志，九列女志，十艺文志，十一通纪，十二杂缀。视前志为加详，然非志体则一也。末附耆献文征二卷，不知既有艺文志杂载诗文，何以又须别出此二卷也。

〔康熙〕**堂邑县志二十卷**<small>光绪壬辰重刊</small>

康熙四十九年知县卢承琰修，确山刘淇纂。

据缘起篇云，县志自万历三十七年知县王应乾始修，崇
祯壬子年知县杨希震增修，顺治三年知县郭毓秀稍加厘定，
康熙七年知县张茂节增修，此旧志源流。本书盖据县人穆策
撰本也。缘起篇又云："著述必赖依缘，凭虚而造虽圣者不能
也，……夫博闻实录既不著于前，虽隽识通才亦无所展于后
矣。且世有拙工不安厥分，妄以蠡管之识，篡易不刊之书，
岂惟斫小大木，亦且行伤其手。如其闻见最审，别为续略，
如邑谈之类，以待能者，便是南董之流矣。"此数语已具卓识
矣。其述例篇亦云："自汉以降郡书都簿所在多有，如《三辅
黄图》《华阳国志》之属，益斐然成章，星陈诸史之外。而马
端临亦云唐宋以来郡邑志凡数百家，顾今所流传十无二三。
其近世所为志多自明以来，大抵随时缀葺，削旧增新，初犹
锦蒯相参，继则纯乎大布，寖更寖陋以迄于今。观天察地则
道听而涂言，稽古证今则吠声而逐影。曩篇经其剪截，则天
吴紫凤颠倒补于童褐；今事借其结构，则街谈巷议浅鄙均于
市器。冠每篇以小序，乃属宇内公言；载不类之篇翰，斯实
无因嫁祸。一切劼勤归之卤莽，遂使尧禹山川沦于讹册，褒
鄂面目死于庸毫。诸如此类，不可缕述，简牍至此，良可叹
也。且每有编录，工拙比肩，识判论乖。十羊九牧，自古拙

多工少，伐异党同，狂者既以不狂为狂，斯能者以不能束手矣。夫其是非大者，尚须精鉴卓裁乃后知其优劣，至若疆里短长，姓氏舛逸，即芸夫牧竖起而叫呼之。然则斯文之得丧虽曰系才，而一事之废兴亦有天幸者矣。且夫国史方志虽大小殊科，而究其情实则体同一贯，苟非上保六籍下笼百氏，包举万有，囊括众材，本之于古而并能，通之于今而不流，而使偏才单艺毕议功能，更将举其一而废百顾之左而失右。辟犹一竽之奏仰冀九成，茅茨不工妄希云构，鲜不敛手而逃、压覆是惧者矣。"其论甚确也。

凡二十卷，一疆域、建置、沿革、星野、形势、城池，二里甲，三山川、封建、公署、学校，四、五户口赋役，六仓庾、祠祀、兵防、铺递、漕渠、桥梁、坊表、寺观，七古迹、邱墓、风俗、物产、灾祥，八至十职官，十一名宦，十二至十四选举，十五至十七人物，十八十九艺文，二十缘起述例。

〔道光〕博平县志六卷

道光十一年知县杨祖宪修。

按旧序，志修于万历辛卯知县华汝梅、县人冯训，康熙三年知县堵巘重修。本书继堵志而作，堵志为茌平张翕所撰，翕又撰康熙癸卯《茌平县志》也。

凡六卷，其目一曰星野辩、岁运谱、禨祥考、祀典纪、地舆考，二曰疆域图、山川纪、胜景录、古迹考、田赋籍、村落纪、城宇图、坛庙记。三曰官师表、选举表，四曰宦业传、人物、孝义传、节孝传、䏈恩考，五曰土俗纪、民风解、时政论、艺文录，六曰艺文录、动植录。

其名诡异不脱明人习气。书中多采前志原文，如民风解全是明隆万间人口气，并不明著引旧志，则后之读者知为谁之语哉。是篇有云："其流至于市井贩厕鬻隶走卒亦多缨帽、缃鞋、纱裙、细袴。"（按，"贩厕鬻隶"应为"贩鬻厮隶"。）亦聊可见明季服饰风尚。

〔康熙〕庚寅茌平县志五卷

康熙庚寅知县王世臣取康熙癸卯前任王画一志续修之也。

其前有万历十二年志旧序，盖知县王国弼修也。万历三十五年复有知县吴道明之增修。

茌平自秦汉以来为县，唐曾省入聊城，今为东昌府属县。故本书艺文中有鲁仲连遗燕将书，尚非附会也。

凡五卷，一图纬、天文、地理、建置、赋役，二人物，三、四、五艺文。

〔嘉庆〕山东清平县志

嘉庆三年知县万承绍撰。

书仿周氏《永清志》体，然前后无序，使非有职官表则并不知作者姓名矣。

其目为纪一，表二，图三，书六，列传五，凡一十七篇，纪之属曰恩泽，表之属曰职官、选举，图之属曰舆地、建置、水道，书之属曰吏、户、礼、兵、刑、工，传之属曰名宦列传、乡贤列传、前志列传、列女列传、前志列女列传。

〔光绪〕莘县志十卷

光绪十三年知县张朝玮修。

据旧序，志修于康熙十一年知县刘维祯。刘序云明季孙愈贤重修邑志迄今四十年，及康熙五十二年知县刘肃又修。

凡十卷，一封域志，二建置志，三食货志，四禨异志，五官师志，六选举志，七人物志，八、九、十艺文志。

县在汉为东郡阳平县，隋改清邑，复改莘县，宋金元间皆属大名府，明以来为东昌府属县。

〔乾隆〕馆陶县志十二卷_{光绪癸巳知县刘家善重刊}

乾隆元年兼知县张兴宗取雍正五年前任赵知希稿续刊成之。

据旧序，万历元年知县李冲奎、康熙十四年知县郑先民属县人编修耿愿鲁各修一次。

本书大体皆雍正稿而以所续者附于其后，则仍宜改题雍正志为是，其所续人物并未注明年代，竟至阅之终卷不知所言为何代之事。此亦旧志疏漏之一端也。

书凡十二卷，一图考，二舆图志，三建置志，四职官志，五选举志，六赋役志，七学校志，八祀典志，九名宦志，十人物志，十一艺文志，十二杂志。

〔光绪〕馆陶县志十二卷

光绪十九年署知县刘家善修。

据旧序，志创于万历间知县李冲奎，康熙十四年知县郑先民续修，雍正五年知县赵知希再修，乾隆元年兼知县张兴宗取而刊之。

馆陶之为邑古矣，唐属魏州，宋金属大名府，元属濮州，明始改属东昌府，弘治三年升临清为州，割隶焉。此其大较也。

书凡十二卷，一图考，二舆图，三建置，四职官，五选举，六赋役，七学校，八祀典，九名宦，十人物，十一艺文，十二杂志。

观其体例，盖于旧志之后续以近事，初未重加编勒。然所续固多可存之料。例如田赋志中之《清地均里记》、《清牌记》（按，"清牌"应为"均牌"）、《除催包空由》（按，"催"应为"崔粮"）及《孝平沙薄减则记》等，悉载原文，

可令人考见原委，实为良法。所续多出知县郎国桢手，郎为
康熙二十年知县，盖虽尝执笔而未以付梓欤。

〔万历〕恩县志六卷

万历己亥知县孙居相修，前有于慎行序，其言曰："恩志
创于天顺庠博丁君琰，嘉靖丁酉始缮成之。"

县与故直隶清河县境接壤，隋唐贝州地，宋以平王则乱
改恩州，明初降县，改归东昌府属。

凡六卷，一舆地，二建置，三贡赋，四人物，五杂志，六
词翰。

〔宣统〕恩县志十卷

宣统元年知县汪鸿孙修。

据序县志自万历创修后，有雍正癸卯知县陈学海一本也。

凡十卷，一天文志，二舆地志，三营建志，四食货志，
五武备志，六职官志，七选举志，八人物志，九艺文志，十
杂记。视旧志为稍变，然宣统中新政盛行，变革甚繁，仅于
学校中附学堂，武备中附巡警，其他概无一语，未免乖
时矣。

又人物有列女而易为贞烈，不知列女可以概贞烈而贞烈
不可以概列女也。

〔乾隆〕泰安府志三十卷

乾隆二十五年知府颜希深创修，知府陶吉秀刊成。

泰安本为州，隶济南，雍正十三年升府，辖泰安、新泰、莱芜、肥城、东平、东阿、平阴七州县，故乾隆以前有州志而无府志也。

按颜氏序中所约秉笔之士有历城周书昌等，是志当不同凡构。然于古迹门漫登周汉明堂遗址而不言其今作何状，其他援引甚多而皆不过类书体裁，初无传信之意，大非撰志者所应出也。盖古迹云者，其类有三。故书传有此迹，目验相符，更无疑窦，一也；遗址岿然，传闻仿佛，而稽之故书无可核证，二也；仅载故书，久湮方向，等于梦影，一过无痕，三也。此三类者，必不可泯其虚实并为一谈，致使方志之书等诸类书之纂。而谬种流传迄无觉悟，惟孙星衍氏之志偃师差能注意及此。泰山名迹文化所系，弥应有切实详明之纪载。今则散见山水、寺观、古迹、金石诸门，复无由考其虚实存废，诚遗憾矣。

书三十卷，一星野，二方域，三山水，四古迹，五封建，六建置，七祠祀，八田赋，九学校，十、十一职官，十二、十三选举，十四、十五宦迹，十六至十九人物，二十至二十七艺文，二十八金石，二十九祥异，三十辨误。

人物、艺文二篇遂居全书之半，斯固大邦文物丰盈有所不能割爱，然若以艺文分隶各篇，当不致庞然独多若此。其以郡人著述置于前而以有关涉之诗文列后，体例亦本不纯。意者珥笔之士聚讼异庭，不容独断，遂以调停塞责。斯固修志者之通病矣。

〔道光〕泰安县志十二卷同治六年知县杨宝贤重刊

道光八年知县徐宗幹修。

据旧序，万历三十一年知县任弘烈撰州志，康熙九年知州邹文郁续编，乾隆四十七年知县黄钤再修。据《学部志目》，则尚有弘治志，知州胡瑄修也。

凡十二卷，一天章、恩赉、盛典纪、沿革、职官表、历代巡望考，二方域考，三山川考，四建置考，五田赋考，六学校考，七祠祀考，八选举考，九人物、列女传，十政绩录，十一金石录，十二艺文录，而以杂稽录附焉。

泰安州明置，雍正二年升直隶州，十二年又升府，仍附郭设泰安县。

本志于泰山事迹挂漏甚多，记次无法，更不如府志矣。

〔康熙〕东平州志八卷附康熙五十九年续志七卷

康熙十九年知州张聪修。

按旧序，前志修于万历丁丑知州邱如嵩。

凡八卷（《学部志目》作六卷，盖误），一方域，二建置，三丁赋，四职官，五选举，六人物，七艺文，八杂著。以节序、风俗入方域，以兵革、灾祥、行幸、恤典、封号、貤恩、荫子全入杂著，其乱可知。

末附康熙续志七卷，康熙五十九年知州李继唐修，卷目仍前，但取近事增入也。

东平自汉以来为郡国，隋置郓州，唐宋以来方镇之地，而明降为散州，属济宁府，清改属泰安府，其地望遂沦降。然史乘故实实繁，本志采撷殊多阙漏。

〔光绪〕东平州志二十七卷

光绪五年代理知州恩奎属编修江宁卢崟、兵部主事州人蒋作锦编纂。

据本志所载历届修志衔名，创修于嘉靖己亥州学正江宁凌云，再修于万历丁丑知州邱如嵩，三修于康熙癸丑知州张承赐，四修于康熙庚申知州张聪，五修于康熙庚子知州李继唐，六修于乾隆辛卯知州沈维基，七修于道光乙酉知州周云凤。

东平在汉国领须昌等县，唐属郓州，洪武初改州，以须昌省入，隶济宁，旋改隶兖州，雍正初改升直隶州，旋复降为州，改属泰安府。

书凡二十七卷，一星野志，二方域考，三山川考，四、五漕渠志，六建置考，七田赋考，八学校考，九典礼考，十职官表，十一选举表，十二藩封志，十三恩荣录，十四宦绩传，十五人物列传，十六列女传，十七至二十艺文志，二十一二金石录，二十三大事记，二十四古迹录，二十五五行志，二十六七杂缀。东平为漕运要枢，元、明两渠略有更易。故运道之变迁、闸坝之修缮、泉源之来历，并为有关系之事。本书特立漕渠志以纪之，宜也。其余艺文、金石皆能取法乎上，故在山东诸志中犹为中驷也。

据凡例自云："此次纂辑新志，原系前任创议未行之件，援案举办，为期不过三月，属稿仅止一人，书籍卷宗又复鲜所依据。"然大体雅正，已难能矣。

〔道光〕东阿县志二十四卷

道光九年知县李贤书修。

按旧序，弘治庚申知县秦民望始修，万历壬午知县朱德载重修，康熙四年知县刘沛先、五十四年知县郑廷瑾又修。据凡例知康熙两次重修皆仍万历之旧板，万历志实于慎行等撰也。

县为古东阿、谷城二邑，北齐之来省谷城，明初迁县于谷城镇，雍正以来属泰安府。县所辖之安平镇即俗所谓张秋，在元为景德镇，商贾辐辏，兵革屡经，视县治尤重焉。《寰宇记》称贡阿胶出于阿井即在此镇，本书有引《张秋志》之文，惜未见其书。

凡二十四卷，一天文志，二方域志，三山水志，四古迹志，五建置志，六田赋志，七学校志，八祠祀志，九封建志，十官师志，十一宦迹志，十二选举志，十三、十四人物志，十五至二十二艺文志，二十三祥异志，二十四杂记。

〔嘉庆〕平阴县志

嘉庆十三年知县喻春林修。

据序，"嘉庆间邑令何樊诸公始纂厥志，至顺治七年陈公秉直辑而修之"，康熙十三年知县陈肇林又修。

本书既无目次，门类亦不全，不知何以简略至此也。

〔光绪〕新泰县志二十卷

光绪十七年知县徐志愉取旧志增修〔按，"徐志愉"应为"徐致愉"〕。据所录旧序，则前志乾隆四十九年知县江乾达所修也。

晋泰始中，羊祜表即平阳故地置新泰县。历代疆域广狭不同，故境内所属之敖山、蒙山亦互异。《蒙阴志》元省新泰入沂水县，似有两新泰，而其实非。志之沿革篇于此颇费辨证焉。

书二十卷，一疆域等，二里甲，三山川等，四户口等，五赋役，六仓庾等，七古迹等，八、九、十职官，十一名宦，十二、十三、十四选举，十五、十六、十七人物，十八、十九艺文，二十缘起述例。据其述例云："自明以来，大抵随时缀缉，削旧增新，初犹锦蒯相参，继则纯乎大布，寖更寖陋，以迫于今。观天察地，徒事摭拾，稽古证今，茫无识解。甚且纂辑近事，杂以街谈巷议，每篇冠以小序，不过宇内公言，体例舛错，简牍滋繁，诸于此类，不可胜纪。"盖袭刘淇之说也。

〔康熙〕莱芜县志十卷

此本已残缺，据《学部志目》知康熙十二年知县叶方恒修，观其职官纪至康熙初年而可信也。

据所录，有嘉靖乙卯知县陈甘雨一序，余无所考矣。

书凡十卷，与《学部志目》符，而编简错乱，其细目亦无从斠核矣。莱芜汉县，属泰山郡，应劭曰："鲁莱柞邑也"。后魏移置嬴县于此，唐初复置，明以后属泰安府。

〔光绪〕肥城县志十卷

光绪十七年知县凌绂曾修，翔鸾书院山长大兴邵承照纂。

按旧序，志始修于隆庆壬申知县顾庭、县人巡抚河南右副都御史李邦珍，重修于康熙壬子知县尹任，三修于嘉庆丙子知县曾冠英。

凡十卷，一方域志，二古迹志，三建置志，四礼仪志，五学校志，六田赋志，七职官志，八登进志，九人物志，十杂志。

其凡例历述朝邑、武功、灵寿三体之是非，而仍折衷于灵寿，虽议论不尽可宗，然固犹知博采群言者。中如风俗不应入方域，寺观不应入古迹，则仍未当也。

同治五年黄崖张积中一案案情复杂离奇，本书有《黄崖纪事略》一篇述之尚详，惜未能荟当时公牍纂成之耳。

〔咸丰〕武定府志三十八卷

咸丰九年知府李熙龄修，前志修于乾隆己卯知府赫达色也。

武定由州升府未久，明志有邢侗所撰州志。兹编亦仅循前规补入近事而已。然据其所纠，如误以附郭之惠民县图为府图，及分山川于舆地之外，皆确有辅正之功也。

武定在汉为乐安国，唐置棣州，明为乐安州，宣德中平高煦，改称武定以旌其功。雍正十二年升府，属州一，曰滨州，县九，曰惠民、青城、阳信、海丰、乐陵、商河、利津、沾化、蒲台。

凡三十八卷，曰星土、沿革、疆域、形胜、风俗、物产、山川、城池、公署、乡都、市镇、学校、坛壝、古迹、驿递、田赋、兵制、祥异、封建、职官、宦迹、选举、人物、列女、艺文、杂记。大抵摘取各县志中语排比成卷，甚至即用旧志板片未之易也。

按《（光绪）惠民县志》录明武定州志历修姓氏，移载于此以备考。

嘉靖志　知州刘佃州人刘几先修〔按，"刘几先"应为"刘继先"〕。

万历志　知州桑东阳、太仆寺卿临邑邢侗修。

据《学部志目》，则尚有崇祯志，知州邹士祯修，《（康熙）武定州志》，知州王清贤修。

〔光绪〕惠民县志三十卷

光绪十二年知县沈世铨修。

惠民自雍正十二年置，为武定府附郭县。仅乾隆四十七年知县倭什布属全州刘长灵所纂一志也。

本书仍前志体例，凡三十卷，一天文志，二至六地舆志，七至十建置志，十一学校志，十二赋役志，十三兵防志，十四职官志，十五选举志，十六风土志，十七五行志，十八至二十六人物志，二十七至三十艺文志。

册内附光绪现行《赋役全书》，亦可珍之史料。

〔乾隆〕阳信县志八卷

乾隆二十四年知县王允深修。

其序云，旧志修于康熙壬戌，前任邱天民于乾隆九年重修，具草而未果，及是而始克成书也。按旧序，则志创于嘉靖十一年知县徐九皋，而其后万历十三年知县朱大纪、康熙二十一年知县周虔森修者再矣。

阳信，汉县，属乐陵郡，明宣德中改乐安为武定州，雍正十二年复升武定为府，遂以县属焉。

凡八卷，一舆地，二建置，三田赋，四典礼，五职官，六选举，七人物，八艺文。

按其沿革篇以汉之厌次为县地，而东方朔事未加搜采，去取之丰约两皆无当也。

〔民国〕阳信县志八卷

民国十五年知事朱兰、县人劳之常修，继乾隆王志而作也。

凡八卷，一舆图、天文志、舆地志，二祥异志、职官志、户口志、田赋志，三典礼志、教育志、选举志，四新政志、兵事志，五人物志，六列女志，七物产志，八艺文志。

按其体例，殊多乖错。举其尤者，盖有十六端。星野多出附会，《（乾隆）热河志》已一扫旧习，值此科学大明之会，不宜犹蹈故常，一也。岁时风俗自是民间习尚，不关天文，更不宜入天文志，二也。侯封非今日所有，论其茅土之分则宜归于沿革，论其簪缨之衍则宜归于人物，不应别为一门，三也。古迹可包古墓，今先古墓而后古迹，则为先其分而后其全，四也。祥异属自然现象，蠲振属社会事业，不必因祥异而后有蠲振，则蠲振不宜附入祥异，五也。户口志应胪列历代户籍以资比较，不应独据现在数目，六也。风俗为志地者最宜注意之事，不应附入户口志，七也。盐课、杂税不应统以田赋志之名，八也。朝贺、祭祀、救护、鞭春、圣谕、乡饮、宾兴、上官皆不专属于一县，且为前代已废之礼，于已废者累纸不休，于现行者一语不及，九也。学校、书院录其所存书籍最为旧志陋习，使为《杭州府志》不将尽录文澜阁四库书目耶？今志教育而漫录学校存书，零星俭陋，无所取义，十也。学校非现代教育制度专有之名，今他篇皆兼溯旧制，何以学校不及旧时县学及书院耶？即云已废，则朝贺、圣谕独非已废耶？十一也。志宗教但当述其在本县之状况，不必追溯各教历史，本书宗教篇云："回教以求长生说天道为宗旨，自唐时回纥衰微降入中国，其教始东。"向壁虚造，徒资贻笑，十二也。选举志所包自进士至掾吏其类不同，又自实行宪政以来，既有选举一门附入新政志，更不宜沿袭旧日选举志之名，自致牵混，十三也。史志所以纪代嬗之迹，不宜有新旧之分，若别举新政以为篇名，则其他尽为旧政耶？

今新政志中立法、司法、行政、财政、教育、实业、交通、保安等但当各从其类，统系自明。即以教育而言，固已有教育志矣，于此复出，其义安在？十四也。人物志分孝友、文学等目久为通识所讥，本书凡例尚斤斤以移彼入此为言，何其固蔽！十五也。物产志之天然物表几类自学科学课本，绝无史志之价值，十六也。众手成书，遂至于此，盖深可惜矣。

〔康熙〕海丰县志十二卷

康熙九年知县胡公著修，县人张克家纂。

其叙曰："海丰旧有志，盖成于明孝武之间，今《山东通志》所列邑中数事则犹旧志所载也。蕲水易氏典教吾庠时，以上大夫命，即旧帙益以新裁为卷十八云云。"

凡十二卷，一沿革表，二疆域志，三风土志，四事记，五建置志，六职官表，七选举表，八赋役志，九名宦列传，十人物列传，十一艺文志，十二杂志。其按语多冠以某某氏曰，不脱时文气习。

海丰隋无棣县，洪武中改今名，雍正后为武定府属县。

〔民国〕无棣县志二十四卷

民国十三年知事侯荫昌修，县人张方墀纂。继康熙庚戌张克家志而作也。

海丰故无棣县，民国复旧名，以避广东同名之县也。

凡二十四卷，其目曰疆域、建置、爵秩、赋役、学校、兵防、典礼、选举、宦迹、人物、列女、祥异、风土、艺文、丛志。

其体例无一不仍旧贯，使非阅其首卷，决不知为民国所修之书，不知何取乎此叠床架屋之作也。海丰吴氏为近代鉴藏名家，若能取其所藏古物别为《吴氏鉴藏志》一篇，其为一县之光不远胜于千篇一律之钞袭乎？

〔乾隆〕乐陵县志八卷

乾隆二十七年知县王谦益修。

据所录旧序，万历辛卯知县王登庸始修，顺治庚子知县郝献明再修。

书八卷，一、二舆地，三经制，四秩官，五选举，六人物，七、八艺文。过于求简遂致不伦，如祥异列于经制篇是也。

乐陵自汉以来为县，而所隶不常。唐、宋、元改隶河北沧州，明改棣州乐安，宣德中平汉王之乱改武定，清升府，乐陵遂为属县。至汉之厌次即武定府治。志以东方朔入人物，似涉夸张矣。据乡都门称乡图之制，洪武十四年所制，本县分东、西、南、北四路，每路分若干约，每约复领若干庄，此县制之独殊者，盖约即保之异名欤。

〔咸丰〕滨州志十二卷

咸丰十年武定府知府李熙龄修。

据旧序，州志盖始于万历十一年知州艾梅。艾志序云滨旧志二，泰弘间一梓传简止五六十叶，一笔记几百叶，盖皆不传矣。康熙四十四年又修一次。

滨县之置在周显德中，分棣州置也。清初为直隶州，雍正十二年撤隶武定府，据《乾隆府厅州县图志》，汉千乘郡湿沃县地也。县杜氏自明以来簪笏相仍，及文端、文正父子祖孙迭居显列，亦一邑之雅实。惜志不能为世系表，俾后人得考见其兴替之由也。

书凡十二卷，一方舆志，二建置志，三礼典志，四赋役志，五纪事志，六风俗志，七秩官志，八名宦志，九选举志，十人物志，十一、十二艺文志。

〔光绪〕利津县志十卷

光绪九年知县盛赞熙修。

据序万历十七年知县冯执中因前任贾光大所修之书而增补之，康熙癸丑知县韩文焜复新之，嗣是乾隆戊寅唐宽、刘文确、程士范皆有续册。

本书仿周氏《武清志》为之，凡十卷，一曰皇言纪、恩泽纪，二曰舆地图、建置图，三曰职官表、选举表，四曰封荫表，五曰吏、户、礼、兵、刑、工六书，六曰政略，七曰宦迹列传、忠节列传、儒林列传、文苑列传，八曰孝友列传、义行列传、隐逸列传、仙迹列传，九曰列女列传，十曰杂志。

然其皇言纪仅载《平定准噶尔告成太学》一文，盖以此碑立于学宫，然皇言亦不应仅纪碑刻，纪碑刻亦不应仅纪此碑，得毋优孟衣冠之诮耶？至其六书，除户书外，余多取各县从同之条例漫录一二，虚应此名，按其实际羌无一物。又建置、风俗、物产皆入舆地图，此又章氏所无也。总之震于章氏之名，实不善于学章氏者耳。

金明昌三年升渤海县永利镇为利津县，属滨州，雍正十二年武定州升府，以县来属焉。

〔光绪〕沾化县志十六卷

光绪十七年知县联印修，前郿县知县张会一等纂，奉巡抚张曜备修《山东通志》之命也。

据旧序，志始于嘉靖己未知县石玺，草创未就，万历丙申知县段展属县人吏科给事中丁懋逊重修。（其名官师志失载，今据《学部志目》补，懋逊序明称关中段侯也。）其后有吴、赵、李三家之纂述，盖均无刊本也。

凡十六卷，一星野等，二城池等，三丁赋等，四秩祀等，五官师等，六选举，七至十人物，十一列女，十二至十五艺文，十六丛谈。

其丛谈中附著书目录，尽村塾之书，不如其已也。

宋庆历三年升滨州招安镇为县，金改今名，雍正十二年与滨州俱隶武定府。

〔乾隆〕蒲台县志四卷

乾隆二十八年知县严文典修。

据旧序，嘉靖乙丑县人王尔彦创始，万历辛卯知县李时芳付梓，康熙二十六年知县严曾业又修。

《三齐记》：厌次东南有蒲台，始皇尝顿台下，萦蒲系马；《水经注》：古贞女蒲氏筑，三台并峙。盖命名之由。开皇十六年置县，雍正以后为武定府属县。

凡四卷，一星土等，二户口等，三惠政等，四流寓等。

〔乾隆〕青城县志十二卷

乾隆二十四年知县方凤修，县人周珹纂。

据凡例，旧志未知所始，万历癸丑毁于火，三十年邑人杨梦充重修。《学部志目》有万历志知县王仪修也。

县始置于金天兴二年，属济南路，明初曾废而复置，雍正十二年武定改府，以县隶焉。

凡十二卷，一舆地志，二建置志，三祀典志，四田赋志，五职官志，六选举志，七名宦志，八人物志，九列女志，十祥异志，十一、十二艺文志。

末有道光间所增公牍数种。

〔道光〕商河县志八卷

道光十五年知县龚廷煌修。

据凡例云："志创自万历十二年知县曾一侗，修于崇祯十年。康熙、乾隆二志稿应修《一统志》而设，嘉庆志稿收罗较广而未剪裁。"盖本志直接明代志而作也。康熙志作于十二年，修者知县赵攀麟。

凡八卷，一曰舆地志，二曰建置志，三曰赋役志，四曰礼乐志，五曰职官志，六曰选举志，七曰人物志，八曰艺文志。

商河始置自隋开皇十六年，于汉扸县故城置滴河，以汉许商之名名之也，宋改商河，雍正以后隶武定府。

〔乾隆〕临清直隶州志十一卷

乾隆五十年知州邓希曾继前任张度修成。

按所载有嘉靖辛酉知州成宪光序，称："州旧有志，凡再举矣。"今皆无考。据《山东通志》，则嘉靖志盖州人方元焕所撰，其后则康熙壬子知州于睿明、乾隆己巳知州王俊等各一修。

临清魏太和中置，五代至宋金属大名府，明弘治间升为州，属东昌府。乾隆四十一年再升直隶州，领武城、夏津、邱县三县。运河贯境，漕舟麕集，观本书建置之市衢及关榷诸篇，人物熙穰之态如见。

凡十一卷，一疆域志，二建置志，三田赋志，四学校志，五典礼志，六秩官志，七选举志，八人物志，九关榷志，十兵防志，十一事类志。

其关榷志分目曰设关本末、关署、口岸、税额（附临砖）、户部榷税分司表、工部营缮分司表，兵防志分目曰镇弁额兵、驻防将弁表、武备事迹表、附屯卫井〔并〕卫弁表，其详晰抑非他志所及。而《临砖》一记可与《会典》相发明，关系工业史尤重要也。

〔道光〕续武城县志十四卷

道光二十九年知县厉秀芳修，继乾隆十四年骆甸芳而作也。

凡十四卷，并无目次，盖依志而行无所更张耳。乾隆四十一年自东昌府改隶临清州，外此盖无甚变革。

〔民国〕武城县志十五卷

民国元年知县王延纶等修辑。

据志旧序，《武城志》创修于嘉靖己酉知县尤麒，续修于隆庆己巳知县金守谅，三修于顺治庚寅知县黄万达，四修于乾隆己巳知县骆大俊，五修于道光辛丑知县厉秀芳。

凡例云，邑志以骆、李之编辑为最，厉公惕斋续志四册悉按旧志门类。是役也亦恪遵续志，广加搜采，故题曰续编也。

书十五卷，一星野建置附续巡幸，二疆域、城池、山川形胜，三田赋，四学校，五祀典，六选举、武备、驿递、恤政，七风俗、物产，八职官、公署，九宦绩，十人物，十一列女，十二貤封、坊表、邱墓、祥异，十三四艺文，十五杂记。

武城在隋唐属贝州，明以来属东昌府。历来各志率皆附会弦歌之说，非实录也。本志修于民国初年，而一仍旧式，其乖于时代亦远矣。

〔乾隆〕夏津县志十卷

乾隆六年知县方学成修，教谕梁大鲲纂。

据凡例，始修于嘉靖庚子知县易时中，时中事见《明史·儒林传》。康熙癸丑、癸巳两次复修。

夏津在汉为鄃县，天宝立今名，宋金属大名府，元始改属山东，明以后为东昌府辖县焉。

凡十卷，一疆域，二建置，三学校，四食货，五典礼，六官守，七选举，八人物，九杂志，十艺文。综观全书，似专为方氏铺扬之用，无足取也。

〔乾隆〕邱县志八卷写本

乾隆四十一年知县黄景曾修。

据序，"志肇于康熙四年乙巳，继修于雍正六年戊申"。据本书艺文志，万历四年修于知县侯国安，康熙志修于知县张珽，雍正志修于知县王辂也。

凡八卷，一地理志，二建置志，三祀典志，四田赋志，五职官志，六人物志，七杂志，八艺文。

县为汉斥邱县，唐平恩县，至元二十六年改置邱县，初属东昌，乾隆四十一年升临清为直隶州，以县属焉。

〔乾隆〕兖州府志三十二卷

乾隆三十三年知府王鹗刊成，元任户科给事中陈顾𣽎纂修。前无序言，亦无年月，以其叙事断限而知为三十三年也。明志有于慎行所撰，据《学部志目》，康熙志二十五年知府祖允图修，续志五十八年知府金一凤修也。

凡三十二卷，曰沿革、星野、山川、建置、风土、帝迹、阙里、封建、职官、田赋、学校、选举、兵防、驿递、河渠、古迹、寺观、陵墓、宦绩、人物、列女、艺文、灾祥、杂志、辨误。中多残缺不可读。

阙里志别为一篇，所以尊圣，其意甚是。然并先儒事实而一一列之，则过于泛滥矣，不如《曲阜县志》之得体也。

兖州在汉为鲁国山阳等郡，隋唐以来置兖州，洪武十八年升府，乾隆中定辖十县，曰滋阳、曲阜、宁阳、邹县、泗水、滕县、峄县、阳谷、寿张、汶上。

〔康熙〕滋阳县志四卷

此书不完，著者姓氏年月无从考见。据《学部志目》，盖即康熙十一年知县李潆所修。

〔光绪〕滋阳县志十四卷

光绪十四年知县周衍恩取咸丰九年知县莫炽延、宁阳黄恩彤所纂本增修而刊行之，前志修于康熙十一年知县李潆也。

凡十四卷，一疆域志，二职官志，三建置志，四秩祀志、风俗志、物产志、田赋志，五学校志、选举志，六古迹志，七宦绩列传，八、九人物列传，十列女传，十一、十二艺文志，十三案牍、告示、碑记，十四杂记。

其凡例云："前志于疆域分划不明，以致宦绩、人物移客就主触眼梦如，而古迹、坟墓两门尤形鄙倍，大都沿袭传闻罔思考据。今悉为订正并详各条下。"是其留心史乘之参证，较之仅据俗说者为高矣。

本书《苏茜传》云，所著有县志稿，搜罗繁富，今兹修志多所取材。又《张奉钦传》云，苏于乾隆戊午科举经魁，历四十年，成书五十卷，奉钦子东澜凿壁藏之，至今犹称完璧。则今志多本之苏稿也。

滋阳为明以来兖州府附郭县，鲁之负瑕，汉之瑕邱，刘宋以来并为兖州治所，赵宋改嵫阳，以山为名。成化三十三年因鲁王府多火灾，改从水以厌胜之。此语旧志必有所本，《方舆纪要》失载，仍作嵫阳，误也。

〔乾隆〕曲阜县志一百卷

乾隆三十九年知县潘相撰。

其自序云，旧志肇辑于明嘉靖中藩僚孔弘斡，厥后知县孔弘复、弘毅相继增修，国初知县孔衍淳（《学部志目》"衍"作"胤"，误）又即旧板附刻己事。其纲四，曰土地、人民、政事、文献。其目九十有二，即今所存六卷三本者。相以于敏中之怂惠〔恩〕、刘纶之审订而成是书，规模宏大，古今所罕。凡为卷一百，首奎文二卷以纪御制，次图考十二卷以纪祭器文物，次仿历史本纪、《纲目前编》及历城、诸城、安邱诸志之法为通编二十一卷以志编年之事，次类记二十一卷以括方志之目。约其类别，一疆土，二物产，三风俗，四职官，五赋役，六学校贡举，七武备，八秩祀，九祀典，十恩例，十一古迹，十二金石，十三著述，卷五十七以下则一圣迹（孔子及四配），二贤躅（弟子），三世家（孔氏子孙），四列传，自展氏以下凡占十八卷。其以行谊别者，则曰孝义，曰忠义，曰隐逸，曰卓行，曰言语，曰节镇、监司治迹，曰守令治迹，曰经学，曰文苑，曰鼎甲，曰武功，曰邑令，曰学博，曰方技，曰贤淑，曰贞女，曰烈妇，曰节妇，曰寿妇，而以阙疑补遗终焉。曲阜令自唐以来相沿用圣裔，乾隆二十一年始废此制，而衍圣公专以袭爵主鬯。其所属则有四氏学教授、学录、翰林院五经博士、太常寺博士、国子监学录、学正、至圣庙执事官、六品官、典籍、司乐、屯田管勾、守卫林庙百户等员。至于赋役，则全县纳粮之地五千一百余顷，而孔氏轻粮之地占四千二百余顷，都计一县民地止一千余顷，而孔、颜二氏所买民地又居其半，民地实不过数百顷而已。盖一县之故实，自圣迹而外鲜可纪矣。本书搜罗宏博，详而不蔓，实称佳构，亦乾隆中叶右文之治足以启之也。惟所编通编义法虽善而不载出处，实一大病，列传多裁剪故书而成，病亦坐此。若礼典之滥载《会典》中婚丧冠服等通礼、职官之滥载历代官制，抑其偶失审慎者矣。

〔光绪〕宁阳县续志二十四卷

光绪丁亥知县陈文显修。

按旧序，康熙十一年知县刘兴汉、四十一年知县李温皋、咸丰元年知县陈纪勋各一修。本书以咸丰志为蓝本，仍旧者十七，新增者十三，故曰续志也。据《学部志目》，则尚有乾隆志，八年知县李梦雷修。

凡二十四卷，一疆域，二星野，三官师，四藩封、监司，五建置，六里社、秩祀，七田赋，八学校，九选举，十古迹，十一宦绩，十二人物，十三良吏传，十四笃行传，十五孝友传，十六列女传，十七至二十四艺文。

据其凡例，艺文、碑志甄录从宽，故卷帙殊富也。虽嫌过滥，然艺文详载年代、爵里，犹堪取法。

宁阳为汉侯国，唐为龚邱县，金大定中复为宁阳，属兖州府。

〔光绪〕宁阳县乡土志一册

光绪三十三年知县曹倜修。

本书仅供学校课本用，不足以言著述。然氏族一门述周、吴、黄、曹四姓皆以洪武初年自山西洪洞县迁来，其宁阳旧族惟两姓，斯亦旧志所未注意者也。

〔康熙〕邹县志十二卷 附光绪续志十二卷

康熙五十四年知县娄一均撰。

据所载前志姓氏，有万历间知县许守恩等、天启间知县黄应祥、康熙十二年知县朱承命各本。

卷端录康熙十一年礼部题本一道，议复保和殿大学士卫周祚疏称各省通志宜修，除河南、陕西二省已经前抚臣贾汉复纂修进呈外，请敕下直隶各省督抚纂辑成书，总发翰林院汇为《大清一统志》。此奏颇关故实。

附续志十二卷，光绪十八年知县吴若灏修，亦缘张曜巡抚山东，有重修《山东通志》之举也。

凡十二卷，曰天文、方域、建置、学校、祀典、赋役、职官、选举、武备、金石、艺文、人物。以视前志区为土地、人民、政事三部为近雅裁矣。

〔顺治〕泗水县志十二卷

顺治辛丑知县刘桓修，康熙壬寅县人建阳县知县卢应龙刊成。《学部志目》题康熙志，亦似不如从其修志之年言之也。按旧序，志始于嘉靖辛亥知县张祚，继修于万历丙申知县尤应鲁。

凡十二卷，其目曰方舆志、建置志、食货志、职官志、选举志、人物志、艺文志、灾祥志、牧政志。其曰牧政者意谓牧民之政也。

中有康熙元年以后所续者，盖取旧版而附益之耳。

县为古卞国，汉置卞县，后魏省入汶阳县，开皇十八年改置今县，属兖州，元曾省入曲阜，旋复置。泗水发源处有泉林，此为一邑之胜。

〔光绪〕泗水县志十五卷

光绪十九年知县王佐才修，继顺治志而作也。

凡十五卷，一方舆志，二建置志，三官师志，四名宦志，五牧政志，六食货志，七学校志，八秩祀志，九风俗志，十选举志，十一人物志，十二节烈志，十三旧迹志，十四灾祥志，十五艺文志。大致仍前目，盖仅能追步，不暇绳愆也。

〔康熙〕滕县志十卷

康熙五十五年知县黄浚修。

据旧序，万历十三年知县杨承文属县人王元宾始修。然王序云："余束发为诸生时，见传抄志二本，至隆庆丁卯侯维藩始授梓……"则尚有隆庆志也。又据道光志，则尚有崇祯壬申知县荆尔植志也。

凡十卷，一图经、沿革谱等，二选举谱等，三灾祥志等，四赋役志等，五古迹志，六宦业传等，七、八人物传隐逸传等，九艺文志，十诗。

滕为汉蕃县，开皇中改今邑，金曾置滕州，明废属兖州府。

〔道光〕滕县志十四卷

道光二十六年知县王政撰。

政为善化进士，志盖其所亲秉笔也，然体例殊驳杂。卷一曰沿革，曰封爵、职官二谱，卷二曰选举、封赠、武功爵三谱，卷三山川志，卷四赋役、祠祀二志，卷五建置、灾祥、古迹三志，卷六春秋三国世家、宦绩志、宾师、侨寓，卷七、八、九人物传，卷十、十一列女传，卷十二、十三艺文，卷十四杂志、考异、佚事。惟列传并著来历，采掇之勤审尚为可取耳。

滕在春秋为滕、薛、小邾三国，隋始立滕县，金元置滕州，明废州以县属兖州焉。

〔乾隆〕峄县志十卷

乾隆二十六年知县忠琏修。

按历修姓氏，万历壬午知州王希曾延县人兵部右侍郎贾三近始修，康熙癸丑知县田颂吉又修（《学部志目》"颂"作"显"，误），以应《一统志》之征也，乙丑知县刘允恭又修，乾隆十六年知县骆大俊又修（骆志盖未刊）。

凡十卷，一地理，二建置，三祀典，四田赋，五漕渠，六选举，七职官，八人物，九列女，十艺文。

县在春秋为鄫国，汉为兰陵、承二县地，属东海郡。金兴定中曾置峄州，后州废为县，属兖州府。

光绪志称忠氏所修志已非司马原书，而体裁大致相类。地理约而不遗，建置赡而不秽，其他序次有概有详。然按其书殊不见所以可称之迹。

〔光绪〕峄县志二十五卷

光绪三十年知县周凤鸣修，县人内阁中书王宝田纂，继乾隆忠志而作也。

凡二十五卷，一境至表，二疆域沿革表、考，三晷度表，四封爵表，五山川考，六风俗考，七物产考，八建置考，九学校考，十祠祀考，十一军政考，十二漕渠考，十三田赋考，十四恤政考，十五灾祥考，十六大事记，十七世家，十八封爵列传，十九职官列传，二十选举考，二十一乡贤列传，二十二续列女传，二十三艺文志，二十四古迹考，二十五杂记。

大致较之旧志稍有扩充，然书法杂乱，或称见某书，或称见某文，或无所指，或沿用旧志而不注明，令人迷惘。

〔光绪〕寿张县志十卷

光绪二十六年知县刘文煃属淮安举人、江西雩都知县王守谦纂。盖守谦与文煃同年，过境小驻，因以志事属之，才三月而书成。近年州县官以修志调剂私交，相沿成习，如此而求成良志，戞乎难矣。

书凡十卷，一方舆，二建置，三典礼，四食货，五官师，六选举，七人物，八艺文，九武备，十杂事。

据所录旧序，万历中知县周三锡创修，康熙元年知县陈璜续修，五十六年知县滕永祯再修。

寿张为汉以来故县，洪武十八年定隶兖州府，宋世宋江结砦于梁山泺即寿张之故事，而志仅略引《水浒》传奇数语，架空虚说，非简则诬矣。

〔万历〕汶上县志八卷 附康熙续志

万历戊申户部主事县人檀芳邃撰。其序云"出于王君之手者十之九"，谓南京尚宝寺卿邑人王命新也。

汶上为鲁中都，汉为平陆县，金太和中定今名，尔时属兖州府东平州也。

书八卷，一方域志，二建置志，三职官志，四政纪志，五宦迹志，六人物志，七杂志，八艺文志。

明人方志简陋殊甚，惟如坛祠之类尚可考见尔时民间习尚耳。末附康熙续志，康熙五十六年知县闻元炅修，一如前志之例，若沿革、疆域、风俗、物产遂不重出。虽无史识而不矜己长，犹为可取也。

〔乾隆〕沂州府志三十五卷

乾隆庚辰知府李希贤修，宝应举人凌遇莘纂。

沂州自雍正十二年徇河东总督王士俊议始升府，领兰山、郯城、费县、莒州、蒙阴、沂水、日照六县一州。

书凡三十五卷，一天象，二至七舆地，八至十二食货，十三学校，十四秩祀，十五、十六纪事，十七至十九职官，二十宦迹，二十一兵防，二十二至二十四仕进，二十五至二十七人物，二十八九列女，三十至三十五艺文。

其中如水利、海防颇存故实，是其长也。然沂州为古琅邪，世族相承，若能如章氏士族表之例明其统绪，实较凌乱无章之人物传为优。此又非其所及也。

〔康熙〕沂州志八卷

康熙十三年知州邵士修，亦应《一统志》之征也。

其凡例云，嘉靖辛亥之志太简，万历戊申之志近繁。万历志知州徐汝翼修，嘉靖志则无考也。

凡八卷，规制部之属曰建置、星野、疆域、山川、藩封、祠庙、秩祀、物产、风俗、古迹，政事部之属曰户口、地亩、赋役、钱粮、农桑、学校、兵防、驿递、恤典、捕盐，宦〔官〕常部之属曰职制、衙署、秩官、宦迹，仕进部之属曰科第、制贡、例监、杂职、武科、胄弁、封荫、坊表，人物部之属曰帝后、名献、忠贞、孝义、节烈、懿行、流寓、隐逸、仙释，艺文部之属曰沿革、赋诗、遗文、杂志。其目直似类书矣。

沂州为汉东海郡琅邪国，后周立今名，明属济宁济南府，最后属兖州府。州治为故临沂县，雍正十二年升府，复置兰山为附郭县。故本书虽修于改府以前，而仍签署兰山县志也。

〔民国〕临沂县志十四卷

民国六年知事杨孝则等修。民国以来沂州府废复设临沂县，实继乾隆二十五年府志而作也。

凡十四卷，一疆域、通纪，二山川、古迹，三民风、物产，四秩祀、教育、宗教，五食货、建筑，六登进，七藩封、职官、宦绩，八兵防、警察、交通，九、十、十一人物，十二金石、著述，十三艺文，十四杂志。其通纪一篇上篇纪兵事下篇纪灾异，虽不能祛弊习，犹有胜于杂糅不分者。然大体嫌于泯旧不合时代。秩祀已非民国所有而立为专篇，实业状况、地方自治等类反均不著一字，则又奚取于修此志也？

〔乾隆〕郯城县志十二卷

乾隆二十八年知县张金城修。

据旧序，旧志始于万历十三年知县颜若愚，续于康熙十二年癸丑知县张三俊，康熙五十年知县荆文康，及乾隆十四年知县王植又增修之。今所据唯万历及康熙癸丑志也。

书凡十二卷，一恭纪巡幸，二舆地，三编年，四建置，五食货，六秩祀、学校，七秩官，八选举，九、十人物，十一艺文，十二附余。

郯为春秋古国，汉为东海县，隋唐属邳州，寻省，元复置，明清因之，雍正以后属沂州府。县属之红花埠南距宿迁之峒峿驿四十五里，为昔日驿路南北咽喉，昔人行役之诗有关者甚多，志皆未之录也。红花埠者，据《（乾隆）山东通志》古迹门云："《寰宇记》：梁天监二年，僮县人张高等凿溪引沭水溉田二百余顷，俗名红花水"，埠之得名以此。

〔嘉庆〕郯城县续志十卷

嘉庆十五年知县吴堦修，续乾隆张志而作，前志已具者不复见也。

凡十卷，一巡幸志，二田赋志，三祭秩志，四建置志，五职官志，六选举志，七人物志，八列女志，九著述志，十艺文志。其艺文仍无所附益，盖率尔之作，欲其博考群书难矣。

〔康熙〕费县志十卷

康熙二十八年知县黄学勤修，其申上台详文云，隆万而下百二十年之事实竟阙略而无传。前志源流无闻焉。

凡十卷，一曰地理志，二曰建置志，三曰官师志，四曰赋役志，五曰秩祀志，六曰科贡志，七曰人物志，八、九、十曰文籍志。其秩祀一篇兼记盗贼，殊为无理，然借此颇存明代佚闻。

《学部志目》载此书仅存七、八二册，是此完本亦殊难得矣。

〔光绪〕费县志十六卷

光绪二十二年知县李敬修修。前有教谕刘鼎叙，道修志始末甚详，盖因巡抚张曜议修《山东通志》而有是举也。前志乃康熙己巳知县黄学勤纂修，至是二百年矣。《山东通志》云嘉靖间王圭峰始修《费志》二卷，万历初王慎等作《费县志》八卷，逮明季毁于兵燹。凡十六卷，一疆域，二山川，三封建等，四赋役等，五祀典，六学校，七选举等，八营泛等，九城池等，十、十一人物，十二列女，十三古迹，十四金石，十五邱墓，十六祥异。

费为古邑，自宇文周以来隶沂州，雍正二年升沂州为直隶州，十二年再升为府，故县隶焉。

据刘序，志于考证颇具苦心。然沿革一门实虚有其目而无其文，惟山川、古迹中颇有可取者耳。其精采最富者要推金石，元和、章武二石阙皆详记其画象，深有裨于考证。盖候选教谕王咸昌手笔也。其所获各碑，今据刘序云拟扛集学宫，构亭覆照，不知其究何如矣。

〔嘉庆〕莒州志十六卷

嘉庆元年知州许劭锦修。

莒为古国，汉魏以来递属琅邪城阳，金升为州，明属青州府，雍正十三年撤去直隶，改属沂州府焉。

据本书艺文志所录旧志序，知成化间任顺创修，万历辛巳知县王明时属州人何思谨一修，其后州人何镐再修。外此复有州人刘璞所撰之《野述》。璞官御史，与杨左同劾魏阉，死赠太仆寺少卿者也。《学部志目》尚有康熙志知州张文范修，雍正志知州李方膺修。

书十六卷，一星野、沿革等，二城池、官署等，三丁赋、街坊等，四仓储、盐法等，五古迹、坟墓等，六职官，七宦绩，八选举，九、十人物，十一、十二列女，十三、十四艺文，十五记事，十六杂缀。街坊门云州境初置五乡，统社二百八，后以户口繁衍立社益多，难于统率，割五乡为二十牌。此鲁省之特制也。

城阳景王为汉以后四方崇祀之神，载籍记之綦详，正为莒州故实，而志未全加采辑，亦其所短矣。

〔道光〕沂水县志十卷

道光七年知县张燮修。

按旧志序，志始修于万历丙申蒙阴进士公鼐，康熙壬子知县黄胪登继之。

凡十卷，一、二舆地建置，三食货，四礼制，五兵防职官，六仕进，七、八、九人物纪事，十艺文。

其书仅能据府志以补旧志之缺而已。

县为汉琅邪之东莞县，隋曰东安，继改沂水，唐宋属沂州，明属青州，清为沂州府属县。

〔康熙〕蒙阴县志八卷

康熙二十四年知县刘德芳修，昆山叶泽森纂。

前志修于康熙十二年知县屈逸乘，刘氏讥其纰缪失实而重撰，然检其书亦不解所纠正者究为何事也。

本书名献门有明人公一鸣传云："以蒙素无志，每采葺故实为蒙志考，杜洽旧志多取裁焉。"公、杜皆万历间人也。其书序门存旧序二篇，一即杜志序，一即屈志序。屈名逸乘，河南阌乡人，《学部志目》作屈南宫恐误。

书凡八卷，一封圻志、建置志、赋役志，二山川志、学校志、风俗志、祠祀志，三职官志、选举志，四、五人物志，六、七、八艺文志杂稽志。蒙阴以蒙山得名，《书》所谓"蒙羽其艺"，《诗》所谓"奄有龟蒙"。汉置今县，高齐以后省，元皇庆中复置。本书邮铺门云："顺治十年寇息道通，朝议以东南诸路从中州而至京师实为绕道，不若从沂蒙一带为捷径，蒙阴之置邮，实始于此。"自此遂为驿道冲要，自蒙阴至沂州中有青驼寺驿，清代诸家诗文集中咏之者甚多也。

又蒙顶茶为唐以来名产，据本书所载则已不产矣。

〔康熙〕日照县志十二卷

康熙五十四年知县杨士雄修。前有知县成永健序，不知所云何事，凡例云采用杜志必系以旧，亦不知杜志何时所修。纂修之县人丁时以自作之诗入文苑中，俨然为私人作文集矣。其荒陋较他志尤甚。

日照为汉海曲县地，王莽末琅琊吕母起兵攻海曲以成赤眉之乱，即此地矣。金始置日照县，属莒州。

凡十二卷，一图考等，二风俗等，三乡里等，四职官等，五仓廒等，六学校等，七岁贡等，八坛祠等，九人物等，十列女等，十一政事等，十二文苑。

〔光绪〕日照县志十二卷

光绪十一年知县陈懋修，前有丁守存序云："志创自万历十八年知县杜一岸，重修于康熙十一年知县杨士雄，迄今二百十年中惟知县成永健于康熙五十四年将文苑一卷略为增修。"

凡十二卷，一曰疆域志，二曰营建志，三曰食货志，四曰礼乐志，五曰秩官志，六曰选举志，七曰考鉴志，八曰人物志，九曰列女志，十、十一曰艺文志，十二曰掇余志。义例亦较旧志为整齐。

〔乾隆〕曹州府志二十二卷

乾隆二十一年知府周尚贤修，雍正十三年始升州为府，故前无府志也。

凡二十二卷，曰舆地、河防、食货、学校、秩祀、五行、职官、选举、人物、艺文、杂志。

曹在汉为济阴东郡地，其建州在唐初，明始属山东。雍正中升府，设菏泽为附郭县，并以直隶之濮州及所领县来隶。凡领州一，曰濮，县十，曰菏泽、曹县、范县、观城、朝城、郓城、单县、城武、定陶、巨野。自宋咸平以来，河徙而南，曹、郓实当其冲，故河防为专志。就其所载各碑记而观之，其工作制度、经费名额亦累代经政之要也。州多盗贼，自古已然，而黄巢为州之冤胸人，本志仅于杂志中略述数语，抑不足以尽之也。

〔康熙〕曹州志二十卷

康熙十三年知州佟企圣修，以卫周祚请也。

按旧序，志始于正德十年知州吴瓒，继前任伍礼本而修，万历二十二年知州许恩续修，天启元年知州潘永澄又修。今所据者潘本也。

凡二十卷，一图考，二舆地，三建置，四帝迹，五古迹，六风俗，七职官，八田赋，九学校，十秩祀，十一典礼，十二选举，十三兵卫，十四河防，十五、十六人物，十七、十八艺文，十九灾祥，二十杂志。

州为古曹国，汉为定陶国济阴郡，后周始建州名，明以来隶兖州府。修志时未建府更未立菏泽县。故书暏署"荷泽县志"，而注今之菏泽昔号曹州，未有新编仍循旧例也。

其职官篇悉录唐天平节度使。按天平军既不治曹州，惟石晋之威信节度乃足当之耳。若统部之官必皆入录，则汉之兖州刺史何为独遗之耶？

自明弘治五年刘大夏塞黄陵冈，于是杨、刘决河以来之民困为之大纾。读河防一篇弥有陈迹之感。

〔光绪〕菏泽县志二十卷

光绪六年知县凌寿柏修。

县立于雍正十三年，二百余年始有是作也。

凡二十卷，大致如《（康熙）曹州志》。

〔光绪〕曹县志十八卷

光绪十年知县陈嗣良修。

按旧序，志始修于弘治中知县邹鲁，嘉靖己亥、万历庚寅、崇祯庚辰、康熙壬子、乙丑、丙申，知县隆文良、钱达道、郭万象、门可荣、朱琦、郭道生各一修。陈氏序云，嘉庆十八年暨咸丰八年两次城池失守，志及原版遂俱毁失也。

县本唐宋以来曹州附郭济阴县，洪武初以水患移县治于安陵，又移磐石镇，于是改州为曹县。正统十一年复于旧乘氏地置曹州，而以曹县属焉。民国以后州改菏泽县，与曹县并置，州与县名实最易混淆也。

志凡十八卷，一疆域志，二建置志，三赋役志，四物产志，五学校志，六祠祀志，七河防志，八王侯志，九官职志，十名宦志，十一选举志，十二、十三、十四人物志列女志，十五纶音志，十六、十七旧艺文志续艺文志，十八杂稽志。

卷帙虽丰而所载多浮泛之词，嘉庆教匪、咸丰捻匪两次变乱，距修志时近在眉睫，并无一语为之记注。空录人名与诗文以充篇幅，何为也耶？

〔乾隆〕濮州志六卷

乾隆二十年知州邵世昌修，山阴柴揆纂。

按旧序，嘉靖癸未知县张寰延进士邓文度始修，万历壬午尚宝司少卿州人李先芳、康熙十一年知州张实斗、五十年知州郅玠各一修。本书盖仍李志面目也。

书凡六卷，一曰历代建置沿革表、郡邑疆域总图、郡治疆宇图、郡治城市、郡城疆宇总考、郡志考、诹訾卫分图、星野考、古迹考、河渠议、帝系表、帝纪、世家、年纪，二曰赋役志、学校志、职官考、风俗记、兵防志、官师历年表、科第表、二贡考，三曰名宦记、乡贤记，四曰孝友传、明经传、武烈传、古交篇、游寓传、烈女传、隐德传、兵家传、豪侠传、货殖传、仙释传、卫人志、杂记，五曰王言、诗类，六曰文类、《北山野史传》。其中古交篇取羊角哀丁仪等事凑成一纸有半，绝无理由。自作《北山野史传》以殿卷末，尤为可笑。然货殖一传犹为得良史之意者也。

濮州为汉东郡，隋以后置濮州，元明以来属东昌，雍正八年定属曹州府。

〔宣统〕濮州志八卷

宣统元年知州高士英主修，实即取旧志而增订之也。

书凡八卷，一建置等，二赋役等，三官师、科第等，四名宦、乡贤，五孝友、列女，六隐德、武烈等，七王言、诗类，八艺文。

其中最陋略者无过疆域、沿革，其旧志舛误处已为叶氏《续山东考古录》所纠，而新增者亦仍蹈空疏之弊。盖州为秦东郡地，晋析置濮阳国兼置兖州，领郡国八，理于此。唐以后置濮州，金属大名府，明改属山东东昌府，领县三，雍正八年改散州也。

艺文末附李先芳《北山野史传》，自称与李于麟、谢茂秦为友，文字诡僻不经，亦足征旧志之荒陋无人起而正其失矣。

〔嘉庆〕范县志四卷光绪丁未石印本

嘉庆十四年知县唐晟修。

据旧序嘉靖十四年始修，万历四十一年县人范汶续修，康熙十一年知县霍之琯再修。

凡四卷，一沿革等，二古迹等，三节烈等，四艺文。

县为汉东郡属县，其后因之，属濮州，曹州立府，遂来隶焉。

〔道光〕观城县志十卷写本

道光戊戌知县孙观修。

据序："万历间荥阳乔君创辑县志，康熙初武进沈君奉檄纂修，相去未及百年而乔志已无善本。"按，乔名昆，万历十七年任，沈名玑，康熙十一年任也。序又云："乾隆丙戌秀水盛秦川先生权篆斯邑，欲修邑志不果，后纂东昌、济宁诸志，每见有涉于观者辄手书之，为四卷，曰《观录》。"本志引之。盛名百二，所修《济宁州志》已著录也。

凡十卷，一、二舆地志，三学校志，四秩祀志，五赋役志，六职官志，七选举志，八人物志，九艺文志，十杂事志。

凡例云："志书体裁乾隆年间有部颁式，依《江南通志》之例也。今事体条目大略皆仿其式。"

观城盖古观国，开皇中置县，唐宋属澶州，明属濮州，雍正十三年随州改入曹州府。

〔光绪〕郓城县志十六卷

光绪十九年知县胡建枢就康熙丙申志原本续增也。

据序，县志始于隆庆元年知县王敬，崇祯甲戌知县米嘉穗又修，康熙乙丑知县陈良谟又修，康熙丙申知县张盛铭又修。又云："传闻正德初年有野人逸书纪郓事大略，嗣赵若唐因之，稍加笔削汇成一册。"则乡里私撰不足与数，且亦窅远难稽矣。

凡十六卷，一方域志，二建置志，三田赋志，四学校志，五人物志，六职官志，七、八选举志，九灾祥志，十忠节录，十一、十二节孝录，十三至十五艺文录，十六恩荣录。

志于集市一门增添货食，注明时日，俾后人得考经济状况，实征特识。然谓旧志艺文不录行述，别邑史于家乘，诚不刊之论，则又过也。

县为汉廪邱县地，开皇中置郓州，改县曰郓城，以为治所，唐移治须昌，以县属焉，雍正十三年改隶曹州府。

〔乾隆〕单县志十三卷

乾隆三十五年知县勒善修。

按旧序，隆庆己巳知县夏维藩、顺治甲子知县徐化民（《学部志目》"民"字缺，盖未见此书也）、康熙壬午知县王镛各一修。

凡十三卷，一旧序等，二舆地志，三食货志等，四官师志，五、六至八人物志，九至十二艺文志，十三杂志。篇简错乱模糊不可读矣。

〔道光〕城武县志十四卷

道光庚寅知县袁章华修。

按旧序嘉靖乙丑知县郑汉一修，康熙庚戌知县刘佐临再修，康熙庚午知县杨宫建三修，康熙壬午知县赵嗣晋四修。其初志则正德年中所修，因河患损失无存矣。

凡十四卷，一舆地志，二建设志，三食货志，四学校志，五礼仪志，六职官志，七武备志，八选举志，九人物志，十列女志，十一艺文志，十二金石志，十三外志，十四补遗。

县为春秋时郜地，秦汉置成武县，隋唐曾置戴州，贞观中废州以属曹州。明代忽讹为城武，志称铸印之误，殆必不然，是必有持厌胜之说特加土旁者。雍正以后，隶曹州府。

〔乾隆〕定陶县志十卷 光绪二年知县周忠重刊

乾隆十七年知县雷宏宇修。

按旧序，嘉靖四十四年知县唐桐始修，万历七年知县黎邦□（此字元缺，盖以避讳故，刊志者不知临文不讳之义，遂致无所考矣）、二十年知县陈以见又修，二十六年知县杨克顺又修，顺治十二年知县赵国琳又修。

凡十卷，一封域志，二建置志，三赋役志，四职官志，五选举志，六、七人物志，八杂稽志，九、十艺文志。

定陶为秦汉故县，贞观中省入济阴，太平兴国四年复置曹州，立府以后遂为属县。《禹贡》："济水东出于陶丘北。"郑君云：陶丘，在定陶县西。《尔雅》："山再成曰陶丘。"似是地名所由。志云尧初居此故曰陶唐，殆非也。范蠡居陶为陶朱公，盖战国时当齐、赵、梁、宋之冲，为商业重地也。

〔道光〕巨野县志二十四卷

道光三十年知县黄维翰修。

据旧序，志始于嘉靖丙午知县江廷藻，万历庚寅知县殷汝孝、天启癸亥知县吕鹏云至康熙戊子知县张宏各续修一次。黄氏但称天启、康熙二志，不审何故。

凡二十四卷，一恭纪志，二编年志，三方舆志，四山川志，五建置志，六食货志，七学校志，八秩祀志，九职官志，十口碑志，十一选举志，十二、十三人物志，十四烈女志，十五至十九艺文志，二十至二十二金石志，二十三风俗志，二十四杂稽志。其凡例云："新采艺文及一切碑碣系名笔可传者，悉分载金石、艺文二志，若文无可传而其间事迹觉有不能泯没者，只节存其略，用小字载于各碑碣之下。"又云："碑碣文字除照旧志登录外，间有文义不雅驯及过于冗长而又不能摈弃者，悉就臆见所及略为删订。"殊不知保存事实正要不易原文，志之所欲存者事也，不问其文之雅驯与否也，金石之文，一经点窜，义必泯矣，此治丝而棼之也。

其以宦迹为口碑，不免偏好诡异而无当于理也。

巨野为汉山阳郡县，唐于此置麟州，旋废，五代及宋置济州，金徙州治于任城，省巨野县，元复置为济州附郭，洪武以后仍治任城，以县为属，雍正以后曹州升府，以县隶焉。

〔乾隆〕济宁直隶州志三十四卷

乾隆五十年知州王道亨主修，其实前任胡德琳、蓝应桂所经营也，前淄川知县盛百二纂。

据旧序称，济志明弘治时有莫璁所撰本而不传，万历己西济宁道副使王国桢始创修之，康熙癸酉知州廖有恒续修。据其凡例则尚有康熙中知州吴柽《牧济尝试录》，崇祯时举人郑与侨有《济州遗事记》。据《山东通志》则有正德间周品之《济宁卫志》也。

济宁初为汉东平之任城县，后汉为国，后魏置济州于济北郡之碻磝城，元为济宁路，明初改府，继降为州，乾隆以后定为直隶州，领金乡、嘉祥、鱼台三县。运河所经，漕督驻所也。

书凡三十四卷，以圣制冠首，一纪年，二至六舆地，七至十建置，十一至十七古迹，十八封建题名，十九职官，二十选举，二十一二宦迹，二十三至二十八人物，二十九、三十列女，三十一至三十三艺文拾遗，三十四杂缀。

盖济宁事实夙富，纪载又多，故卷帙独丰。本书甄采周备，记注详明，甚合撰志之法。至如排比位置不得其宜，如街衢门引《史外传逸》陈氏卜居之事，宜别立著姓以纪之；杂缀门引杨士聪《核真略》明季流寇之事，宜别立大事记以纪之。则当时秉笔者尚未足语此也。

〔道光〕济宁直隶州志十卷

道光二十年知州徐宗幹修，咸丰戊午知州卢朝安始刊行之。

其《志原》一篇略谓：州志明成化初济宁分司成化辛丑进士无锡莫骢纂，其书见于艺文志而万历时已不得其完本。又州志八卷，万历三十七年按察副使王国桢编；又州志十卷，康熙十二年知州廖有恒修；《济宁直隶州志》三十四卷，乾隆四十三年致仕山东按察使沈廷芳修；《济宁直隶州志》三十四卷，乾隆五十年知州王道亨又修，洙源书院山长盛百二补辑。

其属县之志，则《金乡县志》，"创始于明万历七年，邑令商邱杨楫，其秉笔者为邑人胡汝桂，康熙十二年邑令傅廷俊修之，五十一年邑令沈渊重修之，成十六卷，书皆不存。其有者乾隆三十三年邑令王天秀属邑人孙巽之所撰也。……《嘉祥县志》，明万历间邑令南郡龚仲敏创之，顺治九年邑令辽左张太升修之，邑人董方大实任其事，乾隆四十三年邑令长白倭什布重修之……《鱼台县志》，顺治九年邑人朱之玉所修者久佚，康熙三十年邑令马君续修，乾隆二十九年邑令雁门冯振鸿又修之，即今所存者是也"。

其《兖州府志》则有四十卷，"康熙二十三年知府遂宁张鹏翮因明谷山于文定公慎行所纂重加修辑"；又续编二十卷，"康熙五十八年知府山阴金一凤因张志续修，惟田赋、户役二门就前编补入，余与张志各自为书相辅而行，体例最善"。

本书凡十卷，一星野志、五行志、大事志，二方舆志、山川志，三食货志、风土志，四建置志、兵革志，五学校志、秩祀志、名胜志，六职官志，七选举志，八人物志，九艺文志，十杂稽志。

其风土篇中郑舆侨《俭戚说》及徐氏诸公牍摹绘习俗至

为周悉，附义宅、义田亦可考见社会制度，惜语焉不详耳。
他志乃并此无之也。

〔咸丰〕济宁州续志四卷

咸丰九年知州卢朝安修，朝安既刊道光志，更续此志也。
其时军事渐兴而寇氛尚未到济宁，所纪已及城守团练之事矣。

书凡四卷，一星野志、五行志、大政志、建置志、兵防
志、学校志，二职官志、选举志，三人物志，四艺文志。

〔咸丰〕金乡县志四卷

咸丰十年前通城县知县县人李垒撰。

按序：“金乡有志自明万历中杨侯始，国初有傅志，多所
裁损，沈志复补之，乾隆中重修者有王志。”杨名楫；傅名廷
俊，康熙六年任；沈名渊，四十四年任；王名天秀，乾隆三
十年任。本书于旧志序跋全刊去不载，其失甚矣。

凡四卷，一志序、姓氏、志图、舆地、建置、食货、学
校，二秩祀、兵防、职官、选举，三列传、艺文，四事纪、
补记。

金乡为古缯国，汉置东缗县，后汉析置金乡县，以山为
名也。唐属兖州，元属济宁路，明复属兖州，乾隆四十五年
定属济宁州。

〔光绪〕嘉祥县志四卷

光绪二十四年知县章文华修，宣统二年刊成。章氏会稽人，不解何以无一语及实斋也。

县志盖始于万历间知县龚仲敏，一修于顺治壬辰，再续于乾隆戊戌。本书既不著历修姓氏，《学部志目》亦以顺治志为龚氏撰，皆率尔之过。顺治志盖张太升，乾隆志倭什布修也。

凡四卷，一方舆志、建置志、食货志、祀典志，二职官志、选举志，三人物志，四艺文志。

县本任城巨野县地，金皇统中析置今县，取义于获麟也。雍正后为济宁州属县。汉武氏祠石刻在此。

〔乾隆〕鱼台县志十三卷

乾隆丁丑知县冯振鸿修。

据凡例，旧志修于顺治九年者已不可见，续修于康熙三十年，迄今已逾七纪。按职官传，顺治志修于知县王荣国，康熙志修于知县马得祯也。

鱼台为春秋之堂邑，汉方与县，唐宝应中改今名，明以来为兖州府属县，运河所经也。

凡十三卷，一舆地，二山水，三灾祥，四建置，五旧迹，六赋役，七学校，八祀典，九职官，十选举，十一人物，十二列女，十三艺文。

〔光绪〕鱼台县志四卷

光绪十五年知县赵英祚继乾隆冯志而作也。

凡四卷，一方舆志、山川志、建置志、旧迹志、食货志，二职官志、选举志、国朝选举表，三人物、列女，四金石、艺文。

其金石志颇搜汉石刻，胜旧志之夆陋多矣。

〔顺治〕登州府志二十二卷康熙甲戌知县任璿刊成，附乾隆续志十二卷

顺治庚子提督学政按察金事施闰章等修。

其凡例云，此书本之《水经注》、杜氏《通典》、《齐乘》、《一统志》、《山东通志》，仍以泰昌旧府志参之。其嘉靖志已亡而八属志亦未备，未免阙漏。若通志误以东海、祝其为在今府境之类，实赖本书为之纠正也。

凡二十二卷，一星野、灾祥，二沿革、疆域、形胜、山川，三城池、公署，四学官、祀典，五武备，六乡都、坊市、桥梁、宫室，七古迹、陵墓、寺观，八物产、风俗，九户口、田地、赋役、驿传，十兵事、海运，十一封建、宦迹，十二、十三职官，十四、十五辟举科贡封荫武弁，十六、十七人物，

十八流寓、列女、仙释，十九、二十、二十一艺文，二十二
杂志。

本志虽续修于康熙三十三年知府任瑽，然所续顺康间事
殊不甚多。其序论诸篇彬雅可诵，盖犹施氏手笔。至于卓
然史裁则犹未逮。旧序云草创于愚山，讨论于亭林，恐未
然也。

末附乾隆续志，乾隆七年知府永泰修。专补康熙三十年
以后之事，其大者如荣成、海阳二县之分设海运之停止，皆
是也。

〔光绪〕登州府志六十九卷

光绪七年知府费湘修。

其序曰："郡县之志，守土者固无以辞其责。然吏从远方
来，于兹土素无雅故，惟乡人士君子有笃念桑梓论著于录者，
而后长吏有所因以借手。昔者先圣言夏殷之礼而忾叹于杞、
宋文献之不足征，良有以也。兹浏览所属旧志，其因此以成
书者多矣。今兹之役，求之不少概见，何欤？夫留心文献，
未可责于俗吏，而能以论著成书有资文献者，亦未可以望之
于俗人。彼其人已雅意著述矣，类不乐与俗吏为周旋，使出
其所著投诸吏手，鲜有不按剑以相盱者。此其秘而不出也，
固然其无足怪，今余为此役，窃不敢自侪于末俗矣，乃亦求
之而不出，岂郡地诸牧令犹有未能免俗者乎？抑亦诸君子惩

于曩之按剑遂病于献玉者之再刖乎？否则留意于文献者寡而无复如昔日人士之盛也乎？余甚惑焉。伏愿自今以往长民者皆不以俗吏自为，而乡人士君子亦有以树文献之望，无使郡邑故事至于颓败不可收拾焉。"其言也，盖为乡里人士不肯举故实以相资也。夫方志之撰集，仰给于乡人之怵助者，若谱牒也，传状也，著作也，古物也，传闻也，非以公诚之心悉索而献之于秉笔者之手，则虽班马复生亦难成传世之作。无如乡人狃于蔽习，其送上官府者，类为空洞不实之家状，苟冀附名邑乘，取宠一时。甚至请托赠遗，踵门而至。秉笔者兼容并收不加别白，则杀青以后不外节孝名册、风月闲吟，充塞篇幅而已。此所以旧志动遭诟病无肯阅之终卷者也。其失也，盖由乡里人士不能深明撰志之宗旨与夫著作之必资忠信而后能传，而采访诸人亦不能明订标准躬自探讨，若章实斋之亲访妇女，咨其生平。于是求之者与供之者两皆趋于歧路。此一说也。更有进者，一邑之故实不能独责之民间。县庭掾史典柱下之藏，凡出入之文移，贮库之物品，老吏之传闻，何一而非志之资料？以守土之官，当书筓之职，固可悉数征集以入于书，岂有闻见空疏之患哉？贾氏虽未能见及此，而知属望乡人之留意文献，固犹具深衷者哉。

书凡六十九卷，一至六疆域志，七至十六营建志，十七至二十三食货志，二十四至三十七职官志，三十八至四十八选举志，四十九至六十忠节志，六十一至六十四艺文志，六十五至六十九金石志。

《登州府志》有顺治本为之前驱，乾隆续修于后，而未加更张。本志断自升府，而以升府以前之事附列于后，复统为八志，纲举目张。其讲求义例尤胜于施氏。自比于欧阳之继宋、薛，亦非尽诩辞也。

〔道光〕蓬莱县志十四卷

道光十九年知县王文焘修。据序，前志为康熙十二年知县高岗所修也。

凡十四卷，一天文志，二地理志，三文治志，四武备志，五食货志，六官职志，七、八选举志，九、十人物志，十一恩纶志，十二至十四艺文志。

观其自序，于旧志盖鲜所变革，其地理志至以县城龙脉为言，其陋可想。

〔光绪〕蓬莱县续志

光绪八年知县郑锡鸿等修，继道光志而作。体例如旧而事实不充。

〔乾隆〕黄县志十二卷

乾隆二十一年知县袁中立修。

按序，旧志创于嘉靖辛丑知县贾璋，一修于崇祯庚辰知县任中麟，再修于康熙癸丑知县李蕃。

凡十二卷，一图考志，二疆域志，三建置志，四赋役志，五典制志，六职官志，七、八人货〔物〕志，九纪述志，十、十一艺文志，十二忠烈志。

其图考志之名已未允协，风俗、祥异、军旅、著述四项谓之记述志，弥为无理。

汉故黄县，属东莱郡，唐先天中析蓬莱之黄冠村立今县，明以后为登州府属。《史记》〔按，应为《汉书》〕：秦伐匈奴，"使天下飞刍挽粟，起于黄、腄"，即县名所始矣。

〔同治〕黄县志十四卷

同治十年知县尹继美修。

尹氏序曰："县志创修于嘉靖乙巳知县贾璋，再修于崇祯庚辰知县任中麟，康熙癸丑知县李蕃三修，乾隆丙子知县袁中立四修。其书因陋袭谬，不贯不该。"其凡例诋旧志于《李笃传》引《后汉书》"外黄令毛钦"脱去"外"字。又太仓公淳于意，《史记》明著临淄人，志乃载作黄人。诸如此类，信可訾矣。

凡十四卷，分疆域、营建、食货、赋役、祥异、秩官、选举、人物、艺文、杂事十志。

志既力矫旧志之舛陋，故于沿革、古迹引证颇赅。黄故汉县，唐以后隶登州，洪武九年升登州为府，以县属焉。

〔光绪〕栖霞县志十卷

光绪五年知县黄丽中修。

按旧序，万历壬子知县胡修、康熙壬子知县胡璘、乾隆甲戌知县卫苌各一修。

凡十卷，一疆域志，二建置志，三典祀志，四赋役志，五官师志，六、七人物志，八祥异志，九、十艺文志。

本书盖就乾隆志原本而以乾隆后事续于其末。

县为唐蓬莱县之阳疃镇，金于此置淘金所，齐阜昌中始置今县，洪武九年升登州为府，以县隶。郝懿行、王圆照之故里也，经师才媛风流相映，而本志不采《晒书堂集》纪其家世遗闻、著述种类，无非拘于俗例之过也。

〔顺治〕招远县志十二卷_{道光丙午重刊}

顺治十七年知县张作砺修，县人张凤羽纂。

据凡例邑无旧志，故取郡志之涉县事者为之。

凡十二卷，一星野等，二山川等，三学宫等，四风俗，五物产，六赋役等，七职官，八科贡，九人物等，十至十二艺文。

县为掖县属之罗峰镇，今始置县，属定海军，明初升登州为府，割莱州之招远莱阳隶焉。海滨僻处，盖无可纪。

〔道光〕招远县续志四卷

道光二十五年知县边象曾修。

据序："康熙初年奉敕纂《一统志》，先令修进直省通志。山左各府州县计陆续报修一百十四部，无志者只沾化一县。其顺治年间修辑迄今二百余年未经续修者，泗水、招远二县而已。"招远于宋为罗峰镇，改置为县自金始，无怪故实之无可称。本书仅零星续补前志不成志体者也。

其物产篇云："间有增入亦稽诸类书。"夫志一邑之物产岂稽诸类书所可办？其知识若此，毋怪各志中之物产无非雷同矣。

〔康熙〕莱阳县志十卷

康熙十二年知县万邦维修，亦奉朝旨循卫周祚之请也。据府志，初修旧志多取材于顺治间张允龄志稿，然据本书所录旧序，万历十一年知县程时建已有修本也。

凡十卷，一疆舆志，二建置志，三食货志，四学校志，五官师志，六贡举志，七典礼志，八人物志，九外纪志，十艺文志。卷首载奉檄催趱成书情形，其率滥可知。

莱阳，汉昌阳县地，后唐避李国昌讳改今名，洪武九年自莱州府改隶登州府。

〔同治〕宁海州志二十六卷

同治三年知州舒孔安取县诸生宫卜万稿而刊之。

按旧序，志始于嘉靖丁未知州李维孝，修于康熙十一年知州杨引祚也。

凡二十六卷，一沿革天文，二、三疆域，四食货，五风俗，六至十建置，十一封建，十二至十六职官，十七至二十四人物，二十五艺文，二十六外书。

其古迹考搜采颇丰，外书一篇有《海山七真人考》，记金元间道教传说，可珍也。

州相传为春秋牟国，隋唐曾置牟州，刘齐置宁海军，旋升州，此州名所自来也。明以来属登州府。

〔道光〕文登县志十卷

道光十九年知县欧文踷前任蔡培修成，前志修于雍正三年知县王一夔也。

凡十卷，一星野等，二赋役等，三职官，四选举，五人物等，六列女，七寺观等，八九艺文，十杂文。

县为周牟子国，汉为不夜县地，北齐析牟平置今县，取山为名。武德中置登州治焉，洪武中升为府，县与宁海州并隶焉。其沿海三卫，成山于雍正间建荣成县，威海、靖海二卫仍归文登。威海在县南九十里，靖海在县北一百二十里。

〔道光〕荣成县志十卷

道光庚子知县李天骘修，前志修于乾隆十五年知县李文澜也。

凡十卷，一疆域，二建置，三食货，四学校，五典礼，六职官，七选举，八人物，九艺文，十外志。

本文登县地，明置成山卫，雍正十二年裁卫设县，立今名，属登州府。斗入海中，为海运海防要地。

〔乾隆〕山东海阳县志八卷

乾隆七年知县包桂纂修。

据凡例暨沿革所载，海阳旧为大嵩卫，雍正十三年请裁四卫等事，始割莱阳，加大嵩旧地为新邑，奉旨定名海阳，故原无旧志也。海澨小邦，故实寥寂，本书勉存形式而已。观其卷首所列分类次第说及海阳十景图，弇陋可知。

书凡十卷，一二图说、星野、沿革、疆域，三山川、都鄙、桥梁、陵墓、古迹、灾祥、户口、田赋、风俗，四物产、盐法、海道、学校、建置、祀典，五驿递、兵务、积储、职官、科贡、文武，六封荫、人物、列女、外纪，七艺文，八诗。

〔光绪〕山东海阳县志十卷

光绪六年知县王敬勋修，南河补用闸官李尔梅、举人姜式甫纂。据旧序，乾隆创修县志后，尚有道光十九年知县朱家学续修本。其凡例云，旧志成于乾隆七年，距改县仅六年，故所志多大嵩卫事，今志则存旧例而续增新事而已。

书凡十卷，一沿革、建置、山川、都鄙、海道、灾祥、风俗、古迹，二官制、叙官、户口、田赋、盐法，三学校、兵防、驿递、积储、秩祀，四科贡、辟举、奖叙、封荫，五文武、人物、外纪，六列女，七殉难、物产，八、九、十艺职〔文〕。其分类琐屑弥不如乾隆志也。

〔乾隆〕莱州府志十六卷

乾隆五年知府张桐取前任严有禧修本刊行。

据旧序，莱志则修于嘉靖中郡守胡公，万历三十一年知府龙文明重修，其后继以陈志。陈志者，知府陈谦所辑，康熙四十七年任也。《山东通志》谓《明诗钞》引王士禄云："《莱乘》一编，文献所资。"《莱乘》者，明末掖县毕拱辰所撰也。

凡十六卷，一星野等，二城池等，三丁赋等，四学校等，五兵防等，六封建等，七选举，八封荫，九官迹，十至十二人物，十三至十五艺文，十六大事记等。

据其凡例，驳订旧志之误，如云旧志以慕容德所居之广固为今陕西成固县，舛谬诚匪夷所思。本书细为推较，不使或有滥遗，其用力有足多者。然其义例则犹是俗裁也。

莱州始置于唐，明以来为莱州府，领县五州二：掖县、平度州、潍州、昌邑、胶州、高密、即墨。

〔乾隆〕掖县志八卷 附嘉庆续志四卷、道光续志二卷、光绪续志四卷

乾隆二十三年知县张思勉修，嘉庆十二年知县张彤续修，道光二十二年知县杨祖宪又续，光绪十二年知县魏起鹏三续。凡四种合装，亦创例也。然眉目不分明，殊难卒读。

初志凡例云，府志皆资邑乘而修，掖既无志反取府志为嚆矢，又参熊稿及毛氏志、林志小草本。盖明代无志也。

凡八卷，一星野等，二赋役等，三职官等，四封荫等，五仙释等，六、七、八艺文。

掖为汉东莱郡县，自唐以来为莱州理所，明洪武以后升府，遂为莱州府附郭县。

〔康熙〕平度州志十二卷

康熙丙午知州李世昌修。

按本书艺文志有官爰志序，盖修于正德丙子也。

凡十二卷，一沿革等，二田赋等，三名宦等，四人物等，

五褒封等，六祀典等，七至十二艺文，末附《胶莱河舆论》及全图。胶莱河，元人凿以漕江南粟者也，明开会通河而胶莱遂废。兹篇为前知州杜志□〔按，应为杜志攀〕作，录存之以见修复之利害也。

〔道光〕平度州志二十七卷

道光二十九年知州吴慈修，掖县李图纂。

凡二十七卷，一图说，二沿革表、道里表、封建表，三历代职官表，四明职官表、国朝职官表，五选举表，六国朝选举表，七封赠表，八山川志，九建置志，十物产志、风俗志，十一赋役志，十二典礼志，十三学校志，十四兵防志、艺文志，十五王侯列传，十六官师列传，十七历代人物列传，十八明人物列传，十九国朝人物列传，二十、二十一列女列传，二十二侨寓外徙列传、方外列传，二十三形胜考古迹考，二十四金石考，二十五讹遗考，二十六大事记，二十七杂记。于前志讹误颇多订正。

平度为汉东莱郡属县，兼为卢乡地，唐以后为胶水，明改置平度州属莱州府。

〔乾隆〕潍县志六卷

乾隆二十五年知县张耀璧修，长洲举人王诵芬纂。

据旧序，志始于万历癸酉，序之者南京工部尚书县人刘应节，实县人刘廷锡所撰也，继修于康熙壬子知县王珍。

凡六卷，一舆地志，二建置志，三田赋、官师、选举志，三典礼志，四人物志，五六艺文、杂稽等志。

隋开皇中始置潍州，明洪武中降为县，隶莱州府，清因之。

志于古籍中泛及齐事之语多为引用，已属不合。而艺文中有刘以贵《潍水源流考》一篇，翔实可稽，不以入之舆地志，则其用不显。杂稽志漫录古书中近于荒唐之言数则，而并不注其出处，皆循例敷衍而已，不足责也。

〔乾隆〕昌邑县志八卷

乾隆七年知县周来邠修。《学部志目》作"来邵"，误也。

按序知前志修于顺治辛丑党丕禄，明志则万历戊寅知县侯鹤龄也。然《学部志目》尚有康熙志，知县许全临修也。

县为汉北海都昌县，宋建隆中置今县，明属莱州府，非汉山阳之昌邑也。

凡八卷，一星野等，二城池等，三户口等，四学校等，五勋土等，六人物等，七坊表等，八艺文。卷帙窘短，盖故实甚少也。

〔咸丰〕青州府志六十四卷

咸丰己未知府毛永柏修，前四川按察使郡人刘耀椿等撰。

据旧序，嘉靖乙丑年知府杜思始修，万历乙卯年知府王家宾复修，康熙己丑知府张连登、辛丑陶锦两次修，道光壬寅议修而未卒业。据《明史·艺文志》，嘉靖志盖临朐冯惟讷所撰。又钟羽正有《青风土记》四卷也，而《山东通志》载曹珖有《青州考》也。

凡六十四卷，一舆图，二沿革表，三道里表，四封建表，五至十一职官表，十二武职官表，十三满洲驻防职官表，十四王侯官属表，十五至十九选举表，二十袭荫表，二十一二山川考，二十三形胜考，二十四古迹考，二十五六七营建考，二十八学校考，二十九兵防考，三十恤政考，三十一赋役考，三十二风土考，三十三艺文考，三十四至三十七名宦传，三十八至五十人物传，五十一术艺传，五十二仙释传，五十三侨寓传，五十四五杂传，五十六至六十二列女传，六十三祥异记，六十四杂记。

青州自隋唐以来治益都，故元为益都路，明兴仍改青州，曾为山东行省治所，雍正间升莒州为直隶州，沂州为府，定辖县十一，曰益都、博山、临淄、博兴、高苑、乐安、寿光、昌乐、临朐、安邱、诸城。本书体裁雅正，在山左诸志中为上驷。《（光绪）临朐志》称其博雅精密足为传信，虽不免过当，要为难能者也。

〔康熙〕益都县志十四卷

康熙十一年知县陈食花修，应《一统志》之征也。

凡十四卷，一疆域等，二户口等，三官署等，四城池等，五封建等，六选举，七、八事功，九忠义等，十侨寓等，十一、十二遗文等，十三艺文，十四杂志。所采人物盖莫知所自。

〔光绪〕益都县图志五十四卷

光绪三十年知县李祖年主修，胶州法伟堂编纂。

据官师志，万历四十四年知县田仰始修县志，据卷末所录杨珽一文，则称"闻诸青之有志也，盖自洪武天顺间已有创始者"。康熙间知县陈食花开志局，阅三月而书成。（据凡例称在康熙十七年，而官师志则称康熙十六年王綜任知县且莅任六载，下注"见旧志，又见十七年孝子张献策墓碑"。）再检所录旧序明云康熙十一年知县事陈某题，而覆按官师志则是年知县实华祖芳。三者互歧，不可详矣。

据李氏序称："善乎龚定庵之言曰，作志者当思君子卑巽之道，直而勿有之义，宜繁不宜简，诚为知言。予与小山先生（任氏）往复切磋，力持此议，先生亦深韪之。故新志之成，增于旧志者十七八，人物一志尤为详尽。然先生尚以未能为李之才作佳传，恨搜辑之多逸焉。"然则其编辑宗旨在力求详赡，论甚正大。然检其所录，则凡属青州范围者罔不列入。是直青州府志而非益都县志也。盖自北齐移益都为青州治所，相沿千有余年，其分析固有不易者。故志中之古迹、山川二篇直以府志为主（见凡例），盖亦有不得已者与。

其号为图志者，于图表特详，且采新法为之，远非旧志疏阔者可比也。凡图之属为四卷，一天象，二地形，三道里开方，四水道。志之属十六为五十卷，一大事，二疆域，三山川，四风土，五古迹，六营建，七官师，八食货，九典礼，十学校，十一选举，十二武备，十三艺文，十四金石，十五人物，十六杂志。

疆域、古迹诸篇皆考证详明，而风土志中载赵行志、赵执信二文，于明、清二代风俗尤有存古之功。要之近代方志中之能逮此者尚鲜，稍复过繁，不足为大病矣。

〔乾隆〕博山县志十卷

乾隆癸酉知县富申修。

凡十卷，一星野等，二城池等，三户口等，四兵防等，五古迹等，六名宦传等，七孝友传等，八列女传，九艺文志，十杂志。

县在金为淄川县之颜神店，雍正十二年设县，仍属青州府。

博山出铁及石炭，其土宜陶，陶业为县之利源，其来已久。又其特产有淄石、黄丹、白矾、绿矾，合此数者能制琉璃。琉璃之入中国远在汉时，《魏书·西域传》复言月氏人传其法于中国，隋何稠别加发明，遂为吾国特殊工业。博山独擅其制，是建邑虽晚而所系甚重也。

〔道光〕博兴县志十三卷

道光二十年知县周壬福修。

按旧序，有明知县陆南至一序，盖在万历二十一年也。康熙十三年知县万云、五十八年知县李元伟各一修。

凡十三卷，一疆域志，二河渠志，三建置志，四赋役志，五风土志，六典礼志，七爵封表，八秩官表，九选举表，十宦绩志，十一人物志，十二列女志，十三杂志。

其条例："一曰择善以从古，谓开方制图也。二曰从时以适宜，谓水名从今称而注以即古某水也。三曰因序以见谊，谓篇第也。四曰反实以征信，谓芟去滥收诸人也。五曰博援以求畅，谓志在乎此而事连乎彼，故虽地有所限而义不可不求其通，开方新图已备今之轮广，而古今迁徙之迹则必待历代沿革图而后明，水道图与河渠志虽纪一邑之水，然必参以旧志水道全图而后水之源委备，广采前人论说而后水之始末见，故曰博援以求畅也。六曰摘词以省繁，谓河渠以志水利，而旧志备载上下申札案文动数万言，列女或旌与否，其从一之终固不待问而知也，而志家载侍药祈代孝舅姑抚孤等语每每相复，反无以信其必然，兹编于河渠择其浚筑之要而删其枝叶语，列女除一二奇节事迹少异者有传，余第记姓氏也。

七曰比义以起例，谓执一事以为断则难足，合数人以较论则立辨也。八曰分类以备体，谓《史记》列传皆题姓氏惟循吏、儒林、游侠诸传人多事简乃立篇目以统之，初非为品题人物，《唐书》《五代史》法其意而忠烈死事一行诸传要皆有截然不可淆者，后之为志者每人而立之目反无以见分隶之确然，是以《通志》黜之，统曰人物，今依其例也。九曰致详以存旧，谓近代方志纪人物多不能述事实，寥寥作赞语，几无以传信后人，而于正史所载各传又随意剽截，谓可与己文修短相称，而不知于古人生平得失已歼其真，明安丘马中丞文炜、东阿于文定公慎行修其邑志皆录正史全文，本朝李南硐文藻历城诸城志亦然，兹自三国至唐宋皆录正史原文，惟明时距创志未远所闻或详于正史，从旧志也。十曰缺疑以待后，谓旧志所载往往传闻不暇详考，而志之与正史舛异者已为辨讹数条，其余无以稽其是否为存疑也。"于旧志弊习，纠抨多允。

县为古薄姑地，汉曰博昌，后唐避李国昌讳改今名，明以来为青州府辖县。

〔乾隆〕高苑县志十卷

乾隆二十二年知县张耀璧修。

康熙十一年、五十五年有知县宋弼、古今誉二志，见《学部志目》，本书未道及之。篇幅窘短，仅注意《小清河议》而已。

凡十卷，一沿革等，二建置志等，三职官志等，四学校志等，五选举志等，六人物志等，七赋役志等，八艺文志等，九河渠志等，十灾祥。

汉千乘郡之高苑县也，明以来隶青州府。

〔雍正〕山东乐安县志二十卷

雍正十一年知县李方膺修。

按旧序，志始于成化间知县沈清，嘉靖丙午县人太仆寺卿李舜臣及万历癸卯知县孟楠各一修（《学部志目》"孟"作"高"，误）。

凡二十卷，一星野，二建置，三川泽，四城池，五田赋，六公署，七学校，八兵防，九职官，十选举，十一宦绩，十二人物，十三恩荣，十四列女，十五风俗，十六物产，十七祀典，十八五行，十九杂记，二十艺文。

本志建置篇以县为西汉千乘郡之千乘县而无据，《方舆纪要》则以为汉齐郡之广饶县，盖本胡胐《禹贡锥指》说也。隋移千乘县治此，唐曾置乘州，旋废，金天眷中改今名，明以来属青州府。

本书卷十九有《外徙》一篇，记明代县人外徙者五姓，此实独创之例，精识过于恒人。盖一邑居民来去迁徙必有所因，皆足以窥政教之移易与夫一方隆替之渐。昔之为志者能注意于内徙之家族已甚鲜矣，其进而及于外徙者，前此尚未之有也。本书惜亦仅能举此五人而不能遍考耳。

〔嘉庆〕寿光县志二十卷

嘉庆四年知县刘翰周修。

按序，旧志修于康熙三十年知县刘有成，乾隆二十年王椿续修，据《学部志目》，则尚有雍正志知县李方膺修也。本书抨击前志以斟鄩为斟灌，以符秦时王猛为秦人次于汉魏前，又如刘错、刘赏诸人应载而不载，任昉、窦瑗、段文珍诸人或不应载而载，至于苏秦墓、东方朔墓沿袭无稽，悉从傅会，诚为精审。然亟称《武功志》不置，其识度抑凡近矣。

寿光，汉县，兼平望、巨定、剧县地，明以来为青州属县也。本书前有天津吴人骥序，申述古斟灌国之在寿光颇详辨。

凡二十卷，一至六舆地志，七建置志，八、九食货志，十秩官志，十一贡举志，十二至十六人物志，十七至十九艺文志，二十杂缀。

〔嘉庆〕昌乐县志三十二卷

嘉庆三年知县卫礼焯修，其前志则刊于康熙十一年知县贺基昌也。

凡三十二卷，一、二总纪，三星野考，四山川考，五古迹考，六建置考，七典礼考，八田赋考，九风俗考，十兵防考，十一艺文考，十二封建表，十三沿革表，十四秩官表，十五选举表，十六武科表，十七议叙表，十八诰敕表，十九宦绩表，二十乡贤传，二十一忠义传，二十二孝友传，二十三事功传，二十四笃行传，二十五文学传，二十六武胄传，二十七高士传，二十八一行传，二十九侨寓传，三十方技传，三十一、三十二列女传。大致仿《（万历）安丘志》而作。

县为汉营陵县北海郡所治，隋唐改营丘，宋改今名，明以来属青州府。

〔光绪〕临朐县志十六卷

光绪十年知县姚延福修。

据凡例："旧志创于嘉靖三十一年知县王家士，再修于康熙十一年知县屠寿征。今明志不存，存者屠志。其于掇拾旧文排比故事使踵事者有所凭借不可没也。然体例踳驳，文词繁碎，于山水则模写林壑，于艺文则缀辑诗赋，或六典攸关缺而弗录或一人数传复而无叙"。又云："旧志之目四十有六而无子目，庞杂之弊不可胜言，如志舆地矣而不考沿革，志山川矣而不序险隘，此为有名无实之弊也。志坊表乡社矣而又列铺舍市集；志乡领耆宾矣而又别传耆耇。此叠床架屋之弊也。"其所抨弹实为痛切。然明志明见《学部志目》而云不存，何也？

明末县人傅国有《昌国艅艎》一书，取宋昌国县名名之。

书作于嘉靖修志后五百余年，为尹志所本。刊本已无存，本志据其后人手写本引用多条，亦县志之别行者也。

本书凡十六卷，一舆图疆域，二沿革，三山水，四古迹，五建置，六赋役，七学校，八风土，九艺文，十大事表，十一秩官表，十二科贡表，十三宦绩，十四人物，十五列女，十六杂记。事实多出采访及辑县人著述而成，详博非苟作也。

临朐为齐之骈邑，汉置县属齐郡，唐宋属青州，元省入益都，寻复置，明以来属青州府。刘裕参军胡藩大破南燕兵之地也。汉朱虚侯国亦在今县东六十里矣。

〔万历〕安丘县志二十八卷附康熙续志三十五卷

万历己丑知县熊元修，县人江西巡抚马文炜纂。

凡二十八卷，一总纪，二星野考，三山川考，四古迹考，五建置考，六典礼考，七雅乐考，八赋役考，九风俗考，十方产考，十一艺文考，十二历代地理沿革表，十三历代封建表，十四历代秩官表，十五历代贡举表，十六明兴以来貤封表，十七宦迹传，十八儒林传，十九事功传，二十文苑传，二十一武胄传，二十二高士传，二十三笃行传，二十四孝义传，二十五侨寓传，二十六列女传，二十七杂见传，二十八偭德传。其曰杂见传者，以处无可归类之人，其曰偭德传者，则盗贼之伦也，命名皆诡诞不安。

安丘相传为莒渠邱地，汉置县属北海郡，后汉曰安平，晋仍曰安丘，明以来为青州府属县。

本书总纪一篇为一邑编年之史，辅以历代地理沿革、封建表，综核详明，法度严整。人物诸传不改史文，而每人并著时代，尤远胜他志之杂糅铺叙。故明诸志能臻此境者鲜矣。

末附康熙续志二十五卷，康熙二年知县任周鼎修，大致守前志绳尺，但去其地理、封建、俶德三门。

惟前志雅乐一考本属赘旒，已为《四库提要》所讥，而续志仍复袭未芟，续以泛语，实无谓也。

〔乾隆〕诸城县志四十六卷 附道光续志十一卷

乾隆甲申知县宫懋让修。

序云："万历癸卯知县王之臣（《学部志目》"之"作"立"，误）属县人兵备使陈君炜为志，其于建置因革多谓本永乐间钞志。及康熙癸丑知县卞君颖重修之，全用其文而续以后七十年事。"

凡四十六卷，〔按，缺"为图一"〕为总纪二；为考十二，曰星野、疆域、山川、建置、古迹、田赋、武备、风俗、方物、艺文、金石；为表十一，曰历代地理沿革、历代封建、历代职官、历代选举、国朝选举、明景泰以来议叙、明洪熙以来诰敕、历代袭荫、杂见；为录二，曰宦迹；为列传十八。

其体例盖秉之宫氏亲裁。诸考除艺文、金石外，皆剪裁为文，雅饬可诵，非如他志条列而已。其于星野力辟俗说之诬，于风俗力祛雷同之陋，可谓卓然。然恨其偏重文词，于事实尚少记注耳。

宫氏字杜洲，泰县人，由副贡以知州借补来县，筮仕东省历二十年，乾隆二十九年题补滨州，人方恨其去，旋以病未赴，卒于县馆。本志宦绩录未载此事。盖志甫成而宫氏卒，县人为补入也。

附道光续志十一卷，道光十四年知县刘光斗修，候选知县、举人富平朱学海纂。一依前志规模，续增乾隆以来事实，于前志之遗阙亦稍有掇补。县之刘、王二氏，代有闻人纪之特详也。

〔道光〕胶州志四十卷

道光二十五年知州张同声修。

按旧序，州志始于万历十九年知州余邦辅，康熙十二年知州孙蕴韬、乾隆十七年知州宋文锦各一修。

据凡例，康熙志成而有张谦宜《州志别本》正其得失，乾隆志成而有法坤宏法古篇之《新志刊误》二十五条，张宾雁更为《刘志疏证》三卷纠其全书，为《州志前编》七卷补其疏漏也。

本书凡四十卷，一图，二沿革表，三道里表，四封建表，五历代职官表，六元职官表，七明职官表，八本朝职官表，九金元选举表，十明选举表，十一本朝选举表、诰敕表，十二山川志，十三建置志，十四物产志，十五风俗志，十六赋役志、盐法志，十七典礼志，十八学校志，十九兵防志，二十艺文志，二十一侯王历代官师传，二十二明官师传，二十三本朝官师传，二十四历代人物传，二十五明人物事功文苑传，二十六明人物忠节孝友笃行传，二十七本朝人物事功传，二十八本朝人物文苑传，二十九本朝人物忠节孝友笃行传，三十艺术传，三十一侨寓外徙传，三十二、三十三列女传，三十四大事记，三十五祥异记，三十六杂述记，三十七形胜考，三十八古迹考，三十九金石考，四十讹疑考。

其凡例翘举十条，一曰审名以纪地，二曰据地以书人，三曰本官以述政，四曰尊时以考礼，五曰因民以纪事，六曰取献以征文，七曰法古以辨体，八曰博采以备义，九曰辨诬以存信，十曰附今以待后。其于古事之去取主严，故胶东、胶西等及已变之海运削而不书；其于俗例之混淆肤泛殊不谓然，故灾异、风俗、物产等非属于本土者亦削而不书，可谓能力矫浮滥之弊者也。

〔乾隆〕高密县志十卷

乾隆十八年知县张乃史修。

按旧序，万历乙巳知县唐允中始修，康熙庚寅知县张浩复修。

凡十卷，一舆地志，二建置志，三赋役志，四典礼志，

五学校志，六官师志，七选举志，八人物志，九艺文志，十
杂稽志。《水经注》云："县有密水，故有高密之名。"汉为高
密国，开皇三年改胶州为密州，以高密县属之，元于胶西县
置胶州，以县属焉，明以来隶莱州府。

〔光绪〕高密县志十卷

光绪二十二年知县傅赍予修，继乾隆志而作也。

凡十卷，目如前志。

其艺文中载郑玄诸文，此岂可尽耶？杂稽中所引各书均
不载出处，抑非法也。

〔同治〕即墨县志十二卷

同治壬申知县林溥修。

据所录旧序，县志创于万历七年知县许键，修于乾隆二
十八年知县尤淑孝，又百三十年而后有今志也。

凡十二卷，一方舆，二建置，三学校，四武备，五赋役，
六职官，七选举，八名宦，九人物，十艺文，十一大事，十二
杂稽。

即墨为濒海口岸，今之所谓青岛，即县属之一岛也。自
明以来海防、通商胥为要政，本志艺文、杂稽两篇中纪之
颇详。

胶澳志十二卷

民国十七年胶澳商埠督办赵琪请袁荣叟编纂，盖方志中之晚出者矣。然所述事实虽新而体例则多仍旧，举其细目以俟参评。一沿革志，曰历代设治沿革，曰德人租借始末，曰日本占据始末，曰中国收回始末。二方舆志，曰境界，曰面积，曰山川，曰岛屿，曰地质，曰气候，曰里程。三民社志，曰户口，曰方言，曰风俗，曰宗教，曰生活，曰职业，曰工资，曰物价，曰结社，曰养恤，曰犯罪，曰游览，曰移殖。四政治志，曰设官，曰法制，曰警察，曰卫生，曰自治，曰司法。五食货志，曰农业，曰林业，曰渔业，曰盐业，曰矿业，曰商业，曰工业。六交通志，曰道路，曰邮电，曰胶济铁路，曰航运。七教育志。八建置志，曰港湾，曰沟渠，曰桥梁，曰水道，曰公产，曰市廛。九财赋志，曰税制，曰度支。十人物志。十一艺文志，曰书目，曰文存，曰金石。十二大事记。

至其体例八条为全书揭明宗旨，宜以近代史家目光重定方志价值。然稽其所言，仍多泛论，举其尤者稍论正之。

其言曰："'三通'者，今之文化史、经济史、法制史、政治史，而方志之所从出。"然《通典》《通考》纪历代典章制度之因革损益，其用为史料之会集，与《通志》为一家之著述意在辑成通史者不同。自《四库总目》已析为两类。三通之名，殊乖大雅。若云三通为方志所从出，则所从出者又岂直此三书而已？

其言又曰："公史之作为将来取鉴，非为既往留芳，故曰史鉴。鉴者，为人而鉴，非为鉴而鉴也。"但史非鉴戒之作，近世早有公评。前人过拘此义，乃致史失其职。循名责实，无宁谓史为既往留芳，非为将来取鉴，犹为近似。盖史职在追存既往，不在逆亿将来也。史鉴之名起于流俗，司马光书本名"通志"，"资治通鉴"者乃神宗所锡嘉名，后人取二字以名其书尚可，若谓《通鉴》曰鉴，则《通典》可云典、《通考》可云考邪？

然其博采群言、平亭新例，亦深有可取者。其言曰："事有关于国故民生者，纵属胥吏户版之籍、市井泉货之簿悉皆所当存，若其否也，虽有鸿文巨制亦当屏而不录。"斯言也，非旧志家所能道。本书民社志之生活、工赀、物价诸篇盖取诸此。虽然，史之为用当纪其因仍蜕变之迹，若仅取目前状况而笔录之，则但供他日史料而已，非史也。其生活、工赀、物价诸端，唯述近数年状况，而"户版之籍、泉货之簿"属于既往者，未尝有一焉，仍非当也。不独此诸端而已，本书全帙皆嫌于既往之史迹少所存也。

若其中文字之罅漏，排比之舛错，固非宏旨所在。姑举示一二以资商榷。沿革志第一叶"刘宋以即墨属北海太守"，县当云隶郡，不当云隶太守。若然，东汉隶北海国当云隶北海王邪？一也。人物志以已见前志者为表，近人则别为传，斯虽变通旧例，原无不可，然存没不分则时代莫辨。二也。

民谣足以窥见思想信仰之一斑，不应附入方言。三也。风俗篇言土著之民在前明中叶多由河南、福建、广西、云南迁徙于此，谱牒间有可考，而未尝列表以明之。四也。

　　大抵其取材甚博，尤详于数字之纪载。盖自青岛割借以来，德、日人著述间出，皆可资为依据，而官厅文牍近在眉睫，得以恣意援引，故非凭断烂旧志张皇补苴者所可比矣。

方志考稿　甲集第四编

河南

〔顺治〕河南通志五十卷

顺治十七年巡抚贾汉复修。

序云："旧有通志，天顺间创始于提学副使刘公昌，后十余年副使胡公谧略加芟润，后八十年续修于都御史邹公守愚，又三年而成于都御史潘公恩，迄今百三十年矣。"盖汉复履任后自十五年三月征集诸郡县志，十七年五月编纂就绪。

凡五十卷，一图考，二、三建置沿革，四星野，五疆域，六山川，七风俗，八城池，九河防，十封建，十一户口，十二田赋，十三物产，十四职官，十五公署，十六学校，十七选举，十八祠祀，十九陵墓，二十古迹，二十一帝王，二十二至二十四名宦，二十五至二十八人物，二十九孝义，三十列女，三十一流寓，三十二隐逸，三十三仙释，三十四方伎，三十五至四十九艺文，五十杂辨。

〔雍正〕河南通志八十卷 道光六年补刊本

雍正九年河东总督田文镜奉敕编，文镜没后王士俊代为总督成书表上，纂修者有孙灏、顾栋高诸人，已见四库著录。及乾隆三十二年巡抚阿思哈续修一次，是曰续志。道光六年布政使杨国桢以板片残缺，重刊之。

书八十卷，曰圣制，曰舆图，曰沿革，星野，曰疆域，曰山川，曰城池，曰礼乐，曰兵制，曰河防，曰水利，曰封建，曰田赋，曰户口，曰漕运，曰盐课，曰邮传，曰风俗，曰物产，曰职官，曰公署，曰仓庾，曰学校，曰选举，曰祠祀，曰陵墓，曰寺观，曰古迹，曰帝王，曰名宦，曰人物，曰理学，曰儒林，曰忠烈，曰孝义，曰文苑，曰隐逸，曰列女，曰流寓，曰仙释，曰方技，曰艺文，曰辨疑。

其体例极为烦琐，人物削去张商英、蒲宗孟，艺文至分五律七律，不出兔园见解，而《四库提要》反称其整密。盖旧志浅陋异常而本书纠正违失实称允当。例如开封府下，二汉陈留郡删去小黄、外黄，河南郡删去京、卷、故市、苑陵，又无水利、漕运二门，于大河迁徙沿革亦不详著，皆无史识。而艺文载关羽辞曹操书，古迹载郑武公交印台，帝王志误以梁、唐、五代俱都洛阳，则弥堪发噱。以此例彼，则本书所订义例固已远胜耳。

〔康熙〕开封府志四十卷

康熙三十四年知府管竭忠修，据所录旧序盖有顺治庚子奉贾汉复命所修一本，时奉巡抚顾汧之命修志也。

其时尚沿明制，许郑未升直隶州，陈州未升府，故开封辖境殊广。

凡四十卷，一图考，二建置沿革，三星野，四疆域，五山川，六河防，七帝王，八封建，九城池，十公署，十一学校，十二典礼，十三户口，十四田赋，十五物产，十六古迹，十七陵墓，十八祠庙，十九寺观，二十职官，二十一二名宦，二十三选举，二十四至二十七人物，二十八游寓，二十九仙释，三十方技，三十一至三十八艺文，三十九祥异，四十辨疑。大抵取材各属县之志，综辑而成，或循疆理而分，或依义类为别。篇章充塞，读之欲睡。所谓辨疑亦仅撺拾流传琐事，羌无考证，略举数条而已。

〔乾隆〕祥符县志二十卷

乾隆四年知县张淑载修，大梁书院山长、翰林院庶吉士会稽曾煜纂。

凡二十卷，一舆图，二地理，三河梁，四古迹，五、六建置，七礼乐，八、九祠祀，十田赋，十一官师，十二选举，十三循吏，十四、十五人物，十六杂事，十七至二十艺文。

祥符为梁、宋都城，而地理古迹寥寥数叶，其不能无阙失不待言矣。又剞劂漫漶，篇简错落，难可卒读。

〔光绪〕祥符县志二十四卷

光绪二十四年知县沈传义等修，明道书院院长湘潭黄舒昺纂。按其叙录，邑之有志自万历甲申知县李伯仁始，继则三十六年知县王鹤龄、顺治十八年知县张俊哲、乾隆四年知县张淑载也。

书凡二十四卷，一舆图志，二钦定皇舆表，三职官表，四选举表，五地理志，六、七河渠志，八田赋志，九建置志，十礼乐志，十一学校志，十二、十三祠祀志，十四古迹志，十五至十八人物志，十九经籍志，二十、二十一丽藻志，二十二金石志，二十三杂事志，二十四序录。似较俗制为优，然观其凡例仅沾沾于形式之末，非能见其大者也。就中如金石志虽增旧志所无，而但录其目不录其文，殊不足以供考证；古迹志虽极意搜访，然不知引据《宋东京考》，且强分为城、岳、冈、海等目邻于儿戏。要之未合著作之体也。

明弘治中有《重建清真寺碑》，称金大定间有李、俺、艾、高等七十姓来汴立一赐乐业教，即汴人所谓挑筋教，实犹太教也，至今苗裔犹存，为世界宗教史上一大案。本书金石、祠祀两志均漏列。

祥符者汉陈留浚仪县，东魏于此置梁州，后周改汴州，宋祥符中改今名，为开封府治，梁、宋两朝所都。其宫阙遗址，盖以明代曾遭河水之灌不易复寻矣。

〔宣统〕陈留县志四十二卷

宣统二年知县武从超修。

按凡例，顺治十五年始修，康熙三十年续修，考前者出于知县张重润，后者出于知县钟定也。凡例又诋其俚俗寡陋兼有其失，然本书亦未有以胜也。

凡四十二卷，一建置沿革，二星野，三疆域，四城池，五学校，六祀典，七公署，八人丁田赋，九山川，十河防，十一风俗，十二古迹，十三祠庙，十四寺观，十五桥梁坊表，十六物产，十七圣相，十八后妃，十九藩封，二十官制，二十一知县表，二十二佐贰表，二十三儒官表，二十四科第表，二十五荐贡表，二十六至三十七人物，三十八灾祥，三十九墓域，四十杂志，四十一二艺文。纲目不分，讹敚满纸，殆转不如旧志。陈留，秦县，汉为陈留郡治，自梁以来为开封府属县。

〔乾隆〕杞县志二十四卷

乾隆五十三年知县周玑修，时毕沅任巡抚也。

按所录旧序，万历己亥知县马应龙、康熙癸酉知县李继烈、乾隆乙丑知县王之卫各一修。万历志序云，国初有旧志在六十年以前无论，至嘉靖丙午沾化蔡时雍编一志，盖已佚矣。

凡二十四卷，一圣制，二天文志，三、四地理志，五建置志，六礼乐志，七田赋志，八风土志，九职官志，十、十一选举志，十二武备志，十三至十八人物志，十九、二十列女志，二十一二三艺文志，二十四叙录志。

其人物志中有善良一目，夫人物分目已为不当，而况此肤泛之目乎？

县在汉为陈留雍邱县，隋置杞州，其后州废为县，属开封府，《括地志》武王封禹后于此也。汉之外黄、圉县皆在县境。志于史事殊少措意。

〔乾隆〕通许县志十卷

乾隆二十五年知县阮龙光修，邵自祐纂。

据旧志姓氏，正德志为县人山东郯城知县韩玉所创修，嘉靖辛丑知县陈正、顺治戊子知县贾待旌、康熙庚午知县吴辙、雍正戊申知县王应珮继之。

据凡例，旧志门类无次，纪序冗杂，今悉为更订，各以类从。所举纠正诸条，为功亦不细也。

凡十卷，一舆地，二建置，三田赋，四礼乐，五官师，六人物，七选举，八、九、十艺文。

通许置县始于宋咸平中，初名咸平县，金大定中以名与咸平府同改今名，明以来隶开封府。

建置稍晚，故迹殊多附会。如引《左传》"郑伯使许大夫百里奉许叔以居许东偏"而遂以百里为标题；县治东有六营，遂谓苏秦率诸侯之师伐秦建营于此，并堪发噱。

〔道光〕尉氏县志二十卷

道光十年知县沈湉修。

沈氏序云："尉志初本纂于明永乐十六年，其后正统成化嘉靖间屡有刊本，今皆无存。顺治四年邑令卫绍芳因嘉靖残本而辑成之，十五年高桂又奉文重修。"阅一百七十年而有是辑，据其凡例则因者十之一二创者十之七八也。

尉氏，秦县，《汉书·地理志》注："应劭曰：古狱官曰尉氏，郑之别狱也。臣瓒曰：郑大夫尉氏之邑也"，明以来为开封府属县。

书二十卷，一星野，二沿革，三疆域，四建置，五学校，六赋役，七职官，八选举，九至十四人物，十五至二十艺文。

其凡例以旧志列御制及纶诰于艺文为不当，于是将纪恩之作提弁简端，累累数十叶。然靳让之谢恩疏仍入艺文，何也？

〔嘉庆〕洧川县志八卷

嘉庆二十三年知县何文明修。

略不载旧志源流，据《学部志目》，有《（康熙）洧川志》，知县张世绥修也。凡八卷，一方舆志，二建置志，三籍赋志，四职官志，五选举志，六人物志，七艺文志，八杂志。

县为春秋时之曲洧，汉颍川郡之新汲县地，唐为尉氏县地，金兴定二年始以宋楼镇为洧川县，属开封府。

〔道光〕鄢陵县志十八卷

道光十二年知县何鄂联修，阳湖洪符孙纂。

据所录旧序，有正德四年知县和春、嘉靖十六年县人刘切、顺治七年知县孙丕承、十六年知县经起鹏、乾隆三十七年知县施诚、嘉庆十三年知县吴堂各一修。施志复从薛瑄集中得《鄢陵县志》一序，为鄢陵训导王贤作，则尤在其前矣。

凡十八卷，一舆图，二沿革表，三职官表，四选举表，五六地理志，七建置志，八政典志，九学校志，十祀庙志，十一、十二、十三丽藻志，十四至十六人物志，十七杂事志，十八序录。犹其父之遗椠也。顾鄢陵文采无甚足传者，志亦依旧闻稍为整比而已，不能见精采也。

县为春秋时郑邑，汉为颍川属县，隋曾置洧州，旋废。

〔同治〕中牟县志十二卷

同治九年知县吴若烺修。

据顺治吴志序："牟志一修于明正德九年，再修于陈幼学先辈，为万历三年，三修于天启四年。今荐绅家无藏本，父老不能言遗事。至顺治己亥而知县吴颜芳起修之，康熙乙卯知县韩荩光、乾隆十九年知县孙和相又修之。"及是而经咸丰三年之乱，板籍尽毁，乃从省志府志中搜补并向地方采访而成此书也。

凡十二卷，一舆地，二建置，三礼乐，四田赋，五职官，六选举，七名宦，八人物，九至十一艺文，十二杂记。据其凡例，大抵仍前志之目而于删汰重复，殊不为无功。

中牟虽古地名，实非今县，今县则始置于汉，隶河南郡，实《左传》所谓"郑之原圃"也，宋以来隶开封府。大河自郑州来东抵祥符界，在牟境者曲折绵亘九十余里，沿河筑堤为害久而益剧，盖自北宋而已然。本书舆地篇记之最明核有体。惟咸丰三年粤寇陷城竟无叙述，殊为疏漏之大者。

〔道光〕禹州志二十六卷

道光壬辰知州朱炜修。

按所存旧序，有顺治八年朱裴、康熙二十九年乔翔凤、乾隆十年邵大业三篇，其万历九年一序则无可考矣。

凡二十六卷，一舆图，二纪事沿革表，三封系表，四职官表，五选举表，六疆域表，七山川志，八古迹志，九户口志，十田赋志，十一建置志，十二学校志，十三祠祀志，十四寺观志，十五陵墓志，十六经籍志，十七至二十四列传，二十五识余，二十六志原。分列明析，刊除芜陋，颇非近人所能及。例如削去艺文志而代以经籍志，元明以前列传直录史文，录旧志文悉著来历，舆图不列景物，皆倬然可称。

州为古阳翟地，韩自新郑徙郡，秦置颍川郡，金置颍，顺州寻改为钧州，以州有钧台也。明初以阳翟县省入，万历中以避神宗讳改今名。钧州陶业，擅名甚久，本书仅识余有辑录一篇，而亦不得其详。

〔嘉庆〕密县志十六卷

嘉庆二十二年知县景纶修，候选知县进士武进谢增纂。

据知县秦勷重修密县志序曰："志始于成化甲辰而不著其名氏，江陵萧公、河朔苗公相继纂修，旧本皆不存。惟李公芝圃修于顺治癸巳，体制虽具，近于简略。袁公良怡修于康熙乙亥，则浮文太盛。"本志盖继康熙志而作也。

本志例云："志之为道不合史法则陋，全用史法则僭。史有纪表志传，郡邑乘亦备其体，是僭也。观宋濂《浦阳人物记》、康海《武功志》微意可知。今以图表志录为四纲，而于人物列女概不名传，惧侵史职也。"以此为言，其识度可知矣。

凡为四类，图之属九，表之属三，沿革、职官、选举，志之属十，曰疆域、山水、建置、学校、典礼、田赋、风土、循政、人物、列女，录之属二，曰杂录、叙录。

密亦汉县，清初曾自禹州改属许州，复自许州改属开封也。

〔乾隆〕新郑县志三十一卷

嘉兴董本诚撰，本诚字思堂。乾隆四十年修。

据凡例，新郑志创自万历戊午，顺治己亥一修，康熙己亥再修。本诚以县令亲修志书，盖颇自负史才。其序有云："余辑新郑邑志成，有讥其太繁者。余曰，夫志之作何昉乎？古者邦国之志，小史掌之；四方之志，外史掌之。志犹史也，纪天下之事者存乎史，纪一邑之事者存乎志。志固博通乎史而详史之所略者也。盖先王疆理天下，物土之宜而布其利，达其志而通其欲，其事至纤至悉，无不各有所掌。风俗之美恶，则大师、大行人志之；户口之登耗，则闾师、闾胥志之；民之有德行道艺者，族师、党正之属志之。皆各为一书，月要、岁会以统于小史外史而贮之柱下，则谓之宝书。西汉计书先上太史令，其副白丞相。东汉郡国志上兰台。至学士大夫所纂，若关中之记，华阳之志，襄阳之传，三辅、九域、十道之图，以及一方一邑之事，列于艺文经籍之目者，咸班班可考焉。然则志之作可略乎哉?"其言未尝不是。然其艺文志至收及《韩非论》《子产论》等文，滥占篇幅，实为无识。杂志一门亦猥滥无法。甚矣知其一不知其二之难与言著述也。

〔乾隆〕归德府志三十六卷光绪己丑知府余庆重刊本

乾隆十八年知府陈锡辂修。

前志修于顺治庚子知府宋国荣。宋序云："明初为州，嘉靖二十四年改为府，又二十年而李公嵩为志。"及光绪重刊时则仅存陈本矣。其时奉诏征方志，采访一时未能藏事，而九属之志仅存其四，爰就旧本厘正其讹误，先付手民，拟俟续辑成书即分附各门之后也。

凡三十六卷，一方舆沿革表，二古封建表，三、四、五职官表，六至八选举表，九、十地理略，十一至十三建置略，十四至十七水利略，十八、十九赋税略，二十、二十一名宦略，二十二至二十七人物略，二十八九祀典略，三十艺文略，三十一武备略，三十二三古迹略，三十四灾祥略，三十五六识小略。

亦荟录诸属县志而成，而去其冗复，故卷帙不多，然终非府志体也。

归德为古宋国，汉改为梁，隋唐置宋州，天宝初改为睢阳郡，张巡、许远所死守以蔽遮江淮者也。宋以归德军节钺发祥故升曰应天府，建为南京，金以后为府。领县八，曰商丘、宁陵、鹿邑、夏邑、永城、虞城、考城、柘城，州一，曰睢。

〔康熙〕商丘县志二十卷

康熙四十四年知县刘德昌修。

按旧序，旧志之修出于万历十年邑令吕乾健、县人吏部尚书宋纁，毁于崇祯壬午之春，及顺治十五年而知县刘之骥复修。

凡二十卷，一沿革等，二赋役，三学校等，四祠祀等，五官师等，六选举，七恩例等，八圣迹等，九贤达等，十武功等，十一列女，十二至十九艺文，二十摭佚。

商丘为汉以来睢阳县，唐宋曰宋城，嘉靖二十四年升州为府，置此为府治。在汉为梁国都，在宋为发祥之所。史事斑斑而志全无纪载。

〔光绪〕商邱县志二十卷

光绪十一年知县张多寿修，继康熙刘志而修也。

〔康熙〕宁陵县志十二卷

康熙三十年知县王图宁修，奉巡抚阎兴邦命也。光绪十九年知县汪钧泽重刊。

前有宋荦序云："明嘉靖间创于吕司寇公坤，国朝续而修之者为邑绅李公若星。"

凡十二卷，一天文，二地理，三建置，四田赋，五学校，六职官，七名宦，八选举，九人物，十祠祀，十一艺文，十二杂志。建置志记公署丈尺四至，用意甚周，他志少用此例者。

宁陵，汉陈留县，春秋晋会诸侯于沙随，亦县境也。

〔乾隆〕鹿邑县志十二卷中有道光中补叶

乾隆十八年知县许棻修。

按序，其所据者为嘉靖王志、顺治陈志、康熙吕志，以较光绪志则所见多嘉靖一本也。

凡十二卷，一方舆略，二河渠略，三建置略，四田赋略，五官师略，六名宦略，七贡举略，八人物略，九列女略，十祀典略，十一古迹略，十二艺文略、轶事略。

其古迹略中有李三姐墓铭及道光中所补胡天游诗，不知此等文字正所以传其人，宜入列女。轶事略中有记唐桥店鸭蝕一条，亦应入物产。总由拘拘于俗例，遂致漫无归宿若此。

〔光绪〕鹿邑县志十六卷

光绪二十二年知县于沧澜属上元蒋师辙纂。

据凡例云："旧志有六。曰乐志，成化时训导乐韶所创也。曰王志，嘉靖时（二十八年）邑人王尧日所重纂也。曰顺治十二年陈志。曰康熙三十一年吕志。曰乾隆十八年许志，国朝知县陈王猷、吕士骏、许荽所踵修也。曰颜志，知县颜懋伦手订之稿未刊行者也。今所见者惟陈、吕、许三志，吕志袭陈志而隐没其实，许志本吕志而点窜其文，实则义例疏舛，皆不足为依据。"

本书自命遵章氏榘矱。举其类例，一图，二疆域考，三建置考，四川渠考，五古迹考，六民赋考，七学校考，八兵事考，九风俗物产考，十艺文考，十一秩官表，十二科贡表，十三宦绩传，十四人物传，十五列女传，十六杂记。然前志不别为一篇而附之杂记，此抑非实斋之法也。

鹿邑为古苦县地，开元中立今名，属亳州，明始改属归德府。名迹之流传最久者莫如汉之老子祠、唐宋以来之太清宫。志云："韩林儿盗据亳州，撤紫极殿为伪宫。嗣是屡经兵火，虽修葺不废，而规模疏陋不能复初。今惟存正殿五楹。旧传有八桧，皆老子所植，并亡。门外有铁柱一，高七尺，围尺八寸，旧志谓为唐时旧物。"犹知详记废兴之迹。然太清

官之于鹿邑，实宜用《曲阜志》例，别立一篇，综括史乘而
为之，以见道教势力集中之地有如此者。今但杂采琐记入杂
记中，未是。

〔民国〕夏邑县志九卷

民国八年知事徐德芬修。

按旧序，嘉靖二十四年知县郑廷佐一修，顺治十五年知
县刘芳显、康熙三十七年知县方立桢续之。

凡九卷，一地理志，二建置志，三庙祀志，四田赋志，
五官师志，六人物志，七列女志，八选举志，九杂志。

县为战国时下邑地，汉置县属梁国，《方舆纪要》云金始
改今名，本志云明初改，是据《明史》。可征其不苟。然全书
陈腐未祛，不足以云民国所修之志也。

〔光绪〕永城县志三十八卷

光绪二十七年知县岳廷楷修。

按旧序，县志盖始于隆庆间县人秦时雍，顺治年知县程
孔思续修（十六年任），康熙三十年知县周正纪再续，三十六
年知县耿晋光、教谕侯良弼又重修之，相去六年不应遽有更
张，盖缮稿上之长官饬令重订也（据侯序）。

书凡三十八卷，一圣制，二地理，三四职官，五建置，

六学校，七兵防，八、九度支，十祀典，十一名宦，十二选举，十三俗产，十四古迹，十五灾异，十六至二十七人物，二十八至三十二列女，三十三至三十六词章，三十七叛逆，三十八杂识。其中新立之名目有二，曰圣制者，录谕旨及御制碑也；曰词章，仿《登封志》丽藻之名而小变之也。

县西接徐州砀山，东南至宿州，西南至亳州。汉为沛郡芒县，以芒山得名也。隋末置永城，属谯郡，唐属亳州，宋因之，元改今属。县西北有太邱城，陈实为太丘长即此矣。睢水、涣水所经，《汉书》所谓"睢、涣之水出文章"。本书引吕氏《怀清堂杂记》云："永邑乡村多种桑，蚕成妇孺拈丝织绸，名曰土绸，坚白异常。前明织造局遣乌材至亳州采办充贡，染成朱紫色尤鲜，以作宫眷之用。"又载贡枣事实。皆可入物产篇中者也。

〔乾隆〕虞城县志十卷

乾隆三年知县张元鉴等修，永丰知县盐城沈俨纂。

按凡例，旧有弘治二年刊本，嘉靖二十三年写本，万历二年刊本，万历志修于知县胡宗淳，其后顺治十五年有知县史鹏、康熙三十年有知县李仲极二次修。

凡十卷，一图考等，二山川等，三公署等，四职官等，五选举，六人物，七列女，八、九艺文，十杂志。

《左传》少康奔虞即此，汉为梁国虞县，隋改今名，唐属宋州，宋以来为归德府属县。

〔光绪〕睢州志十二卷

光绪十八年知州王枚修。

其序曰："睢于周时为宋鄙，嬴氏始建城郭曰襄邑。汉、魏、隋、唐之世，隶属不一，赵宋建为拱州，而邑始跻州，金时属南京路，而州始名睢。在元属汴梁路，在明属开封府，嘉靖年改属归德府而我朝因之。居中原之要区，故世乱则兵戈易及；邻杞宋之故国，故世治则文物懋昌。其有志也，创始于明弘治年郡人李孟旸，一修于嘉靖年州牧程应登，再修于我朝康熙年州牧马世英、陈应辅。"

其凡例云："旧志原板兵燹后毁失无存，仅于缙绅家觅得一部，盖失修已二百年。"志乘废坠之易如是。又云："郡县志本无一定体例，但使不诡于正即不必率议更张，是编旧志所载未尝妄易一字，第以续采者附诸其后。"则即是编可以追溯旧志面目矣。

凡十二卷，一地理，二、三建置，四官师，五选举，六、七、八人物，九、十、十一艺文，十二存遗。

〔康熙〕考城县志四卷

康熙三十七年知县陈悥敏修。

据顺治戊戌县人李如兰序云，考志自明神宗乙酉后，一修于杜侯，再修于杨侯。杜盖名志晦，杨名九星，皆万历间任。又至顺治癸巳有知县刘公修而未成，至是知县杨种坏续修之也，凡四卷，以迄于今。

书凡四卷，一建置、山川、赋役，二人物、义民、孝妇、烈妇、节妇、方伎，三艺文，四职官、灾祥、土产、古迹、陵墓。观其目次，荒陋可知。县为春秋时戴国，汉为梁国留县，东汉章帝时改名考城，属陈留郡，金以来为开封府属县。当大河冲决之所，春秋齐桓公会诸侯于葵丘，在今县境。

〔乾隆〕柘城县志十八卷

乾隆三十八年知县李志鲁修。

其序云："志肇于万历间郡守李本固，顺治丁酉前令张泽为之重辑，然一当河水陷城之后，一当定鼎草创之初，中多脱误。及康熙戊寅史鉴踵修之，皆各仍其旧而无所是正。迄今七十六年，李志已无传本，张志仅有存者，史志亦漫漶不可句读矣。"则前志不存，重修良不可已也。又据巡抚何煟序云："予读《汉书·灌婴传》至击柘公王武一语，知柘之为邑旧矣。后阅《水经注》及《天下金石志》，见柘有汉时许君清德碑、唐令李仲华德政颂，亟取柘志细按之，咸缺而不详。"则前志虽存亦不足取也。

凡十八卷，一舆地，二建置，三、四职官，五赋役，六学

校，七祠祀，八选举，九至十一人物，十二至十七艺文，十
八杂志。本志虽甄采较丰，然如以左氏盗杀之于陈宋之间为
柘境，殊为附会过甚。

〔乾隆〕陈州府志三十卷

乾隆十一年知府崔应阶修。

据《学部志目》，有顺治十七年于明举所修《陈州志》，
而本书于前志源流未之及。

凡三十卷，一沿革，二星野，三疆域，四山川，五建置，
六学校，七、八圣迹，九祀典，十古迹，十一风俗，十二赋
役，十三职官，十四名宦，十五武备，十六选举，十七八人
物，十九忠义、孝弟，二十流寓、隐逸、方技，二十一二列
女，二十三仙释，二十四至二十九艺文，三十杂志。

〔道光〕淮宁县志二十七卷

道光六年知县永铭修，前有知县瞿昂序。前志修于乾隆
十九年，其时任知县者冯奕宿也。

凡二十七卷，一舆图，二沿革志，三疆域志，四山水志，
五籍赋志，六风土志，七学校志，八祠祭志，九兵防志，十
营建志，十一古迹志，十二五行志，十三艺文志，十四职官
表，十五选举表，十六藩封世袭表，十七名宦传，十八、十

九人物传，二十、二十一列女传，二十二流寓传、方外传，二十三至二十六集文，二十七志余。

淮宁，古宛丘地，汉为淮阳国陈县，隋改县曰宛丘，属陈州，明初省县入州，雍正十二年升府，遂置今县附郭。以宣和初曾升淮宁府得名也。

〔乾隆〕商水县志十卷

乾隆十二年知县张崇朴修，四十八年知县牛问仁谓其颇有芜词及违碍字句，奉长官命改刊。其前志修于顺治十六年知县高璟等，纂于县人郭天锡，《学部志目》称知县郭天锡，误也。本志修于知县张崇朴，任知府者则崔应阶，称知县崔应阶亦误也。

凡十卷，一舆地志，二建置志，三祀典志，四田赋志，五职官志，六选举志，七人物志，八艺文志，九宪章志，十纪事志。县为汉汝南汝阳县地，隋置溵水县，取溵水为名也，属陈州，宋改今名，雍正以后为陈州府属县。《左传》"以申、息之师戍商密"，自指今淅川一带，彼时乌得有此名？而本书犹沿旧志引此语。

〔乾隆〕西华县志十四卷

乾隆癸酉知县宋恂修。

据序，清初邑令武超凡重修邑志，阅数十年邑令介公锡龄续修未成。于旧志源流，无所叙列。

西华汉汝南属县，唐以来隶陈州，清升州为府以县隶焉。

书凡十四卷，一方舆志，二河渠志，三建置志，四籍赋志，五职官志，六选举志，七、八人物志，九列女志，十补志，十一至十四艺文志。其职官志有宋氏本人宦绩，他篇亦多铺张语，只见其不让也。

〔乾隆〕项城县志十卷

乾隆十一年知县张为旦等修，奉修通志檄也。

按所存旧序，一曰徐志，万历戊子知县徐东渐修；一曰王志，万历甲午知县王钦诰修（《学部志目》作"王钦怀"，题曰隆庆志）；一曰李志，顺治戊戌知县李芳春修；一曰黄志，顺治己亥知县黄陛修；一曰顾志，康熙庚午知县顾芳宗修。然王、徐殆实即一本，李、黄亦即一本也。本书仅杂录旧序而不著其次第存废，即此一端征其无条理矣。

凡十卷，一舆地志，二建置志，三田赋志，四灾祥志，五官师志，六选举志，七、八人物志，九、十艺文志。

县为汉汝南项县，梁太清初改置溵州，北齐为信州，后周为陈州治，隋始改为项城县，唐初置沈州于此，旋废。元初省入商水县，后复置。本书沿革条云，晋属陈，后又属梁，南北朝刘宋属陈，此数语真难索解矣。

县东有公路城，袁术所筑。又县北有互县城，相传即《论语》所谓"互乡难与言"者。

〔乾隆〕沈邱县志十二卷 中有同治中补修者

乾隆十一年知县何源洙修，其时奉布政使赵城通饬备修省志。前志修于顺治十二年知县李芳春也。

凡十二卷，一天文志，二地理志，三建置志，四食货志，五祀典志，六学校志，七秩官志，八官师表，九人物表，十乡贤列传，十一丛纪志，十二艺文志。

县为古沈子国，汉为寝县地，唐神龙初置沈丘县，属颍州，明初省，弘治十一年复置，属陈州，升府以后遂为属县。

〔道光〕太康县志八卷

道光八年知县戴凤翔等修。

据序，旧志一修于万历己亥知县张尔基，再修于顺治己亥知县张怀璧，三修于康熙丁丑知县朴怀宝，四修于乾隆二十六年知县武昌国。

凡八卷，一图经等，二建置等，三秩祀等，四职官等，五人物，六列女，七、八艺文。

太康为秦汉阳夏县，隋改今名，自是以来隶陈州，宋至明隶开封府，雍正十二年升陈州为府，以县属焉。本书沿革表颇订旧志引用故书之误。顾其凡例云："艺文邑人所作，但得佳制虽与志无关必为选入，至大吏邑侯、文人墨客即事题咏，采择付梓亦足增邑乘之光。"识趣如此，其他不足道矣。即如袁、谢二氏，声华屡代，乃绝未齿及也。

〔道光〕扶沟县志十二卷

道光十二年知县王德瑛修。

据所录旧志姓氏，成化中县人赠户部主事杜璿、陕西兵备副使严宪创修，万历中县人兵部员外郎何出图再修，顺治九年知县杨在陛三修，康熙十三年知县高锡爵四修，十九年知县屠又良五修，三十二年知县缪应晋六修，二十八年知县赵如桓七修，乾隆十年知县周钰八修，二十七年知县七十一董丰垣九修。

扶沟，汉县，属淮阳国，宋以来为开封府属县，雍正十二年升陈州为府遂以县隶焉。贾鲁河所经，自周家口通汴之商旅所必出，固大邑也。然马殷为县人，志未为之载笔，亦缺失也。

凡十三卷，一圣制，二舆图，三疆域，四建置，五赋役，六典礼，七风土，八职官，九选举，十人物，十一艺文，十二灾祥，十三志余。

〔光绪〕扶沟县志十六卷

光绪十九年知县熊灿修，以光绪十五年修会典奉檄修志也。

凡十六卷，一沿革表，二疆域志，三河渠志，四建置志，五官师表，六赋役志，七典礼志，八学校志，九武备志，十风土志，十一选举表，十二人物志，十三列女志，十四艺文志，十五灾祥志，十六志余。

其凡例云："风土志十修挽入条告四五十条，至旧志所载风俗多行删削，今于酌收旧志外复增入冠婚数事而删去条告。"殊不知旧志所载风俗固不尽可删，条告亦多切用之语，不得遽以为赘也。其艺文志除书目外兼列诗文，亦未免调停两可之见。扶沟，汉县，初属淮阳国，继属陈留郡，唐属许州，宋属开封府，雍正以后为陈州府属县。贾鲁河及溵、洧二水所经也。

〔道光〕许州志十六卷

道光十八年知州萧元吉修。

例言云："明儒邵文庄公牧许，修州志，论者称为拱璧，与《武功志》并传。我朝州牧甄君汝舟续纂，虽云仿其体例究未见文庄原本。"今按邵文庄者无锡邵宝，成化中任。其书盖不可见也，入清有康熙五年知州胡良弼及乾隆十年甄氏二次修也。

凡十六卷，一方舆，二建置，三籍赋，四五官师，六选举，七、八、九人物，十列女，十一祥异，十二古迹，十三金石，十四艺文，十五仙释，十六识余。

许为汉颍川郡属县，建安中改许昌，为五都之一。陕洛残破，此地遂为新兴之区。曹氏积谷治兵以为基业，本志于此绝未措意也。自北朝立许州，至雍正二年升为直隶州，十三年复升为府，置石梁为附郭县。乾隆十六年复故，领临颍、襄城、郾城、长葛四县。

〔顺治〕临颍县志八卷

顺治庚子知县李馥先修，奉巡抚贾汉复命也。前有毕沅序《道古堂外集》一页不可解。

按旧序前志修于嘉靖八年知县卢铠也。

凡八卷，一方舆，二建置，三赋役，四教典，五官师，六人物，七杂稽，八艺文。

末附乾隆续志八卷，乾隆乙丑知县刘沅修，体制如前。

〔民国〕临颍县志十六卷

民国四年知县陈俊修。

其序曰："光绪戊申前任陈垣倡议复修，旋以去任，稿成未付梓，陶前任延丰君仲虎继辑，三年而书仍未成。民国改元，邑绅复举管君从五取丰稿，删其繁复，又期月始就绪。"

凡十六卷，一方舆，二建置，三赋役，四教典，五六官师，七至十人物，十一、十二列女，十三、十四杂稽，十五、十六艺文。其第十三卷附兵戈志，第十四卷附巡迹考，皆莫明所谓。至于教典仍存朝贺而学校、选举、巡警概不一记，直是抄录旧志而已，何得谓之民国重修耶？

县为汉颍川临颍县，隋以来属许州，曹魏时枣祗募民屯田许下，引流以溉，后人以名河。此为县之故实，本志初未载也。

〔乾隆〕襄城县志十四卷

乾隆十年知县汪运正修。

据县人刘青芝序云："襄城造志自明嘉靖辛亥邑教谕林鸾始，其自序云，乡达许尚书廓、李尚书敏、辛副使访、王学使锦创有草稿，漫失之矣。乃手自纂定，共成八卷。虽采掇未免疏漏而其中体例犹为近古。越七十年为万历戊午，谭邑侯性教、张宪副宁复著邑志亦八卷，援引颇博，词亦斐然。乃有林志所详而反遗者，撰述时未睹林志邪？"入清后，顺治辛卯知县佟昌年一修，继以是志。

凡十四卷，一方舆志，二建置志，三籍赋志，四官师志，

五选举志，六、七人物志，八列女志，九杂述志，十至十四
艺文志。

〔乾隆〕郾城县志十八卷

乾隆十八年知县傅豫修。

按《学部志目》，顺治志顺治六年知县荆其惇修，乾隆志
乾隆十年知县赵作霖修，而本书殊未叙及。

凡十八卷，一方舆志，二建置志，三籍户志，四典礼志，
五古迹志，六杂稽志，七、八、九艺文志，十职官年表等，十
一乡官世表等，十二选举年表，十三至十八列传。

县为古郾国，汉为颍川郡郾县，后魏置颍川郡于此，北
齐改置临颍郡，隋废，寻置道州，改县曰郾城，后又废道州，
以县属许州，其后因之。县东洄曲即吴元济聚精兵处也。

〔乾隆〕长葛县志十卷

乾隆十二年知县阮景咸修，前志修于康熙三十年知县何
鼎也。

凡十卷，一方舆，二建置，三籍赋，四官师，五选举，六
人物，七列女，八杂述，九、十艺文。

长葛为春秋郑地，西汉时以社中树暴长更名长社县，仍
属颍川，西魏属许昌郡，唐乾元中为许州治，雍正二年升许

州为直隶州，仍为属县。

县之名人以汉魏钟氏为著，此外无甚可述者。

〔乾隆〕郑州志十二卷

乾隆十三年知州何源洙修。

按其序略称，清初知州刘永清一修，康熙癸酉则知州何锡爵、乾隆乙丑则知州张铖各一修。源洙即锡爵子也。去张志成时不过数年，不应再修，盖出于炫名之意，其实即张志，初无更易也。

凡十二卷，一星野，二舆地，三建置，四食货，五礼乐，六官师，七选举，八、九人物，十至十二艺文。

州本管叔封地，郑武公随平王东迁而有其地，按《汉书·地理志》为河南中牟县境。今志云秦并六国置管县属三川郡，不知所据。晋分河南置荥阳郡，后周置荥州，旋改郑州，隋置管州，旋复故名，治管城县，及明而以附郭之县省入，雍正初曾升直隶州，领荥泽、荥阳、河阴、汜水四县。继入开封府，旋又复故。

〔乾隆〕荥阳县志十二卷

乾隆十一年知县李熙修。

按序云，前志修于康熙戊午，据《学部志目》则顾天挺修也。

凡十二卷，曰星野、地理、建置、赋役、礼乐、事实、秩官、选举、人物、艺文，类为庸滥之语。

〔乾隆〕荥泽县志十四卷

乾隆十一年知县崔淇修。

据县人李士甄跋："荥遭明季兵燹，邑乘旧编无存。自顺治己亥渭南段侯创修成帙，至康熙乙亥王侯畹重修之。"

凡十四卷，一星野志，二地理志，三建置志，四职官志，五选举志，六人物志，七赋役志，八河防志，九礼乐志，十风俗志，十一古迹志，十二祥异志，十三、十四艺文志。

荥泽县名始立于隋，古荥阳地也。唐宋以来为郑州属县，雍正十三年郑州自直隶州改为散州，遂属开封府。古来征战之地，而志杂叙古事于古迹志中，未免简率。

〔民国〕河阴县志十七卷

民国六年，知事胡荃修，睢县蒋藩纂。

其凡例云："河阴旧志在明者久佚，清顺治时知县范为宪踵修，康熙时知县申奇彩重纂。范志无存，即阎中丞所谓荒悖失伦，申志舛陋麻沙，等诸自郐。洎乾隆中叶县并荥泽，志之失修者二百余年。近世苏孝廉鹏翥竭平生精力撰《河阴志稿》十五卷，拾遗订坠，厥功匪浅，惜考古尚疏，取材近滥，不无遗憾。兹编审误订讹，旁稽遐览云云。"

凡十七卷，一图，二沿革考，三疆域考，四山川考，五建置考，六古迹考，七民赋考，八风俗物产考，九学校考，十兵事考，十一艺文考，十二职官表，十三选举表，十四宦绩传，十五人物传，十六列女传，十七杂记，附金石考二卷，文征三卷。文字体裁略与徐继畬《五台新志》为近，然叙次之雅断制之严皆远不逮，亦聊胜于旧志之肤滥者耳。

县本汉荥阳县，唐开元二十二年以地当汴河口，分汜水、荥泽、武陟三县地，于输场东置，以便漕运，会昌中河阳升孟州，遂割河阴改隶，乾隆二十九年省入荥泽。志于历来以他郡之河阴溷此者辨之甚严。

〔乾隆〕汜水县志二十二卷

乾隆九年知县许勉燉修。

按凡例，旧志成于顺治十六年知县吴与俦之手，而不及其他，艺文篇亦未录存旧序也。

凡二十二卷，一星野，二沿革，三地理，四建置，五、六职官，七、八选举，九、十人物，十一赋役，十二祥异，十三风俗，十四礼乐，十五古迹，十六评论，十七事实，十八至二十二艺文。其例言云："虎牢岩邑，著于《春秋》，为城为戍，系郑不系郑，或罪郑之失险，或罪诸侯之据险，先儒论断及史集所传言之详矣。特列评论一志，荟萃成编。"夫可评论之事岂止此一端而已？是亦经生与时文家之习气也。但其沿革篇概录诸史地理志原文，实较他志之妄自芟改者为善。

汜水为春秋时郑之制邑，汉置成皋县，属河南郡，开皇十六年改今名。县西二里之崤关即虎牢也。

〔乾隆〕河南府志一百十六卷

乾隆四十四年知府施诚修，同治六年知府陈肇镛重校刊。

宋敏求曾有《河南志》不传，顺治十六年知府朱明魁、康熙三十四年知府张圣业各一修，雍正五年知府张汉复为续志。

凡一百十六卷，一舆图，二沿革表，三星土志，四疆域志，五、六建置志，七至十六山川志，十七至二十四职官志，二十五户口志，二十六礼俗志，二十七物产志，二十八祠祀志，二十九学校志，三十至三十五选举志，三十六帝纪，三十七圣迹志，三十八至五十四人物志，五十五至七十六古迹志，七十七至一百五艺文志，一百六至一百十一金石志，一百十二至一百十五经籍志，一百十六祥异志。

其凡例自云，有分县而书之例，有分时代而书之例，如建置、职官等以分县为例者也，如选举、人物等以时代为例者也，视他志之但依县排列者为胜。

洛阳为汉魏以来故都，直至北宋犹加修葺，宋氏之书虽不克睹，固犹可荟集群书追摹其状。本志古迹篇虽累累数册，然唐宋人小说中所载洛都风物、遗闻绝未一引。又唐宋名人寓居洛下者多不胜举，即如杜甫明明有田在东京，本志人物流寓门寥寥殊不尽也。至其艺文一门所收尤为杂滥，谓以郡人之著作为标准耶，则不胜载也；谓以关于郡事者为限耶，则不知《韩擒虎贺若弼论》《夷齐论》与洛郡何关也？

河南府之名始于元，雍正二年以所属陕州升直隶州，定领洛阳、偃师、巩、孟津、宜阳、登封、永宁、新安、渑池、嵩十县。

〔顺治〕洛阳县志十二卷

顺治戊戌河南督粮道武攀龙修，其时贾汉复巡抚河南督修志书也。明季之乱，故典荡然，极意搜访，克成是书。

凡十二卷，曰天文、地理、人物、田赋、官师、选举、秩祀、祥异、古迹、陵墓、杂记、艺文而以图考冠焉。体例文字皆由明人纤诡之习，以供文士把玩而已，非所语于地方之史也。惟卷末有洛阳古今艺文名目，其意欲列举关于洛阳掌故之书名，似尚有见地。

其叙有云：“嘉靖戊子武部路君直草创斯举，初就梓于定陶陶君迁乔〔按，应为“定陶乔君迁”，即乔迁，非陶迁乔〕，嗣重刻于霸州江君北。”

〔嘉庆〕洛阳县志六十卷

嘉庆十八年知县魏襄举人陆继辂同撰。

顺治戊戌武攀龙修，后康熙十年知县吴源起刊其讹谬补其未全，四十年知县钱肇修续成一编，乾隆九年知县龚崧林复继之。

凡六十卷，一皇德记，二巡幸记，三沿革记，四星象记，五舆图记，六、七、八土地记，九山川记，十帝王记，十一后妃记，十二大事记，十三拾遗记，十四格言记，十五旌异记，十六宫殿记，十七坛庙记，十八至二十一冢墓记，二十二伽蓝记，二十三名园记，二十四风土记，二十五物产记，二十六至三十选举表，三十一官品表，三十二官阶表，三十三户口簿，三十四会计簿，三十五灵征志，三十六学校志，三十七沟洫志，三十八第宅志，三十九衙署志，四十营建志，四十一异物志，四十二经籍志，四十三儒林志，四十四道学传，四十五名宦传，四十六忠节传，四十七孝义，四十八文苑传，四十九武功传，五十良政传，五十一逸民传，五十二艺术传，五十三二氏传，五十四循吏传，五十五寓公传，五十六至五十八列女传，五十九金石录，六十序录。

其书修于乾隆府志之后，宜于古迹弥有发明。然土地、宫殿分为两篇，彼此参错，土地记叙次稍较乾隆府志为优，而惜其不著来历，若宫殿记则直等于禁扁宫殿簿。大抵执笔者习见兔园分类之式，故必亭、馆、观、阁、街里、坊、市等依名立类，而不知此非著述之法，尤非作史之法。满目榛楛，滥费纸墨，真可慨矣。

观其目次必自命承孙、洪之余绪者，不知别营建于衙署，分谈迁父子为两传，孙、洪皆绝不至此。又帝王则以定都于洛者为限，后妃则以洛阳人为限，已属无谓。后妃之出于洛阳者，又岂止此数人？凡此皆绝未经心，致贻大谬，徒袭其貌，何为也哉？

〔乾隆〕偃师县志二十九卷

乾隆丙午知县汤毓倬与孙星衍同纂。按其序则毕沅巡抚河南时自以为唐偃师毕氏之后，属地方长吏重修县志。其时盖由孙氏秉笔，嗣孙氏入翰林，乃以所成之地理、山川、陵庙稿寄县，县则别延湘潭张度西开局补成之，而县人武亿实当考证金石文字之责焉。

又按其序，明嘉靖间魏志以前无可考，顺治戊戌艾元复所修曰艾志，久佚。康熙戊寅邑令王泽长所修曰王志，亦佚。乾隆乙丑邑令朱绩志所修曰朱志，亦因二十八年洛水涨溢板片无存。中州古邑而志乘残缺若此，宜毕氏之引为急务也。

本书志、记、表、传错杂无序。卷一、二地理志，卷三山川志，卷四陵庙记，卷五风土记，卷六学校志，卷七祀典志，卷八赋役志，卷九帝纪考，卷十职官表，卷十一名宦传，卷十二选举表，卷十三至二十二名臣、儒林、忠节、政绩、文苑、孝义、隐逸、流寓、列女、仙释、方技等传，卷二十三至二十六艺文志，卷二十七八金石录，卷二十九三十祥异志、大事纪、逸事纪终焉。

偃师立县始于西汉，其后别立平县、缑氏县而偃师专其名。自帝喾、盘庚以来为都畿所在，迄于唐宋，文物隆焉，考古之家宜所乐道。孙氏志地里，详稽经典，纲举目张，首沿革，次建置，次疆域，次古迹，虽未明标子目，而次序井然，似较他志之琐缕划分者为尤善。山川志采撷《水经注》《疆域志》《太平寰宇记》等书而成。其中如柏谷坞一条，据毓倬按语，亲往勘查而后知其形势与郦书所引戴延之《西征记》相合。千年故迹，印证通明，苟能一一类此，迎刃豁然，自是史家快事。然如所引《寰宇记》之石室、《水经注》之僵人穴初未明言能否指实其处，则与前后义例不合，此博而不纯之过也。陵庙纪不言存废，亦同此误。然据其自序，称"偕张君并骑联襻，遍历境内山川，升高望远，准道里、核形势，浩乎有得。复于深谷荒茔、野燐土绣中遣人搜剔金石文字，来者麛至几倍于前。于是发史传以下诸书，悉心勘订，证柏谷坞、轘辕关、杜工部墓在偃师，正郡志巩县之误；得张延赏、董晋诸碑于岩间，清燕钦融、灵龟山之墓，厘许远墓前之庙，证冯王寺之为北齐平等寺"。实事求是，谅非虚语。即孙星衍未在县久居，亦以经行目验证汉时井渠之制行于偃师。盖当时朴学风气正开，人握铅椠，家怀缇素，皆有信今传后之想，不肯随俗苟同也。

风俗志以下盖非孙氏之稿，然其体例殆亦秉诸孙氏也。夫沿革可凭故籍，而风俗尤重现状，乃亦仅摭书册成语敷衍成篇，其亦昧乎志风俗之本意矣。此则不可为法者也。

帝纪考为偃志特创之例，盖以县为殷都故也。准此以言，不将凡曾建都之地皆应立此一考？《长安县志》将悉载汉唐诸帝纪耶？职官、选举两表不相连属，而以名宦传直接职官表之后，是盖变例为便于检绎起见，然凌杂甚矣。

仙释传于玄奘不引《慈恩传》《高僧传》而独引《弘简录》，此则当时风气不甚措意释氏，故视为无足重轻，漫取以充篇幅也。

艺文、金石两录盖《偃师志》所戛戛自鸣者，故其量几占全书之半。按其区分之例，盖以不存于金石实质者属艺文，故唐人集中志铭多入焉。然金石中之周寅簋铭何尝有实质，宁不可与《尚书·殷庚》之篇齐观耶？

金石录者，盖即以武亿之《偃师金石遗文纪》充之，而武氏则就韩甲辰所采辑加以跋语。自成一书，自无不可，乃即以入志，实缺翦裁也。盖成书不出一人之手，体例难于纯一，自昔然矣。

〔乾隆〕巩县志二十卷

乾隆己酉知县李述武修。

其序云："巩邑志不知椎轮所始，国朝顺治初年修之者张
君好奇也，康熙三十年修之者颜君光昌也，五十一年修之者
多君时奇〔琦〕也，其本皆散佚，乾隆十年邱君轩昂续修之，
今又四十三年矣。"

凡二十卷，一舆图志，二地理志，三建置志，四山川志，
五祀典志，六风俗志，七物产志，八赋役志，九学校志，十、
十一职官志，十二选举志，十三、十四人物志，十五、十六
古迹志，十七金石志，十八、十九艺文志，二十祥异志。笔
墨凡庸，差存故实而已。

周为巩伯国，汉为河南巩县，自是以来鲜所变革。轘辕
之险，古籍所著。自王世充与李密之战，则黑石山亦为兵事
上所必争矣。

〔光绪〕宜阳县志十六卷

光绪七年知县谢应起等修。

按旧序，顺治十六年知县王鼎允、县人耀州知州刘洁、
康熙三十年知县申明伦、乾隆九年知县周洵各一修，乾隆志
奉布政使通饬也。

凡十六卷，一图，二天文，三舆地、沿革，四祀典、礼
仪，五建置、学校、赋税，六风俗、土产、古迹，七官职，
八、九人物，十绅耆，十一、十二列女，十三至十五艺文，十
六金石、轶事。

汉宜阳县属弘农郡，后魏末置宜阳郡，后周置熊州，贞观中曾以谷州治此，后唐曰福庆，宋曰福昌，元曰宜安，明初复旧。战国以来为征战必取之地矣，本书舆地篇纪载甚博洽。

〔乾隆〕登封县志三十二卷

乾隆丁未知县陆继萼请洪亮吉撰。

登封为嵩山太室所在，神州乔岳，绵历岁年。本书毕沅序云："撰一方之志难，撰一方之志而有名山大川在其境者尤难。"其言可谓能道其苦。《泰安府志》不能详纪岱岳，已为诟病。洪氏以硕学宏才为名邦秉笔，宜大有以异乎凡流也。然观其全帙，盖惟以考稽故籍、衷于雅训见长，其于综核传信之功，亦未能备。试逐条系以评焉。

其叙录每门系以韵语，且必云仿某代某书而定名。曰皇德记，则仿侯瑾《汉皇德记》也。曰舆图，则仿《隋志·周舆图记》也。曰土地记，则仿晋朱育《会稽土地记》也。曰山川记，则仿齐刘澄《宋初山川古今记》也。曰大事记，则仿汉司马迁等大事记也。曰道里记，则仿隋《西域道里记》也。曰风土记，则仿晋周处《风土记》也。曰坛庙记，则仿齐《坛庙记》也。曰伽蓝记，则仿晋杨玄之《洛阳伽蓝记》也。曰冢墓记，则仿宋李彤《圣贤冢墓记》也。曰职官表，则仿汉班固《百官公卿表》也。曰选举表，则仿唐《选举表》、宋《选举格》也。曰户口薄，则仿宋《元康六年户口薄记》也。曰会计薄，则仿宋李常《元祐会计薄》也。曰学校志，则仿宋《崇宁学校新法志》也。曰衙署志，则仿宋无名氏《衙署志》也。曰名胜志，则仿□□□名胜志也。（原文有缺字，疑系仿宋王象之《舆地纪胜》也。）曰物产志，则仿《唐经籍志》地理类无名氏《诸郡土俗物产记》也。曰循吏传，则仿魏明帝《海内先贤传》也。曰列士传，则仿晋华俊《广陵列士传》也。曰列女传，则仿汉刘向《列女传》也。曰逸人传，则仿晋张显《逸人传》也。曰高僧传，则仿释惠皎《高僧传》也。曰丽藻录，则仿唐人《丽藻录》也。曰金石录，则仿宋赵明诚《金石录》也。曰杂录，则仿《后汉杂事》《晋朝杂事》也。曰序录，则仿汉王符《潜夫论·序录》也。毕氏序云："穉存病夫近时府、州、县志皆俚而不典，信传闻而忽书传，故其命名皆取于秦汉以来至唐宋而止。"即谓此也。然其中称朱育不曰吴而曰晋，杨衒之亦不曰魏而曰晋，皆可疑。

其中最典实者莫如土地记。然如八风山谷出石，平城永固堂取此石为之，见《水经注》卷十六，此志缺引。又引欧阳修诗不称书名但称欧阳永叔诗，类此疏略，尚有可议者。

此外中岳庙为累代相传巨构，其制度之因革，允宜详为纪载，乃坛庙记仅以乾隆五十一年巡抚毕沅奉敕重修数语了之。少林寺关系佛教入华历史，且自北齐以来为拳僧所聚，佚事流传，彰彰口耳，本书伽蓝记未引《日知录》之文，而篇首之汉法王寺见于傅梅《嵩书》，实为不经之谈，反取以为冠。物产志历取群书中嵩少所产罗列志之，自为赅博，然所谓物产者非仅记古昔物产而已足也。诸如此类，皆不得不责备于贤者也。

〔民国〕洛宁县志八卷

民国六年知县贾毓鹗等修。

按旧序，康熙三十一年知县佟赋伟、乾隆十二年知县单履咸、五十四年知县张楷各一修。

凡八卷，一天文、地理、山川、古区、里区，二沟洫、土产、田赋、风俗、建置、祀典，三学校、学务表、职官、科贡，四人物，五列女，六、七、八艺文时政。以时政附于全书之末，而所载又不过议员题名之录，其缪且陋不待言矣。且至今尚不肯芟除星野谬说，反自撰自注八景诗以充形胜。盖乡曲之见，直不知志为何物，亦不足责也。凡例有云："旧志于洛宁风俗统论其大要而已，兹于冠婚丧祭之仪约以'三礼'为依据，参以《文公家礼》，足征今俗所存尚存古人遗意。至于士农工商之职业，旧习方锢，新智未瀹，是在司教育之责者为之振兴于其间。"夫风俗云者，志其时与其地之实际状况而已，初无可褒贬于其间，不必服官者讲明礼意、移风易俗而后可以入志也。自来谬种流传，动以古礼附会今俗，有如痴人说梦，优孟登场，不自悟其丑怪。悲哉！民国六年所修之志犹欲以"三礼"为依据、参以《文公家礼》也。

县为汉渑池县之西境，西魏于黄栌城置北宜阳县，后改熊耳县，属宜阳郡，后周移于刘坞，属同轨郡，隋义宁中移

于永固城，因符坚旧城置县曰永宁，宋以来属河南府，民国
改称洛宁。

〔乾隆〕新安县志十四卷 民国三年石印本

乾隆丙戌知县邱峨修。

据序云："胜国以前志委诸烬，顺治中莆田俞公始访求遗
佚约略成书。继以宁远佟公稍加增订，迄三十余年太原韩公
乃复搜辑付梓，今又七十余年云云。"俞名逊，佟名希圣，韩
名佑唐也。

凡十四卷，一封域志，二营建志，三秩官志，四惠政志，
五武备志，六风土志，七赋役志，八祀典志，九礼仪志，十
选举志，十一人物志，十二、十三艺文志，十四见闻志。

大抵即依韩志为蓝本，而或并或分，或增或汰。其尤陋
者如星野之录《步天歌》尚未铲除，而新安之史事素为繁富，
亦绝未采入，皆足征其为敷衍之作。惟所增风土一门有工匠
日价一则为他志所罕有也。

新安为汉弘农属县，明以来隶河南府。汉武为杨仆徙关
即在此，历朝为仰攻函谷必经之路。

〔嘉庆〕渑池县志十六卷

嘉庆十五年知县甘扬声修。

据旧序，前志修于顺治十五年知县张璟，再修于康熙九年知县邓琪棻，又修于乾隆十一年知县梁易简。

凡十六卷，一沿革等，二建置等，三职官，四选举，五、六人物，七、八古迹，九至十五艺文，十六金石。略具志体而已。

渑池，汉弘农县，以县在崤渑间故名。贞观中移治双桥，即今治。

〔乾隆〕嵩县志三十卷

乾隆三十二年知县康基渊修。

按旧序，万历壬午王守诚、康熙癸卯知县杨厥美、壬申知县卢志逊各一修。王序云："嵩古志散佚，闻诸先民藏在泽宫，词简事该，不知载笔者何人始自何时也。宣德中邑人胡敏重修，至正德初陆宜春复取胡志广为三卷。"据凡例则今存者杨、卢二志而已。

凡三十卷，一沿革表，二职官表，三贡举表，四两程世表，五沿革，六星野，七疆域，八山川，九风俗，十城垣，十一里保，十二市镇，十三公署，十四河渠，十五食货，十六学校，十七祀典，十八户口，十九田赋，二十仓储，二十一兵防，二十二宅坊亭墓，二十三至三十列传。其曰两程世表者，纪程颐、程颢之家世也。

嵩为汉弘农陆浑县，唐先天中析陆浑置伊阳县，绍兴初升为顺州，金改嵩州，治伊阳，元以县省入州属南阳府，明初改州为嵩县，移属河南府。

明末李闯屡寇是邑，自是史迹之大者，乃摘录卢志一段以细字夹注于星野篇中，是无识之甚也。

〔光绪〕陕州直隶州志十五卷

光绪辛卯知州赵希曾修，后任孔广聪与黄璟继成之，自乾隆丁卯知州龚崧林后而有是修也。

凡十五卷，一舆地，二建置，三赋役，四文治，五职官，六名宦，七选举，八、九人物，十、十一列女，十二、十三艺文，十四金石，十五纪遗。

州为汉弘农郡地，后魏置陕州，唐时陕虢观察使所驻，为关中门户，季年升为节镇，明初以州治陕县省入，雍正二年升为直隶州，领阌乡、卢氏二县。本书于两县属事亦兼及焉。

〔光绪〕陕州直隶州续志十卷

光绪壬辰知州黄璟修，距赵志之修仅一年也。

黄氏自序云，仿近人《江宁府志》《高陵县志》例得续志十卷，五阅月而稿脱。黄氏文人，所注意者图绘、诗什而已，其自序满纸骈俪，殊邻纤俗。

凡十卷，一地舆，二建置，三学校，四礼乐，五职官，六人物，七列女，八艺文，九金石，十志余。

〔光绪〕灵宝县志八卷

光绪丙子知县周淦修。

其序曰："灵宝之有志不知始何时，自前明嘉靖邑令苟公汝安重修，后一百二十余年，至我朝顺治丁酉，梁公儒、宋公胜〔腾〕鲤次第重修。又三十余年为康熙二十九年，霍公浚远大加考定，又五十八年为乾隆十二年，周公庆增、王公道晖、初公元方相继增补。至于今盖又一百二十八年矣。"

其凡例云："旧志起天文迄外纪，纲举目张，各有成式，凡六卷。兹扩为八卷，即续有更正采辑仍附于各条。"则一仍旧贯者也。

灵宝为古弘农属县，宋尚属永兴军，金始属南京路，雍正二年升陕州为直隶州，自河南府以县隶焉。

凡八卷，一天文等，二建置等，三风俗等，四选举等，五忠义等，六、七、八艺文。

〔光绪〕阌乡县志十二卷

光绪十九年知县刘思恕修。

按旧序，万历甲辰知县黄方、顺治甲午知县张三省、己亥知县杨遵、乾隆丁卯知县梁溥林〔按，衍"林"字〕各一修。

本书大抵依据梁志。其凡例云："一百四十余岁未曾修辑，故老传闻，渐就消歇，碑版记载，大半湮没。又递遭兵燹，案卷散佚，所掇拾者不过十一于千百，而采访所及又或滥或疏，不尽可登简策，乃不揣固陋谬加丹铅云云。"则其率略可想而知。

凡十二卷，一疆域，二建置，三职官，四田赋，五学校，六典礼，七祠祀，八风俗，九选举，十人物，十一列女，十二艺文。

本汉湖城县之阌乡，后周曾置郡及县，旋废，开皇十六年置县，迁今治，唐属虢州，宋以后属陕州。县境之盘豆城、稠桑驿为古来战伐之地，泉鸠里则汉戾太子死处也。本书山川篇有"雉鼸坡，在湖城县，出拓跋氏书"一语，殊不可解。其全帙亦皆杂凑而成也。

〔光绪〕卢氏县志十八卷

光绪十八年知县郭光澍继前任修成。

凡例云："明季惨遭寇火，旧志灰烬，顺治初年方始议修，十五年乃少创起凡例，至康熙三十三年续修于邑令广陵谢公，博收广葺，正舛去讹，视旧志已大改观。乾隆十二年陆川李公任卢，适奉檄纂修邑志，于烬灭之后搜阐无遗。"谢名廷爵，李名炘。

礼〔志〕凡十八卷，一天文，二地理，三山川，四田赋，五学校，六乐，七选举，八、九人物，十列女，十一职官宦迹，十二祥异，十三古迹寺庙，十四至十七艺文，十八外纪。

卷末有李旭春之《兵燹》《荒年纪略》两篇，虽俗笔而固能传信。

县为虢之莘地，汉因卢敖得仙始置县，属弘农郡，唐属
虢州，明初属陕州，后改属河南府，雍正十一年复改属陕州。
熊耳山在县境。

〔道光〕直隶汝州志十卷

道光二十五年知州白明义修。

凡例云，旧有金、王、宋三志，金志康熙二年知州金先声
修，王志三十四年知州王登魁修，宋志乾隆八年知州宋名立修。

凡十卷，一沿革表、疆域表、星野、山川表，二职官表，
三城池志、公署志，四籍赋志、仓储志、沟渠志、食货志，五
兵防志、学校志、祀典志、风俗志，六、七人物志，八选举
志，九古迹志、灾祥志，十艺文志。统所领四县排编而成也。

汉为颍川河南南阳郡地，东魏置北荆州，后周置和州，
隋初曰伊州，大业中改曰汝州，治承休县，后曰梁县。明初
以县省入，成化六年升直隶州，领鲁山、郏县、宝丰、伊阳
四县。志以汝坟为州之事实，误矣。

〔乾隆〕鲁山县志九卷

乾隆八年知县徐若阶主修。

例言云："豫省郡县国初俱无志，顺治己亥抚军贾汉复始

橛修志。"跋云："鲁邑志创自旧令傅君爕诇，再修于王君雍，迄今盖五十年。"此始即奉橛后所修之志也。

鲁山古鲁阳地，汉始置县，元魏置鲁阳郡，继置广州，唐改鲁山以属汝州，相沿未改。

本书九卷，一舆地志，二山川志，三田赋志，四建置志，五职官志，六选举志，七人物志，八艺文志，九杂志。

中所甄录如物产篇云："金李复亨奏民间销毁农具以供军器，窃以为未便，汝州、鲁山、宝丰、邓州皆产铁，募工置冶可以获利。"观此则鲁邑故产铁而后无闻焉。又保甲门于村落保甲之制述之綦详，其言曰："牌民十户为一甲，十甲为一保，保甲各设长一人。近于村百家设长一人，卡房一处，设健役二人，而乡约所属地方参错不一，则附名数于后，共二百九十六保，一千九百三十七甲，牌民一万八千三百三十二户，卡房三十八所，健役七十六名，乡约一百四十五名，村长一百七十五名。按鲁邑牌名一万八千三百三十二户而户口仅六千六百四十八丁，何也？盖户口分隶里甲各设长以便催科输贡纳赋，皆各列版图者也。若城市乡村或工商羁旅或房佃佣耕则与土著者，均隶保甲，给门牌以严禁匪类。牌民、烟户二倍于人丁户口者此也。"若此之类，颇存故实，非泛应故事之志书可比。

〔嘉庆〕鲁山县志二十六卷

嘉庆元年知县董作栋主修，武亿纂辑。据序云，自乾隆

八年重修，今五十余载，而不详其始。盖鲁山实无前明之
志欤?!

　　按其体例，记之属曰圣制曰帝赍，图之属，表之属曰沿
革曰爵封曰职官曰选举，志之属曰地理曰典祀曰田赋曰兵防
曰水利曰艺文曰金石，传之属曰史传曰集传曰列传曰列女传，
纪之属曰循政曰大事。是与《偃师县志》一辙，而分别部居
似犹胜之。盖据金石以证史事为武氏专长，且亦当时风气。
故其凡例曰："志不为蹈空皮傅，上依史传，外取掌故诸书
及省通志、汝州志、县旧志，金石文字，考信阙疑悉本旧
文。"又曰："采辑金石遗文与县中墟聚、里居、山川、关隘
对证互见，实为史志所未载，反得散见于此，是以不惮博引
详稽，取为方志之要。"是其志也。然其志山川悉以故书为
本，自云凡不见于大记录者皆不存。实偏古废今之过，未足
为训矣。

　　县在汉为鲁阳，属南阳郡，元魏于此置广州，寻改鲁州，
唐以后称鲁山，属汝州，西接嵩县，南邻邓州。唐宋以来最
可纪之事莫若毛葫芦乡兵，而旧志概未之及。本书引崔应麒
保鲁去思碑，调指挥武举、监官军、僧毛兵若干数分镇要害，
又附录《日知录》论少林僧兵事，差存梗概。（兵防志）

　　又引"顾亭林云，各州县志邮铺之纪未有如海〔汝〕州
之详核者，书之为式。是顾氏所据，当为前明图志，世所罕
觏。今具存此两事"〔按，"此两事"，当为"之"字〕，皆读
《鲁山县志》所不可不知者也。

鲁山僻县，文献难征，乃艺文则以墨子为首，金石则以藏于县人之汉镜两枚为首，皆似未妥。

其人物传之区分，则以正史有传者为史传，集诸书成文者为集传，旧志所有者为列传，与他志之体稍异。

观其大事记一篇，托始于明，悉袭乾隆徐志纪事篇之末段，至康熙二十九年为止。其后复续以明正德等年事，末复出《魏书》《宋史》数节。然则其为随章缀记，未曾定稿可知。而主修者以为无足重轻，漫取付刊，反不如旧志之次序井然，犹为有法度矣。

〔同治〕郏县志十二卷

同治三年知县张熙瑞等修，盖即咸丰九年知县姜簬所修本而续之也。

凡十二卷，一沿革志，二职官志，三舆地志，四建置志，五政典志，六祀典志，七学校志，八选举志，九人物志，十杂事志，十一艺文志，十二序录志。其序录志中止存顺治十六年知县王昕、康熙三十三年知县金世纯、乾隆七年知县张楣、嘉庆七年知县章玉森四序，其明志则无所考也。

郏自汉立县，属颍川郡，后魏改龙山县，隋初改汝南，复改辅城，终改郏城，元初省入梁县，后置置郏，属汝州。春秋时之郏城、城父皆在境内，其特产以郏曲及襄陵酒为著也。

杂事志有纪流贼、纪土贼、纪鲁山土匪、纪教匪、纪捻匪、纪皖匪诸篇，事实颇丰。

〔道光〕宝丰县志十六卷

道光十七年知县李仿梧修。

本书卷末存李发秀、马格、陆蓉三序，陆志修于嘉庆二年，余不详。

凡十六卷，一宸翰恩赍，二、三舆地，四、五建置，六典祀，七籍赋，八兵防，九职官，十选举，十一名宦，十二人物，十三、十四列女，十五艺文，十六杂记。

县为自唐武德四年始析郏城之古郾城，置龙兴，宋熙宁五年省为镇入鲁山，元祐元年复置，寻改名兴宝，宣和二年改今名，属汝州。本志云："宝丰南滍、北汝二水横亘东境，与襄、郏接者弥望，峰峦西则自青条岭至石门寺数十里，中更巉岏崎岖，与汝州鲁山地参互盘错。又商贾取经鸦路者，悉由宝丰，南趋闽越北趋河朔、秦、晋，牵车肩负，络绎蜂午。"

〔道光〕伊阳县志六卷

道光十八年知县张道超修。

据修志姓氏，顺治己亥知县孙光焄、王宗朱纂修，康熙甲戌知县谢梦弼纂，乾隆壬戌知县崔洪纂，乾隆丙戌知县李章埗纂，而不详其原始。

伊阳，唐析陆浑置，明初属南阳府，其后改隶汝州。

书凡六卷，一地理等，二建置等，三学校等，四人物等，五、六艺文等。其艺文二卷除滥载文词外，列著述书目数纸，而张氏本人所著至十一种之多，阅其书名无一可传者。以主修之县令自纂其名于乡土艺文中，何其厚颜哉！

〔乾隆〕彰德府志三十二卷

乾隆三十二年知府卢崧修。据其自序，崧曾修江南《吉安府志》，毕沅见而奖许之也。

所录有嘉靖元年礼部尚书崔铣序，称"正德己卯太保汤公、李公于中秘得宋《相台志》十二卷，元续志十卷，郡守陈公万言令所部各以其志送官，是岁冬以予辑而正之"。万历辛巳知府常存仁请大学士郭朴重修，顺治十六年知府宋可发又修，康熙丙子知府汤传楷又修，乾隆五年知府刘谦又修，二十五年知府黄邦宁又修。

乾隆庚申巡抚雅尔图序云："前志若崔文敏之简质，郭文简之详赡，又或讹而阙，未易订正。"本书凡例则云："人物志崔氏草创所载无多，郭氏续后而不补前，故乡贤之遗者甚众，杨黄又从而削之，尤为憾事。"是前志皆以简为主而崔氏尤甚，今偏于繁抑非得已也。崔志见称于徐元文，《日下旧闻考》《四库提要》亦许为谨严，亦康氏《武功》之流也。

凡三十二卷，一天文地理，二山川，三建置，四古迹，五学校，六职官，七八宦绩，九选举，十武备，十一田赋，十二风土，十三至十八人物，十九、二十列女，二十一寺观，二十二至三十艺文，三十二杂记。

按嘉庆二十四年《安阳县志·志原》篇，据晁氏《读书志》知宋有陈申之所撰《相台志》十二卷，据崔铣自序知元人有《相台续志》十卷，又清有许三礼之《彰郡逸志》。三礼，康熙中人，官至兵部侍郎。斯亦彰德之故实也。

〔康熙〕安阳县志十卷

康熙三十年知县马国桢修，奉巡抚阎兴邦命也。

安阳自后周以来为相州治所，顾初无志，本书筚路蓝缕聊胜于无。观其凡例首条云："志之有图自东坡《指掌图》始也，不逾数幅而疆域之广袤、名胜之厄塞与夫城郭宫室之壮丽如指诸掌，亦披阅者一快睹也，故特著之简端。"议论如此，他可知矣。

凡十卷，一舆地志，二建置志，三赋税志，四职官志，五学校志，六选举志，七人物志，八、九艺文志，十杂纪志。

〔嘉庆〕安阳县志二十八卷

嘉庆二十四年知县贵泰修。

其序曰："嘉庆安阳县志前知县长宁赵君希璜主修，河间纪相国集载有序文，颇极推重，至以楷模许之。余承乏此土，求所谓赵志，无复存者，问锓版则收入归装载之去矣。赵君本知名士，复延偃师征君武虚谷先生代为捉刀，闻山川古迹、地理形胜以至金石之搜剔、稗野之旧闻皆征君手辑之。征君子小谷明府余二十年至契也。因走书小谷携旧藏刊本来邺共相商榷，欲以广赵君之传，且以补此邦方志之遗也。遂开馆于去年夏五月，并集人士之有学行而足以取重于乡里者，细心采访，凡四阅月而蒇厥事。"《（康熙）安阳志》浅率不堪，其后有乾隆三年知县陈锡辂志及五十三年知县阴晦续志。及嘉庆四年而有赵志，自是名著，本书复批其郤而补其遗，允为苦心之作，然其实所改正不多。

凡二十八卷，一县境全图等，二钦定皇舆表等，三职官表，四选举表，五、六地理志，七田赋志，八、九建置志，十学校志，十一典祀志，十二兵防志，十三四五古迹志，十六至二十四人物志，二十五循政志，二十六七艺文志，二十八志余、志原，附刊金石录十二卷。

〔乾隆〕汤阴县志十卷

乾隆三年知县杨世达修，续康熙志而作也。

本书杂志云，汤志一修于成化五年知县尚玑，天启三年知县杨朴重修，崇祯十年知县沙蕴金、康熙二十九年知县赵光贵复修。

凡十卷，一地理志，二建置志，三祠祀志，四田赋志，五官师志，六、七人物志，八选举志，九艺文志，十杂志。

县为古相里地，汉为河内荡阴县地，唐自卫州改属相州，宋曾属浚州，旋复故，明以来为彰德府属县。岳飞之故里，本书录其佚事为多。

〔雍正〕临漳县志六卷

雍正九年知县陈大玠修。

按旧序，万历甲寅知县赵友琴、顺治十六年知县乐应昌、康熙二十七年知县陶颖发各一修。

凡六卷，一舆图、沿革、天文、疆域，二建置，三山川、古迹、风俗、土产、陵墓、寺观、赋税，四职官，五人物、流寓，六艺文。

县为汉魏郡邺县地，东魏天平初分置临漳县，自后周末移相州治安阳，于是魏晋以来之邺城反在临漳境。志宜述之史事多矣，乃泛录曹操论多篇，何其陋也！

〔光绪〕临漳县志十八卷

光绪三十年知县周秉彝修，继雍正志而修也。自雍正以来惟咸丰庚申前任张济曾刊艺文二册而已。

凡十八卷，一疆域志，二建置志，三赋税志，学校志，四职官表，五、六选举表，七、八、九列传，十、十一列女传，十二至十六艺文志，十七补余，十八琐录。

观其例，惟纪事沿革表差胜于前，若艺文分记、诗、赋、杂志四项，弥为无谓。

〔乾隆〕林县志十卷

乾隆十六年知县杨潮观修。

据序，林旧无志，万历中年故邑人中丞马公有志稿二册，邑令谢思聪因之，延邑人工部郝君持孝廉李君杞纂辑。至顺治十七年，邑令王君玉麟因前令杨君声焕之迹而成志。又康熙三十三年，邑令熊君远寄因前令徐君岱之稿而成续志。

书凡十卷，一疆域，二营建，三、四山川，五风土，六赋役，七选举，八、九人物，十秩官。

林为汉隆虑县，属河内郡，避殇帝讳始改隆为林，金贞祐三年升林州，元至元二年废州为县，明以来遂属彰德府。

县有隆虑山，为古今胜区，志于此纪述特详，其他则多因陋就简。风土一篇衍为十七记，名目虽繁，实非宏富。惟其器室记云："南方屋材取诸杉，北方屋材取诸杨。县属杉不可得，杨亦罕有。虽在山林，选材不易。其取无尽而用不竭者，惟山石而已。凡屋制有山墙无壁柱，惟正厅用隔扇，余皆一门二窗。惟大房用筒瓦，余皆有底瓦无盖瓦。其草屋用黄蓓草苫盖，用麦秸和土为墙。棺椁以柏木为上材，余皆山中杂木也。日用器物编荆条为莛，织高粱为席。铁器自壶关县来，磁器自朱仙镇来，竹器自清化来，瓦器自彭城来。"虽寥寥数语而人民生活状况豁然如在目前。推斯意也，可以当地志之目矣。

〔乾隆〕内黄县志十八卷

乾县四年知县李潢修。

按旧志，知嘉靖丁亥知县张古、万历庚子知县王廷谏、章丘县知县董复亨、康熙元年知县王为仁等各一修。董氏自为叙传，意颇矜大，本志盖依其例而稍并省之。

凡十八卷，曰沿革、地理、建置、古迹、风土、编年、学校、祠祀、赋役、职官、选举、宦迹、人物、艺文、杂记。

〔乾隆〕武安县志二十卷

乾隆四年知县蒋光祖修，举人拣选知县会稽夏兆丰纂。

据序："《武安志》始于嘉靖年学博陈公玮，成于万历年邑令李公椿茂，康熙三十二年奉檄重修雕板，至康熙四十九年复就旧刻而续修之。"然其于前志源流殊未晰言之也。

凡二十卷，一星野，二沿革，三疆域，四山川，五城池，六建置，七学校，八祠祀，九赋役，十风俗，十一土产，十二职官，十三选举，十四宦迹，十五人物，十六七八艺文，十九祥异，二十杂记。

武安，汉县，唐初属洺州，继立磁州，遂为属县，明以来属彰德府。

〔嘉庆〕涉县志八卷

嘉庆四年知县戚学标修。

据历修姓氏，万历二十六年知县李天柱、四十五年知县任澄清、顺治十五年知县刘璿、康熙三十年知县杨以兼、三十一年知县左印奇、五十三年知县黄泽各一修。

凡八卷，一疆域，二建置，三政典，四秩官，五选举，六人物，七杂志，八艺文。

汉为魏郡沙县，后汉改名涉。《水经注》云"漳水入县，人民徒涉更名"是也。后魏并入临水县，隋复置属上党，明初属真定府，洪武二年定属彰德府磁州，雍正中磁州割隶直隶，县仍属彰德。一县曾移三省统辖也。

县西有崇山，金曾升县为崇州以此。环境皆山，风气朴塞，本书风土篇云，男妇皆左衽，亦可异矣。

〔乾隆〕卫辉府志五十三卷

乾隆五十三年知府德昌修，前有毕沅序。

本书卷末有《卫郡旧志序》一篇，兵部侍郎郡人张衍庆撰，盖为嘉靖癸未知府申纶所修郡志而作。按选举表知张登正德辛未杨慎榜进士也。其后康熙三十三年有知府胡蔚先一修。

凡五十三卷，曰兴图、沿革、星土、古迹、地理、封爵、建置、职官、田赋、祠祀、学校、选举、人物、艺文、杂录。其书得有毕氏指点，故沿革、山川诸篇皆取证故书，不载俗说。

卫辉亦汉河内郡也，曹魏置朝歌郡，晋改置汲郡，治枋头城，即今浚县也。隋唐曰卫州，明为卫辉府。初领县六，雍正三年浚滑自大名来属，乾隆四十三年封邱自开封来属，四十八年考城自归德来属，凡十县，曰汲、新乡、辉、获嘉、淇、延津、浚、滑、封邱、考城。

〔乾隆〕汲县志十四卷

乾隆乙亥知县徐汝瓒修。

据所载旧序，盖汲志始于康熙丁丑知县吴干将。以汉以来古邑而志乘仅一修，何其陋也！

本书十四卷，一、二地舆，三四建置，五赋役，六风土，七爵秩，八选举，九、十、十一人物，十二至十四艺文。

其凡例诋前志多沿袭郡志未尽确核，今颇多所订正。盖所刊落浮词已不少矣，然于魏安釐王冢一事记载亦殊太略。

〔乾隆〕新乡县志三十四卷

乾隆丁卯知县赵开元撰。

按所录旧修姓氏，万历己卯志知县余相编次，万历甲午志知县卢大谟等纂修，崇祯庚辰志知县米寿图编次，顺治己亥新志巡抚贾汉复鉴定、邑人张缙彦纂修，康熙癸酉续志知县周毓麟等鉴定、邑人任昌期等纂修。又按凡例所称，则邑志实自万历茹令鸣铉始辑成书，余令相复修之。茹志未付剞劂，故其书不传，余志亦复散佚。今所存者万历卢志、崇祯米志、顺治新志、康熙续志而已。卢、米二志悉仍余志之旧，续志本新志而成也。赵氏自云此邦人士畅孝廉俊熟于掌故，出其旧纂若干卷，颇称渊雅，乃取旧志及畅稿与邑中绅士从事排纂也。

书凡三十四卷，一曰图说，二曰表，表之属为沿革、封爵、秩官、选举，三曰志，志之属为星野、疆域、形胜、山川、城池、城堡、关梁、驿传、学校、公署、河渠、赋役、兵防、风俗、物产、名迹、艺文、祠祀、邱墓、祥异、拾遗，四曰传，传之属为循吏、人物、宦望、孝友、儒林、文苑、廉介、义行、方技、仙释、侨寓、列女。人物以外复列诸目，则犹乎锢习未改者也。

隋开皇中割获嘉、汲县地置新乡县，以新乐城为治所因名，明以来为卫辉府属县，黄、卫、沁三河所经也。

〔乾隆〕获嘉县志十六卷

乾隆二十一年知县吴乔龄修。

据旧序，志始于万历癸卯知县张蕴道，续修于顺治己亥知县李玳，又修于康熙丁卯知县冯大奇。

汉武帝元鼎六年车驾至汲新中乡，获南越相吕嘉首于行在，因以是乡置县名获嘉。晋以后置汲郡，明以来为卫辉府属县。

书凡十六卷，一沿革等，二山川等，三学校等，四祠祀等，五名迹等，六、七赋役，八河渠，九兵防等，十官师，十一选举，十二循吏等，十三文学，十四、十五艺文，十六祥异、杂志。

〔顺治〕淇县志十卷

顺治十六年知县王谦吉等修。

据关辉祚跋云，淇旧有志，灭没者不知几何年，嘉靖间邑侯潜〔按，脱"山"字〕方公及蒲阪张公继修之。方员嘉靖九年任，张宜二十年任也。书仅十卷，寥寥两册，略具形式而已。一地里志，二建置志，三贡赋志，四祠祀志，五官师志，六选举志，七人物志，八、九艺文志，十灾祥志。

汉河内郡朝歌县地，元初置淇州，又置临淇县治，明初改县，属卫辉府。本志沿革多讹误。

〔道光〕**辉县志二十卷** _{光绪十四年知县郭藻重刊}

道光十五年知县周际华修。

据旧序，旧志作于嘉靖六年，万历八年知县聂良杞修，顺治十六年知县赵荫奇再修，康熙二十九年知县滑彬三修，乾隆二十二年知县文兆奭四修。

凡二十卷，一图，二、三表，四地理志，五建置志，六田赋志，七渠田志，八学校志，九祠祀志，十循政志，十一人物志，十二列女志，十三经籍志，十四碑碣志，十五至十九艺文志，二十志余、轶事、纪异。

〔康熙〕**延津县志八卷**

康熙四十一年知县余心孺修。

凡八卷，漫漶不可读，旧志源流亦不存，仅知顺治十六年曾一修也。

〔顺治〕**胙城县志四卷**

顺治十六年知县刘纯德修，县人郭金鼎撰。

书仅四篇，曰地理，曰邑治，曰礼典，曰人物。据县人王乘运序，极言其地僻民贫，自庚辰（明末）之变，人死几无子遗，故几于无可志者，每门寥寥数语以应故事而已。板本亦漫漶难辨。

雍正间并归延津县，盖其领土实不足成县也。

〔嘉庆〕浚县志二十四卷

嘉庆六年知县熊象阶修，偃师武穆淳分纂。

其序略称："往年守偃师访武虚谷先生，见其所为河南诸县志能考古能叙事，心好之。适奉檄之浚，因请修志，虚谷诺之。及抵浚，催虚谷至。谓余曰，明年九月当来，两月可竣志事，时戊午冬十一月也。如期遣车到偃师，而虚谷病遂不起。乃与邑中谨愿士商之，请其子小谷来分纂以续其先志。"一段佳话也。据穆淳跋，则惟分纂三表及建置、学校、祀典、兵防、水利、循政、金石十类，余盖熊氏所主也。

书凡二十四卷，一图，二沿革表，三职官表，四选举表，五方域志，六建置志，七学校考，八祀典考，九山水考，十水利考，十一兵防考，十二古迹考，十三寺观考，十四世家，十五、十六人物记，十七流寓记，十八列女记，十九循政记，二十艺文录，二十一、二十二杂稽补遗，附《金石录别编》上下二卷。

先图表而后记述，盖犹武氏诸志例也。然方域志中详叙沿革，则沿革表宜附之以行乃能相得益彰，其职官选举表之宜附丽于人物记亦犹是矣。

顾本书有翘然特出之一点，则列女记中采及县房存案是也。县胥本当史职，县房案牍，本即柱下之书。若户口之册，若词讼之卷，皆撰志者所当取资者也。历代志家舍近谋远不知运用，于是真史料皆湮沦于蠹胥之手，其幸登志乘者则人莫肯顾之糟粕也。本书张双姐、邢福姐诸条，皆确有事实，较之他志之但录姓名不可同日语矣。

惟杂稽篇有《臣瓒辨》一文，辨《汉书注》臣瓒之为薛瓒，实与县之事实无关，未免以炫博而轶出范围也。

按其志原一篇述浚州源流颇精详，撮录如左。

元浚州志 姓氏卷数无考　佚

《明一统志》大名府形胜下引《浚州志》云，介东西山之间，元时称州，洪武三年降为县。此必元志也。

明浚县志八篇 佚

嘉靖七年知县杨麟、钱士聪、孟奇合修。

明浚县志 卷数无考　佚

万历八年知县任养心修。

明重修浚县志八卷 存

崇祯七年知县张肯堂修。附《保黎录》四卷。

浚县志四卷 存

康熙十八年知县刘德新修。

续志二册 存

雍正二年知县曾振宗修，乾隆十年马日暄续。

熊氏跋中力诋崇祯张志之引书疏略与康熙刘志之专务省文，于曾、马合志则摘其疏于考证。盖熊氏闻武亿父子之绪论，其于方志之学故应胜前人也。

〔同治〕 滑县志十二卷

同治六年知县姚锟修。

按旧序，嘉靖甲寅知县张佳允、顺治甲午知县王甝、康熙丙寅知县姚德闻、乾隆丁丑知县吴乔龄、庚辰知县吕文光继之各一修。张序云："元至元五年滑宋忠肃公修《东郡志》十六卷，载滑事十之七也。"

凡十二卷，一图说等，二山川等，三公署等，四祠祀等，五户口等，六职官等，七选举等，八名宦，九人物，十孝弟等，十一列女等，十二古迹等。

汉为东郡白马县，隋为滑州，唐乾元后置汴滑节度使治滑州，贞元中改义成军，金、元、明皆隶大名，雍正三年改属卫辉府。汉、唐两代皆为重镇，嘉庆十八年李文成之变，尤为有清一代盛衰所系。志于嘉庆之变仅辑钱仪吉等文，于名宦传中无专篇以纪之。

〔顺治〕 封邱县志九卷 附康熙续五卷

顺治十五年知县余缙刊，浙江温处道参议县人李嵩阳等纂。

详按旧序，盖嘉靖辛丑知县朱缙、万历乙亥知县胡以祚曾两修之。其邑三面濒河，土疏易溃，父老相传自古无二十年不冲决者。顺治七年、九年溃决相继，民疲实甚。故其书亦仅能敷衍上台之督责也。

凡九卷，一封域，二建置，三民土，四学校，五职官，六人物，七、八、九艺文。

其例言云：“旧志文词典赡，体裁峻整，未易增损一字，今旧文俱录存于首，凡续编者加一按字。”则有此一编旧志虽佚犹存，以视他志好作更张者远胜矣。

封邱为汉陈留县，《左传》赐封父之繁弱，以此得名，又会吴子于黄池，杜预云在县南，又会晋侯同盟于虫牢，亦在此也。

末附康熙三十六年知县耿宏祚续本五卷。

〔乾隆〕怀庆府志三十二卷

乾隆五十四年知府杜琼等修。

按凡例，旧志创始前明，正德、嘉靖一再修举，国朝则顺治己亥、康熙乙亥先后刊行。

凡三十二卷，曰沿革、星野、舆地、建置、河渠、田赋、学校、兵防、职官、选举、人物、金石、艺文、杂记。

其目次称末卷有原序附录，检觅未得，不解何故，惟卷首存康熙乙亥知府刘维世一序。其书大抵集各县志而成无所发明也。怀庆为汉河内郡，后魏置怀州，元延祐中为怀庆路，明为府，北倚太行，其气候视河北他处为温煦。初领县六，乾隆四十八年以后定领县八，曰河内、济源、修武、武陟、温、孟、原武、阳武。

〔道光〕河内县志三十六卷

道光五年知县袁通修，大兴方履籛纂。

据凡例，旧志创于万历二十五年知县卢梦麟，至顺治十五年知县孙灏奉贾汉复命修辑，康熙二十九年知县李檩再修。万历志已佚矣。

河内为怀庆附郭县，古河内郡怀州故实皆入焉，宜其繁富。凡三十六卷，一圣制，二县境等图，三县城等图，四纪事沿革表，五封爵表，六职官表，七选举表，八疆域志，九山川志，十风土志，十一祥异志，十二田赋志，十三水利志，十四祠祀志，十五学校志，十六营建志，十七兵防志，十八古迹志，十九经籍志，二十、二十一金石志，二十三文词志，二十四循政传，二十五六先贤传，二十七孝义传，二十八忠节传，二十九隐逸传，三十流寓传，三十一艺术传，三十二三列女传，三十四释道传，三十五志余，三十六叙传。

中如金石志、人物传皆深费甄综之功。其凡例自云："旧志所录古事每有错误，兹虽载籍苦少，而史鉴及昔贤遗集，多所采择，仍注明原引之书以待后人之考证。"方氏以文学有声于时，其下笔固越凡流也。

〔乾隆〕济源县志十六卷

乾隆二十六年知县萧应植修。

据旧序，济源志辑于天顺七年，嘉靖壬戌知县李资元一修，顺治十七年县人刘漪再修，康熙二十九年县人段维兖三修。

隋开皇十六年始析轵北置今县，明以来为怀庆府属县。

凡十六卷，一沿革等，二山川，三建置，四五祀典，六水利，七赋役，八职官等，九选举，十、十一人物，十二列女，十三至十六艺文。

〔乾隆〕原武县志十卷

乾隆十二年知县吴文炘修。

按旧序，万历癸巳知县张祥等始修，顺治丁酉知县宁弘舒承巡抚贾汉复命、康熙庚午知县詹槐芬承巡抚阎兴邦命各一修。

凡十卷，一图考等，二城池等，三礼乐，四赋税等，五河防，六职官等，七名宦等，八、九、十艺文等。其文字殊弇陋。

原武，汉县，属河南郡，宋熙宁五年省入阳武县，元祐元年复置，属郑州，元属开封府，清改属怀庆府。盖以地居河北，统辖为便也。县有扈亭，春秋时盟会之地。

〔乾隆〕修武县志二十卷

乾隆二十二年知县吴映白修，三十一年知县戈云锦继成之。

凡例云："修武旧无志，明冷令宗元始创为之，继修者署令郑，顺治十五年重加编辑。今志则康熙三十四年边令憬所修。"职官表有天启十二年知县郑之缙，不知即所谓署令郑否。

凡二十卷，一星野志，二疆域志、城池志，三公署志、学校志，四赋役志，五兵防志，六山川志、古迹志，七祠祀志、陵墓志，八风俗志、物产志，九灾祥志，十沿革表，十一职官表，十二选举表，十三名宦传、人物传，十四儒林传，十五孝义传、文苑传，十六方技传、流寓传，十七列女传，十八、十九艺文，二十杂识。序云三月告成，又苦无书籍，宜其简而率也。

〔道光〕修武县志十卷

道光己亥知县冯继照修。

凡十卷，一、二、三舆地志，四建置志、令典志、祥异志，五学校志，六祠祀志，七秩官表、选举考，八人物志，九列女传、艺文志，十金石志、杂记。所谓令典志则田赋等也。

本书力矫前志之空疏，凡有纪述皆具来历，且交互参订必求其是，尤以沿革、陵墓、祠祀诸篇为宏富。

〔道光〕武陟县志三十六卷

道光九年知县王荣峰修，方履籛纂。

据巡抚杨国桢序，县志昉于明李日茂，顺治十五年署令全元枢修之，康熙三年邑令甘国垓重修，乾隆二十年邑令查开而未竟其业，二十一年邑令王靖续成。又据卷末所录全序称，昔志之所略者务为增之，近事之未入者务为补之，知其以李志为蓝本。及今志之修，则其凡例云："旧志存者惟康熙三十年甘国珍〔垓〕所修之本，其书颇为冗杂。乾隆二十一年查君开、王君靖所修之本较为完善，而板册皆佚。"似竟未见李志也。

卷首有采访条例一篇，足征旧志资料之源，据其凡例异于他志者数事。一本邑山少于川而黄、沁两河之堤防实关一邑之大政，故既作山川志而别为河防一卷以昭慎重。一邑人撰述作经籍志一卷。一近人名志皆列金石一门，搜采邑中诸石刻，全录其文为一卷。一诗文分注各志，又采其有裨于一邑之故实者别为文词志二卷。一先贤传以外，邑中自元明以下有德望学术者别载，列为耆旧传。于是综为目次如下，卷一圣制，二目录、凡例等，三四图，五纪事沿革表，六职官表，七选举表，八疆域志，九山川志，十风俗志，十一物产志，十二祥异志，十三田赋志，十四河防志，十五建置志，十六学校志，十七祠祀志，十八兵防志，十九古迹志，二十经籍志，二十一碑碣志，二十二三文词志，二十四名宦志，二十五先贤传，二十六耆旧传，二十七孝友传，二十八义行传，二十九忠义传，三十隐逸传，三十一流寓传，三十二方术传，三十三列女传，三十四释道传，三十五志余，三十六叙略。

〔乾隆〕孟县志十卷

乾隆五十五年知县仇汝瑚修，户部主事前编修钦州冯敏昌纂。所存有康熙乙亥知县张之纪一序，称"胜国遗帙随寇陷成煨烬……所睹顺治己亥纂修者迄今已三十七年"。

凡十卷，一圣制，二地理，三建置，四田赋，五职官，六人物，七艺文，八金石，九史事，十杂记。

冯氏之书在河南诸志号为与武、洪诸作骖靳，今按其地理诸篇引旧志之说必以今状为断，惟此一节差为所长。至于其职官表自称"但托志局采访诸君翻阅诸史"，而不知碑志、文集俱当翻阅。其逸事篇自称当不止此，尚未穷搜，则已自承其疏简。郝经为陵川人，其著作不应入艺文，则仍旧志之持摭依附。以征辟、科贡等表置于人物传之后，孝义、文学、列女之前，则杂糅无序弥甚于旧志。总之矜文词而忽事实，冯氏无以逃此讥也。

县即古盟津，汉为河内河阳县，唐置孟州，河阳三城节度治焉，明改为县，以河阳省入。韩愈墓在此，本书于此颇多辩证。

〔乾隆〕温县志十二卷

乾隆二十四年知县王其华修。

据旧序，万历五年知县张第自邯郸调温，仿《邯郸志》而修，顺治十六年知县李若麋奉巡抚贾汉复命再修，嗣是康熙三十四年知县张明达、乾隆十一年知县张承谟各一修。

凡十二卷，一图说，二沿革表等，三秩官表，四选举表，五天文志，六地理志，七建置志，八祠祀志，九学校志，十田赋志，十一宦迹志，十二人物志。

温为周畿内国，汉置县，明以来隶怀庆府，司马氏之故里也。又以西汉傅氏封爵婵嫣，于是特辟帝、后、外戚、爵封表以处之。然削司马懿、昭父子而不书，谓为诛奸回于既死，《春秋》谨无将之意。书生迂语，只供喔噱。其古事一篇附地理志而不置之沿革表后，亦非也。

然其宦迹志兼及劣迹，诗文并从芟削，不立艺文一篇，犹从质之意也。

〔乾隆〕阳武县志十二卷

乾隆十年知县谈谑曾修，奉藩司檄也。

据序，志创于弘治癸丑知县张林茂，万历辛卯知县王时泰续修，顺治己亥知县武九官又修，康熙庚午知县安如泰又修。

凡十二卷，一舆图、沿革、天文、疆域，二、三、四建置，五山川、古迹、风俗、土产，六祠祀，七田赋，八职官，九、十人物，十一艺文，十二灾祥。

阳武为汉县，以博浪沙及陈平所生户牖乡事名于史乘。金尝置延州，元废，明以来隶开封府。

本书沿革志叙里制之变更云："明初为五十一里，后为四十五保，其后又并为二十八保。保有长曰老人，统十甲，有催曰十季，轮流支应，周而复始，以应征比。然行之既久，诸弊丛生。任事有专责则需索易，花户无定所则催督难，故每当一役视为苦海，富者动费百金，贫者鬻产难偿矣。乾隆五年知县宋维孜奉檄二十八保改为二十八地方，挨里顺庄，遵用滚单，不事敲朴而输纳恐后云云。"编里之法变而仅供催征钱粮之用，于是实际之乡里区域与保甲分为两事，由来久矣。故为县志者宜以所管村庄入疆域志，而历来编里之制入田赋志，斯为名实不违。而诸志多以村庄名列建置志，非也。

风俗志载乾隆四年巡抚颁发训士条约，内礼俗相交、患难相恤二条，叙礼俗颇详悉，亦《颜氏家训》《封氏见闻》之遗也。

〔嘉庆〕南阳府志六卷

嘉庆十二年知府孔传金修，前志修于康熙甲戌知府朱璘也。

凡六卷，一舆地志，二建置志，三赋役志，四官师志，五人物志，六艺文志。篇幅简而不芜，虽不足以言志法，固犹堪备检阅也。

南阳自汉以来为郡，乾隆以后定领县十一，曰南阳、南召、镇平、唐、泌、桐柏、新野、内乡、舞阳、叶，州二，曰邓、裕，厅一，曰淅川。

〔康熙〕南阳县志六卷

康熙三十年知县张光祖修，无前志源流，光绪志所讥为疏陋者也。

凡六卷，一地理志，二建置志，三赋役志，四职官志，五人物志，六艺文志。

汉南阳宛县，隋初郡废，改县为南阳，属邓州，元以后为南阳府治所。

〔光绪〕南阳县志十二卷

光绪二十五年知县潘守廉修，荣成孙葆田纂。

序曰："县故无志，万历中知县成逊与教谕宋昂创为之，康熙三十年，知县张光祖因前令李本深所纂旧志以属诸生宋景愈等重共搜辑，同治十三年吴若烺知县事，始与教授宋君合议重修，甫开局而吴君去。"及是始有此修。孙氏曾闻张裕钊之绪论，故订例颇优而制图尤精美。

凡十二卷，一沿革表，二疆域志，三建置志，四职官志，五田赋志，六学校志，七祠祀志，八兵防志，九沟渠志，十艺文志，十一人物志，十二杂记。

全书大抵集故书而成，一一注明来历，针线之迹宛然。然断制太滥。例如云县境蒲山有石室产朱草，乃据府志相传山有朱草人得食之可以成仙。夫石室朱草之有无，当得之于目验，不应徒据相传之说遂勒为定案。是以本书虽为苦心经营之作，究之可以为私家著述之善者，而不得列方志之上乘也。

〔乾隆〕南召县志四卷

乾隆十一年知县陈之烱修，奉布政使赵城命也。

县在汉为西鄂县地，唐为向城县地，明初为南召店巡司，成化十二年始置县，县北鲁阳关与鲁山县分界，即所谓三鸦路口也。顺治戊戌知县纪中兴始为志，陈氏序云上下二卷四十五版而止，其简陋有如是。然本书亦仍旧贯略加补缀而已。

凡四卷，一与图等，二山川等，三人物，四艺文。

〔光绪〕河南镇平县志六卷

光绪二年知县吴联元修，前志修于康熙三十三年知县张琮。

凡六卷，一图沿革等，二建置志，三典礼志、赋税志，四职官表、名宦志，五人物志，六艺文志。

汉南阳安众县，宋为穰县地，金初置阳管镇，后置镇平县，属申州，明以来为南阳府属县。

〔乾隆〕唐县志十卷

乾隆五十二年知县黄文莲修。文莲上海人，曾撰《河间府志》。

按历修姓氏，正德十三年知县李铎、顺治十六年知县李兴运、康熙六年知县田介、三十五年知县平郡鼎各一修。

观康熙六年曲耀辰序，知曾三刻而三遭巡抚之驳。僻邑修志之不易如此，使长官能明订体例延聘通人为之执笔，亦何至枉灾梨枣至是哉！

文莲久历民社，迭修志乘，宜较俗吏为优，然亦平善而已。凡十卷，一舆地志，二建置志，三赋役志，四职官志，五宦迹志，六选举志，七、八人物志，九、十艺文志。

县为春秋时唐国，旧志至误为唐叔虞所封，大误矣。汉为南阳比阳县地，唐始置唐州，颇当军镇之重。明初降县，与所属泌阳、桐柏并隶南阳府。

〔道光〕泌阳县志十二卷

道光四年知县倪明进修，其前志修于康熙五十三年知县程仪千等也。

汉置武阴县，属南阳郡，东魏改置临舞县及期城郡，隋郡废以县属显州，唐改县曰泌阳。本书凡例曰："泌邑唐县相距百里，唐贞观中始置泌州，以比阳为附郭，凡言泌州实今之唐县也，五代朱梁改泌州为唐州，移治泌阳，凡言唐州实则今之泌阳也。通志、郡志未能限断。"其言深为明显。

凡十二卷，一沿革表、疆域志，二山川志、古迹志，三灾祥志、风土志，四营建志、祠祭志，五学校志，六兵防志、赋役志，七职官表、宦迹传、选举表，八人物传、列女传，九至十二艺文志。其体例在河南诸志中亦可谓雅正者矣。然内容殊多敷衍，例如泌阳焦氏簪笏繁衍，焦芳虽不足取，不应不为之立传也。

〔乾隆〕桐柏县志八卷

乾隆十八年知县华敬绪修，通渭举人李南晖纂，奉布政使赵城命也。

按旧序顺治十六年知县贡彧、康熙乙亥知县高士铎、乾隆十年知县刘元亨各一修。

凡八卷，一天文志，二地理志，三建置志，四官师志，五食货志，六典礼志，七人物志，八艺文志。观其凡例，沾沾于序论之有无、天文之存废，其识度可知也。

县为汉复阳县地，梁置淮安县，又置华州及上川郡治焉。西魏改州曰淮州，又改纯州，后周置大义郡，隋废郡改县为桐柏，属显州，唐属唐州。

以桐柏山得名也。《禹贡》："导淮自桐柏"，故淮渎庙在此。本书典礼志历叙万寿、文庙诸仪之千篇一律者，独于祭淮渎之仪不一叙。甚矣抄袭雷同之害，竟无人发其蒙也。

〔乾隆〕邓州志二十四卷

乾隆二十年知州蒋光祖修。

前志修于顺治十六年知州陈良玉、康熙三十三年知州万愫。其明代之志则仅存嘉靖三十五年知州张仙、四十三年知州潘庭楠、万历三十年知州赵沛三序。

凡二十四卷，一沿革，二星野，三疆域，四山川水利，五建置，六学校，七祀典，八古迹，九风俗，十赋役，十一职官，十二名宦，十三武备，十四选举，十五人物，十六忠烈，十七孝弟、义行，十八隐逸、流寓，十九仙释、方伎，二十列女，二十一附传，二十二三艺文，二十四杂记。

州为春秋时邓国，两汉为南阳郡，后魏置荆州于此，隋初改曰邓州，唐以来唐、邓、随三州为重镇，明以州治穰县省入，领内乡、新野、淅川三县，自清代改散州以后，地望遂降矣。

《日知录》所考唐、邓毛葫芦兵，本书无一语及之，其他又何论矣！

〔康熙〕内乡县志十卷

康熙三十二年癸酉知县宝鼎望修。

据所录旧序，成化二十年知县沃頖始修，万历辛丑知县俞廷佐取前任尚从试稿刊之，顺治十六年知县王襄明续修。

内乡为汉南乡地，西魏始立内乡县，明以来为南阳府属县。

凡十卷，一舆地志，二建置志，三学校志，四食货志，五风俗志，六职官志，七选举志，八人物志，九艺文志，十兵事、灾祥、杂记志。

其凡例云："内乡县田赋值沧桑之后，版籍散失，原额无考，里书孙汝贤任臆开报，舛错浮多，贻害无穷。前令高公始访得万历九年丈田清粮碑、崇祯间疏减加增九厘银三分之一感恩碑于荆棘瓦砾中，兹值重修邑乘，复得旧存万历四十七年由单，尤觉明白显易，并载黑铅纪事于末，庶将来救民者有所征信而豁累焉。"由是以观，方志必须详载邑之故牍然后有裨于实政如此。彼斤斤于文章义法动以简洁为言者，其湮没故实贻害后人之罪可胜道哉？黑铅纪事者，县人吁请将额解黑铅由三百斤增至二万八千余斤者加以豁免也。

〔乾隆〕新野县志九卷

乾隆十九年知县徐金位修。

所存旧序有崔谊之、赵国佐、张玺、武国枢四序，而不存其年月。今按秩官表，崔为顺治甲午任，赵为顺治己亥任，张为康熙辛酉任，武为康熙辛卯任也。

凡九卷，一舆地志，二建置志，三秩官志，四名宦志，五人物志，六赋役志，七古迹志，八祥异志，九艺文志。

新野本汉南阳郡属县，晋初为义阳郡治，唐曾置新州于此，旋废县，仍属邓州，宋为新野镇，元复置县。

〔咸丰〕淅川厅志四卷

咸丰十年同知徐光第修。

据前任同知王官亮序称，翻阅旧志知为康熙二十八年前令郭公所修，今检职官志无郭名，不审何也。要之僻阻之区文献无征必久矣。

厅为春秋时析邑，汉置淅县，西魏改淅川县，唐曾置淅州于此，贞观后州废县省，成化七年析邓州内乡县地置今县，

清初改属南阳府，道光十二年奏准裁县，以南阳府同知改为
淅川厅抚民同知，移驻城内。

凡四卷，一舆地志、建置志、赋役志，二礼乐志，三职
官志、人物志、选举志，四艺文志。

〔乾隆〕裕州志六卷

乾隆五年知州宋名立修，前志修于康熙五十五年知州董
学礼也。州为春秋时之方城，汉为南阳堵阳县，西魏置方城
县，唐曾置鲁州，旋废，金大和八年置裕州，治方城，以县
属之，明省县入州，隶南阳府，其后因之。

凡六卷，一地理志，二建置志，三赋役志，四名宦志、
职官志，五人物志，六艺文志。勉强凑成而已。

〔道光〕舞阳县志十二卷

道光十一年知县王德瑛修。

本书第十二卷志余云，县志不知所自始，嘉靖间知县张
颖重修，康熙二十七年知县苏虔、三十一年至四十九年知县
祖良屏、干建邦、乾隆十年知县丁永琪各一修。

凡十二卷，一圣制，二疆域志，三建置志，四赋役志，
五典礼志，六风土志，七职官志，八选举志，九人物志，十
艺文志，十一灾祥志，十二志余。

舞阳为汉南阳属县，以舞水得名，元省入叶县，寻复置，属裕州，雍正中裕州为散州，故径属南阳府。汝水、湿〔瀙〕水、昆水、湛水皆境内大川也。

本书风土篇有王氏自作厚风土告示，虽自炫之文，犹胜他志之敷衍数语也。

〔乾隆〕叶县志八卷

乾隆丙寅知县石其灏修。

据其凡例云："叶之有志明以前无考。至嘉靖时先达牛太常始有定本，嗣后凡三增修，至康熙二十九年而书始大备。其时总修者吕令柳文，分纂者邑人牛天枢等。"

凡八卷，一图考等，二城池等，三赋役等，四风俗等，五职官，六人物，七艺文，八杂记。其叙列凌杂，登载芜滥，如以乡饮酒置学校之后等类，不一而足。

〔同治〕叶县志十卷

同治壬申知县张佩训修。

按所存旧序，有万历二十年知县高文登、康熙辛未知县吕柳文、乾隆丙寅知县石其灏三篇。高序云叶有志自邑人太常牛公凤始，志创于嘉靖壬寅也。

凡十卷，一与地志，二建置志，三礼乐志，四赋役志，五职官志，六选举志，七名宦志，八人物志，九艺文志，十杂记。

《春秋》楚迁许于叶即此地，汉为南阳叶县，唐曾置叶州及仙州，旋废，属汝州，金改属南阳府。光武大破王寻、王邑兵于昆阳，亦在县境矣。

〔嘉庆〕汝宁府志三十卷

嘉庆元年知府德昌修，南湖书院院长编修王增纂。

按凡例："汝宁列郡自明以前从未有志，至成化癸卯陈学正銮、正德辛巳强长史晟采录成编，万历戊申李少司空本固、秦征士镐继之纂辑。其书今皆不存。国朝顺治壬寅金太守镇始重修之，康熙乙亥何郡伯显祖复为增辑。金志之修适当胜国兵燹之后，事迹兴废一时无从考核。何志犹仍金志旧编所载，附以无稽之言。两志缘起皆遵台使檄令重修，大约薄于时日，草率从事，未免抄撮成书。"

凡三十卷，一建置沿革，二城池，三山川，四村市、关梁，五水利，六学校，七公署，八户田，九军制，十坛庙，十一古迹，十二冢墓，十三寺观，十四官师，十五宦绩，十六选举，十七至十九人物，二十游寓、仙释、方技，二十一二列女，二十三至二十六艺文，二十七八诗，二十九杂志，三十旧序。杂载诗文几及其半，所引书文不载出处，河南诸府志中陋最甚矣。

府为汉汝南郡，唐为蔡州，陈希烈、吴元济、秦宗权三次倚此为固，金哀宗之亡也亦在此。元始立今名，雍正二年升所属光州为直隶州，定领八县，曰汝阳、上蔡、确山、正阳、新蔡、西平、遂平、罗山，州一曰信阳。

〔康熙〕汝阳县志十卷

康熙二十九年知县邱天英修，奉巡抚阎兴邦命也。

按旧序，前志盖修于万历间知汝宁府黄似华及顺治十七年知县纪国珍。然不著年月，稽考甚难。

凡十卷，一、二舆地志，三建置志，四食货志，五典礼志，六爵秩志，七职官志，八选举志，九人物志、杂记，十艺文。

汉置汝阳县，属汝南郡，隋大业初析上蔡县地别置汝阳县，即今县也。自唐以后皆为郡治，东南有平兴城，乃汉之汝南郡治也，又谓之悬瓠，南北朝时屡屡争夺之地矣。

〔嘉庆〕正阳县志十卷

嘉庆元年知县杨德容取前任彭良弼稿而增以补遗刊行之也。

正阳在汉为慎阳县，刘宋改为真阳，雍正二年因避讳改今名，隶汝宁府。

据序称县之有志肇自有明，康熙丙子知县安圻重修。检安序，则嘉靖乙卯成于徐霓，顺治庚子修于刘必寿。据凡例则云："正邑志始于正德乙亥张学博恕，编辑成书。继修者，焦学博济，成于嘉靖壬寅；何孝廉麟，成于嘉靖乙卯。"数千年古县，自黄叔度而后，风流阒然，无佳志以传其地，亦可慨矣。据本书凡例，谓刘志评何志多庆幸颂美之词，即此已非志体，刘志则反而为感慨，间及时事，安志概删之而失于编次无伦，参杂论断。今观本书，亦仅能胪列项目，无志法也。

凡十卷，一曰图、沿革、城池，二曰山川、学校、建置、田赋，三曰坛庙、古迹、官师，四曰宦迹、选举，五曰人物、游寓，六曰列女，七、八曰艺文，九、十则补遗也。

〔康熙〕上蔡县志十五卷

康熙二十八年知县杨望修，前志于顺治己亥知县杨鸿羽也。

其凡例自云："上蔡旧志久亡，至顺治己亥始以数人臆说草创一书，遗漏残缺，不称信史，余特择邑诸绅衿，较雠采访，将十阅月而书成，虽僻地少所考证，较前书稍详。"然本书艺文志滥载《平淮西碑》等文，而不知淮西为汝宁府事，上蔡不过其所属。其肤滥犹是俗志积习，惟人物传悉录史传原文，颇为特识耳。

凡十五卷，一舆地志，二建置志，三沟洫志，四食货志，五、六典礼志，七爵秩志，八选举志，九、十、十一人物志，十二编年志，十三、十四、十五艺文志。

汉为汝南郡属县，应劭曰："九江有下蔡，故此称上。"隋大业初改置汝阳县，而改武津县为上蔡县，唐仍属蔡州。

〔乾隆〕新蔡县志十卷

乾隆六十年知县莫玺章修，编修会稽王增纂。

凡例云："新蔡向无志乘，前明万历年间邑人刘氏大恩及其子若孙相继编辑，胜国以来遗书仅存一二。国朝康熙三十年知县吕氏民服复取刘氏原本重新纂辑，迄今百有三年，旧板模糊，卷页残缺，今仍其大略增辑成书以备文献之征。"今旧序存艺文篇也。

凡十卷，一地理，二、三经制田赋，四、五典制官师宦迹，六选举，七人物，八列女，九艺文，十杂志。颇以简洁为胜。

春秋时蔡平侯徙都于此，故称新蔡。汉为汝南郡属县，其后屡有分合，明初定属汝宁府。县东有舒城，隋唐皆曾置舒州，故易与今安庆之舒州相混。

〔康熙〕西平县志十卷

康熙三年知县李弘植修，取九年前任沈菜所修而重订之也。其前则顺治十六年知县王鸣璨一修。凡例云嘉靖王诰志遭明季兵燹毁灭无遗也。

凡十卷，一舆地，二建置，三食货，四典礼，五官师，六选举，七经武，八文物，九艺文，十外志。

县为汉汝南西平县，后魏置襄城郡于此，北齐改文城郡，隋初郡废，以县属蔡州。古棠溪在县境。《汉志》犹称西平有铁官也。本书凡例云："西平故家既乏典籍，又无遗老足征。"其取材艰窘如是。

〔乾隆〕遂平县志十六卷

乾隆二十四年知县金忠济修，前有巡抚胡宝瑔序，据云神宗时邑令王致和有志，犹未详，至顺治己亥邑令张鼎新起而重辑之。

凡十六卷，一星野等，二建置，三土产、风俗，四、五田赋，六水利，七、八学校，九、十仕籍，十一贡举，十二名宦乡贤，十三贞烈，十四外记，十五、十六艺文。

第十三卷记烈妇唐氏事云："事在康熙四十八年，迄今五十余载，几湮没莫传。适采访时闻城北门外义冢中有烈妇碑，横仆草际，往寻之，见碑已半埋蒿壤，字数行剥落不可认，幸载烈妇事尚明，因节取立传，但无旌奖字样，止云邑人同立。是当时未蒙旌奖，邑人特闵其烈，公同立碑志之也。"可见民间佚事搜访之难。平日方志但据请旌册而录其姓氏，固不足恃。安得苦心不没人之善如斯志者哉！

县为春秋时房国，汉为汝南吴房县，后魏改遂平，唐元和中复改今名。县境有文成栅，即李愬擒吴秀琳处，又查牙山亦天险矣。

〔乾隆〕确山县志四卷

乾隆十年知县周之瑚修。

按凡例："确邑自有明末造旧志悉烬兵燹，顺治十七年知县吴国杰检断碑残稿，创修邑志十卷，复为知县张登第删订，约草稿四卷，上之当路。迨康熙二十九年中丞阎梅公纂修中州省志，将原稿发还确邑知县孙京授梨枣。"

本书四卷，一图像天文等，二山川等，三封建等，四艺文等，一依旧志条款也。

县为汉汝南朗陵县，梁置安昌县于此，属陈州，后魏移县治于朗陵故城，兼置初安郡，隋初郡废，县移今治，旋改朗山，唐属蔡州，宋真宗时因避讳改今名。北抵遂平，南抵明港，为南北往来孔道。

〔乾隆〕信阳州志十二卷

乾隆己巳知州张钺继前任冯原修成。

冯序云："旧志创于胜朝神庙时，宗伯何公洛文、大参刘公尚朴实成之，至康熙十六年州守贾公待旌与刘君荪芳等重辑之。"然据凡例，尚有康熙二十九年知州陈昌言一修未及。又万历志实修于知州杨若梓也。

凡十二卷，一天文志、舆地志，二建置志，三食货志，四典礼志，五、六官师志，七选举志，八、九人物志，十、十一、十二艺文志。信阳为春秋时申国，魏分南阳置义阳，是其得名之始。唐为申州，宋初改义阳军，太平兴国中改信阳军，元以后为州。南北行旅所必经，南汝光道所驻，复为重镇矣。《左传》所谓大隧、直辕、冥厄即所谓信阳三关矣，今为平靖、黄岘、武阳，而武胜犹在其外也。又为淮水所经，可以控制江左。元魏时田益宗所谓"义阳差近淮源，利涉津要，朝廷行师，必由此道"也。本志于历代兵事既鲜著笔，驿路所经民风一切亦无一语及焉。

〔乾隆〕罗山县志八卷

乾隆十一年知县葛荃修。

按旧序，万历四十五年知县刘明才、天启七年吏部主事县人罗华充、崇祯戊辰知县李崇德、顺治己亥知县李赓明、康熙辛未知县鲁麟各一修。凡例云兹志本旧文而续增之，与康熙辛未志事同一例，但彼已名续志，今标为增志也。

凡八卷，一舆地志，二建置志，三食货志，四典礼志，五官师志，六选举志，七人物志，八外纪志。

汉为江夏郇县，开皇十六年置今县，属申州，唐武德中置罗州，旋废，明初曾属江南凤阳府，旋改汝宁，成化十一年仍隶信阳州。其曰罗山者，以县南有罗山也。

〔乾隆〕光州志六十八卷

乾隆三十五年知州高兆煌修。其书既无年月，复未著旧志源流，盖仓卒去官未及审定欤？

凡六十八卷，一图经，二建置志，三星野志，四疆域志，五山志，六水志，七形胜志，八城池志，九街巷志，十乡里志，十一坛庙志，十二学宫志，十三书院志，十四秩官志，十五师儒志，十六公署志，十七户口志，十八、十九田赋志，二十土贡志，二十一盐法志，二十二牙税志，二十三仓储志，二十四沟洫志，二十五津梁志，二十六关隘志，二十七八食货志，二十九市集志，三十风俗志，三十一恤政志，三十二监狱志，三十三邮传志，三十四坊表志，三十五坵墓志，三十六古迹志，三十七八典礼志，三十九至四十一选举志，四十二兵制志，四十三封爵志，四十四艺文志，四十五纪事志，四十六至四十九宦迹列传，五十至五十四仕贤列传，五十五武功列传，五十六忠义列传，五十七至五十九善行列传，六十文学列传，六十一寓贤列传，六十二至六十五列女列传，六十六方技列传，六十七杂记，六十八总序。

每篇皆历叙沿革，肤词居多，以此颇占篇幅。然如盐税、牙帖等篇固为详审，胜于他志，其考文垂宪之旨不可没也。

末附《光州志附余》十二卷，皆诗文杂著。

〔光绪〕光州直隶州志十二卷

光绪十二年知州杨修田修，以本州为主而略及属县之事。

其序曰："光州有志自宋时始，《宋史·艺志》载有徐自明《浮光图志》三卷、李楝《浮光图志》二十卷，其书久已不传，《明史·艺文志》载有张辉《光州志》十卷。国朝顺治十七年州牧庄泰宏修之，康熙三十一年州牧缪发又修之。雍正二年升光州为直隶州，一切署置多属往昔所未有，旧志有宜增改者。乾隆十一年后州牧高鉴、李钶相继修之，名为《光州续志》。乾隆三十五年州牧高兆煌以旧板毁于火，重修之，名为《光郡通志》。"其实高志名"光州"，不名"光郡通志"也。

凡十二卷，一建置志，二典祀志、秩官志、兵制志，三选举志，四物产志、古迹志、坟墓志，五艺文志，六宦迹列传，七善行列传，八、九仕贤列传寓贤列传方伎列传，十至十二列女传、杂记。大致仍如前志例，惟过于冗滥之乐章、仪注已芟除矣。

末附《光州忠节志》，专以纪发、捻两次扰境时殉难者；《节孝志》则列女传所遗也，光绪庚辰姚国庆修。

光州为春秋时光、黄、弦、蒋诸国，汉为汝南、江夏二郡，魏分置弋阳郡，梁始置光州，元以州属汝宁府，明初改属凤阳府，旋复故。雍正二年，以巡抚石文焯请，与禹、陕、许、郑俱升直隶州，辖光山、固始、息、商城四县也。

〔乾隆〕光山县志三十二卷

乾隆五十一年知县杨殿梓修。

按旧序，万历己丑知县牛应元、壬子知县施尧化、顺治己亥知县管声骏、康熙丙子知州杨之徐各一修。牛序云："光山旧有志，其篇章揉乱，版刻脱误，由嘉靖丙辰迄今无所考征。"则尚有嘉靖一志也。又万历己丑志撰于县人临洮同知蔡光，故习称蔡志也。

凡三十二卷，一、二图经，三沿革表，四封爵等表，五职官表，六、七选举表，八山川志等，九城池志等，十里保志，十一市集志等，十二户口志，十三物产志等，十四学校志，十五兵制志等，十六坛庙志等，十七至二十三艺文，二十四五名宦列传，二十六七仕贤列传，二十八文学列传等，二十九孝友列传等，三十列女列传，三十一游寓列传等，三十三杂记。

凡例云："志家体例非一，要以类聚群分，有条不紊为主。旧志意在简要，事罕确稽，建置则略其岁年，宦迹则遗其籍贯，乐安置自南朝，邑宰乃有抱朴，浮光著于桑氏，山名谓由仆生，而典礼一门胪及寺观，其他沿误率难觏缕。良由纂录之时，但据里俗所传，登之简帙，后虽叠经修辑，仍旧增续后事，不复博稽载籍加之厘正也。今广事搜罗，必期征信，按诸史法，用为体裁，分体为四，曰图经，曰表，曰志，曰列传。"盖遥承巡抚毕沅指授，故非俗手所得比儗矣。

光山为汉江夏西阳县地，宋元嘉十五年以豫州蛮民立光城等县，开皇中置今名，大业初弋阳郡治此，唐复改郡为光州，徙治定城县，以光山属焉。县境有浮光山即弋阳山，郡名以此，州名亦以此。木陵及白沙二关为南北朝及宋金交兵争夺之地。

〔康熙〕固始县志十二卷

康熙三十二年知县杨汝楫主修。

据序，县志始于成化之薛良，继于嘉靖之张悌，再续于万历之余继善，重修于顺治己亥之包諴。今按薛志修于成化已丑，张志修于嘉靖壬寅，余志修于万历年丁酉也。

又据所录薛良原序云："《固始志》虽屡经修纂，所存书不过只二十余幅，遽为虚文以应故事而已。"则成化之前亦未尝无志也。然今之所存，盖以康熙志为最古矣。

卷首载康熙二十九年巡抚通饬修志牌照，所开凡例足征当时方志通式所由来，录其梗概以存故实。

　　一总图 须精详。

　　一沿革 须照诸史考证，毋得混入，不必过多。

一天文 略摘切要者，勿用混载，以分野所躔者广也。

一四至 疆域要考正。

一建置 城池须载明几时建某人修，一一查明，学校止载其起建修葺，不必载闲文。其新定乐舞等宜增入。

一河防 宜先叙前代，而以近今所开所淤备细入之。

一乡村镇集 止载方隅里数，有古事者注之。

一公署 止载创建始末。

一桥梁 亦载建造始末。

一仓库社学 止载方隅、建造日月。

一街巷坊第 须注明何处，以上凡有实事者当详考而载之，祀典及书院、考证载之勿遗。

一山川 须考果系封内者方载入，而不可遗漏河道。要将近日所开浚、淤塞、变迁等查明，其间事实备细注明，不可以小说挿入，如《宜阳志》之可笑也。

一古迹 须考明某代某人，将事实注明不得遗漏，不可以小说掺入，如《宜阳志》之全载野史也。

一风俗 略载之而不自加论断。

一土产 非地所出及平常草木可不必载，须载其特产者。

一陵墓 须注明某代某人有碑碣与否。

一寺观 必奉敕建或建置已久有可考载之，余删。

一赋税 止载旧额若干，新增新减若干，不用一一细注，有关系者全载之。

一职官 须载其爵里、时代、年月，有可纪者略书之，实系名宦则立一小传于后，须考正。

一人物　圣贤、忠贞并入其科贡等，必载其家世、时代、年月、字某、号某，分别某科某项，若系乡贤为立一小传于后。

一流寓、孝义、烈女、隐逸、方技　各考实群核，以载其节烈，务在阐发幽光，勿专载世家而遗寒素。

一艺文　须择佳者或关邑乘者载之，八景不可录录必录其佳者。

灾祥杂志　仿古为之。

本书目次，卷一沿革表，二建置志，三食货志，四秩官表，五师儒表，六选举表，七人物志，八典礼志，九武备志，十异流志，十一杂述志，十二艺文志。

固始为春秋期思与寝丘地，光武始制县名，洪武十四年隶河南汝宁府。本书沿革表于隋代止述改期思为殷城，且唐代一节全不叙及，殊为可怪。今按《旧唐书·地理志》，隋弋阳郡武德三年改为光州，置总管府，以定城县为弦州，殷城县为义州，以废宋安郡为谷州，凡管光、弦、义、谷、庐五州，而光州领光山、乐安、固始三县。贞观元年罢都督府，省弦州及义州，以定城、殷城来属。今不特不言属光州，并不言隶淮南道，何耶？

其建置篇记杨行密庙与《五代史·王景仁传》合，食货篇有洪武、永乐、正统、成化、隆庆、万历、崇祯等次清丈亩数，皆可珍之记载。

至水利篇载杨氏本人详上宪文及邑人颂祝之语，羌无故实，显涉标榜；秩官篇以汉毛义曾为安阳令列名，亦属滥引。又自称"令汝楫曰"，亦属陋习。惟艺文篇尚不泛滥为可取耳。

〔乾隆〕固始县志二十六卷不全

乾隆五十一年知县谢聘修、洪亮吉纂。继康熙志而作，其时毕沅任巡抚也。

其首备载前序，详著年月，即此一端已征其胜于前志。洪氏专于舆地之学，其撰沿革篇先纲后目，刊伪存真，亦胜前志十倍。全书除沿革以外，尤注意于山川位置及水利。惟岁时风土、礼俗、物产仍不脱旧习。大事表以年号与祥异、兵革并列为三排，亦俗见也。

凡二十六卷，一县，二城及故城，三山，四水，五清河水利等，六学校等，七坊渡，八乡里等，九寺观等，十祠庙，十一衙署等，十二典礼，十三赋役，十四岁时等，十五大事表，十六五等表，十七秩官，十八选举，十九吏绩，二十至二十四人物，二十五列女，二十六艺文。所见本已不全。

〔嘉庆〕息县志八卷

嘉庆四年知县刘光辉修。

按序志初修于嘉靖癸丑，万历戊寅知县王用宾、甲申知县曹舜弼、顺治丁酉知县邵光荫、康熙癸酉知县蒋彪各一修。

凡八卷，一图经，二建置，三典礼，四选举，五宦绩列传、仕贤列传，六孝义列传、贞烈列传，七艺文，八内纪、外纪。

其内纪分纪述、灾异二项，外纪分寓贤、方技、医术、坵墓、碑记、辨异六项。其所谓纪述者即历代沿革、兵事诸大端也。

县为春秋时息国，汉为汝南新息县，后周、唐、金三代皆曾置息州，明初改州为县，属颍州，洪武七年复改属光州，后遂因之。隋唐于此采珉玉，本书食货篇漏载此事。

〔康熙〕商城县志八卷

康熙二十九年知县许全学修。

前志修于顺治己亥知县高材，以往则无考也。嘉庆志称迫于宪檄，止取备文，未加考订。今观其以灾祥、怪异入艺文志，则信非佳作矣。

书凡八卷，一舆地志，二建置志，三典礼志，四食货志，五职官志，六人物志，七、八艺文志。

〔嘉庆〕商城县志十四卷

嘉庆八年知县武开吉修，继康熙志而作也。

虽较前已扩充，而以祥异列艺文志，仍其故智也。

凡十四卷，一、二地理志，三建置志，四食货志，五、六学校志，七官师志，八贡举志，九人物志，十、十一烈女志，十二、十三、十四艺文志。

县为汉汝南新蔡县地，刘宋置苞信县，隋改殷城，属光州，宋初避讳改今名，雍正二年升光州为直隶州，以县隶焉。县东接霍邱，南邻罗田，楚、豫、皖三省之衔，山势绵亘。其境内之金刚台山、铁林山、马头山皆古来厄塞也。

本志兵防篇述城守之法，颇有他处所未见者。

方志考稿　甲集第五编

山西

〔雍正〕山西通志二百三十卷

雍正十二年巡抚觉罗石麟修。翰林院庶吉士宜兴储大文定例。据凡例："旧志始于明成化甲午督学佥事胡谧创修，越九十年嘉靖癸亥督学副使周斯盛重修，越五十九年万历辛亥按察使李维桢重修，至康熙壬戌学使刘梅重修，凡五易稿越九年而告竣。分类三十有二，今增其八为四十类，而于每类中又各增十之二三、十之六七不等。文虽不简而事则较旧加详，袪浮核实，订讹补缺，部次州居，差为美备。"又云："纂辑全资文献，晋志文献俱不足征，自程机《上党记》、王松年《三晋记》外，其见于《四库书目》者止传《太原事迹杂记》《壶关录》以暨永宁公、狄梁公诸记传，其见于《崇文总目》者止传《龙门》《王屋》《羊角山记》《盐池录》《晋阳见闻要录》以暨温公、丰公诸事状。遐搜博览，总与各府、州、县志书草检，参互裁酌，以折其衷，信者征之，疑者阙之，毋敢滥，毋敢苟，必求至是。"

书凡二百三十卷，一图考，二星野，三至五沿革，六至七疆域，八城池，九至十六关隘，十七至二十八山川，二十九至三十四水利，三十五六学校，三十七八公署，三十九至四十四田赋，四十五盐法，四十六风俗，四十七物产，四十八九兵制，五十至五十五武事，五十六驿站，五十七至六十古迹，六十一帝王，六十二三封爵，六十四氏族，六十五至七十二科目，七十三至八十二职官，八十三至一百名宦，一百一至四十人物，一百四十一至四十五孝义，一百四十六隐逸，一百四十七八寓贤，一百四十九至五十八列女，一百五十九六十仙释，一百六十一艺术，一百六十二至六十三祥异，一百六十四至六十七祠庙，一百六十八至七十一寺观，一百七十二至七十四陵墓，一百七十五经籍，一百七十六至七十九辩证，一百八十至八十一遗事，一百八十二至二百二十七艺文，二百二十八至二百三十杂志。

山西自古为列郡之雄，而大文复深于地理之学。所补旧志之遗阙，如边隘武事之类，皆犁然有当于人心。乃至经籍、氏族诸门，亦深见卓识，非苟而已。视雍正间他省所修诸志远胜也。惟杂志门采唐以来小说，丰衍旁洽至三卷之多，光绪志颇讥其采脞编琐说以为博。然大文纂辑之意固不可没也，真史料多存于小说，是在善观史者明辨而精析之，与其过而废不如过而存也。第四十七卷物产门载"瓷器有黑白二种，府州胥出，凡盘、盂器用胥极朴素，有唐魏之遗风。《元史》冀宁磁课五十八锭，明晋府置窑烧造充府用，其白者类土定，俗称晋瓷"。又载"吕坤《停止砂锅疏》，查得陶器烧造地方止有仪征、瓜州、河南、正定、江西五处，其器止有瓶、坛、瓷、瓮等件，并无所谓山西砂器者，卷查嘉靖三十九年坐派潞安府砂器五千个，四十年坐派一万五千个，万历十六年坐派一万五千个"。此事他府县志皆未之及，故知当时搜采颇费苦心也。

〔光绪〕山西通志一百八十四卷

光绪十八年巡抚张煦继前任曾国荃等修成，襄垣县教谕杨笃、刑部员外郎杨深秀等纂。

《山西通志》之存者惟乾隆储志，然成书时蔚州广昌改属直隶，吉、霍二州亦有易置，皆不及追改。其后乾隆丙戌巡抚雅德节采原书为《通志辑要》十卷，嘉庆壬申巡抚衡龄复取原书讥其建置沿革之不合增补分注，议重修未果也。

本书凡百八十四卷，图二，曰疆域图、府厅州县图；谱六，曰沿革谱、星度谱、三代世谱、秦汉以来别谱、职官谱、贡举谱；考四，曰府州厅县考、山川考、关梁考、古迹考；略七，曰田赋略、水利略、盐法略、秩祀略、学制略、营制略、公署略；记六，曰巡幸记、荒政记、大事记、经籍记、金石记、风土记；录十二，曰名宦录、乡贤录、忠烈录、孝友录、义行录、仕实录、儒行录、文学录、隐逸录、艺术录、方外录、列女录。

凡例云："凡六门为类三十有七，头绪繁多者则区为子目，事体相近者则列为附目，其详具见各类小序。全书自五十卷后皆随纂随刻，惟人物一门多录旧志，余无所蹈袭，间有采用，亦必注明，翼存原书。"

就中疆域沿革图谱最为精审，会抽出单行，雍正志以地理见长，视此犹有逊色。然其分类过于从简，如历代兵事附于营制，寺观包于古迹，抑未斟酌尽善也。

〔乾隆〕太原府志六十卷

乾隆四十八年知府虔礼宝继前任修成。

据凡例，郡志始修于万历壬子，又修于崇祯癸未，又修于顺治甲午，竟不著修者姓名。今按万历志县人张悛言修，崇祯志知府孙康周修，顺治志未详。本书既不载姓名，其前志序跋亦不收入艺文志中。如此荒率，不解何以尚须历数任而成也。

凡六十卷，一星野，二图考，三地表，四沿革，五疆域，六城池，七关隘，八形势，九山川，十水利，十一学校，十二公署，十三田赋，十四积储，十五物产，十六户口，十七风俗，十八氏族，十九祀典，二十兵制，二十一武事，二十二驿铺，二十三古迹，二十四帝后，二十五封爵，二十六陵墓，二十七至三十一职官，三十二、三十三名宦，三十四至三十六人物，三十七孝义，三十八至四十一选举，四十二隐逸，四十三寓贤，四十四五列女，四十六艺术，四十七仙释，四十八寺观，四十九祥异，五十遗事，五十一辨证，五十二至五十九艺文，六十杂志。

其纲目不分姑不具论。若图考中会城府城同一地也，一则以北为上，一则以南为上。自来诸志虽不措意于绘图之学，尚不至如此之谬也。职官不以官职分类，遗事乃与杂志别行。此又稍谙方志通例者所必无之误。至于考古之事，并顾氏《日知录》之说而不知引。其于北齐、北汉之史事弥无所疏通证明矣。遗事、杂志但知取北朝以来系太原郡望之人物杂采存之，不知郡望久属空名。如此滥收又岂区区一两卷书所能尽耶？

太原自汉以来为郡，乾隆二十九年定领州一县十：阳曲、太原、榆次、太谷、祁、徐沟、交城、文水、岢岚州、岚、兴也。

〔道光〕阳曲县志十六卷

道光二十一年知县崔光笏继前任修成。

按序，县志始于万历三十五年知县梁之垣，康熙二十一年知县戴梦熊修。《崇文总目》载《晋阳见闻录》，《四库书目》有《太原事迹杂记》及王松年《三晋杂记》等书。本书盖仅取戴志为蓝本，而仿《永清志》例成之也。据训导张廷铨序云，抵长安半载，偶于书肆敝簏中得残编，细检乃《永清县志》，始知六官分隶之法。是道光中人尚鲜知读《文史通义》者，书之显晦有时不亦信哉！

凡十六卷，一至三为图之属，曰舆地图、建置图；四、五为表之属，曰职官表、选举表；六至十一为书之属，曰吏书、户书、礼书、兵书、刑书、工书；十二为略之属，曰名宦政略；十三、十四为传之属，曰人物列传、列女列传；十五曰文征；十六曰志余。

然其舆地图实含疆域、古迹、风土、物产等类，虽曰检视为便，然广泛至此，则全书不皆可谓之舆地图哉？

阳曲有特殊工业两种，一为铁冶，一为琉璃，本书以铁冶入兵书，以琉璃入舆地图，而亦附见于工书，殊为杂糅无序。使于工书中立专篇纪之不亦善哉？

阳曲为汉太原郡属县，宋平北汉移并州治此，故明清皆为太原府治。

〔道光〕太原县志十八卷

道光六年知县员佩兰修。

按旧序，嘉庆辛亥县人浙江按察副使高汝行始修，天启丙寅知县屈钟岳续修，雍正辛亥知县沈继贤重修。据凡例，沈志大变高氏之旧，其书成后高氏八世孙若歧曾有纠缪之作。

凡十八卷，一星野沿革，二城垣、山川、水利、学校，三公署、田赋、风俗、物产、祀典，四古迹、帝王，五名宦，六职官，七寓贤，八九选举，十人物，十一列女，十二、十三、十四艺文，十五祥异，十六遗事，十七渠案，十八杂志。其水利以外复有渠案篇者，以专纪明清两代晋祠水利事也。

自秦汉以来并州治晋阳县，北齐分晋阳置龙山，而以晋阳为太原县，又分太原置阳曲县，唐以晋阳太原并为赤县，宋平北汉，改置平晋县于故城东，移州治于榆次，太平兴国七年移治于阳曲县南之唐明镇，即今之省会。明初改平晋为太原，嗣后遂为太原府属县，去府西南四十五里也。自北齐以来为都城，屯萃劲卒，控驭河南，形势雄于九牧。直至北宋之初，始夷为散州而地望降矣。然历代军城制度固犹可考见，本书不能作图考以明之，为可惜矣。

书前有穆彰阿序，诋近时方志为书钞为文录为小说，谓是书虽未能廓清三病而简当不烦差为清省，是亦笃论也。

〔同治〕榆次县志十六卷

同治二年知县俞世铨修。

据旧序云，嘉靖间祭酒阎朴纂辑为县志八卷。万历丙申续于知县张鹤腾，乾隆十三年续于知县钱之青。

凡十六卷，一地理，山川，二城池、公署，三学校、坛庙，四职官，五选举、例仕，六田赋、河渠，七风俗、古迹，八、九人物，十、十一列女，十二至十四艺文，十五物产，十六祥异、杂志。大抵依钱志之旧，而人物则复为分立门目焉。

榆次为北宋初并州治，自金以来为太原府属县。

〔咸丰〕太谷县志八卷

咸丰乙卯知县章清选等修。

据所录旧序，康熙十三年知县赵希九，雍正七年知县王廷赞，乾隆四年知县王泽沛，三十年知县高继允，六十年知县郭晋，凡五修也。

凡八卷，一图考等，二年纪等，三古迹等，四选举等，五人物等，六、七、八艺文。

太谷为汉阳邑县，隋改今名，为太原府属县。其中如辩马岭之非马陵，颇能正旧志之非也。

〔乾隆〕祁县志十六卷

乾隆四十三年知县陈时修。

明志无考，今书卷首存邑人戴光启序，康熙四年知县郭薄修。康熙四十五年知县朱珵又修，雍正七年罗著藻又修。

凡十六卷，一舆图、星野、沿革，二疆域、山川、城池、关梁，三县治、学校、田赋，四风俗、物产、古迹、祠庙、封爵，五职官、名宦，六选举，七乡贤，八、九人物，十列女，十一至十五艺文，十六祥异、杂纪。祁为祁奚食邑，《春秋·昭二十八年》晋分祁氏之田为七县。汉以后为太原属县。王氏世为太原祁人，然南渡以后已散居江左，是宜特撰王氏世系表以纳之也。

〔康熙〕徐沟县志四卷

康熙五十一年知县王嘉谟修。

按序，县志始修于万历三十五年知县杨国桢，继修于万历四十年知县王敷学。王氏自序云："阅一月而编成，旧志凡九十版，新增二百六十版。"其仓卒苟简可想。然据其凡例所述则已增于旧者不少矣。

凡四卷，一图考、星野、建置、疆域、山川、城池、公署、学校，二祠祀、贡赋、屯田、水利、盐法、兵防、马政、帝王、职官、名宦，三选举、人物、忠孝、贞节、隐逸、流寓、仙释、风俗、古迹、陵墓、寺观、杂志、祥异，四艺文。

中如隐逸、流寓并无其人，空立其目，实为怪事。

县始置于金大定二年，为太原府属县。

〔顺治〕清源县志二卷

顺治十八年知县和羹修，县人曹州知州王灏儒纂。

据其序谓县本无志，邑人罗国善者藏其祖考抄本，上自春秋下至有明嘉隆而止。

凡二卷，上卷曰沿革、星野、疆域、形势、山川、都分、风俗、景致、古迹、陵墓、城池、公署、学校、坛壝、铺堠、祠庙、寺观、屯镇、楯橄、街市、桥梁、渠堰、户口、丁役、田赋、物产、灾异、职官、宦绩，下卷曰选举、褒崇、人物、艺文，纤陋已甚。

开皇十六年始置县，金尝置晋州于此寻废。

〔光绪〕清源乡志十八卷

光绪七年徐沟知县王勋祥修。

清源自隋开皇中析榆次始置，乾隆二十九年以地狭始降为乡，入徐沟管。顾合治以后，界限未泯，故修志亦不得不分编焉。据所录旧序，有顺治十八年知县和羹，乾隆五十七年乡人举人秦为龙续修。本书盖即秦稿而成也。

凡十八卷，曰星野、疆域、山川、城池、学校、公署、祀典、田赋、都甲、风俗、古迹、职官、选举、人物、列女、祥异、艺文、志余。

〔光绪〕交城县志十卷

光绪七年知县夏肇庸修，奉巡抚曾国荃命，时方修通志也。

按所录旧序，志始于万历间知县张文璧、周璧，继之者康熙中知县赵吉士及知县洪璟，其刊修之年月一概不存，此秉笔者之无识也。

交城置县在开皇中。《寰宇记》云县西北有大通监，盖产铁之区也。本书左隽序云："康熙初，邑北境有交山，为群盗薮，遗民害者垂数十年。赵君设方略相机宜，不数年而渠魁尽殄。余尝读夏子宛来《交山平寇》一书，窃善其伐谋制胜。"今志乃一字不及何也。

凡十卷，一天文门，二舆地门，三建置门，四官政门，五礼制门，六赋役门，七选举门，八人物门，九、十艺文门。

〔光绪〕文水县志十二卷

光绪九年知县范启埛等修。

按前志傅星序，盖始于嘉靖癸丑，修于天启乙丑知县米世发，再修于康熙十二年知县傅星也。所录旧序概不存其年月，遂使读者无从知其为何时人。检其宦迹篇亦多如是。殆前志之过。然其凡例云："县丞于何年裁缺，训导于何年复设，丁赋于何年归地，无从稽考。"此等案牍断不至抚、藩各署亦复无存，无非修者惮于考索而已。夫修志而不能穷力于考索，但擩撊旧志无关宏旨之细事，一再变易，以矜其能，真狙公之技，何足以云著述？此所以频修邑志徒为梨枣之厄，见者莫不颦蹙而去之也。

县为汉大陵县地，开皇十年改文水，以文谷水名也。武后之故里，天授中曾改武兴县，元符中迁县治，故城在今县东十里也。

书凡十二卷，一天文志，二地利志，三民俗志，四分建志，五财赋志，六典礼志，七武备志，八选举志，九人物志，十列女志，十一官政志，十二艺文志。

其专立民俗一志似颇有识，然检其内容，亦仅户口、坊墓、风俗、方言循例之作。至以封建志为分建志，用意亦殊晦僻。

〔光绪〕岢岚州志十二卷

光绪九年知县马汝良继前任修成，奉巡抚曾国荃命也。

据所录顺治十八年郡人李文燦序，称"自继芳任先生著志于前而柱石、廷馥二先达相继修之，迄今七十祀"。任氏为襄府长史，不晓其何时人也。康熙壬子知州何显祖则继李文燦而修矣。康熙志仅十余日成卷，其率可想。本书虽成于数任之手，然凌杂无体，正未必胜。即如卷首有图说一篇称刺史马汝良所作，竟不知其所谓图说者何所指。

州为后魏岚州地，宋初置岢岚军，金大定中升为州，明清隶太原府。古楼烦地也。《水经注》"管涔之山，汾水出焉"，即在州境。故唐尝置管州，地近朔边，山障深阻，文献无征，亦其宜也。

凡十二卷，一疆域志，二形胜志，三衙署志，四祀典志，五赋役志，六职官志，七兵防志，八选举志，九人物志，十风土志，十一、十二艺文志。

〔雍正〕岚县志十六卷

雍正八年知县沈继贤修，奉修《一统志》之命也。

按旧序，万历十六年知县谈应春始修，前乎此者无所考矣。今本大致仍谈志之旧。

凡十六卷，一建置，二城垣，三衙署，四田赋，五户口，六职官，七儒学，八坛庙，九山川，十疆里，十一选举，十二孝节，十三仙释，十四艺文，十五物产，十六灾祥。

县在隋为静乐县地，隋末置岚城县，唐初置东会州治焉，后改岚州，明初降县，隶太原府。

〔乾隆〕兴县志十八卷光绪庚辰重刊，附光绪续志二卷

乾隆二十八年知县蓝山修，继雍正八年知县程云志而作也。

凡十八卷，一图考，二星野，三建置，四疆域，五山川，六物产，七风俗，八职官，九户口，十田赋、仓储，十一学

校，十二典礼，十三祠祀，十四人物，十五营筑，十六形胜，十七、十八艺文。

程志有县人孙文定嘉淦等同纂，应自不凡，然俭陋特甚。

北齐蔚汾县也，隋改临泉，唐改临津，复改合河，金末升为兴州，洪武中降县，属太原府。

末附光绪续志，光绪六年知县张启蕴修，续蓝志而作，仅分二卷。

〔乾隆〕汾州府志三十四卷

乾隆辛卯知府孙和相修，戴震纂。

据例言，汾州自万历二十三年改府，及三十七年知府王道一始纂府志。

凡三十四卷，曰图表、沿革、星野、疆域、山川、城池、官署、仓廒、学校、坛壝、关隘、营汛、驿铺、户口、田赋、盐税、职官、宦绩、食封、流寓、人物、义行、科目、仕实、列女、古迹、冢墓、祠庙、事考、杂识、艺文。

戴氏通儒，此志负一时盛名。今详其体例，所未解者三焉。全书脉络系乎篇简，今骈列名目，无所统摄，近于簿书之流，殊乖著作之雅。一也。山川一门业已兼叙古迹、冢墓、祠庙，或泯然不分，或隔卷复出，失互相印证之益。二也。杂识一门，漫引诸书，涉及汾州之事。夫使其言为可用，则何不分系各门？使其言为不可用而姑以是备一格，则无所取

矣。采宋人小说载文彦博事六七则尤为不合。无论文事不止
于此，且汾人事实能尽包于杂录耶？若此又何必更有人物也。
杂录、志余等名，实出俗例，踵行貤惉，不得不以责贤者。
三也。至其人物未载出处，引佚书未载所引书名，等等，乖
于著书体例者复难一二数，尚不止如章实斋所讥名僧事实归
之古迹也。

〔乾隆〕汾阳县志十四卷

乾隆三十七年知县李文起主修，戴震稿也。

汾阳自北朝以来为汾州，万历二十三年升府，倚郭设汾
阳县。盖借汾水为名，非即故书所习见之汾阳也。

据例言，汾阳之有志始嘉靖三十三年甲寅知州陈秉忠、
州人王纬，是为《汾州志》。越六年己未，冀南道彭范州人孔
天胤增成之。

越二十五年，万历十一年癸未，知州白夏州人王缉又踵
其事。越二十七年己酉，知县尹觉民因州志增续，是为《汾
阳县志》。顺治十三年丙申知县吴世英、汾州府通判刘文德踵
修县志，康熙六十年辛丑知县周超又踵其事。今所存志惟万
历中府志暨刘志、周志。其叙述旧志源流，可谓详且明矣。
然所载旧志诸序仅列人名，而将年月悉削去不载，使读者何
从辨其先后耶？

按其目次，卷一沿革、疆域，卷二山川、城地、官署，卷

三赋税学校，卷四名宦，卷五职官、食封、流寓，卷六人物、孝义，卷七科目，卷八文苑、仕实，卷九古迹、坛庙，卷十事考、杂识，卷十一至十四艺文。

综观全书，于地理沿革辨正旧志误引西河、汾阳以当县境之非，甚当。故名宦、人物等篇分别去取厘正不少。观其所称旧志误以晋之王雅为北周之王雅，及以张轨所镇之西河为汾州之西河，皆显然误谬可笑者。戴氏之斤斤置辩，非得已矣。然于刁双称"刁清穆双"，于张济称"张成侯济"，何其又乖于书法至此耶？

又仕实一门，志所特创。然按其所录，实不知与人物何殊。若谓人物必取贤者，仕实可兼不肖，则五代之相里金等何尝史有贬辞。强分名目，是何理也？又据《三国志·钟会传》注引会所为母传，则其母为魏晋间贤妇人，而不入之列女，反入之杂录。岂以列女仅须载民间节妇名册为限耶？（凡例云："列女非专属节烈，而贤妇仅偶及一二，此庸德之行，其事本无所表襮，加以闺门之内，虽美弗彰也。"）甚矣习焉不察之弊例足以惑人也！艺文载明帝敕谕诸王，盖自旧志转录，颇为珍异之史料。

〔咸丰〕汾阳县志十五卷

咸丰元年知县周贻缨修。

其序曰："缺者补，讹者正，未载者续，为卷十有五，义例一仍其旧。"是仿张淏续施氏《会稽志》之例也。又曰："不数月而书成。"则率尔之作矣。

目次依前故不重录。

〔乾隆〕孝义县志

乾隆三十五年知县邓必安修。

按旧序，嘉靖三十二年县人进士张冕始修，万历二十五年县人进士赵讷继之，名曰"中阳近记"。盖张志曾付梓而赵志则未刊也。赵志虽未刊，迨三十五年知县赵守安即取为蓝本，后此复有雍正四年知县方士模一修。

本书于方志谓其除所续百十年官绅姓氏外有删无增，故立例颇为精慎。举其两条如次。一里甲村庄。赵志载村庄于里下，而不知里不能统村，方志载里名而不载村庄。其户口数二志并缺。今先里甲，俾存籍贯，次村庄户口，得考盛衰。二田赋积贮。旧志率摘《赋役全书》为赋役志，致令反复数过尚不能悉实在数目。今首载地亩随记科则上下，以悉地肥硗，次载正杂征收存解，本赋役书而特加简要。

凡二十卷，曰县治沿革志，城池疆域志，山川渠堰志，里甲村庄志，田赋积贮志，官司建置志，学校典礼志，物产民俗志，官绅姓名志，人物事迹志，胜迹祥异志，艺文参考志。名目诡异，犹未祛俗见也。

孝义为汉西河中阳县地，后魏太和中析置永安县，贞观中改今名，以邑人郑兴有孝行闻于朝也。万历以后为汾州府属县。

〔光绪〕续孝义县志二卷

光绪六年知县孔广熙修，亦奉巡抚曾国荃檄也。

据任以重跋："志创于明嘉靖邑进士张冕、赵讷，然只采辑故事藏之于家。后陇西刘公莅邑，取而增删，始行于世。雍正初新安方公修之，乾隆豫章邓公又修，即今所遵守者。"按前志所录旧序，张为嘉靖人，赵为万历人，溷而一之已误。盖意在塞责，故寥寥两册，并门类而不分，非所以言志也。

〔光绪〕平遥县志十二卷

光绪九年知县徐秋修。据旧序，前志修于康熙四十五年丙戌知县王绶也。

据《学部志目》，有《（康熙）平遥志》八卷二册，知县陈以恂修，康熙十二年刊。

平陶，汉县，元魏改今名，唐以来属汾州，明升汾州为府，以县隶焉。

凡十二卷，一地舆志，二建置志，三食货志，四学校志，五典礼志，六武备志，七职官志，八选举志，九人物志，十古迹志，十一艺文志，十二杂录志。

其订正衔名有杨笃、杨深秀，皆晋之贤达也。地舆志中论风俗处颇有实录，其他则亦泛常而已。

〔乾隆〕介休县志十四卷

乾隆三十五年知县王谋文修。

前有万历庚子史记事序，称介志四十年来犹仍其旧。则志不始于万历矣。凡例称史志以简核具史裁，王志多所补述，今文加详核焉。

观其所补，如冢墓中增宋曹玠墓，物产中增史令所教民种植之棉花、红花，则诚善于拾遗者也。

凡十四卷，一星野等，二山川，三学校等，四田赋，五职官，六、七选举，八封荫，九人物，十孝义等，十一至十三艺文，十四杂志。

〔嘉庆〕介休县志十四卷

嘉庆二十四年知县陆元鐩修。

据旧序，万历庚子知县史记事一修，康熙三十五年知县王埴再修，乾隆三十五年知县王谋文三修。

书凡十四卷，一星野等，二山川，三学校等，四田赋等，五职官等，六选举，七仕籍，八封荫，九人物，十忠节等，十一列女，十二、十三艺文，十四杂志。

介休，秦县，以绵上得名也，晋始去田曰介，唐宋以来隶汾州，明以来为汾州府属县。郭泰、文彦博之故里，故遗事流传为最多云。

〔康熙〕临县志八卷

康熙五十七年知县杨飞熊修，候补内阁中书县人崔鹤龄纂。

凡八卷，无细目。

县为唐临泉县，元升临州。而本书谓取地泽临之义，未免穿凿矣。

末附县人曹席珍康熙初年官竹溪县知县陷贼题壁词一篇，悲壮淋漓，不忍卒读，绝好史料也。道光二十年知县赵辉璧自通志录出补入卷尾，惜其已有删节耳。

〔民国〕临县志二十卷

民国六年知事胡宗虞修，县人前进士吴命新纂。

据例言："县志创于万历二十四年知县常时芳，续于天启七年知县李度，明末书之。及顺治十三年知县朱绍凤始购辑成书，康熙二十五年知县莫友仁增成之，五十七年知县杨飞熊复踵修之，光绪五年知县左兆熊属稿而未成书。今所存者惟杨志也。"

凡二十卷，首图之属，曰疆域、山川、城市、都里、区所；次谱之属，曰星度、大事、官师、贡举、里族、区所、物产；次略之属曰疆域、山川、财赋、教育、兵防、风土；次考之属，曰沿革、营建、古迹、著述；次录之属，曰名宦、乡贤、列女。据其自述："所有考据皆采王氏轩新通志、戴氏震《汾州志》，体例一本胡氏延之《绛县志》。"故近于雅正也。

县故汉西河离石县地，后周置乌突县，兼置乌突郡治焉。隋废郡改县曰太和，唐改为临泉县，明初去泉字，属太原府，万历二十三年汾州建府，以县隶焉。自古为征战之地，崇祯流寇、顺治姜瓖、同治回乱，志皆纪之綦详，而诗文泛语悉从刊落，是其卓识。

〔康熙〕山西永宁州志八卷

康熙四十年知州谢汝霖修。

《学部志目》有《（顺治）永宁州志》一册，顺治十三年知县胡宾修，本书未及此也。

凡八卷，分兴地、建置、食货、秩官、秩祀、选举、人物、艺文八志。

永宁为汉西河离石县，刘渊起兵之地。唐以后为石州，隆庆中蒙古陷城，署州事李春芳以石、失二字叶音不吉，请改今名，隶汾州府。本书于历朝兵事殊无所纪录。

〔康熙〕山西宁乡县志十卷

康熙壬午知县吕履恒修。其序云旧志残缺，然始终未述旧志为何人所撰也。

凡十卷，一天文，二地理，三建置，四典礼等，五赋役等，六职官，七人物，八选举，九、十艺文。

艺文篇录王珸所作三节妇传，直述其口语如睹其为人，视他志胪列名氏泛语满纸者高出多矣。

县乃后周所置，属离石郡，金改今名。本书沿革表云后周大象初析置宁乡、平夷二县，非矣。

〔乾隆〕潞安府志四十卷

乾隆三十五年知府姚学瑛继前任修成。

按旧序略，知志始于万历壬子，修于顺治庚子知府杨畯。本书盖无一语及旧志原流也。

凡四十卷，一星野，二疆域，三沿革，四山川，五城池，六形势，七庙学，八风俗，九田赋，十古迹，十一纪事，十二封建，十三节镇，十四至十六职官，十七名宦，十八至二十选举，二十一至二十四人物，二十五六列女，二十七至三十八艺文，三十九杂记，四十辨讹。

潞为古上党地，秦汉以来为郡，后周始置潞州，大历以后置昭义节度使，崇宁中升隆德府，嘉靖中定今名。领县八，曰长治、长子、屯留、襄垣、潞城、平顺、壶关、黎城。平顺继裁并潞、壶、黎三县，则余七矣。

自七国已来为争斗之地，天下所注目，杜牧所谓泽潞"肘京洛而履河津，倚太原而跨河朔"，语其形胜不特甲于河东一道而已。本书卷十一纪事一篇，仿《纲目》体，一郡废兴存亡之故皎若列眉焉。

按《（光绪）长治县志》艺文志辑录上党志乘颇详，兹撮举如左。

后赵程玑《上党国记》 佚

《太平寰宇记》数引其文，益以《水经注》《续汉书·郡国志》注所引，约得十余条。

唐薛珝《圣应图》一卷 佚

张九龄有赞。

陈宏〔闳〕《上党十九瑞图》

《唐书·艺文志》，宏〔闳〕，永王府长史。

邱据《相国凉公录》一卷 佚

《唐书·艺文志》，记李抱玉事。

李德裕《上党记叛》一卷 佚

《唐书·艺文志》，记刘从谏事。

卢弘正《昭义军剩录》 佚

宋徐叔阳《羊头山记》十卷

见《宋史·艺文志》。

明栗应麟《潞安府志》十二卷

《明史·艺文志》，近多散佚。

清杨暶《潞安府志》

杨志不著年代，据序云"自万历壬子迄今阅五十年"，由斯以推，当在顺治之末。又据姚学瑛序云："郡志修于顺治庚子，百有余年"，庚子为顺治十七年，杨志之成，其在是欤？然此志以前，志凡数修，均不著明。此外惟列钱受祺序一篇，其以前旧志序文不知系杨志未载抑系姚志取削？钱序无所发明，杨序亦未著明纂修体例卷数，以其为旧志所存者仅此，故录之。

程之珌《潞志拾遗》二十卷 存

〔乾隆〕长治县志二十八卷

乾隆二十八年知县吴九龄修。

凡二十八卷，一图说，二星野，三沿革等，四疆域等，五山川等，六学校等，七赋役等，八风俗等，九封爵，十兵制等，十一职官等，十二名宦，十三选举，十四人物等，十五列女，十六寓贤等，十七艺术，十八仙释，十九坛庙等，二十陵墓，二十一祥异，二十二至二十六艺文，二十七事迹，二十八杂志。

其蒐罗事实颇丰，然近于夺府志之席矣。

此书有一节最足法者，凡史传人物必注明其为上党人、潞州人是也，惟明以后不再注明。盖前代辖境有广狭之不同，不得概以今县境统之，而俗手撰志往往忽于此事，便使后人不知所引用之人竟为何邑之人。此史识不充之过也。不能一一纠举，辄发其例于此。

〔光绪〕长治县志八卷

光绪二十九年知县马鉴修，光绪五年巡抚曾国荃修通志饬各县纂修县志，至是始刊成也。

长治古上党县，嘉靖八年始置今县，属潞安府。志创于万历十六年，一修于康熙十二年，再修于乾隆二十八年。卷首未具撰人。其艺文志所录前志原流如左。

姜恒《长治县志》 未见

志成于康熙十二年，尚有卫周祚及邑人吕和钟、万代尚三序。

吴九龄《长治县志》二十八卷 存

志成于乾隆二十八年，观其后序则楚人蔡履豫实任秉笔。体例远出府志下，然撷拾颇详，府志每采录云。

凡八卷，图之属七；表之属五；志之属七，曰地理、建置、祠祀、学校、赋役、艺文、金石；传之属六，曰史传、集传、列传、别传、循政传、列女传；记之属三，曰大事记、风土记、杂记。其曰史传，则录自正史者也；集传，则集录诸书者也；列传，则录自旧志者也；别传，则藩邸幕佐之类也。固犹存雅正之体者。

〔光绪〕长子县志十二卷

光绪八年知县豫谦修，繁峙训导杨笃纂。

据本书艺文志所录县志目如左。

明《长子志》　知县何出图著 _佚

明《长子续志》　知县崔尔进著 _佚

清《长子志》　知县王毓恂著 _佚

《（康熙）长子志》　知县郭守邦著 _佚

《（康熙）长子续志》　知县徐飏廷著 _佚

《（乾隆）长子志》　知县纪在谱著 _存

《（嘉庆）长子志》　知县刘樾著 _存

于何、崔、王三志皆不书年代，是其疏忽处。

本书十二卷，一地表、晷度表、历代爵封表、职官表，二选举表，三地理志，四建置志，五祠祀志、赋役志，六学校志、艺文志，七金石志，八史传、集传，九列传，十列女传，十一宦绩记、侨寓记、风土记，十二大事记、杂记。

本书所长在能引史文以正旧志之空疏，其义例则与杨氏所修他志相类也。

长子自汉以来为上党治所，隋以后始为潞州属县。唐《十道图》：长子城丹朱所筑，丹朱，尧之长子，因名，亦作尚子。《水经注》："《竹书纪年》曰梁惠成王十二年，郑取屯留、尚子"，即长子之异名也。

〔光绪〕屯留县志八卷

光绪六年知县刘钟麟等修，亦奉巡抚曾国荃命也。

按旧序，嘉靖乙未始修，康熙乙卯知县屠直重修，雍正庚戌知县甄尔节又修。

凡八卷，一星野等，二城地等，三田赋等，四职官等，五名贤等，六、七、八艺文等。仓卒成书，不遑言体例也。

屯留为春秋余吾地，汉为上党县，隋唐属潞州，明以来为潞安府属县。

〔乾隆〕襄垣县志八卷

乾隆四十七年知县李廷芳修，前有三立书院院长卢文弨序。

据所录旧序嘉靖壬戌修于县人郝良臣，康熙四十五年知县袁良再修。

凡八卷，一舆图、星野、疆域、沿革，二建置、职官，三学校、礼乐、风俗，四古迹、赋税、恩赐，五选举，六人物、列女，七、八艺文。不脱俗志窠臼。然据其凡例所纠前志，则已较为雅正矣。

秦汉为上党县，相传邑城为赵襄子所筑也，后魏曾置襄垣郡，后周曾置韩州，贞观以后州废，县属潞州，嘉靖以来为潞安府属县。晋庾祁铜鞮宫故址在是，然无所存矣。

〔光绪〕潞城县志四卷

光绪甲申知县程达夫〔天〕修，繁峙县教谕举人杨笃纂。

据序，潞志重修于康熙四十五年知县张士浩，据书籍记则万历志修于知县冯惟贤，天启志修于知县王溥，《（万历）平顺县志》修于知县赵完璧，《（康熙）平顺县志》修于知县刘征也。

潞城置县始于隋，属潞州，明升潞州为潞安府，析县之南境别置平顺县，乾隆二十九年裁去，复故。

凡四卷，一曰疆域图、山川图、城池图、乡镇图、星度经纬谱、历代地名谱、官师谱、贡举谱，二曰建置沿革考、田赋考、学制考、祀典考，三曰山水记、风土记、大事记、书籍记、金石记，四曰名宦录、乡贤录、忠义孝悌录、耆旧录、贞节录、杂述。

杨氏屡修诸志，故文词体例均近雅正。

〔乾隆〕壶关县志十八卷

乾隆三十五年知县秦之柄继前任修成。

按旧序，嘉靖四十年知县何永庆属县人张铎始修，顺治十八年知县朱辅续修，康熙二十年知县章经又修，乾隆三十四年知县杨宸又修。

凡十八卷，一沿革等，二山川等，三城池等，四公署等，五职官等，六、七选举，八、九人物，十、十一列女，十二寓贤等，十三至十七艺文，十八遗事，其凡例自云"艺文间有删润"，夫滥载诗文已为不可，而况加以变易哉？

大体亦主简洁之说者，故风俗、物产之类几不著一字，虽足矫旧志雷同之习，然未免疏略矣。又其书雕印甚精而误字极多。

壶关为汉上党郡属县，隋析上党，明复析置平顺，乾隆二十七年省入本县。

〔道光〕壶关县志十卷

道光甲午知县茹金修。

书凡十卷，一沿革志，二疆域志，三建置志，四食货志，五官师志，六选举志，七人物志，八列女志，九、十艺文志。

力矫前志之简，故多所补苴，如风俗纪事之类是。然不过循例补入而已，非有特见也。

〔康熙〕黎城县志四卷

康熙二十一年知县程大夏修，盖取县诸生李御、李吉所辑稿而成之也。

其凡例云："志与史不同，史兼褒诛重垂戒，志则志其佳景、奇迹、名人胜事以彰一邑之盛。"于是又斤斤于八景之摹绘。议论如此，安望其下笔垂为典则邪？宜乎光绪志之纠摘也。

凡四卷，一地里志，二政事志，三人物志，四艺文志。

〔光绪〕黎城县续志四卷

光绪庚辰知县郑灏修。

据序，明中叶县人靳惟精始辑为志，康熙壬戌知县程大夏再修。今仅以康熙以后事续辑而成也。

书凡四卷，一地理志，二人物志，三艺文志，四补遗纠误。

县本汉潞县地，开皇中置今县，以古黎侯国得名，明以来为潞安府属县。壶口在县境，旧志多以故书中壶关事阑入。本书虽简短，而纠其滥、补其遗颇不鲜也。

〔雍正〕泽州府志五十二卷

雍正十三年知府朱樟修。

观其凡例，议论颇平庸，然叙次前志源流较康熙志详尽多矣。凡五十卷，一星野志，二至十五方舆志，十六至二十一营建志，二十二至二十五贡赋志，二十六至三十二选举志，三十三至三十五秩官志，三十六至四十人物志，四十一至五十二艺文志。雍正六年升府，增置附郭一县曰凤台，余仍旧贯。沿革非有难明也，而建置之外复有沿革，复有分置，复有考同，纷纷徒乱人意。盖专欲侈卷帙之丰耳。然亦终赖其矜奇炫博，犹能多存故实也。

〔康熙〕泽州志三十卷

康熙四十五年知州陶自悦撰，前有陈廷敬序。

按凡例："旧志创于州守顾显仁，本久失传，续者傅公淑训。穆宗以前事稍稍具。"顾为隆庆间任，傅为万历间任。据雍正志称尚有知州郑际明一志，无一语及之，不审何也。

凡三十卷，一图考，二星野，三建置沿革，四形胜，五山川，六城池，七公署，八学宫，九祠祀，十贡赋，十一防御，十二封爵，十三职官，十四名宦，十五选举，十六恩赉，十七人物，十八孝义，十九列女，二十隐逸，二十一流寓，二十二方技，二十三仙释，二十四风俗，二十五古迹，二十六陵墓，二十七寺观，二十八祥异，二十九杂编，三十艺文。

州在后魏为建兴郡，开皇中立泽州，盖取濩泽为名，自是驷为重镇。其时尚为直隶州，领高平、阳城、陵川、沁水四县也。

〔乾隆〕凤台县志二十卷

乾隆癸卯知县林荔修。

隋开皇中于上党建泽州，雍正六年升州为府，倚郭设凤台县。故志无沿革可言也。

凡二十卷，不分总目，其首冠以康熙御制赐陈廷敬诗。廷敬为近代泽州闻人，故以之资夸耀也。

〔乾隆〕高平县志二十二卷

乾隆三十九年知县傅德宜等修。

按旧序，志始于嘉靖三十七年县人工部右侍郎郭鋆，及万历四十三年知县刘文英续修，顺治十五年知县范绳祖又修。

凡二十二卷，一星野，二图谱，三沿革，四疆域等，五山川等，六风俗等，七公署等，八学校等，九赋役等，十兵制等，十一职官等，十二选举等，十三人物等，十四孝义等，十五列女，十六祥异，十七杂志，十八至二十二艺文。

志颇以前志之简为病，然所增者不过艺文中与县事无关之诗文而已。

高平为汉上党泫氏县，后魏永安中析置平高县，北齐改今名，唐初置盖州于此，清为泽州府属县。县西北长平城即白起破赵兵处。《水经注》："长平城西有秦垒，秦坑赵卒，收头颅筑台于垒中，因山为台，崔巍杰起。今仍号白起台"，是也。

〔乾隆〕阳城县志十六卷

乾隆二十年知县杨善庆修。

按旧序，万历间县人栗魁〔按，应为栗魁周〕始修，顺治戊戌知县陈国珍再修，康熙丁卯知县项龙章三修。

凡十六卷，一分野等，二山川，三城池等，四田赋等，五职官，六、七选举等，八宦迹，九人物，十忠节，十一列女，十二至十五艺文，十六志余。

其凡例力诋旧志之失。其言曰："旧志分门别目颇多淆杂，如学校与文庙本为一事，乃以学校附公署而别举文庙列之祀典，尤为失伦。又如里甲宜附田赋后，津梁宜附山川后，铺递宜附官署后。"殊不知此等分别由来已久，固非旧志独创。严格绳之，学校与文庙实非一事，里甲不能附田赋后，津梁不能附山川后，铺递亦不能附官署后。若但图并省，则可并省者殊不止此。若论体裁之得失，又岂在此区区门类之分合？此总由好索前人之瘢故也。

阳城古濩泽地，自汉以来为县，唐初为泽州刺史治所，天宝元年始更今名，雍正以后遂为泽州府属县。

本书物产篇云："《唐六典》：县贡石英及龙须席，《寰宇记》：析城山顶上有汤王池，池四岸生龙须草，殆唐时所取为席者。今县人既无捆席，而此草亦绝不复闻。"是知物产之关于历史者如是之不可忽也。

〔乾隆〕陵川县志三十卷

乾隆四十四年知县程德炯修。

按旧序，弘治戊午邑人都永思、嘉靖壬子知县赵孟乾、万历辛亥知县许自严、顺治戊戌知县黄国灿、康熙甲戌知县孙必振、乾隆庚申知县雷正各一修。

都序云："尝览旧志，见夫残腐而陋，冗剧而紊，苟简而啬。"是都志仍非创始也。

凡三十卷，一星野，二沿革，三疆域，四山川，五关隘，六古迹，七坛庙，八城池，九衙署，十户籍，十一、十二赋役，十三仓储，十四学校，十五风俗，十六物产，十七官师，十八宦迹，十九选举，二十武略，二十一至二十三人物，二十四列女，二十五至二十八艺文，二十九祥异，三十丛谭。

县为汉泫氏县地，隋初为高平县地，旋析置今县，属泽州。郝经、元好问之里居也，陵川实赖两人以传，而志反于此两人事实略而不详。嘻，其异矣！

〔光绪〕陵川县志三十卷

光绪八年知县李桢修，继乾隆程志而作也。

其凡例云："乾隆戊戌以前事多依程志旧本，由乾嘉至今九十余年事迹缺如，征实补遗，极费搜讨，逐条增入，合付梨枣云云。"

今观其所补，较程志已多，而不著出处，终于不合也。

凡三十卷，一星野，二沿革，三疆域，四山川，五关隘，六古迹，七坛庙，八城池，九衙署，十户籍，十一、十二赋役，十三仓储，十四学校，十五风俗，十六物产，十七官师，十八宦迹，十九选举，二十武略，二十一至二十三人物，二十四列女，二十五至二十八艺文，二十九祥异，三十丛谭。

〔光绪〕沁水县志十二卷

光绪辛巳知县秦丙煐修，奉巡抚曾国荃命也。

据历修姓氏，明正德中兵部尚书邑人李瀚、嘉靖间知县扈文魁、万历甲辰兵部尚书邑人张五典、崇祯间都督同知邑人张道浚、顺治己亥知县邱潞、康熙丁丑知县赵凤诏、嘉庆辛酉知县徐品山各一修。

书凡十二卷，一星野，二方舆，三营建，四风俗，五贡赋，六选举，七职官，八人物，九祠祀，十祥异，十一艺文，十二志余。

大致承明代诸志之旧。观其凡例，谓"张志于山川一门按地形龙脉，总叙成文，立意甚超。邱志撮其大要，改易总论，复标山川名目，以景物附缀其下，而田赋一门旧志挈其要领以便观览"，则旧志之宗旨不过如此。而今志之鉴别亦不过如此而已。

沁水为汉河内县，北齐改县曰永宁，开皇中复故名，改属泽州，王世充尝置原州于此。雍正以后为泽州府属县。

〔雍正〕辽州志八卷

雍正十一年知州徐三俊修。

按旧序，万历三十一年州人孙毓英、康熙十二年知州杨天锡各一修。孙序云："辽志之纂自伊川杨君"，则孙志亦非始创也。

凡八卷，一图考等，二城池等，三公署等，四祠祀等，五户口等，六职官等，七人物等，八艺文。简率殊甚。

州唐武德中置，旋改箕州、仪州，卒复故名。领榆社、和顺两县。

〔乾隆〕和顺县志八卷

乾隆戊子知县黄玉衡修。

据序，志始于万历十一年知县李继元，重辑于顺治十三年知县李顺昌，三修于康熙十四年知县邓宪璋也。

凡八卷，一地理志，二建置志，三祠祀志，四田赋志，五官师志，六选举志，七风俗志，八艺文志。

按其凡例则仿《武功志》之体也。颇能撷拾前志遗阙，如马克礼为金大定时人误为元金进士，邑人严坦名见艺文而人物内失纪是也。

县相传为春秋时梁余子国，汉为上党沾县地，北齐为梁榆县，隋改今名，因境内有古和城故名也。唐以来属辽州。卢谌《征艰赋》所谓"访梁榆之虚郭，乃〔吊〕阙与之旧都也"，《水经注》云"榆水出此"矣。本书不引郦注，是其疏也。

〔乾隆〕榆社县志十二卷

乾隆八年知县费映奎修。前志修于康熙十三年知县佟国弘也。

凡十二卷，一舆地志，二建置志，三赋役志，四学校志，五风俗志，六职官志，七选举志，八人才志，九列女志，十祀典志，十一艺文志，十二拾遗志。

县为春秋时晋箕邑，汉为上党涅氏县，开皇中改今名，五代以后属辽州。

其书在山西诸志中颇称详慎。然因箕邑之故，遂于艺文志中摘录《史记·宋世家》关于箕子之事。诸如此类，仍不免于肤滥。

卷三有述匠价沿革一条云："匠价始于前明。今天下各匠轮班赴京上工，其有愿出价银者免其赴京应役，各省遂有匠价之征。前抚石因晋省各州县虽有应征银两之额数，并无实在输纳之花名，有向故匠子孙征收者，有向各匠征收者，更有故匠无后令户族均摊各匠分赔者，完纳维艰，滋累殊甚，具折奏准将额征匠价均入地粮之内。"此事他志殊未道及。

〔乾隆〕沁州志十卷

乾隆辛卯知州姚学瑛修。

按旧序，志始于万历壬寅知县俞汝为。俞序云："正德间议创未成，而裒汇成书则自学宪荣甫杨公始。乃因旧文删正云云。"则前此之志固未就也。其后康熙甲寅有知州汪宗鲁一修，乾隆辛酉知州雷畅一修。雷志盖即雍正辛亥知州叶士宽所修而未刊者也。

本书凡十卷，一星野等，二城池等，三贡赋等，四封爵等，五选举等，六名宦等，七寓贤等，八古迹等，九寺观等，十艺文。其纠旧志之误者，如云："职官条旧志载华温琪、周伯禄二人。按《通鉴》，后梁开平四年，'以晋、绛、沁三州为定昌军，以华温琪为节度使'。然欧阳《五代史职方考》不言沁为梁有。盖当时争夺割据，朝梁暮晋故也。则温琪无庸赘入。又金沁南军即今怀庆府也。伯禄本同知沁南，而旧志误谓官于沁州，故削之。其他漏遗舛紊者，悉增补更正。至封荫条称李存孝封沁州王，似据残唐小说。鄙俗可哂，岂可仍而不革？" 诚可笑矣。

〔光绪〕沁州复续志四卷

光绪六年知州吴承恩修。

盖缘前志所续未备，故复为此编。于光绪初元之大祲颇深致意也。

凡四卷，一曰公署、学宫、祠祀、贡赋、防御、牌坊、桥梁、村庄、风俗、冢墓，二曰职官、选举、封赠、名宦、人物、孝义，三曰忠烈、文苑、方技、列女，四曰灾异、艺文、厄〔尾〕言。

〔雍正〕沁源县志十卷 附光绪续志四卷

雍正八年知县王廷抡修。

按序，志盖始于万历丁未知县王纯，康熙壬午知县汪士鹏续而未成，癸巳韩瑛乃刊行之。

凡十卷，一封域，二建置，三田赋，四典礼，五职官，六选举，七人物，八古迹，九别录，十艺文。

县为汉上党谷远县地，晋省，后魏置沁源县，开皇十六年置沁州治此。盖至宋初始移治铜鞮也。州境绵山与介休接境，沁水所出，故名。

末附光绪续志四卷，光绪七年知县董余三修，奉巡抚曾国荃命也。略依前志例增入近事而已。

〔康熙〕武乡县志六卷

康熙三十一年知县高鉷修。

凡六卷，分目琐细，不堪枚举。据凡例，盖大致依顺治乙酉李芳莎志也。然所订之例，如云："人物、乡贤，旧志先录大略，后于艺文内又载全传，纷纭重复。今于有全传者即录全传，无全传者悉照旧志"，似较旧志稍高一筹。

但所云志书有增必有删，若增而不删但可谓之增志，而不可谓之修志，因谓旧志阴阳学、医学二项无关重轻删去其名，则谬妄之见矣。

〔乾隆〕武乡县志六卷 <small>附光绪续志六卷</small>

乾隆五十三年知县白鹤修。

据例言，顺治二年乙酉李芳莎、康熙壬申高鉷各一修。其在明代则无考矣。

武乡置郡始于后赵，隋开皇中州废入县，隶上党，元以来属沁乡也。州，太行所峙而清、漳所经，石勒之故乡也。

书凡六卷，一建置等，二公署等，三封爵等，四人物等，五、六艺文。大要颇为明练，不失雅裁。

末附光绪续志，光绪五年知县吴匡修，一依前志之体。中有采录县人著作者，如《武乡县建置沿革考》，县人魏鸾鹍撰也。

〔光绪〕平定州志十六卷

光绪八年知州张彬继前任赖昌期修成，奉巡抚曾国荃命也。

按所录旧序，万历中知州宋沛、州人按察副使延论始修，乾隆戊辰知州王祖庚、乾隆乙丑知州陶易、乾隆庚戌知州金明源各一修。庚戌志始于知州金廷弼，时戴衢亨任学政也。

凡十六卷，一御制、星野，二舆地，三四建置，五食货，六职官，七选举，八、九人物，十至十五艺文，十六杂志。

州本太原郡地，宋置平定军，金以来为州，雍正二年升直隶州，以乐平（今昔阳）、盂县、寿阳隶焉。

〔民国〕昔阳县志六卷

民国四年知事皇甫振清修。

据其序，天启丙寅知县尚存义始修，康乾雍屡加修订，自嘉庆迄清末仅于平定修志时附辑一次。今存康熙十一年知县王祚永、乾隆十八年知县李榕、丙申知县李早荣、癸未知县陶镛各序。盖今所据者李榕一本而已。

凡六卷，曰图考、舆地、建置、民政、秩官、选举、人物、艺文、杂志。仍《平定州志》例，而谬误庸俗不可枚指。

昔阳，故乐平县也，汉为上党沾县地，曹魏析置乐平县，为乐平郡治，隋唐曾置辽州，金曾置泉州，明清为平定州属县，嘉庆初曾省为乡，旋复故。县东有昔阳城，《左传》晋荀吴入昔阳灭肥是也。民国三年以避江西重名县，改昔阳。

〔光绪〕盂县志

光绪七年知县张岚奇修，奉巡抚曾国荃命也。

按旧序，嘉靖三十一年知县万鉴始修，县人张淑誉稿也，康熙三十八年知县蔡璜再修，乾隆四十九年知县马廷俊三修。

凡十八卷，一图，二大政纪，三恩赏纪，四典礼纪，五天文考，六地兴考，七、八建置考，九食货考，十、十一职官表，十二至十四选举表，十五政略，十六至十八列传。虽变前志体例而乾隆以前事实多仍旧也。

盂为汉太原县，有仇犹亭，盖古仇犹地。金兴定中升为州，明初降县隶太原府，雍正二年来属平定。

〔光绪〕寿阳县志十三卷

光绪八年知县白昶取前任马家鼎稿刊之，奉巡抚曾国荃檄也。据所录旧序，知有康熙壬子知县吴祚昌、乾隆三十四年知县龚导江两次修本，康熙以前未之及也。

寿阳，晋县，析榆次置，金曾隶平定州，元明隶太原，雍正二年复改隶平定州。

凡十三卷，一舆地志，二建置志，三赋役志，四学校志，五官政志，六武备志，七选举志，八、九人物志，十风土志，十一、十二艺文志，十三杂志。

舆地志云："考旧志，村庄不满三百而不枚举其村庄之名，今户口日繁，统计所九十有二，村庄四百十一。民俗以某村属某所，相沿已久。今仍其俗，备列其名兼载其距城里数，而所谓某乡某都者则略之。盖某乡某都之称用以纳正供，虽迁居而不改，故有家于西而尚称东几都家，于北而尚称南几都者。某所某村则民居土著之实，可按籍而稽耳。"此北省乡村所以不用都称，固传久之良法也。

〔乾隆〕平阳府志三十六卷

乾隆元年知府章廷珪修。

前志修于康熙四十七年知府刘棨，本志继之而修也。

　　凡三十六卷，一图考，二星野，三建置沿革，四疆域，五山川，六关津，七城池，八公署，九学校，十祠祀，十一户口，十二田赋，十三水利，十四仓储，十五盐法，十六邮政，十七兵防，十八帝王，十九职官，二十宦迹，二十一选举，二十二封荫，二十三人物，二十四隐逸，二十五列女，二十六仙释，二十七方技，二十八寓贤，二十九风俗，三十物产，三十一古迹，三十二陵墓，三十三寺观，三十四祥异，三十五杂志，三十六艺文。

　　末附宪纲一册，其实所列各项悉可入志，无俟赘此也。

　　平阳，尧都，曹魏始分河东置平阳郡，刘渊建国，即都于此，北朝以至唐宋，皆曰晋州，政和中升为平阳府。雍正二年升蒲、解、绛、吉、隰各为直隶州，于是府统州一，曰吉，县十，曰临汾、洪洞、浮山、乡宁、岳阳、曲沃、翼城、太平、襄陵、汾西。原有赵城一县，后割隶霍州也。

〔乾隆〕临汾县志十卷

　　乾隆四十四年知县吴士淳继前任修成。

　　士淳序云："邑志肇修于万历辛卯安肃邢公，越八十余年至康熙癸丑，而莆田林公修之，又四十五年康熙戊戌，瀛海宫公修之，又十二年雍正己酉，而大兴徐公修之。"邢名云路，林名弘化，宫名懋言，徐名三俊也。

凡十卷，一沿革志，二地理志，三田赋志，四祀典志，五学校志，六职官志，七选举志，八人物志，九祥异志，十艺文志。

临汾为汉平阳县，属河东郡，曹魏置平阳郡治焉，隋改今名，近代遂为平阳府附郭县。

〔雍正〕洪洞县志九卷_{同治十一年知县文绍濂修}

雍正八年知县金世传修。

嘉靖三十三年知县王业、万历十三年知县乔因羽、顺治十六年知县赵三长、康熙十二年知县邵琳各一修。据王序云："叨领邑务即有志斯举，适见对霍李公旧所为抄本。"则嘉靖志亦有所本也。

本书九卷，一舆地志，二田赋志，三官司志，四人文志，五秩祀志，六食货志，七武备志，八杂撰志，九艺文志。

县为春秋时杨国，汉为河东杨县，后魏以县有洪洞镇，乃改今名。县在明代为殷富之区，故县人颇有奢靡之戒。本书风俗篇录岁贡生晋淑京所撰《禁奢条议》，描叙当日生活习惯至为详悉，独惜未着其年代耳。录其一条如次。

行财即古纳币之礼，近俗竟有假妆奁为饵以争财礼者，即有用铜锡充数以诓亲者，更有以好看为名令男家借取首饰、币帛，及赚物到手，或尽裁翦或竟当卖者。

致使日后残恨其妇，诟詈其婿，究以两姓之好遂成仇雠。今议聘礼多者银二十两，币十六端，裙挂、里绢各四件，彩线、金绵各一楅，头面止插一糕，金银花不过十对。次者银十二两，币十端，裙挂、里绢各二件，头面金银花八对。又次者银八两，币六端，裙挂、里绢各一件，梭布二匹，头面止用银花六对，食盒至多不过六架。

观户口篇所志万历间多至九万八千余口，而顺治、康熙、雍正三次编审仅有三万余，则崇祯以前之殷庶可知。今河北各县居民询其祖贯多云自洪洞迁来，故洪洞之移民为近代社会史一大案。然知者甚鲜，本书仅云："洪民自明隆万间生齿浩繁，至崇祯末遭兵燹之变，民多背井离乡而村落空虚。"不能征询父老而详纪之，为可惜矣。

〔同治〕浮山县志三十七卷

同治十年知县庆钟取乾隆十年知县田有伊等所修本增补刊行之也。

据历修姓氏，康熙十二年知县潘廷侯创修，雍正十年知县周毓正续修。

唐武德二年始析襄陵置浮山县，明以来隶平阳府。

书凡三十七卷，一图考，二星野，三建置沿革，四疆域，五城池，六山川，七关隘，八桥梁，九学校，十公署，十一户口，十二田赋，十三运支，十四兵防，十五驿传，十六封建，十七职官，十八宦绩，十九选举，二十材武，二十一貤封，二十二人物，二十三孝义，二十四列女，二十五流寓，二十六仙释，二十七风俗，二十八物产，二十九古迹，三十园亭，三十一陵墓，三十二祠祀，三十三寺观，三十四祥异，三十五兵氛，三十六杂志，三十七艺文。

卷帙虽多，或仅数纸，虚设门类，以资张大，犹世俗之见耳。

〔光绪〕浮山县志三十四卷

光绪庚辰知县裴允庄修，教谕武克明纂，实即重刊同治志。武序云"仍旧者十七，更订者十二，增补者十一"也。

凡三十四卷，一图考，二星野，三建置沿革，四疆域，五城池，六山川，七关隘，八桥梁，九公署，十学校，十一祀典，十二户口，十三田赋，十四运支，十五驿传，十六兵防，十七职官，十八宦绩，十九选举，二十封典，二十一人物，二十二孝义，二十三列女，二十四流寓，二十五仙释，二十六风俗，二十七物产，二十八古迹，二十九祠宇，三十寺观，三十一灾祥，三十二兵氛，三十三杂志，三十四艺文。

〔乾隆〕乡宁县志十五卷

乾隆四十九年知县葛清修。

据所录历修姓氏，县志创于万历间知县焦守己，重修于康熙十一年知县张联箕也。

县在北魏为昌宁县，后唐改今名，金以后隶吉州，雍正二年升吉州为直隶州，以县隶焉，乾隆三十七年改为散州，以县属平阳府。当黄河之滨，固古来险要地也。

书凡十五卷，曰疆域、山川、城镇、田赋、户口、官师、人物、仕进、旌封、积贮、学校、礼俗、物产、祥异、艺文。虽俭逼已甚，而所载风土诸条犹非尽空言。固小邑志乘中之卓然者也。

〔民国〕岳阳县志十六卷

民国二年知事李钟珩修。

据所录旧序，康熙元年知县李子实、雍正十二年知县赵温、光绪六年知县唐廷恺各一修。前乎此者遂不可考矣。

凡十六卷，一图考志，二兴地志，三建置志，四坊里志，五学校志，六典礼志，七赋役志，八职官志，九武备志，十选举志，十一人物志，十二列女志，十三形胜志，十四祥异志，十五、十六艺文志。

县为汉上党谷远县地，后魏置安泽县，大业中改岳阳，取"既修太原，至于岳阳语"也。唐宋属晋州，明清属平阳府，民国三年以避湖南岳阳名改还安泽县名。

本书自云"屡奉檄催，以两阅月成书"，其弇陋可想。并星野、八景之俗例亦未刊除也。

〔乾隆〕曲沃县志四十卷

乾隆戊寅知县张坊撰，前有王鸣盛序。

张氏自序略称见储大文所修《山西通志》于京邸而心折其辨证一门。及来曲沃，以形势推度断，新田不在曲沃，古曲沃不在闻喜，而当在今县治西南数里之故城。然《汉志》闻喜故曲沃，武帝更名绛，晋自曲沃徙此，绛水出西南，《续汉志》《晋志》并同。其时未有曲沃也，北魏始有曲沃，与闻喜、绛并立，析绛之新田置也。自隋以来皆因之。旧说之来已久，未可全然抹杀。又其凡例云："旧志山川皆失其传，今山为考出太行、绛山、东陉、峨嵋，川则汾、浍、天井，载籍昭然，千年若揭。其旧署'紫金大尖、合水鼓堆'鄙俚不堪，概行删去。"不知考证乃一家之私言，称名乃一时之通制。私言元可随时树立，而通制一经湮没后此必将失传。名虽鄙俚，固其时其地之人所公认，乌可以私言而变乱之哉？

凡例又云："八景之外增益二景，字义调叶，允谐风雅。"

议论如此，适见其不知大体而已。

凡四十卷，一星野，二图考，三沿革，四疆域，五形胜，六山川，七城池，八公署，九学校，十坛壝，十一祠庙，十二坊表，十三古迹，十四陵墓，十五寺观，十六关隘，十七户口，十八田赋，十九水利，二十仓储，二十一邮政，二十二武备，二十三风俗，二十四方产，二十五封爵，二十六职官，二十七师儒，二十八贡举，二十九封荫，三十名宦，三十一人物，三十二乡饮，三十三列女，三十四流寓，三十五艺术，三十六仙释，三十七祥异，三十八九艺文，四十志余。

王氏序称张氏工诗歌古文词，然志中所载其所撰诗文实多庸下，盖章实斋所谓不可修志者。王氏之序亦多敷衍酬应泛词，盖亦知其不足恃矣。道光志云："张志大致尚详，而考证未精，过于附会。且妄立主名，如山有嗟子屺、望夫山、陟岵等名，以晋人多远贾，意在劝讽。然《尔雅》：'山多草木曰岵，无草木曰屺'，《诗》亦泛言'孝子行役，不忘其亲，故登山以望父母'。非父母之望子而作也。即望夫山载在《广舆》《幽明录》诸书不翅三四，岂山径小道随处可名邪？《尔雅》沃泉县出亦不必定指所在，而遂以景明之瀑布当之，未免果于自信。"其言诚是也。

〔道光〕曲沃县志十二卷

道光二十二年知县张兆衡修，纠乾隆张志而作也。

凡十二卷，曰天文、地舆、山水、大事、编审、职官、学校、人物、世系、风俗、古迹、艺文。较张志为简净。然言编审不能概赋税，言大事亦不能专指邑之沿革，皆不思之甚者。世系一门颇有意义，而惜于不能详考。

〔光绪〕曲沃县志三十二卷

光绪六年知县茅丕熙取前令张鸿逵所修刊成之也。

按旧序，嘉靖三十年知县刘鲁生创修，万历四十年知县赵至我重修，号曰"沃史"。康熙七年知县张奇勋续之，康熙四十五年，知县潘锦以其言不雅驯而诠次纰缪重修焉。其后乾隆戊寅知县张坊、嘉庆丁巳知县侯长熺、道光壬寅知县张兆衡并一修。

晋献公使太子申生居曲沃，是为新城，及景公谋去，故绛迁于新田，即此是也。汉为河东郡绛县，后魏太和十一年改置曲沃于此。自是以后属绛州，洪武二年改隶平阳府。

书凡三十二卷，一星野，二图考，三疆域，四沿革，五山水，六城池，七公署，八学校，九坛壝，十祠庙，十一古迹，十二关隘，十三户口，十四田赋，十五仓储，十六蠲赈，十七邮政，十八武备，十九风俗，二十方产，二十一封爵，二十二职官，二十三师儒，二十四贡举，二十五封荫，二十六名宦，二十七人物，二十八列女，二十九流寓，三十、三十一艺文，三十二志余。

人物篇以程本、公坚定入儒林，而顺康间提倡修志之卫周祚、贾汉复两人及明之李建泰不为列传，殊不可解。

〔乾隆〕翼城县志二十八卷

乾隆三十六年知县许崇楷修。

按凡例，志创于前明嘉靖二十二年知县鄢桂枝，增修于顺治十四年县人御史上官鉉，然据鉉序称前志之修终于万历戊申，则鄢志之后尚有一次也。嗣是康熙十二年知县陈应富、乾隆二年知县李居颐各一修。

凡二十八卷，一图考，二星野，三建置沿革，四疆域，五山川，六城池，七公署，八学校，九田赋，十封建，十一执秩，十二宦绩，十三选举，十四封荫，十五人物，十六孝义，十七列女，十八隐逸，十九方技，二十寓贤，二十一风俗，二十二物产，二十三古迹，二十四祠祀，二十五陵墓，二十六祥异，二十七纪事，二十八艺文。

翼城为春秋时晋之绛邑，后更曰翼。汉为绛县地，后魏太和中置北绛县，开皇中改今名，金曾升为翼州，元复故，清为平阳府属县。

本书艺文篇录《左传》诸文及《诗·唐风》，不脱古文选本习气。古迹篇"廉王避暑城""金钩店"诸说，逞臆而谈。它志虽陋，尚不至此也。

〔光绪〕翼城县志

光绪七年知县龚履坦修，奉巡抚曾国荃命也。

凡二十八卷，仍依前志之例，前志之失盖绝未纠举也。

〔雍正〕太平县志八卷

雍正二年知县刘崇元取康熙五十八年前任张学都修本刊之。乃径题刘之姓名，已嫌攘夺。检其第二卷所增《御箴楼记》，明明取已成之刻本窜入己作以自矜炫，陋矣！

据所录旧序，嘉靖丙寅知县罗潮取旧志增订为十卷，万历乙未县人王体复再加修订，康熙十二年知县何炜然因奉檄又再修，康熙壬戌知县吴轸又继之。

书凡八卷，一经建志，二营筑志，三赋则志，四官师志，五选举志，六人物志，七世代志，八艺文志。以科第，封荫等为选造，以都邑、古迹等为世代，诡异不衷，犹明人遗习，余可知矣。太平立县始于后魏太平真君中，分临汾而设，明以后隶平阳府，雍正二年改属绛州。

〔道光〕太平县志

道光五年知县李炳彦修。

凡十六卷，一舆地志，二建置志，三坊里志，四学校志，五秩祀志，六典礼志，七赋役志，八职官志，九武备志，十选举志，十一人物志，十二列女志，十三艺文志，十四古迹志，十五祥异志，十六杂记志。

凡例云："旧志所载凡有关于一县者，或称太邑或称平邑，查太邑则与太原、太谷等县不分，平邑又与平遥、平陆等县相合，均于义未晰。"此论诚是。

〔光绪〕太平县志十四卷

光绪八年知县朱光绶修。

据所载历修姓氏，嘉靖丙寅知县罗潮、万历乙未知县刘民望、康熙癸丑知县何炜然、康熙壬戌知县吴轸、康熙己亥知县张学都、雍正乙巳知县刘崇元、乾隆乙未知县张钟秀、道光乙酉知县李炳彦各有修本，其书并鲜存者。所称"康熙己亥张学都志"，雍正志漏未述也。

北魏太平真君七年临汾县地于关南置泰平县，北周避讳改为太平，明以来属平阳府。

凡四十卷，一舆地志，二建置志，三学校志，四秩祀志，五典礼志，六纪恩志，七赋役志，八职官志，九武备志，十选举志，十一人物志，十二列女志，十三艺文志，十四杂记志。

其秩祀志记求雨之法略如《春秋繁露》所说，而弥为俚俗，不知何以独太平有此秩祀也。

〔雍正〕襄陵县志二十四卷

雍正壬子知县赵懋本修。

按其旧序，成化丙午志修于知县李咨，隆庆戊辰修于知县宋之韩，康熙癸丑修于知县谢国杰也。

凡二十四卷，自一至十七占首二册，而第二十四卷艺文独占末二册，其烦琐若此。（卷首无目次。）

襄陵为汉河东郡属县，应劭曰：县西北有晋襄公陵，因名。自是以来未之或改，明清隶平阳府。

〔光绪〕襄陵县志十四卷

光绪辛巳知县钱墉修，奉巡抚曾国荃命也。

凡二十四卷，一图式，二星野，三沿革，四山川，五城郭，六公署，七学校，八坛壝，九庙祠，十户赋，十一差徭，十二土产，十三风俗，十四官师，十五人物，十六选举，十七孝义，十八节烈，十九古迹，二十仙释，二十一方技，二十二祥异，二十三赈务，二十四艺文。大致依雍正赵志例也。

〔光绪〕吉州志八卷写本

光绪五年知州吴葵之修，奉巡抚曾国荃命也。

按历修姓氏，康熙间修于知州南鹏，雍正七年则知州甘士瑛。其凡例云："州志自明末兵燹之后灰烬无存，又同治六年贼匪窜境，卷帙散遗至今。"

凡八卷，一星野、沿革、疆域、山川、关津、城池、镇堡、公署、学校、坛壝、祀祠、里社、乡约，二赋役、盐法，三职官、营泛、武职，四宦迹、人物，五选举、封赠、顶戴老农、列女，六风俗、物产、古迹、陵墓、坊表、寺观，七特恩、祥异、历代、兵氛，八艺文。

吉州为春秋晋屈邑，汉河东屈县，后周为汾州，唐为慈州，以有慈乌戍故也。金明昌中改今名，治吉乡县，雍正二年曾以乡宁、蒲县置为直隶州，乾隆三十七年改散州，隶平阳府。龙门、孟津之险在焉。志多穿凿之语，如城池云晋公子夷吾筑之类是，多贡谀语，如《大荒碑记》之类是。

〔乾隆〕**蒲州府志**光绪癸卯知府杨树补刊

乾隆甲戌知府周景柱修。

蒲州古河东郡，后周于此置蒲州，唐立河中府，雍正二年升直隶州，六年升府，领县六：永济、临晋、万泉、猗氏、荣河、虞乡。未升府以前之州志沿革未之及也。

据《（光绪）永济县志》录杨廷和序，知成化丁未许鹏尝修州志，嘉靖己未边像再修，万历癸丑毕自严三修，康熙甲辰侯康民四修。其发凡有曰："凡志郡国者，其幅员疆理、城郭、宫室、山川往迹必躬履目验，尽其形状，能者从而笔记，可使如营新丰。故自《三辅黄图》而下若戴延之、郭缘生、郦道元、盛宏之以及陆氏《入蜀记》等数十百种，续者虽未至其地，第览其书而东西高下之形、曲折向背之势可得之目中，遇之纸上。若夫逸轨曩躅尤尚访求，好事之徒资相接语，又须广罗签轴使证逮足供今履。验所施议，顾未及加。乃掌故无咨于博士，翻考绝少于陈编。一手斋居，营成三月，《会稽典录》《荆楚岁时》，载笔恐疏，或惭作者，后之君子，详其缺焉。"斯固具史识者，故其于沿革、古迹致力最深也。

〔光绪〕永济县志二十四卷

光绪十二年知县刘钟麟修。

据例言："永济自雍正六年设县以来，百有余岁，未经修志，文献无征，久而愈湮。兹取康熙三年之州志与乾隆十九年之府志参合考校。"

凡二十四卷，一星野等，二城池等，三山川等，四学校等，五田赋，六建官，七、八人物，九十选举，十一封荫，十二祀典等，十三忠节等，十四节孝，十五隐逸，十六至二十二艺文，二十三事纪，二十四余录。

永济，蒲州府倚郭县，以蒲州升府而置。

〔乾隆〕临晋县志

乾隆三十八年知县王正茂修。

据其序，临之志创于邑令张舜臣，盖在嘉靖二十二年，高维固〔应为"高惟冈"〕继修于万历癸卯，齐以治修于康熙丙寅。

本书凡上下两篇，上篇曰星野、疆域、山川、城池、坊里、市肆、物产、田赋、丁徭、库贮、仓贮、廨署、学校、水利、驿传、铺舍，下篇曰风俗、礼仪、秩祀、群祀、令尹、师儒、丞尉、武备、选举、封荫、古迹、沿革、灾祥、方音。

其志议一篇，自云："书志体裁大矣，非敢僭也。因思古自为子者类以篇名一家之私言。"其见解已近迂阔，其文设为语录问答之体，诡诞艰僻，猝难循读，盖明人余风也。

其艺文篇有《跋疆域篇后》一文，大意谓前令刘某政令严酷激成民变，因启分县之议。此县之一段重要故实，乃不为直笔，仅以隐约之词附录数语于篇末，不知其意何居。

临晋为汉解县地，开皇中置桑泉县，天宝改今名。旧兼有虞乡境也，故解城即在县东南十八里。

〔光绪〕虞乡县志十二卷

光绪十年知县崔铸善修。

县本汉解县地，唐初改北朝之虞乡为解县，属虞州，更于解县西别置虞乡县，即今县治，属蒲州，元省入临晋，雍正八年复设。前志修于乾隆己酉知县周大儒也。

凡十二卷，曰地舆志、建置志、职官志、赋役志、祀典志、学校志、选举志、人物志、列女志、方外志、艺文志、拾遗志。叙次颇详，方言一门尤非苟作，县据中条之胜，王官谷所在，故篇什尤斐然焉。

〔光绪〕荣河县志十四卷

光绪辛巳知县王希濂修，奉巡抚曾国荃命也。

据序云："荣河有志实出前明宾冈周少参公手，公隆庆辛未进士也。康熙十二年修于邑侯辽阳李公，仅二册，今现行之志。又邑侯宁都杨公续修于乾隆己丑。"周名有光，万历戊戌修；李名长庚，杨名令琢也。

前志凡例云："旧志修于康熙十二年，迄今几百载，中间文献无征者何可胜道？且当年旧志已属草草急就，仅愈于无，兹则另立体例广为裒集，其在康熙十二年以前者补其缺略，后此者就通志、府志及采访所得考其异同。"是前志之修颇复具有卓识也。

凡十四卷，一沿革等，二城池等，三学校等，四封爵等，五选举，六、七、八人物，九列女，十、十一、十二艺文，十三事纪，十四祥异、识余。

县为秦汉以后之河东汾阴县，开皇中以地得宝鼎改名宝鼎，大中祥符中又以有荣光之瑞，改为荣河，置庆成军，金曾置荣州，雍正六年以后为蒲州府属县。《汉书》所谓汾〔汾脽〕，后土祠所在也。宋真宗复祠后土于此，其庙貌盖历久而犹严，亦岱庙之亚也。据本志则其遗迹尚存，而宋时所铸金人则于明季投诸河矣。又汾阴薛氏史迹绵长，志殊少所纪录。

〔乾隆〕万泉县志八卷

乾隆二十三年知县毕宿焘修。

按历修姓氏，志始于万历十三年知县符嘉训，续修于顺治十七年知县郑章及康熙四十七年瞿亮邦。瞿前列"丘园卜"一名，而职官表"卜"作"上"。

凡八卷，一图星野等，二城池等，三贡赋等，四职官，五名宦等，六人物等，七风俗等，八艺文。似犹明志之旧也。

武德二年割稷山、安邑、猗氏、汾阴、龙门五县村庄于薛通故城，置万泉县，由唐以来属蒲州。

〔民国〕万泉县志八卷

民国三年知事何燊修。卷首无刊修年月，据职官表补也。

凡八卷，一舆地志，二、三政治志，四、五人物志，六、七、八艺文志杂记。讹谬满纸，不可卒读。

〔雍正〕猗氏县志八卷 附同治续志四卷，又光绪续志四卷

雍正七年知县宋之树继前任潘鏓修成。

据潘樾序："猗志辑于正德间，万历壬子续修，逮康熙癸丑邑先达太史卫君、廉使王君、大参郭君复增修之。"万历志实知县马孔明修，康熙志实知县陈一魁修也。知有正德志者，见于万历志序也。

凡八卷，一图考、星野、沿革、疆域、城池、坊乡、都堡、公署、学校、典礼、祠祀、桥梁，二户口、田赋、土产、风俗、邮传、兵防、恤政，三职官、循绩，四选举、封荫，五人物、忠烈、孝义、隐逸、方技、耆寿，六列女、流寓、古迹、邱墓、寺观、仙释、祥异、杂志，七、八艺文。

据其凡例，盖依前志体也。然凡例已多文理不通之处，书中叙事语亦多首尾不完。

末附同治继志，同治六年知县周之桢修。盖雍正志成后复有乾隆三十九年知县毛圻所续，兹取而附益之，以列雍正志之后也，凡四卷。又附光绪续志，光绪六年知县徐浩修，亦四卷，略同前志。

县为古郇国，《左传》所谓"郇瑕之地，沃饶而近盬"，鲁之猗顿移殖于此，遂以畜牧盐利致巨富，汉因取以名河东县，隋以后属蒲州，雍正六年以后为蒲州府属县。志于河东盐政无一语及焉。

0

〔乾隆〕解州志十八卷

乾隆二十八年知州言如泗修。如泗常熟人，官晋有年，风土山川阅历几编〔遍〕，于解州创修全志，先本州，后所隶四县，兼及运城。亦异乎俗吏之所为矣！

按历修姓氏，嘉靖四年知州林元叙，康熙十二年知州陈士性，五十六年知州陈时各一修，康熙十二年志号马氏志，五十六年志号介氏志也。

凡十八卷，一星野等，二山川等，三城池等，四学校等，五职官等，六、七选举，八、九人物，十列女，十一古迹等，十二奏疏，十三至十七艺文，十八杂志。

州为春秋时之解梁城，汉置解县，属河东郡，后汉乾祐中始置解州，宋隶永兴军路，金隶河东南路，故明因之，隶山西平阳府，雍正元年升直隶州，辖安邑、夏、平陆、芮城四县。相传为关羽故里，历代崇其庙貌，至附会以为结义园，关氏子孙在乾隆二十三年传至五十四代，几与阙里之在曲阜相埒。小说之力，亦云伟矣。据本书第三卷称《关庙志》创自有元胡琦，至明吕柟、赵钦汤，清张鹏翮，代有纂辑，乾隆二十一年知州张镇同邑绅介玉涛、乔寿恺重修，板藏庙库。此志当富有近千年来历史神话也。（羽于宋崇宁中始封忠惠公，大观二年加封武安王，万历中始封关圣帝君，顺治元年始封关圣大帝。）

〔民国〕解县志十四卷

民国九年知事徐嘉清修，县人举人曲迺锐纂。

按所载解州旧志历修姓氏，乾隆言志以后有光绪六年知州马丕瑶一修。

凡十四卷，其目曰疆域、沟洫、氏族、生业、丁役、赋税、兵防、方言、礼俗九略，名宦、名贤、文儒、孝义、士女、杂传六传，官师、选举、学校三表，营建、沿革、古迹、金石、著述、旧闻、丛考七考。

泛览全书，视言志较为核实，例如氏族、生产诸篇皆言志所不及，然舛陋之语联牍皆是。举其尤可笑者，其方言略云："日必曰日头，以日为太阳之精，日午当头热之甚也；月必曰月凉，以月为太阴之精，月至秋凉乃明。"又古迹考中载关羽先茔俗说，诞妄百出，不加刊正。识趣何其浅也！

〔乾隆〕安邑县志十六卷

乾隆二十八年知县吕溢修，言如泗所修解州全志之一也。

按历修姓氏，万历四十六年知县耿启创修，康熙十一年知县赵增续修。

凡十六卷，一沿革等，二山川等，三城池等，四学校等，五职官等，六、七选举，八、九人物，十列女，十一古迹等，十二至十五艺文，十六杂志。

安邑为夏都，战国时魏复都此，汉为河东郡治，五代以后隶解州。光绪续志序有云："山川建置不殊伊昔，则无可续，政教人文或逊于前，则无能续。"其为都会虽甚古而故实反不多，诚有如所云者。然本书不立大事记，又盐泽事已归入《运城志》，宜其篇幅益短绌而无可观矣。

〔光绪〕安邑县续志六卷

光绪六年知县赵辅堂修，续乾隆志而作也。

〔乾隆〕夏县志十六卷

乾隆二十八年知县李遵唐修，言如泗所修解州全志之一也。

县本汉河东安邑县，后魏始分其东境立夏县，金贞祐以后隶解州。司马光之故里也。本书凡十六卷，其人物、古迹、艺文，几全为光一家而作也。

〔光绪〕夏县志十卷

光绪六年知县黄缙荣修。

据历修姓氏，弘治间知县姜洪、嘉靖间知县钟恕、万历间知县高奎、康熙十一年知县罗在公、四十七年知县蒋起龙、乾隆二十七年知县李遵唐各有修本。康熙以前志皆无存也。

凡十卷，一舆地志，二建置志，三祠祀志，四赋役志，五灾祥志，六官师志，七、八、九人物志，十艺文志。

〔乾隆〕平陆县志十六卷

乾隆二十八年知县李友洙修，县人编修杜若拙纂，言如泗所修解州全志之一也。

按历修姓氏，嘉靖间知县王发蒙创修、隆庆六年知县丁一元、康熙九年知县徐吴锦、十八年知县柴应辰各一修。

凡十六卷，目次亦同他志也。

县为汉河东大阳县，唐天宝三载太守李齐物开三门以利漕运，得古刃，有篆文曰"平陆"，因改今名，属陕州，金始改属解州。底柱之险即在县东南大河中，《左传》之"颠軨"亦在县东北也。

〔乾隆〕芮城县志十六卷

乾隆二十八年知县莫溥修，言如泗所修解州全志之一也。

按历修姓氏，嘉靖间县人刘良臣始修，隆万间知县李斗等续修，康熙十一年知县毕盛赞又修。

凡十六卷，目次与他志同。

县为古芮国，汉为河东河北县，后周立今名。负中条而面大河，县东南陌底渡为古湦津，路通河南灵宝，昔时行旅所必经矣。

〔乾隆〕安邑运城志十六卷

乾隆二十八年州判熊名相、知县吕滥等修，言如泗所修解州全志之一也。

凡十六卷，一沿革等，二盐池，三城池等，四学校，五职官，六、七选举，八、九人物，十列女，十一古迹等，十二至十五艺文，十六纪事杂志。

解州盐池之利擅自古昔，左氏称郇瑕氏沃饶而近盐，汉盐官以河东安邑为首，即此池矣。元始徙陕西都转盐运司于路村，建城郭以为固，因名运城。此书从盐法志分辑而出也。

〔乾隆〕直隶绛州志二十卷

乾隆三十年知州张成德修。

凡二十卷，一星野等，二山川等，三城池等，四田赋等，五封爵，六职官，七宦绩，八、九选举，十、十一人物，十二孝义等，十三列女，十四至十九艺文，二十杂志。

艺文中辑绛帖事颇详，独于历代兵事无所纪。

〔光绪〕直隶绛州志二十卷

光绪五年知州李焕扬修，奉巡抚曾国荃命也。

按历修姓氏始于正德辛巳知州李文洁，其后万历庚辰知州田子坚、万历己酉知州方立诚、康熙庚戌知州刘显第、乾隆乙酉知州张成德各一修，旧序存本书艺文篇也。

凡二十卷，一星野、沿革、疆域，二山川、古迹、风俗、物产，三城池、坛壝、官署、学校，四田赋、纪恩、户口、仓储，五、六封爵职官，七宦绩，八、九选举，十、十一人物，十二孝义、殉义、任恤、寓贤、隐逸、艺术，十三列女、贞烈，十四至十九艺文，二十杂志。皆前志例也。

州在秦汉为河东郡地，后魏置东雍州及正平郡，隋唐以后为绛州，雍正定制辖垣曲、闻喜、绛、稷山、河津五县。

李序云："粤逆、捻匪之扰昔所未经，丁丑、戊寅之荒民几无遗，亟宜纪载以昭炯戒。"然细按其书，于此两事实少所纪述也。

〔光绪〕垣曲县志十四卷

光绪五年知县薛元钊修，亦奉巡抚曾国荃命也。

据历修姓氏，嘉靖五年知县王本忠始修，十四年知县李兖、万历三十九年知县吕恒、康熙十一年知县纪弘谟、乾隆三十一年知县汤登泗各一修。

凡十四卷，一星野、沿革、疆域，二山川、古迹、风俗、物产，三城池、坛庙、廨署、学校，四田赋、户口、仓储、纪恩、兵防，五职官，六、七选举宦绩，八人物，九列女，十至十三艺文，十四杂志。

县故汉河东郡垣县地也，后周置邵州，贞观初州废，宋改为垣曲县，自是属绛州。东据王屋，南临大河。

本书兵防篇于明季闯贼、嘉庆教匪、咸同捻匪迭次兵革，纪之颇详，较《绛州志》一字不及者为胜矣。

〔乾隆〕闻喜县志十二卷

乾隆乙酉知县李遵唐修。

按旧序，正德十三年丁丑知县王琳始为志，万历二年知县王象乾县人李汝宽修，顺治十二年知县苏本眉、县人王体言又修，康熙十一年知县沈光瑀又修。

凡十二卷，一星野等，二风俗等，三田赋等，四宦绩等，五、六、七人物，八列女，九古迹，十、十一、十二艺文祥异杂志。

汉武帝行经河东左邑之桐乡，闻破南粤而立闻喜，唐属绛州，五代以后改属解州，雍正七年复属绛州直隶州。

闻喜裴氏魏晋以来代有闻人，其裴柏村环数里，墓碑林立，名氏官爵可考者尚百余人。然宋明以来裴氏不振，何也？志无一语及之，其于氏族之变迁视之漠然矣。

〔光绪〕绛县志二十一卷

光绪二十五年知县胡延撰。

据序传："《绛县志》始嘉庆靖己未，万历乙巳又续修之，顺治己亥、乾隆乙酉各有纂辑，光绪己卯知县刘斌重为增补，今惟与乾隆志并存。余但于刘志中存其序略，前后五志大要可睹矣。刘志详载明以来乡贤、列女，差称实录，余则嗫哊无归，疆域但绘一图，不解开方，棋布乡村，漫无边廓，又摹绘景物，媟嫚斯甚，山川不详首尾，沿革不分郡县，天文妄陈分野，艺文杂掇恶诗，职官人物则旁弋州郡，凡《春秋左氏传》所纪悉载无遗，讹谬错乱，悉数难终。昔刘勰有言，'羿氏舛射，东野败驾'，论文犹嫌其偶谬，指事弥患其多疏。若夫文士寄兴之篇，何与指瑕？乡曲流传之谚，同于一咉，奚必斤斤剖其噁否？至于县志号为方乘，体同图经，地理、山川、人物、风土之所系，礼乐、政令、贡赋、徭役之所从出，谊有难通，在所必辨。岂若《泰誓》之伪传可以并存，《南陔》之逸诗无劳补作也？延职在守土，深惧文献无征，受事以来，颇思改作。夫太冲之赋《三都》，时逾数载，君实之撰《通鉴》，成于众人。县志虽简，岂一朝一夕之遽、一手一足之烈所能毕乃事也？然欲招致通人从容纂述，而瘠土秽田集赀匪易。又虑昧于政体者顾以典册之重等于锥刀之末，转相警訾曰：政亦多术矣，奚亟于志乘为哉？于是不揆窳陋，辄于治事之暇手自编纂。体例一本戴氏《汾阳志》、段氏《富顺志》、章氏《天门志》、孙氏《三水志》、王氏《桂阳志》，汇众撷精，归于法度。旧志于乡贤、列女外一无所取，时证以新成通志。是书为乡宁杨氏笃所撰，其考证多有可据，而于绛县山川沿革亦时有舛误。又其自序谓志宜仿图经，不可僭史。所分六门皆不袭乎史称，而其志沿革也旁行衺上非表而何？其志人物也属辞比事非传而何？而必名之曰谱曰略，掩耳盗钟于义无取。窃谓史也志也，但求体例之善叙述之详，不在称名之同异。《春秋》史也，《檮杌》亦史，将谓《春秋》是而《檮杌》非欤？然其精诣所萃则星度、金石二类可据者多。引而申之，理而董之，以证县志，不无埤益。规昔贤明述之恉，纳《鲁论》择善之义，钩核整比，四阅月而告成。凡为门四，曰图，曰表，曰志，曰传，都二十有一卷。"

据艺文志所载，凡五种，嘉靖志无卷数，明吉大来撰；万历志六卷，明黄维翰撰；顺治志五卷，清赵士弘撰；乾隆志十四卷，拉昌阿撰；光绪志十四卷，刘斌撰。

本书凡为图四，曰疆域、山川、城关、乡镇；为表四，曰曓度、大事、职官、选举；为志九，曰沿革、山川、土地、田赋、坛庙、学校、衙署、古迹、艺文；为传四，曰循吏、乡贤、列女、叙传，总二十一卷。

其刊除俗例若星野、诗文之属固不俟言矣。其特创之例足以资后人之法者，若山川图分列今山川图及《水经注》山川，与各史志山川图足资对照。其善一也。大事表以年为经，以纪事及统部州县沿革为纬，不烦博引而纲举目张。其善二也。

今绛县为晋曲沃、汉闻喜地，与故绛、新田去相近而名易溷，置绛县以属绛州实始于北魏，雍正七年升绛州为直隶州，遂以县隶焉。核准地望，讨论沿革，是本志之所长也。

〔同治〕稷山县志十卷 附光绪续志二卷

同治四年知县沈凤翔修。

按所录有正德甲戌秦府长史强晟序，盖县人其同官梁宏济始修也，嘉靖丙寅知县贾宪梓行之。万历庚申知县刘三锡、康熙癸丑知县顾涞初、乾隆癸未知县韦之瑗、嘉庆乙亥知县张应辰各一修。凡例云："稷志永乐间训导范升所编者不传"，必别有所本也。

凡十卷，一图考、星野、沿革、疆域、山川、风土，二建置、城池、祀典、学校、田赋、兵防，三职官、宦绩，四选举，五人物，六孝义、隐逸、寓贤、艺术、仙释、列女，七古迹、祥异，八、九、十艺文。

县即西魏所筑玉璧城，韦孝宽所守，其后升为勋州者也，后改绛州。开皇初绛州移正平，改置稷山县，唐以来为绛州属县。本书艺文篇有《古禹迹图》，云："石志在保真观，石横二尺五，为方七十一，竖三尺，为方八十一，共方五千七百五十一，每方折地百里，志《禹贡》山川名、古今州郡名、山水地名，刊刻极精，今移砌关帝庙。"惜未能考为何代物也。

末附光绪续志，光绪十一年知县马家鼎修，仅两卷，而列女占其一，又讹列为烈，俗莫甚焉。

〔光绪〕河津县志十四卷

光绪庚辰知县杨汉章继前任修成。

按旧序，万历癸酉知县张汝乾始修，崇祯壬申知县郭景昌、康熙壬子知县马光远各一修，乾隆癸未知县黄鹤龄修而未刊，癸卯知县张其晑续而刊之，嘉庆甲戌、同治丙寅知县沈千鉴、汪和复各一修，郭序称邑自隆庆四年修志，而万历志序未之及也。

凡十四卷，一星野等，二山川等，三城池等，四学校等，五职官等，六选举等，七人物，八孝义，九列女，十贤媛等，十一至十三艺文，十四著述杂志。

县为汉河东皮氏县，后魏曰龙门，唐初曾置泰州，旋废，宣和中改今名。孟门之险古今所称，龙门王氏之文学传家亦县之典实，志不为立专传，且将王勔之勔误为剧字。

〔光绪〕大宁县志

光绪七年知县崔同绂修。

据县人刘而介旧序："万历初，绍溪吴公以郡倅督饷行部至邑，因爱山水之奇、风烟之美，撰为七记。虽非完书，而邑之有志自此始。天启间，环海王公命前孝廉海若安先生勒成一家言，则宁之有成书又自此始。迨其季也，遭欀枪之乱，付之一炬。"是明志已无存矣（其名字亦不见于本书名宦篇）。康熙壬子知县冯应太、雍正八年知县杜瑾、道光二十四年知县周曾毓各一修。本书仅杂存旧序，而于历修年月、姓氏概不之及，使后人考索为艰。真不知著述之法者也。

凡八卷，一方舆集，二建置集，三官秩集，四赋役集，五选举集，六人物集，七灾祥集，八艺文集。

大宁为汉河东北屈县地，后魏为五城县地，后周析置今县，属汾州，唐以后属隰州，雍正二年以后为隰州直隶州属县。西接陕西延长县界，滨河为境。高齐曾置浮图镇，隋曾以县治焉。

〔道光〕霍州志二十五卷

道光六年知州崔允昭修。

按旧序，嘉靖三十六年知州褚相始修志，康熙十二年知州黄复生继之。

州故汉彘县地，隋置霍山郡，其后为吕州，金贞祐三年置霍州，明以州隶平阳府，乾隆三十七年升直隶州，辖赵城、灵石二县。自改建以来，此为第一修矣。

凡二十五卷，一沿革，二星野，三疆域，四山川，五城池，六官署，七驿站，八关隘，九水利，十物产，十一仓储，十二赋役，十三学校，十四祠庙，十五风俗，十六禨祥，十七古迹，十八封爵，十九秩官，二十宦绩，二十一科目，二十二仕籍，二十三人物，二十四列女，二十五艺文。

本书于风俗之第抄旧说不以为然，故增入《补遗》一篇，稍存其真。然即此一端知其大体不过袭旧志之文而已。

〔道光〕赵城县志三十卷

道光七年知县杨延亮修。

按旧序，志始修于嘉靖四十五年知县贺国定，顺治二年知县秦嘉兆、十六年安锡祚、乾隆二十五年知县李升阶各一修。贺序有云："壬戌岁予尹是邑，询及志，皆曰已为断简"，则嘉靖志亦非创始者矣。

凡三十卷，一疆域，二沿革，三星野，四山川，五城池，六坊里，七署廨，八驿铺，九营泛，十津梁，十一水利，十二仓储，十三赋役，十四至十七学校，十八风俗，十九物产，二十、二十一职官，二十二至二十三科目，二十四、二十五仕籍，二十六封荫，二十七坛庙，二十八古迹，二十九陵墓，三十至三十二列传，三十三至三十五艺文，三十六七杂记。

其人物以事相属，不限时代，不加标题，举山川而包关隘，存宦绩而黜名宦，皆卓然有识，异于流俗之所为。其《志议》

自云取则于王茂正《临晋志》、孙嘉谟《汾州志》也。

县为赵始封之地，汉为彘县，隋为霍邑县，义宁初始析置今县，元自晋州改属霍州，自是以来因之。

〔嘉庆〕灵石县志十二卷

嘉庆丁丑知县王志瀜修，候补知县举人南海黄宪臣纂。

据旧序，志一修于万历辛丑知县路一麟，续于康熙壬子知县侯荣奎。路序则云前志乃颍川白公所辑，几三十春秋，是亦在万历中也。

隋开皇十年始割介休西南地置灵石县，以傍汾水开道得瑞石而名也。金以来隶霍州，清初隶平阳府，乾隆三十七年升霍州为直隶州，以赵城及灵石隶焉。据学使黄钺所作诗，则隋所获石文"大道永吉"四字已不可见矣。

凡十二卷，一地舆志，二建置志，三食货志，四学校志，五典礼志，六武备志，七职官志，八选举志，九人物志，十古迹志，十一艺文志，十二杂录志。

〔乾隆〕大同府志三十二卷

乾隆四十六年知府文光取前任吴辅宏本刊成。

府志始于明万历三十八年知府汪承爵，顺治壬辰知府胡文烨续修（《学部志目》作"文炜"，误）。

本志于胡志之称云中郡而不称大同府力加抨击，甚当。至其人物舛误若以假楚为假文昌，唐鉴为朱唐鉴，宋平城县为汉平城县等类，亦颇赖其纠摘，乃至八景列名，八卦纪篇，陋习相沿，一扫而空，不可谓无功也。

凡三十二卷，一沿革，二星野，三疆域，四山川，五形胜，六古迹，七风土，八巡幸，九封爵，十、十一职官，十二建置，十三赋役，十四学校，十五祠祀，十六兵防，十七、十八宦迹，十九、二十选举，二十一至二十三人物，二十四列女，二十五祥异，二十六至三十一艺文，三十二杂志。

大同为北魏之代都，辽金之西京，唐宋以来为朔边重镇，有明置行都指挥使司于此，清制领州四，曰朔、应、浑源、蔚州，县七，曰大同、怀仁、马邑、山阴、广灵、广昌、灵邱。规制崇闳，甲于列郡，至今崇墉杰塞犹令人想见其遗风。本书古迹等篇纪载翔确，于康熙中姜瓖之变虽无专篇之述，而涉笔所及，可知其摧毁前朝遗迹不少也。

《（乾隆）扬州府志》有宋城图，此书惜不能据《水经注》《辽金史》等书作代、辽二京城图耳。

〔道光〕大同县志二十卷

道光十年知县黎中辅撰。

据其序曰："大同立县最古，索其图经县志，则向未有焉。于是公役之下，不惮周历旁览五百八十村，其距城之道里，其村落之方位，其山间水曲向背脉络之情，流衍分合之势，无不笔而记之。莅兹七年，从容谘访，援昔证今，观其得失而达其源流。"是其苦心孤怀已异庸俗。

更观其凡例，有殊乎俗见亟可称者两事焉。录其语于左。

一"唐俗勤俭"一语，晋人作志者皆引之。不知居今日而犹上溯十五国之风，何异言山者必曰导自昆仑也乎？府志以《史记》代北之民"任侠为奸，不事农桑"登之风俗。不知言各有为，《货殖》一传太史公发愤之所为作也。今于历代地理志等书不钞录一字，而以今日之间阎习尚质言之。物产亦不侈陈，其常有者无足志，希有者罕得而志。气寒霜早之区而夸言丰饶，是诬也。兹风土一册借免雷同。

一人物之见于史传者必备录全文，而其人之本末始见。若删节其事实，则纰漏殊多，改窜其字句，则文义不古。即寓贤如朱弁、洪皓，古之不辱君命者也，若舍《宋史》不录，另撰数行，而谓足以抒其忠义之气，耿日月而薄云霄，窃恐未必有此笔力耳。再四筹之，以直录史传为是。

以上两节皆足破俗志肤滥之习。虽其文义不甚明顺，其识固有足取者矣。

凡二十卷，一图考，二星野，三沿革，四疆域，五营建，六关隘，七都会，八风土，九赋役，十学校，十一官师，十二选举，十三宦绩，十四营伍，十五武事，十六至十八列女，十九、二十艺文。

县故汉平城地，后魏道武自云中徙都此，初为代尹治，迁洛后为恒州治。唐初遭默啜之患，州县废者数十年，开元二十年复置云州，改置云中县，辽析置今县，明以来为大同府附郭县。本书沿革篇辨盛乐与大同川不当混入大同颇精当，足正旧志之失。

〔万历〕怀仁县志二卷

万历二十七年知县王植继前任修成。

分两卷，上卷建置沿革等约四十条，每条少者不过数语，下卷载封赠、制敕、古今文章。盖明人习气如是。中有康熙中增补数叶。怀仁乃契丹析云中县置，金曾升为云州，元复为县。县西南有西安堡，嘉靖中寇由宣府膳房堡入犯应州怀仁，此地被掠最甚，故设堡于此。

〔乾隆〕浑源州志十卷后附同治九年知州孔广培增补

乾隆癸未知州桂敬顺修。

据所录旧序，弘治乙酉知州董锡、嘉靖癸亥知州颜守贤、顺治戊戌知州张崇德各修一次。其凡例力诋旧志门类混杂，重见错出，琐碎支离，今分门为三十一，卷区为十。一图，二分野，三学校等，四兵制等，五科目等，六人物等，七寓贤等，八祠庙等，九、十艺文。亦未见其能不琐碎支离也。

浑源置县始于唐，金贞祐间升为州，明以来隶大同府。

卷七艺术门颇有异闻。

据《学部志目》，有《（万历）浑源州志》，知州赵之韩修，万历刊本，存卷一一册。

〔光绪〕浑源州续志十卷

光绪六年知州贺澍恩修，奉巡抚曾国荃命，继乾隆志而成也。凡十卷，其目曰星野、学校、祠祀、田赋、兵制、人物、职官、科目、古迹、艺文。据其序自云："于旧志仍十之七，于新修增十之五，间有误当纠正及补前志所未备者悉附列于编末。"其实鲜所纠正也。

〔乾隆〕天镇县志八卷

乾隆十八年知县张坊取前任陈际熙、胡元朗稿而成之也。

天镇故辽西京天成县，明为天城卫，清初为天镇卫，雍正三年改县。故前此无志。张氏曾修《曲沃县志》，盖以著述自矜者。本书前序云："有元改属兴和，明初制设两卫，兵燹频仍，羽檄飞驰，戎马所经过，谪戍所流寓，衣冠无土著之户，氏族尽抽拨之遗，纵有好古之士，又皆家鲜藏书、驾绝名贤，指姓以为村，象形以称山，计里以名川，贸贸相传，谁为稽其实者？"盖创始之难如此，虽体例多疵，亦当曲谅矣。

但其山川篇文笔峰下云："县令张坊倡筑文笔塔于是山，高峰挺秀，文笔特朝。"鄙俗至此，公然登诸简册，则又不仅体例之乖也。

凡八卷，一图表等，二疆域等，三水利等，四风俗等，五科目等，六名宦等，七、八艺文。

〔乾隆〕广灵县志十卷 附光绪补志十卷

乾隆十九年知县郭磊修，前志盖修于康熙乙丑知县李焕斗也。

凡十卷，一方域，二营建，三山川，四风土，五赋役，六政令，七秩官，八选举，九人物，十艺文。其政令篇综载案牍之关于一邑废兴者，固胜于他志之徒侈空言也。

广灵为汉代郡延陵、平舒县地，东魏置北灵邱郡，后唐同光中始置广陵县，金改今名，明以来隶大同府。本书方域篇云元改广陵恐误。

卷末杂录一篇云："余足迹所至虽不过六七省，从无终年无窃案者。余宰广七年，窃案不过三次，又皆他处流民。广

邑山多无材木，水多无鱼虾，产值千金者即推巨富，故素有
'穷山穷水穷财主'之嘲。"边邑荒凉之状如绘。

　　末附光绪补志十卷，光绪六年知县杨亦铭修，仍前志之
名目而补以近事。

　　录所载光绪五年曾国荃修志檄如左，以志山西文献。

　　　光绪五年五月二十九日蒙巡抚爵部院曾札开，照得
本爵部院于光绪五年三月初九日会同阎部堂恭折具奏，
晋省设立书局，先刊善本四书六经以便士民，次议重修
省志以存文献一折，钦奉谕旨允准，当经分别咨行在案。
查山西志书自康熙、雍正年间修辑后，至今未及重修。
事关文献，岂可任其湮没？况咸丰初年发逆滋扰，同治
六年捻匪渡河，地方被蹂躏者十数属，男女殉节义者若
而人，御寇防边兼筹水陆，依山设险添建碉墙，盐务之
官运官销，营制之移兵移饷，有关政体，各有变更。继
以七载之歉收，三年之大祲，户口流亡过半，赋税蠲缓
频仍，仓储则悉数皆空，善后则百废未举，正宜登诸记
载，昭示方来。此志书之所以亟宜重修者也。现已由省
聘请博通淹雅、多识能文之儒，纂修全省通志。所有各
州县志书亦须一律修辑以备采择考证之资，借免舛误遗
漏之患。惟当经费支绌，不得不设法变通。应将府志暂
缓兴修，州县原有志书亦毋庸更动。先令各牧令查明原
修志书以后应载各事实，另修补志一册，即照原分门类

挨次编纂。其有原修志书以前事实前志未载应行添入者，另列补遗一门，或前志已载尚须辩正者，另列纠误一门，以期简便。所需经费，准各就地方设法劝捐，借资应用。一面访请渊博之士总司修纂，庶免贻讥通识。资观摩于往事，垂文献于来兹，实于三晋吏治民风两有裨益。

〔康熙〕灵丘县志四卷 附光绪补志

康熙二十三年知县岳宏誉修。

前志修于顺治庚子知县宋起凤，本书兴修时其板已失，仅存抄本两册。

凡四卷为四册，不分目次。

灵丘为汉代郡县，相传以赵武灵王葬此而名，后周置蔚州治焉，明随州属大同府，雍正中蔚州移属直隶宣化，而灵丘仍为大同府属县也。

末附光绪七年知县雷棣荣所修补志，仅分元、亨、利、贞四集。

〔雍正〕朔平府志十二卷

雍正十一年知府刘士铭修。

凡十二卷，一图考志，二星野志，三方舆志，四建置志，五职官志，六名宦志，七赋役志，八武备志，九选举志，十人物志，十一外志，十二艺文。

北朝怀朔镇地，唐置朔州、丰州，五代置振武军于朔州，辽金以来为重屯，明为大同右卫。雍正三年升右玉林卫为朔平府，设右玉县附郭，改左云川卫为左云县，改平鲁卫为平鲁县，割朔州马邑来属，遂领一州四县，以将军镇此，其时归化城犹隶府也。

〔光绪〕丰镇县志八卷 民国五年兴和道尹单晋龢重印

光绪七年同知德溥修。

据凡例："职官设自雍正初年，建立城垣则自乾隆二年始，或归直隶张理厅管辖，或阳高、大朔理事通判移驻管理，或丰川镇、宁武武职兼理，以征收赋税而已。后并卫所为一官，改为厅。"今按，其时尚为厅而书名题"丰镇县志"，亦不可解也。

凡八卷，一星野等，二山川等，三营建等，四巡幸等，五兵防等，六风土等，七人物等，八艺文。

丰镇东北即察哈尔正黄旗游牧地，其南毗连民地者为太仆寺牧厂，自乾隆以来陆续开垦升科，以迄于今，遂成雄邑。读本书令人慨想时势之变。志既前无依傍，其难自倍于他邑，故去取之间多未审慎。职官门并前代云中、定襄长官亦多列入，即其疏舛处也。然朔边文化荒冷之区，得此整赡可观之作，亦云匪易矣。

〔乾隆〕宁武府志十二卷 _{附咸丰续志}

乾隆十二年知府魏元枢修，十五年知府周景柱刊成。

凡十二卷，一星野等，二山川，三城池等，四学校等，五武备，六职官，七科目，八名宦等，九坛庙等，十事考，十一余录，十二艺文。

宁武为汉雁门郡地，在北朝为恒、肆诸州，唐宋为岚、宪诸州，明设太原五卫，不立州县，雍正三年始改卫所置宁武府。领县四，曰宁武、偏头〔偏关〕、神池、五寨。故前此无志。本书深注意于墙堡之设置、山川之险厄及历代之兵事，非漫然奉行故事之作也。

末附咸丰续志，咸丰丁巳知府常文遴修，仅增补乾隆以来人名而已。

〔民国〕偏关志二卷

民国四年知事林端修。

按旧序，志盖始于万历癸卯关人卢承业，而康熙甲寅关人刘炎增修之，道光间知县马振文又增修之。不曰县志者，以雍正三年始改卫为县，其间掌故属明者十之七，属清者十之三，故仍名"偏关志"也。

《五代史》：北汉天会元年城偏头砦，即今县地也，明初设太原五卫，镇西卫置偏头关，雍正三年升宁武为府，乃改县，与神池五寨并隶焉。

本书分地理、学校、田赋、兵马、职官、名宦、人物、艺文八志，区为上下二卷。边关故实，赖以略存而已。

〔乾隆〕忻州志六卷

乾隆十二年知州窦容遂〔邃〕修。

凡例云："旧志修于万历中叶"，盖万历二十九年知县杨维岳也。然《学部志目》有嘉靖四十年知县聂宗元志残本四卷，本书既未及其事，名宦篇亦竟无其名，岂乾隆初年已难得见其书邪？是知其采访之多疏也。

凡六卷，一沿革等，二祀典等，三职官等，四人物等，五、六艺文。

忻州在汉末为新兴郡地，开皇十八年置州，以忻口为名也，雍正二年升直隶州，辖定襄、静乐二县

〔光绪〕忻州志四十一卷

光绪六年知州方戊昌修，奉巡抚檄也。

凡四十一卷，分舆地、建置、食货、典礼、官司、人物、艺文、杂志八门。

〔光绪〕定襄县补志八卷

光绪六年知县王仲焘继前任郑继修修成，奉巡抚曾国荃命也。郑序云："明安无极有《定襄志》七卷，王南康又增为八卷，我朝王珠崖、王益津仍续为八卷。"检本书名宦篇，知安名嘉士，万历五年任；王名立爱，万历四十年任；王珠崖者康熙四十六年王时炯；王益津者雍正二年王会隆也。

凡八卷，曰星野志，曰方舆志，曰建置志，曰田赋志，曰秩官志，曰名宦志，曰选举志，曰人物志，曰列女志，曰杂记志，曰艺文志。

定襄为汉郡，然今之定襄，古阳曲也。说见储大文《定襄辨》。建安中置，晋改晋昌，隋省入秀容，武德中再置，隶忻州，其后因之。

凡例自云："是志句简理得，不但羽翼国史，尤当表里《春秋》，深信旁通者当自了了。"可谓荒谬。

〔同治〕静乐县志二卷

同治五年知县张朝玮修。

据其序："明季邑绅李糇草创，迨康熙三十九年暨雍正八年黄公、梅公先后纂修。"据《学部志目》知黄名图昌，梅未详。

　　盖其书仅续雍正以后事而未变旧例。凡十卷，而疆域、山川、建置无庸复赘，故止赋役、学校、职官、选举、人物、艺文，杂分为上下两卷也。

〔乾隆〕代州志六卷

　　乾隆四十九年知州吴重光修。据旧序，前志修于万历十三年州判周鸿襘，而职官志作"弘襘"，《明史·艺文志》亦作"弘襘"，鸿字必偶误也。弘襘麻城人，以建言降调边方，其继室董少玉能诗，见本志祥异志。

　　凡六卷，一舆地志，二田赋志、职官志，三武备志、科目志，四人物志，五、六艺文志祥异志。

　　代州为汉雁门郡，开皇中改州名，雍正二年升直隶州，辖五台、繁峙、崞三县。雁门关在州治北四十里，古之勾注也。故为历来用兵之地。本书田赋志纪物产颇有异闻，艺文志所载则多关五台之篇什。

　　本书所采周志盖不多，光绪志广荫序云："周志史采入艺文，称名笔，而失之太简。于代、雁门之辨茫然。吴书取材通志，知古代在蔚州，而语焉不详。于雁门为郡为关之所自亦茫然。"此犹未若其以吾彦为吴彦、范方为范嵩、郑云为郑尚舜误尤为显著也。

〔光绪〕代州志十二卷

光绪庚辰知州俞廉三修，繁峙教谕举人杨笃参订。

其例言云："志规仿史体，以表、志、传、记标名冠图于首，用武虚谷志鲁山例。叙述之法，分列纲目，以纲为断，以目为案，用戴东原志汾州例。诗文即散注于各条之下，不别汇为篇，用康对山志武功例。援引书籍，皆一一注明所出，以示征信，用吴东璧志宣化例。"是知所取法者也。

凡十二卷，一地表、历代封爵表、职官表，二选举表，三地理志，四建置志、祠祀志，五赋役志、学校志、兵志，六金石志，七艺文志，八史传，九集传，十列传、列女传，十一宦绩记、侨居记，十二大事记、杂记。其史传直录史文，集传采诸家文集，列传则袭旧志或得自采访，而金石、大事两卷搜讨精详，允为志中上乘。

〔光绪〕五台新志四卷

光绪六年知县孙汝明取县人前福建巡抚徐继畬所撰稿补成，九年知县王步墀刊成之也。继畬即撰《瀛寰志略》者，固留心铅椠之士也。志前有巡抚曾国荃序，盖特取此志首刊行之以资提倡，然全书始终仅举徐之字松龛而不及其名，此则承刊者之过矣。

　　书凡四卷，一分野等，二山水等，三名宦等，四人物等，而冠以巡幸及疆域图。前三卷为原辑，第四卷为续辑也。

　　五台为康、乾、嘉三朝迭幸之地，以清凉山佛迹增重。虽别有《清凉山志》以纪之，然县志以巡幸为专篇，亦固其宜，与他志泛以皇言恩泽弁冕简端者不侔矣。

　　全书无论新纂旧辑，皆以流畅之叙事体行之，例如叙治所则历数街衢，叙山川则兼及物产，使读者循其文如历其境，欣然唯恐其词之穷。以视俗志之但知移写簿录，使人倦而思卧者，其工拙之效相去何远哉！本书之所以能尔者，盖亦缘具稿于里人，闻见精熟，言之乃倍亲切。故虽以实斋之史识，而所撰诸志亦仅显其长于体例，而不能尽其美于文词。本书虽简短，若论行文畅活，合于方志所需，实鲜有能及者也。

　　其新定之体例，若人物但分出仕未仕而纳其余于乡贤，此在僻邑人物无多，自为良法。又若生计一篇以详农、工、商贾之生活状况而不泛举物产，皆深合于理。

　　至涉于五台山清凉寺之事，杂录中略及一二，则以别有专书也。艺文篇所纪有左列各书。

　　　《钦定清凉山》十卷
　　　　顺治辛丑喇嘛阿王老藏辑。
　　　《西巡盛典》二十四卷
　　　　嘉庆十八年董诰等奏请纂辑。
　　　《五台山志》一卷

《明史·艺文志》乔世宁撰。未见传本。

《（康熙）五台县志》八卷

康熙二十六年知县周之进修。

《（乾隆）五台县志》八卷

乾隆四十二年知县王秉韬修。

五台故汉太原虑虒县，《魏书·地形志》作"驴夷"，大业初改今名，以五台山故也，清为代州属县。

〔乾隆〕崞县志八卷

乾隆二十一年知县邵丰镟等修。

盖自万历三十四年知县陆寿光始修，至是百有余年而后复修也。寿光辑县志，事见本书卷八宦迹中。

凡八卷。一舆图等，二公署等，三选举等，四田赋等，五物产等，六、七艺文，八宦迹传、人物传、列女传。其第二卷中已有职官并附名宦矣，第八卷复为宦迹传，几令人疑为重复，盖名宦仅列其名而宦迹传始载其事实也。然皆无多语，实不必多此分析也。

崞为汉雁门县，后魏永兴二年析置石城县，属秀容郡，东魏置廓州，后周州废，隋开皇中改曰平寇，属代州，大业初复今名，元曰崞州，明复为县，属代州。县有崞山，因得名。其西北与宁武关接，前代要塞也。

〔道光〕繁峙县志六卷

道光十六年知县吴其均修。

据旧序，万历十五年知县涂云路始修，康熙十一年、四十五年知县郭杰、严元畴各拟修而未果。涂序云："偶得县志一帙，乃前令关中小山王公纂者。"则涂志亦有所本也。

凡六卷，天文志曰星野门，舆地志曰井疆门、山川门、水利门、建置门、坛庙门、邱墓门、古迹门、景致门、风俗门，食货志曰田赋门、物产门，礼仪志曰典礼门，武备志曰武事门，职官志曰官制门，选举志曰科目门，人物志曰乡贤门、伦纪门、仙释门，艺文志曰艺文门，祥异志曰祥异门。观其列目，真兔园册之流。然事实颇丰。

繁畤为汉雁门郡属县，〔拓〕跋珪曾于此筑宫，曰繁畤宫。金贞祐中升为坚州，明初复旧，其讹畤为峙盖在此时。州治自唐圣历中建于滹沱河南，万历十三年移河北，雍正二年以后为代州直隶州属县。县东有平刑岭，关路通灵丘县，为戍守重镇，金志作"瓶形"。

〔康熙〕保德州志十二卷

康熙五十三年知州冯国泰继前任王克昌修成，奉修《一统志》之檄也。

按凡例："弘治间剡城周公取胡公廷慎通志原本辑成州志，至万历间一修于肤施韩公，再修于洮阳胡公，始称大备。周、韩二志未见，胡志极详洽，而间多繁冗。三韩张公未刻本又芟削太甚。"今按周名山，弘治十八年修；韩名朝贡，万历二十九年修；胡名梱，万历四十二年修，张名光岳；康熙十二年修也。胡志有苗朝阳序，即曾修《河曲县志》者也。

凡十二卷，一因革，二形胜，三风土，四田赋，五圣泽，六官师，七选举，八人物，九附纪，十至十二艺文。

隋唐本岚县地，淳化四年置定羌军，景德初改今名，大定二十二年升州，明属太原府，雍正中升为直隶州，以河曲县属焉。此本志修成以后事，然以前建置原委亦未之及也。

〔同治〕河曲县志八卷 中有光绪十六年知县陈日稔增补者

同治十一年知县金福增修。

据序，《河曲县志》自嘉靖、万历间南坡王鑛编辑于前，苗朝阳续修于后。崇祯三年遭流寇王加应之变板毁，嗣经知县钱永守修复成编，顺治四年至道光十年历经知县马云举、杨廷标、曹春晓以次踵修。此志盖就曹本而辑者也。

县为宋火山军地，金贞元中置今县，雍正二年隶保德直隶州。县为滨河岩邑，正当边墙之曲，宋以来兵事要冲。田地仅六百余顷，而总计征解达四千余两，盖地虽瘠而辖境广也。志于人民生计、物产、风俗及与蒙旗往来情形叙述尚备。

艺文篇有保德知州莫兆文《汉瓦考》云："距河保营十数里有滩名太子娘娘者，土人每锄地得瓦当，上有'万岁富贵'四篆文，据县志指为薄太后及文帝所居，或曰明忠顺夫人三娘子也。"今按前说必非，复说稍近。其瓦则必汉定襄郡治之所遗也。

凡八卷，一宸章，二典礼，三星野，四职官等，五选举等，六、七、八艺文。

〔光绪〕绥远旗志十卷

光绪三十四年绥远城将军贻谷修，太常寺少卿宁河高赓恩纂。

凡十卷，一疆界公所图、疆域沿革表，二山水、城垣，三故城郡县考，四官制考、职官表、官制兵制表、世职表、俸饷表，五经政略，六学制、选举表、仕宦表、学堂各表，七宦绩，八人物，九烈女，十方言。

序例曰："绥远、归化向无志乘，《山西通志》作于康熙二十一年，其时尚无归绥各属，惟右卫官兵略一及之。雍正十一年《朔平志》出，始有归绥一境，新通志成于光绪十七年，乃著绥远旗事而并及一道七厅。然第述大端，鲜列条目。今绥远将军辖境愈广，归属又新增五厅，乃议创修绥远暨道厅并土默特各志。"

　　绥远为魏盛乐城所在，隋唐丰州地，明代沦于蒙古，为土默特俺答地。俺答受封，因有归化城之名。乾隆四年在城东北五里复筑绥远城，为将军治所，是曰新城。本书与《土默特志》《归绥道志》同纂，相辅而行，此书则专记旗务也。

方志考稿　甲集第六编

江苏

〔乾隆〕江南通志二百卷

乾隆元年总督赵弘恩修成表进，中允黄之隽等纂。盖前志修于康熙二十二年，雍正七年后敕下各省督抚各修省志，江南于九年冬开局，及是始告成也。

凡二百卷，首录诏谕为四卷别行。第一至四十八卷为舆地志，第四十九至六十六为河渠志，第六十七至八十六为食货志，第八十七至九十八为学校志，第九十九至一百十八为职官志，第一百十九至一百三十七为选举志，第一百三十八至一百八十九为人物志，第一百九十至一百九十四为艺文志，第一百九十五至二百卷为杂类志。计视前志之七十七卷几于再倍矣。

观其凡例所纠前志之遗失，如兵制只列官名，职官载至郡守，今悉扩而充之，宜其淹富至此。若所增河渠志以纪三吴水利，杂类志以纪佚闻，及艺文志刊落诗文专载著述，皆非前志所能及。独惜所引书未载出处，实乖著述之法，不止

《四库提要》所云刻本与原纂之舛互也。

〔嘉庆〕**江宁府志五十六卷**_{光绪六年重刊}

嘉庆十六年知府吕燕昭修，姚鼐等纂。

按本书艺文所录府志，约得左列诸种。

宋史正志《乾道建康志》 _{见宋史志，今佚。}

吴琚《庆元建康志》 _{目见旧志，今佚。}

周应合《景定建康志》五十卷

朱舜康《建康续志》十卷 _{目见《江南通志》，书佚。}

元张铉《至大金陵新志》十五卷

戚光《集庆路续志》 _{见上元倪灿所著《补元史艺文志》，}

_{今佚。}

明王一化《（万历）应天府志》三十二卷

陈沂《南畿志》六十四卷

清陈开虞《江宁府志》三十卷

然陈志成于康熙七年，乃都无一语及之。三十卷又为二
十四卷之误，是其缺略也。

光绪续志力推是书为姚氏手笔，云或笔或削，微恉罔有
异词。然姚氏序文但颂知府之治迹，绝未述其所以成一家言
之旨。吕氏序亦初无授简姚氏之语。更观其凡例所矜张，多

属毛举细故，行文冗沓，多滥用助词，古文大家似不至出此。恐姚氏不过以钟山书院主讲挈衔而已，非真躬与简牍之役。

凡五十六卷，一、二天章，三舆图、疆域、分野，四沿革，五古今纪年事表，六、七山水，八、九、十古迹，十一风俗物产，十二建置，十三祠庙，十四、十五赋役，十六学校，十七武备，十八驿递，十九至二十四秩官，二十五至二十八名宦，二十九至三十三科贡，三十四至五十一人物，五十二、五十三金石，五十四至五十六艺文。

其体例疏失处甚多。如纪年事表据凡例力诋《景定志》之繁碎，今以《史记》年志为法云云。不知表之为用全在旁行斜上，年经事纬。今但撮举史事，以一帝为一行，初无表格，复何取于表哉？又由康熙以至乾隆岂除南巡恩泽以外别无一事可纪？乃唯载蠲免钱粮事，又何陋也！

又沿革篇叙至南朝截然而止，若乾元中之置升州、杨吴之置江宁府等皆无一语，亦不可解。

〔光绪〕续纂江宁府志十五卷

光绪辛巳知府赵佑宸继前任修成，举人郡人汪士铎纂。续道光志而作也。

凡十五卷，一图说，二田赋，三军制，四祠祀，五学校，六实政，七建置，八名迹，九艺文，十大事表，十一秩官表，

十二科贡表，十三兵事表，十四人物，十五拾补。专以续补
为事，故前志所已具者不及也。其拾补一篇有录存金鳌《待
征录》及述江宁机房事，均掌故之难得者。

〔同治〕上江两县志二十八卷

同治十三年知县莫祥芝、甘绍盘合纂。

其叙录曰："闻诸父老曰，建康、金陵间有藏者，正德、
万历诸志荡焉无迹。入我朝，府志修于康熙七年（陈开虞
撰），《江宁志》修于康熙二十二年（佟世燕撰），再修于乾隆
十三年（袁枚撰），《上元志》修于乾隆十六年（蓝应袭撰），
至嘉庆十七年复修府志（吕燕昭撰），道光初上元复有武志
（武念祖撰）。迄今去武志逾五十年，去袁志几百三十年，而
诸志亦存世者寥寥，惟吕志尚夥。得非以其修于惜抱义法谨
严故耶？（吕志姚鼐秉笔，详于乾隆四十年《赋役全书》，而
略于人物，尽删秦淮游晏及无益诗文，志中义例最佳者。）思
重修之以存今式。……是年之冬，其书告成，凡为卷者二十
有八。吾二人者同商订之。作而叹曰：'实录尚矣，继之者宋
之《事迹类编》，其后作者十余，而或传或不传，殆有幸不幸
也。'（按以志名者，自史正志之乾道、吴琚之庆元，惜皆不
存，惟周应合为马光祖所修之《景定建康》、张用鼎所修之
《至正金陵》二志仅存。其张志前戚光所续。及明正德十三年
管景为白思齐、刘雨为王诰所修《上元》《江宁志》，万历十

六年李登次第为程三省、周诗分修两县志，山川属之盛敏畊，人物属之顾起元，可谓得人，而亦不传。其后汪宗伊有《应天府志》，陈沂有《金陵世纪》《南畿志》《金陵图》，陈镐有《人物志》，今亦佚。国朝知府林天擎改汪志为《江宁府志》，康熙七年张怡为陈开虞修府志，廿二年戴本孝为佟世燕修《江宁志》，六十年唐开陶有《上元志》，乾隆十六年何梦篆为蓝应袭、王孟亭为袁枚分修二县志，嘉庆十七年姚鼐为吕燕昭修府志，道光四年陈柹为武念祖修《上元志》。今藏书家无多，惟陈、吕二府志，佟、蓝、袁、武四县志特存，余俱佚矣。）"

其编类立名，殊异他志。凡二十九卷，曰圣泽，曰大事记，曰山考，曰水考，曰城厢考，曰田赋考，曰食货考，曰学校考，曰兵考，曰祠祀考，曰建置考，曰艺文考，曰秩官谱，曰科贡谱，曰列女谱，曰古今人谱，曰古迹谱，曰咸丰三年以来兵事谱，曰忠义谱，曰贞烈谱，曰名宦录，曰乡贤录，曰忠义孝悌录，曰耆旧录，曰方技录，曰方外录，曰图说，曰撷佚，曰序录、商例。

其优劣有得论焉。他志狃于积习，动以纪恩泽之言冠于编简。本志已于俗例刊汰殆尽，而独留此何也？是不如取其事实按其门类各附而从之也。此其一。既以大事名，则所记者宜以两县大事为限，而人疴物异之琐不当入焉。既以记为名，则行文宜作记述之体，而分条系年谱录之式不宜采焉。且建置沿革志之基础，不立专编而统以大事记，抑非法也。

此其二。自东晋以来城市建置，详于城厢一篇，有两京《坊巷志》之风。然分门类而不分时代，无以见其变迁之迹。此其三。咸同兵乱以后，重兴之建筑别为建置一篇，斯亦善矣。而洪杨踞城之日改革诸端，当时见闻较近，乃悉从祛削，终为遗憾。此其四。

至其特创之例，若古今人谱，若咸丰三年以来兵事月日谱，固见特识。第二十七卷之六朝宫城以下诸图，并钩稽精审。文字雅驯犹其余事，终为近代良志也。

〔乾隆〕句容县志十卷 光绪庚子县人杨世沅重刊

乾隆十五年知县曹袭先修。

据旧序，所存有万历癸卯知县茅一桂、顺治丙申知县葛翊宸、丛大为二本。其不存于旧序者则弘治间知县王僖所修也。

句容，汉县，唐初曾置茅州，茅山所在也，宋以来属江宁府。

凡十卷，一舆地，二建置，三山，四古迹，五民赋，六学校，七秩官，八选举，九人物，十艺文。其山川、古迹、艺文大致皆仙灵之事也。

据杨士沅重刻序，谓其家故有乾隆志，嗣毁于火，闻浙江文澜阁有藏本，假而刊之。刊成讹误颇多，而原本已送还，仅能据他书撰校勘记略也。

〔光绪〕溧水县志二十二卷

光绪七年知县傅观光等修。

其叙曰：溧邑志凡六修，前志无传本，惟乾隆四十二年凌志辑有成书。考其余则嘉靖四年知县王从善、万历七年知县吴仕铨、顺治十二年知县闵派鲁、康熙十五年知县刘登科、乾隆四十二年知县凌世御也。

溧水于开皇十一年析溧阳地置，初属蒋州，唐改属宣州，嗣复以属升州，故明以来隶江宁府。

凡二十二卷，一天文，二舆地，三建置，四封爵，五官师，六赋役，七学校，八典礼，九选举，十武备，十一至十三人物，十四、十五列女，十六至十八艺文，十九名胜，二十二氏，二十一轶事，二十二旧序跋。

中如武备志于兵制以外兼述历代兵事，实俗例之不可为训者。又称近人多以官而不以名，亦非史法也。

〔光绪〕六合县志八卷

光绪甲申知县吕宪秋修，即前任谢延庚稿增订之也。

按凡例，"县志一修于宋嘉定中知县刘昌诗，此其权舆也"，其后"一修于永乐十七年，一修于成化十二年知县唐诏，一修于正德十六年知县林幹，一修于嘉靖三十二年知县董邦政，一

修于万历二年知县李箴，一修于万历四十三年知县张启宗，一
修于顺治三年知县刘庆运，一修于康熙二十三年知县洪炜，一
修于雍正十三年知县苏作睿，一修于乾隆五十年知县廖抡升，
一修于嘉庆年间（闻之耆老云）。嘉定本久佚，明人本暨刘本、
洪本、嘉庆本皆不传，今所见者苏本、廖本而已"。

本书凡八卷，一地理志，二田赋志，三建置志，四官师
志，五人物志，六选举表，七艺文志，八兵事考，而以礼俗、
方技、仙释、杂事为附录终焉。

本书每篇皆有分纂人姓名，足征其不苟，兵事考记咸丰
二年以来粤寇犯城事，系年挈目，一览较然，皆其长处。然
方技不入人物，艺文漫录陆陇其诗，抑不可解也。

六合为春秋时棠邑，汉为临淮郡堂邑县，《吴志》：赤乌十
三年，"遣军十五万〔当为十万〕，作棠邑涂塘，以淹北道"，
涂即县境滁水。盖南北交争中重镇。晋安帝时改堂邑为秦郡，
治秦县，以秦民所寄也。嗣至开皇中改尉氏为六合，遂为定名。
初属扬州，洪武中以隶应天，清代相沿以为江宁府属县焉。

〔光绪〕高淳县志二十八卷

光绪七年知县杨福鼎属张裕钊纂。

据前志名氏，正德甲戌知县顿锐创修、嘉靖丙戌知县刘
启东、万历丙午知县项维聪、顺治丙申知县纪圣训、康熙癸
亥知县李斯佺、乾隆辛未知县朱绍文先后续修。

高淳在弘治四年始自溧水析置。

书凡二十八卷，一沿革，二建置，三山川，四疆域，五学校，六礼典，七、八、九赋役，十官师，十一选举，十二恤典、祥异，十三祠庙，十四寺观，十五古迹，十六至二十八皆列传，诗文则已分入诸门。

综观全书似钞辑案牍而成，于赋役志所载诸案宗可见，列传庞然占全书逾半，名字杂陈，芜滥极矣。

〔乾隆〕苏州府志八十卷

乾隆七年知府觉罗雅尔哈善等修。

雍正中太仓升直隶州，府所辖者吴、长洲、元和、昆山、新阳、常熟、昭文、吴江、震泽新旧九县。今志专载本属之事，以吴郡、姑苏二志及洪武志为依据，兼采崇祯初昆山王志坚所纂宦绩、人物稿，其时盖拟修志而未就也。

凡八十卷，一分野等，二风俗，三城池，四山，五水，六、七水利，八至十一户口田赋，十二物产，十三至十五公署，十六、十七学校，十八军制，十九乡都，二十津梁，二十一至二十三坛庙，二十四、二十五寺观，二十六古迹，二十七至二十九第宅园林，三十、三十一冢墓，三十二至三十五职官，三十六至四十选举，四十至四十六名宦，四十七至六十五人物，六十六艺术，六十七流寓，六十八至七十二列女，七十三释，七十四道，七十五、七十六艺文，七十七祥异、

记兵，七十八至八十杂记。其杂记复分类事、类典、类行、
类异、类琐、类证六门，则殊牵强也。

〔同治〕苏州府志一百五十卷

同治八年知府李铭皖始修，成于光绪七年知府毕保釐。
按王鏊《姑苏志》序云："子贡之《越绝书》，赵煜〔晔〕之
《春秋》，张勃之录，陆广微之记，罗处约、朱长文之图经，
龚明之辈纪闻，记〔纪〕事则备矣。汇而成书则有范成大、
卢熊二志。由今而观，范志峻而整，卢志详而赡，而其间亦
不能无异同焉。"明以前尚矣，明志见于本志所录诸序中者，
则有洪武十一年知府李亨嘉之《苏州府志》，成化十年刘昌之
《姑苏郡邑志》，正德元年王鏊之《姑苏志》，及康熙三十年知
府卢腾龙、乾隆十三年知府觉罗雅尔哈善、道光三年知府宋
如林之各志。

据铭皖自序，称请中允冯桂芬司总纂之任。冯氏于学无
所不贯，及门多淹雅之士，因是汇萃群贤，采访修辑，殚心
竭虑，各尽所长。于同治年开局，至十三年夏将及成书而冯
氏遽归道山。其历事之难如此。观其所订凡例，于康、乾、
道三志颇能择善而从，折衷至当。如所举人物不强判标题而
统为分县序代，各传必以正史为主而旁参他书，田赋科则统
排为表而使阅者一目了然，诚为精觉。其举前志之失，如道
光志于艺文之外别立集文、集诗二门，又其按语全袭旧志原

文，亦皆笃论也。

全书一百五十卷，一星野，二疆域，三风俗，四城池，五坊巷，六、七山，八水，九至十一水利，十二至十九田赋，二十物产，二十一至二十四公署，二十五至二十七学校，二十八军制，二十九至三十二乡都，三十三四津梁，三十五古迹，三十六至三十八坛庙，三十九至四十四寺观，四十五至四十八第宅园林，四十九至五十一冢墓，五十二至五十八职官，五十九至六十七选举，六十八至七十三名宦，七十四至一百八人物，一百九一百十艺术，一百十一、一百十二流寓，一百十三至一百三十三列女，一百三十四三十五释道，一百三十六至一百三十九艺文，一百四十至一百四十二金石，一百四十三祥异，一百四十四至一百四十九杂记，一百五十旧序。凡为类三十三，皆分属名手为之，如《顺天府志》之例也。

其中稍有泥古而不知变之处，如风俗篇云："吴谓善伊为稻缓……谓来为釐，相谓曰侬，谓中州人曰伧"，此直以上古至六朝之方言并为一谈。又如坊巷篇亦以坊巷之坊与坊表之坊并为一谈。皆乖于名实，沿讹袭谬不知通变。要之全书警策在杂记六卷，所采吴中事实既较旧志为富，允可当地方史之目而无愧也。录其两事以概其余。

太湖中六桅渔船之制不知其所自始，或云是范大夫移家具。船身长八丈四五尺，而梁宽一丈五六尺，落舱深丈许，中立三大桅：五丈者一，四丈五尺者二，提头一桅三丈许，梢桅二皆二丈许，以四船相联为一带，而以梢桅分左右为雌雄。其造船在胥口之下场湾、西山之东村、五龙桥之蠡墅、光福之铜坑，其造篛篷、篾缆在冲山。其人以水面作田地，以网罟代耰锄，以鱼鳖为衣食。其父子兄弟食粗衣恶，无膏粱纨绮之费；其母妻子女椎髻操作，无金珠首饰之费。其冠婚丧祭无繁文。一年十二月候风暴行船，其祷神之词有"大树连根起，小树着天飞"之句……

苏城阊门有孙春阳南货铺，天下闻名。铺中之物，亦贡上用。案春阳宁波人，明万历中年甫冠，应童子试不售，弃举子业来吴门，开一小铺，在今吴趋坊北口。其地为唐六如读书处，有梓树一株，其大合抱，仅存皮骨，尚旧物也。其铺如州县署有六房，曰南北货房、海货房、腌腊房、酱货房、蜜饯房、蜡烛房。售者由柜上给钱，取一票自往各房发货。而总管者掌其纲，一日一小结，一年一大结。自明至今已二百三四十年，子孙尚食其利，无他姓顶代者。吴中五方杂处，为东南一大都会，百货云集，何啻数十万家。惟孙春阳为前明旧业，其店规之严，选制之精，阖郡无有也。

〔乾隆〕吴县志一百十二卷

乾隆十年知县姜顺蛟修，海宁施谦纂。

　　前有知府雅尔哈善序，曰："明嘉靖间邑人杨仪部循吉与
宰苏祐创稿八万余言，凡十六卷。文虽简易，其于尊贤订古
亦有所长。历一百十四稔而至崇祯壬午，旧令牛若麟、孝廉
杨维斗广为五十四卷，较前稍备，然时值丧乱未经润色。又
载笔者为邑诸生王焕如，搜罗虽富，惜失之杂。又五十余年
而至康熙辛未，山阴张令某重为纂辑（按所录旧序则是年有
县诸生孙佩所纂也），历十有六年始增六卷，视牛志较简，又
失之诬。"盖垂六十年而有是志。又自云："凡披阅群书三百
余种，冗者汰十之三，阙者补十之五，不半载而脱稿一百十
有二卷也。"

　　其目略为一建置沿革，二分野，三疆域，四、五山，六
水，七城池、乡都，八市镇、桥梁，九坊巷，十户口、徭役，
十一至十五田赋，十六至二十一水利，二十二古迹，二十三
物产，二十四风俗，二十五六祥异，二十七吴世家、封爵，
二十八世族，二十九官署，三十学宫，三十一书院、义学，
三十二仓庾、邮铺、驿站，三十三至三十六职官，三十七八
宦迹，三十九师儒，四十兵防，四十一弭变，四十二至四十
七选举，四十八武科，四十九封荫，五十人物（先贤），五十
一至五十四人物（名臣），五十五六人物（忠节），五十七八
人物（循良），五十九人物（能吏），六十人物（儒林），六
十一至六十三人物（文苑），六十四人物（武略），六十五人
物（孝友），六十六七人物（卓行），六十八人物（隐逸），
六十九人物（流寓），七十人物（好义），七十一人物（游

侠），七十二至七十四人物（列女），七十五人物（艺苑），
七十六人物（方术），七十七人物（释氏），七十八人物
（老氏），七十九人物（工役），八十坛壝，八十一二祠庙，
八十三第宅，八十四园林，八十五冢墓，八十六至八十八僧
坊，八十九道观，九十至九十二杂记，九十三至一百十二
艺文。

吴中故事之尤要者，曰水利，曰田赋。志于水利则备录
前代章奏文移，于田赋则备录前代历年详定会计经赋等册，
皆使读者能自寻其脉络。其于明代重赋之原述之如下。

> 按官田者，皇庄也，国家取之于佃户，佃户输之于
> 王府者也。此租也，非税也。后乃编于额征以为取民之
> 制，其端作俑于宋徽，效尤于元季，开衅于张士诚，而
> 洪武、永乐遂定为常制也。宋宣和元年，浙西平江诸州
> 积水新退，募民耕种，官收其租，故名曰官田。既而高、
> 宁、理宗相继效之，凡籍没蔡京、王黼、韩侂胄等权贵
> 之田，尽减其额，募民耕种，此官田之所自始也。元朝
> 赋额其始亦轻，因有籍没宋室官田，未曾革除其弊，亦
> 募民耕种，故延祐间定赋以苏之三十六万者变而为八十
> 八万也。及张士诚据吴，志在良田美宅，征赋无度，一
> 时所置田产遍于苏松。明祖并天下，用兵于张士诚者独
> 多，故因恨士诚而移恨苏松，乃以籍没士诚部下之产并
> 前此所籍没宋元与后此所籍没富民沈万三辈之产概名之

曰官田，悉照租额定税，于是苏州赋额向增至八十八万者忽加至二百八十余万。建文即位，诏除其罚，永乐尽反建文之政，浮粮之豁免者亦在所反之中，而吴民之困于重赋至此愈烈矣。

又吴中地志之书有不得不记载繁缕者，曰水名，曰乡制，大抵吴中以某乡某里管都若干，某都领团若干。此其异于北方者也。自余市镇、坊巷亦无不繁于北方，故读志者动感如阅簿籍之苦。

至其体例有可商榷者，卷二十七有吴世家，诚是也。然孙策、杨行密、钱镠、张士诚之流皆于吴地关系深切，尤不得略也。卷二十八有氏族志，亦诚是也。然详其受姓之由，详其著称之人，尤当著其聚居之地与夫去来迁徙之故也。卷二十三有物产志兼及工艺，亦诚是也。然工艺宜举其特殊者而一一记其业务状况，不得徒列名目也。

具区志十六卷

康熙己巳翁澍撰。其凡例云："蔡景本〔东〕编集《太湖志》十卷，王文恪节取其十七，厘为八卷，名'震泽编'。今合二书参酌增损而成也。"其所列引用书目，或举篇名而不举全集，或举书名而不举撰人。盖翁氏本文人，非作意著述者也。

太湖备考十七卷

乾隆庚午金友理撰。

其凡例以为"太湖古无专书，有之自蔡景东《太湖志》始，继之以王守溪《震泽编》，又继之以翁季霖《具区志》"，大抵详于名胜而略于经济，详于湖中而不及湖外之地。自云非履地细核，徒以旧志为据，不能无误。爰乃泛舟于湖，沿三府十邑之境一一访求。既履其地，复参以书。

为卷十有七，为类三十，一太湖，二沿湖水口、滨湖山，三水治、水议，四兵防、湖防论说、记兵、职官，五湖中山、泉、港渎、都图、田赋，六坊表、祠庙、寺观、古迹、第宅园亭、冢墓、风俗、物产，七选举、乡饮，八人物，九列女，十、十一集诗，十二、十三集文，十四书目、灾异，十五补遗，十六杂记，而附以《湖程纪略》。

太湖跨苏、常、湖三府之地，分隶两省。其沿湖郡县各自为志，不能观其会通。故必以湖为主干，而形势大纲可挈也。志先疏太湖及诸水之名，次记水口，次记滨湖之山，次记治水之政及诸论议，次记兵防兵事，次第殊为清晰。惟职官以后忽又述及湖中山及都图、地名等，颇觉凌杂耳。然综观全体，语必征实，抉择精当，要为地志之良。

末附吴曾《湖程记略》，则吴氏与金氏同游之日记也。

玉峰志三卷 光绪壬寅东仓书库刊

宋淳祐壬子知昆山县项公泽修，阳羡凌万顷、陈留边实纂。

是书曾见阮元《揅经室外集·四库未收书目提要》。其言曰："《玉峰志》三卷、《玉峰续志》一卷，宋凌万顷、边实同撰。万顷字叔度，景定三年进士。本阳羡人，因其父婿于昆山颜氏，因家焉。边实陈留人，其高祖始迁昆山，详前志《边淳德传》，而续志又复为《自序》一篇夸其家世。玉峰本昆山地，宋南渡时始析为县，即今之嘉定是也。志中所载沿革风俗以及人物古迹甚悉。宋元时昆山志乘世多不得，是册足备一方之文献也。"

今按书凡三卷，上曰起例、县境图、县郭图、马鞍山图、沿革、县境地理、四至八道〔到〕、乡镇、城社、山冈墩墟、水、风俗、户口、学校、坊陌桥梁、营寨，中曰公宇、税赋、课利、官租、县令题名、名宦、进士题名、人物世〔氏〕族，下曰古迹古事、土产、封爵、寺观、祠庙、园亭、异闻。

观其次第凌琐，想见筚路经营。但为剖记之体，非著作也。又所叙列多以古传说与今实事参并，亦其违失。然所载全境塘、浦、泾、港之名，户口比较之数，学校之租额，酒课及役钱、坊名钱之支配，以及风俗物产之殊异，皆非架空之谈，颇足使南宋人生活状况俨如目接。真宋志之可珍者也。

续志为边实所撰，自云将以厘前误而纪新闻，其亦实事求是之意也。

〔至正〕昆山郡志六卷 光绪壬寅东仓书库刊

元至正四年杨维祯序，州人杨譓撰。

元贞二年升县为州，故名郡志。杨序称二十二卷，今止六卷。

此本为钱大昕手校加跋者。

其第一卷曰风俗、山坊、园亭、冢墓、古迹，第二卷曰名宦、封爵，第三卷曰进士，第四卷曰人物，第五卷曰人物、释老，第六卷曰土贡、土产、杂记、异事。

迹其文字似即以《玉峰志》为蓝本而加详，然条理整齐弥不如《玉峰志》，意者杨廉夫所见之二十二卷为完本，今则其碎金欤？

昆山慧聚寺塑像相传为杨惠之笔，自龚明之《中吴纪闻》已有纪载，本志记之尤详。

〔光绪〕昆新续修今志五十二卷

光绪六年昆山知县金吴澜等修。

按所录旧序，宋凌万顷、边实有《玉峰志》《玉峰续志》，元杨譓有《昆山州志》，明初范能季篴等有《昆山志》，景泰中县人蒋明复有新志，曰蒋志，其后监察御史顾孔昭辑者曰顾志。本志于前志源流皆未暇考，盖兵燹之后遗籍散亡故也。

雍正二年分县立新阳，于是乾隆十五年知县邹召南、张予介等修合志，道光元年国子监典簿王学浩继修之。

凡五十二卷，一星野等，二山水，三官署等，四学校，五水利，六、七户口田赋等，八物产等，九桥梁，十坛庙，十一寺观，十二、十三古迹等，十四、十五冢墓，十六职官，十七至二十选举，二十一名宦，二十二至三十五人物，三十六至四十五列女，四十二耆寿，四十三至四十八艺文，四十九、五十著述，五十一祥异，五十二杂记。

〔康熙〕常熟县志二十五卷

康熙丁卯知县杨振藻修，县人钱陆灿纂。

据凡例，"旧志自宋令鲍廉撰于宝祐间，分类为十，成十五卷。元卢知州镇修之，即今《琴川志》是也。其所纪止于宋代，而有元百年间人物掌故卢复编有续志。明初张修撰洪更辑新志八卷，惜皆不传。自后桑通府瑜任著述于弘治之世，邓孝廉钹、管孝廉一德递载笔于嘉万之间。兹者因桑志者十五，因邓管志者十三"云云。

今卢镇序云："《琴川志》自宋南渡后版籍无存，其后庆元县令孙应时尝粗修集，迨嘉定庚午县令叶凯始广其传，至淳祐辛丑鲍廉又加饰之。"而卢镇之书有金华戴良序，此皆可记者也。

凡二十五卷，一建置沿革、分野、疆域，二山、水，三城池、官署，四学校、祠祀，五乡鄙、市镇、坊巷、桥梁，六水利、户口，七、八田赋，九徭役、税课、风俗、物产，十官师年表，十一选举年表，十二封赠、恩荫、监仕、橡仕、兵防，十三坛庙、寺观，十四古迹、第宅、陵墓，十五宦绩，十六至二十二人物，二十三至二十五艺文。

本志之作盖以应当时修《一统志》之征集，自云遵奉颁通志之式，故体裁归于雅正。然如祥异列于疆域之前，古迹别于山川、名胜、第宅、园林之外，人物既有邑人总目，复分忠节、循吏等门，皆不思之甚者。

常熟在晋为晋陵南沙县，梁大同六年改今名，唐初隶润州，后改隶苏州，明以来因为苏州府属县。

〔雍正〕昭文县志十卷

雍正九年知县劳必达修。

昭文自雍正二年析常熟置县，为期甚短，故可纪之事无多。大抵秩官、选举二表断自立县以后，其他则常昭并载，详略互见。凡十卷，一沿革等，二官署等，三水利，四田赋等，五至十列传。

县名昭文者，盖取言子乡里昭明读书处也。

〔嘉庆〕常昭合志 光绪二十四年县人季亮时、丁祖荫刊

　　嘉庆二年知县王锦等修，言如泗等编纂，邵齐焘、孙原湘亦与同纂之役。

　　雍正四年分常熟立昭文，故从来惟有《常熟县志》。其历修姓氏移录如左。

宋庆元丙辰	知县孙应时
嘉定庚午	知县叶　凯
淳祐	知县鲍　廉
元至正癸卯	知县卢　镇
明宣德甲寅	知县郭　南
弘治丙辰	知县杨子器
嘉靖己亥	知县冯汝弼
万历天启间	知县管一德 有《文献志》十六卷。
	知县龚立本 有志十五卷。
	知县姚宗仪 有志二十八卷。
	知县陈三恪 有《海虞别乘》十卷。
清康熙癸亥	知县高士䶄
康熙壬辰	知县章曾邱

雍正辛卯修《常熟县志》 知县李惟一
是年并修《昭文县志》知县劳必达

　　凡十二卷，一各图等，二水利，三户口等，四公署等，五坛庙等，六职官等，七选举，八、九、十人物，十一、十二艺文等。

　　卷首载乾隆四十四年依闵鹗元奏铲削钱谦益、屈大均、金堡等诗文事迹谕旨一道，及三十一年傅康安等奏严禁私修志书一折，称"今据浙江巡抚熊学鹏具奏，以《遂安县志》侈陈毛一鹭政迹、《嘉兴府志》曲讳虞廷陛附党，是非倒置，又《萧山县志》极诋嘉靖间学道陈大绶贪酷种种，而大绶督学以清节著闻，所载悉属颠倒，已饬地方官分别核实删除等因。查毛一鹭、虞廷陛俱名丽阉党，载在钦定《明史》，人所共知。陈大绶名不著于史传，考国监题名碑，大绶系万历乙未科进士，江西浮梁县人，是该县志所称嘉靖时事显系诞妄无稽。该志当即为改正删除以期核实。但据奏请责成学臣于按临各郡后取该处志书与地方官论辩考核，将删除条目若干咨明督抚会同奏闻之处。臣等窃思学臣按临考试情形不同，有因地方辽阔考毕遄行者，有因试卷繁多日不暇给者，若必责令于按临后考核势必是处逗遛，公事转多迟误。查各省向例原有于学臣莅任时呈送志书之事。应令学臣不拘时日，悉心考核，遇有实在是非倒置者，即饬令地方官删改，仍咨明督抚会同办理。其有现在修辑之志书，亦令学政查核再行刊刻。至该抚又请地方官有欲重修志书及添造者，悉令预为详报，仍将所修之书申送学臣会同督抚核明具奏，候旨发回然后准其刊布等语。查乡曲之书，多有见闻固陋，纪载疏芜无论，不足进呈御览。且《一统志》现在奉旨增修而各省通志俱经奏定，已足奉为传信，不必于偏隅小邑另立条教，转致纷繁。至该抚又称纂修志书向系地方官捐资办理，不得借端派费有累士民之处。查有司养廉所以办公，若责令捐资，势必掣肘。至修书原系地方公事，如或绅土〔士〕自行经理编纂付梓，亦所弗禁。但不得勒派，致滋扰累。倘有官吏借端苛派，应令该管上司严查参究可也。……乾隆三十年二月十八日题，十九日奉旨：依议。"此二事皆有关志乘之掌故也。

〔光绪〕常昭合志稿四十八卷

光绪甲辰知县郑钟祥等修，编修常熟庞鸿文等纂。其曰志稿者，以定例各州县志书须由地方官转呈学政查核方准刊行，故暂用活字排印以代写官也。

据其所引纂修人名之多，足知全出乡绅之手。其凡例云："采访事迹不能执涂人而问，是以辛丑春夏之交即在海虞试院邀集同人设局广发告白，原冀各抒闻见，博采兼收，四五年中来告者殊鲜。"以本地之人辑本地之史，尚不肯合群力以赴之。常熟文献之邦如此，他处弥复可知。修志之难有如是矣！然以较嘉庆志，则扩充弥富也。

凡四十八卷，一疆域，二山形，水道，四城垣，五市镇，六风俗，七户口，八都图，九水利，十田赋，十一钱粮，十二蠲赈，十三官廨，十四学校，十五坛庙，十六寺观，十七义举，十八兵制，十九职官，二十选举，二十一名宦，二十二至三十三人物，三十四至三十九列女，四十游寓，四十一方外，四十二第宅，四十三冢墓，四十四艺文，四十五金石，四十六物产，四十七祥异，四十八轶闻。

其中人物类复具载藏书、弹琴家两种，可谓得因地制宜之善。末附总叙一篇，于前志源流述之极详，精心之作也。

〔光绪〕吴江县续志

光绪五年知县金福曾等修。

据凡例："前沈彤志修于乾隆十一年，今志续沈彤之后，断自十二年始。"又云："续志体例一遵沈志，然如前志界域、山水、形胜、乡都图、圩镇、市村、田荡之类无可续，风俗亦然。"又云："厘捐为军兴以来一大政，本拟别纂为篇，一时权宜非经常之政。"识断凡近，专以辑补为事，非所语于著述矣。

〔乾隆〕震泽县志三十八卷

乾隆十一年知县陈和志属编修县人倪师孟撰。

震泽自雍正三年分吴江之半而设，故无沿革可言，然本书《通例》中所载旧志名目可资考证也。其言略曰，旧吴江诸志之典核可信者有四。一莫志，明成化中莫旦所纂也。一徐志，嘉靖中徐师曾所修也。一叶志，康熙中叶燮所修也。皆有刊本通行至今。一史志，成化中史鉴所辑也，仅有写本。四志之外有不甚典核而稍可采者亦四。一董志，董尔基续徐志者也。尔基又有儒学志，并纂于顺治中。一屈志，屈运隆所修，与叶志同时刊。一钱志，钱霭续叶志者也，修于康熙之末。今所纂以莫、徐、叶三志为稿本而史、董、屈、钱五志辅之。诸志之外，有周永年之《松陵别乘》、潘柽章之《松陵文献集》、朱鹤龄之《松陵文征》，益以周廷谔之《吴江诗粹小传》。钱云之《江震人物志》亦有被采者焉。

本书唯列子目而无志表传之分，其《通例》所谓有定例而无定体也。然即以类相从亦终嫌凌碎。大致卷一为沿革，二为水，三以下为疆域、建置，十、十一为田赋，十二为官制，十三、十四为选举表，十五、十六以下为名臣等传，二十四为别录，二十五为崇尚、礼仪、生业，二十六为节序、语音，二十七为祯祥、灾变，二十八至三十为治水，三十一为书目，三十二以下为诗文，三十七、三十八为古迹、旧事、异闻。

大抵采用旧志，撷长去短，下笔不苟，其苦心殊不可没。然有叙述稍略者，如吴江、震泽二县同城此语未见于界域篇中是也。有分析未当者，如建置诸篇业已备详古有而今废之一切建置，复于篇末重出古迹一门，仅得寥寥数条是也。然其中有一例为急宜表彰者，则所创之生业一门也。历述农、蚕、渔业之概况，上稽史乘，旁及诗词，原原本本，语皆征实，可当地方社会史之目，章氏《永清志》而外未能多见也。录其言丝价一条如左以见一斑。

按史册《黄溪志》，明嘉靖中绫䌷价每两八九分，丝每两二分，康熙中䌷价每两一钱，丝价尚止三四分，今䌷价视康熙间止增三之一，而丝价乃倍之。此业织䌷者所以生计日微也。

据《江苏诗征》小传，师孟原籍归安，雍正元年进士，曾典蜀试，性恬淡不务驰逐云云，则固乡里负时望者也。

盛湖志十六卷补四卷

里人仲廷机撰，盖同治末叶所成也。其志补则其子虎腾光绪庚子所辑。

盛湖者，谓吴江县治东南六十里之盛洋镇，与乌程相接，吴越间之秀区也。据凡例，《盛湖志》始于明卜梦熊，久佚。顺、康、熙三朝，支氏〔当为仲氏〕之祖沈洙、枢、周需相继修之。

〔嘉庆〕黎里志六卷

嘉庆乙丑里人徐达源撰。

黎里在江苏吴江县之西南四十五里，唐陆龟蒙筑别业其间。其后宋魏宪、赵磻老，元杨岚，明尹宽莘，名人接踵，故虽小而故实则丰。东南大镇，土壤富而民居稠。本书洪亮吉序云："于西北可比大县，于东南则中下县或有不及焉。民居户籍既繁，则风气亦日开，文采亦日盛，人物轩冕，亦遂擅于东南。推之而园亭、祠宇、艺文、金石皆可各立一门。此而不及今条记之，则后此者将何所考焉？"诚哉是言也。

徐氏之撰是志也，自言少时即喜人谈里中往事，间有所闻辄笔于书。及长，阅新旧县志，与黎里有关涉者，不满三数页，心窃陋之，因录旧闻博采掌故，阅岁成书，十有六卷。一沿革等，二形胜等，三祠庙等，四古迹等，五寺院，六墓域等，七、八、九人物，十、十一列女，十二杂录，十三至十六艺文。

乡里之志人物，宜不复强为品目矣。本志于人物之外别出杂录一门，兼载里巷善人畸行。其出彼入此之故安在？适以见其体例瞀乱而已。

〔光绪〕黎里志十六卷

光绪二十三年里人蔡丙圻撰。其体例盖一依前志，不稍逾越。惟第三卷增《纪兵》一篇，略存咸同间兵事，为可取耳。

〔光绪〕周庄镇志六卷

光绪八年镇人陶煦撰。

周庄镇者，或曰贞丰里，西北去苏州六十里，隶江苏元和县，其西偏兼隶吴江。相传为宋迪功郎周君收获设庄之所，故名。初系村落，自金二十相公和随宋高宗南渡，侨居于此，人烟渐密。元季沈万三秀之父裕田由湖州南浔镇徙居东垞，始辟为镇。前明迁肆于后港，镇西多坟墓，鲜民居。康熙间东西二栅俱成阛阓，而后港寥落矣。

据其凡例，向有章腾龙《贞丰拟乘》成于乾隆癸酉，至嘉庆戊辰始得陈勰增辑付梓。陶金梭撰《周庄志》亦止于乾隆甲申，且未脱稿。吴中区区一镇，其沿革之长有如是者。

凡六卷，卷一界域、水道、胜迹、物产，卷二公署、第宅、桥梁，卷三祠庙、冢墓，卷四风俗、人物，卷五列女、流寓、释道，卷六杂记。

乡镇之志，耳目易周，故掑撯敷衍之弊较少。本书各门惟物产、风俗仍不免以恒言铺砌成篇，又胜迹门仍绘八景，皆未全脱方志锢习，余皆翔实可诵。尤以第宅一门足纪故家乔木之迹，弥可为修志取法之资。历来诸志于公署、学校等觏缕不休，而私家建筑多不措意，固是一病也。

周庄为沈万三故里，万三固元明间吴中一奇人，亦吾国经济史上一段重要公案也。本书第宅门云："当时人烟所萃，

惟严字一圩。其东南隅曰东垞，万三住宅在焉。西北半里许
即东庄地及银子浜，仓库、园亭与住宅互相联络，其巨富气
象犹可想见，然亦仅中人制耳。杨循吉《苏谈》载万三家在
周庄，破屋犹存，不甚宏大，可知万三里居并无豪侈之迹。"
人物门于万三传引吴江、青浦两县志及《挑灯集异》《近峰闻
略》《七修类稿》，杂记门又引《吴江县志》《涌幢小品》诸
书，固可视为万三集传也。

〔嘉庆〕松江府志八十四卷

　　嘉庆二十三年知府宋如林修，仓场侍郎会稽莫晋、山东
督粮道阳湖孙星衍、临江府知府山阴朱潄同总纂。

　　按卷末旧志考得左列各种。

　　《云间志》三卷　宋绍熙四年知华亭县事杨潜等纂。

　　《嘉禾志》三十二卷　宋嘉定间嘉兴府知府岳珂修，元至元戊
子秀州经历单庆等重修。

　　《松江郡志》八卷　元大德己亥松江府知府张之翰修。

　　《续松江志》十六卷　元至正十七年华亭钱全兖修。

　　新志三卷　明永乐间松江府学训导魏骥修，正统间教授孙鼎增刊。

　　《云间通志》十八卷　明成化九年郡化人钱冈修。

　　《松江府志》三十二卷　明正德壬申郡人顾清修。

　　《松江府志》九十四卷　明崇祯辛未知府方岳贡修。

《松江府志》五十四卷　清康熙二年知府郭廷弼修。

《松江府续志稿》　清康熙二十年知府鲁超修。

自郭志后一百五十年而始有是作也。

凡八十四卷，一至六为疆域志，七至十二为山川志，十三至十九为建置志，二十至二十九为田赋志，三十至三十二为学校志，三十三至三十五为武备志，三十六至三十九为职官表，四十至四十三为名宦传，四十四至四十八为选举表，四十九至六十为古今人传，六十一为艺术传，六十二为寓贤传，六十三为方外传，六十四至七十一为列女表，七十二三为艺文志，七十四至七十九为名迹志，八十为祥异志，八十一至八十四为拾遗志。

其名宦传及古今人传依时代而分，列女传则于时代、县属之外兼分完节、义烈、贞孝、贤淑、才女五类，斯固具区别之微恉。若名迹志于寺观、第宅、园林、家墓以外复有古迹，则仍乎叠床架屋之弊习而已。然其整赡固有余也。

唐天宝中始置华亭县，初属苏州，继属秀州，元至元中始升为府，明洪武改属南直隶。大抵自朱清、张瑄、张士诚以来，始为东南财赋隩区矣。

〔光绪〕松江府续志四十卷

光绪九年知府博润修。

咸丰之乱，松沪一隅支拒最久，被祸最烈。乡区之变置，财赋之蠲省，人物之耗亡，名迹之毁灭，端宜有以继前作也。

凡四十卷，门类并如前。宋志所已有者不踵列也。

〔光绪〕华亭县志二十四卷

光绪四年知县杨开第撰。

县志最古者曰《（绍熙）云间志》，绍熙癸丑知县杨潜所修也。正德庚辰有知县聂豹志，县人孙文简公承恩为序。（凡例云创自孙文简公，盖未考孙序也。）及乾隆辛亥而有知县郑濂志，据凡例云："正德志已佚，乾隆志亦仅有存者。而乾隆志记载谨严，或议其略。今据明顾文僖公府志、国朝郭太守廷彀府志、鲁太守超府志稿及邑人王廷和县志残稿以补之。至乾隆后事迹，则据宋太守如林府志以增之。"

然检其凡例所列更定前志体例，殊不尽当。如前志纪行宫于宫室类之首，以第宅、园林次之，而又附以寺观、古迹。今别出寺观列入方外，而改宫室为名迹类。其实寺观多属名迹，与其画为方外，转不如统于宫室之为愈。又如前志兵燹、祥异、轶事各为一类，今并改入杂志。其实兵燹关于一邑废兴之故甚巨，漫云杂志，固非法也。

凡二十四卷，一疆域，二建置，三水利，四海塘，五学校，六祠祀，七、八田赋，九盐法，十兵防，十一职官，十二至十九人物，二十艺文，二十一名迹，二十二方外，二十三四杂志。

〔乾隆〕娄县新志三十卷

乾隆五十三年知县谢庭薰修，上海陆锡熊纂。

顺治十三年始分华亭之西南境置县，取汉娄县名名之。谓之新志，明创始也。自来同城新立之县断限最难。本志凡例云："一切纪载皆核其系于娄地者书之，以明断限。至科第人物尤多错互，今用土断之法，一以娄产为据。"又云："凡地志多因袭增修，而娄独创始，故用力较艰。华亭既未有新志，明代旧本尤极芜陋，今所据者惟顾、陈、郭三府志，而自康熙改元以来又及百年，久未修辑，文献无征，莫此为甚。"其成书之难盖如是也。

书凡三十卷，一沿革志，二建置志，三疆域志，四、五山川志，六、七民赋志，八学校志，九军政志，十祠祀志，十一食货志，十二艺文志，十三四名迹志，十五祥异志，十六官师表，十七八选举表，十九名宦传，二十至二十六人物传，二十七艺术传，二十八九列女传，三十流寓传。

综观全书，于星野一门袪而不立，诗文浮词多从刊汰，人物不分门目，图绘分系各篇，皆勇于攻俗之举。陆氏豫闻四库编摹，宜其具卓识也。

〔光绪〕娄县续志二十卷

光绪戊寅知县程其珏修，踵乾隆谢志而作也。据凡例云：

"其体例悉依前志，经前志编入者不赘，间有所遗，量为补纂。"故其目次略殊于前志。曰宸翰、建置、疆域、水利、民赋、学校、军政、祠祀、艺文、名迹、祥异、兵事、官师、选举、人物、艺术、列女、流寓、方外，凡二十卷。

〔光绪〕奉贤县志二十卷

光绪四年知县韩佩金修，即选训导南汇张文虎纂，以奉巡抚吴元炳令修省志而作也。

县旧隶华亭，嘉靖间筑城备倭，名青邨堡，雍正四年析华亭地建县，相传言偃尝至其地，故曰奉贤。乾隆二十年知县涂扩因华亭旧志而成书，其书有陈祖范序，今附本书卷尾也。

书凡二十卷，一疆域志，二建置志，三赋役志，四水利志，五学校志，六祠祀志，七官司志，八营泛志，九选举志，十至十三人物志，十四至十六列女志，十七艺文志，十八遗迹志，十九风土志，二十杂志。

其时风气尚未大开，本书居然辟分野之谬而削去之，此盖文虎通西学之故也。其他赋役、水利等篇亦极精详，而杂志篇录存故实尤夥。

〔光绪〕金山县志三十卷

光绪四年知县崔廷镛继前任龚宝琦修。缘有续修《江南通志》之举也。崔氏序云：“金山旧未有志，乾隆十六年知县常琬始修，道光间县人姚汭、钱照泰〔应为钱熙泰〕又续修之。”

其凡例云：“旧志之类三十，姚汭续修稿仍因之，钱照泰重印〔订〕稿为表四、为志八、为传十二，兹仿其例，稍加增损、分合乎其间。”凡表之属四，曰沿革、疆域、职官、选举，志之属八，曰山川、建置、赋役、名迹、学校、艺文、武备、志余，传之属十二，曰名宦、仕绩、儒林、文苑、孝友、忠节、义行、隐逸、艺术、游寓、方外、列女。较之俗例似为整炼。然兵事谓之武备志亦未允协。又志余遗事颇多重要故实，有宜入各传者，名曰志余亦非是也。

雍正二年始分数县南境立金山县，即明金山卫，沿海五十九卫之一也。乾隆二十四年以卫城地僻，改建朱泾镇，故县遂无城。

〔道光〕川沙厅志十二卷

道光十六年同知何士祁修。

川沙之筑城堡自嘉靖三十二年始，其以清〔松〕江董漕同知海防清军同知移驻于川沙也，在乾隆二十四年，割上海、南汇两县地为抚民同知在嘉庆十年，划界分辖在十五年。士祁始详考上、南两志，草创为十二卷。

凡十二卷，一疆域志，二、三建置志，四田赋志，五水利志，六武备志，七官司志，八、九、十人物志，十一、十二杂志。

卷末附分隶原案，盖自明中叶倭患炽时已为海防要地，读所辑之旧事，犹想见血战之苦也。

〔光绪〕川沙厅志十四卷

光绪五年己卯同知陈方瀛修。

嘉庆十五年始析上海东境南汇北境置，故无史迹之可言。

凡十四卷，一疆域，二建置，三水道，四民赋，五祠祀，六兵防，七职官，八名宦，九选举，十人物，十一列女，十二艺文，十三名迹，十四杂志。

〔乾隆〕上海县志十二卷

乾隆四十九年知县范廷杰属桐乡皇甫枢编纂。

按历修姓氏，洪武间县人户部侍郎顾彧草创志稿，弘治十七年知县郭经、嘉靖三年知县郑洛书、万历十六年知县顾洪范三次修，康熙二十二年知县史彩、叶映榴、乾隆十五年知县李文耀二次修，以至于今。

据其凡例，则体例一仍康熙志而补其缺。凡十二卷。一分野、疆域等，二水利，三、四田赋盐法，五徭役、户口等，六城池、兵防，七官署等，八历官表、宦绩，九科贡表等，十名臣等，十一艺文、兵燹，十二祥异、遗事。

宋末置上海镇，立市舶提举司，至元四十九年割华亭立县，嘉靖二十一年割西乡设青浦县，雍正三年，仍以过大，割浦以东为南汇县。

县自宋以来已为通商要地。自海关设立（康熙二十四年），凡远物贸迁皆由吴淞口进舶黄浦城东门外。舳舻相衔，帆樯栉比，不减仪征、汉口（卷一）。雍正三年，苏松太道监收海关，且移驻于此。然康熙二十九年题定每年征解银二万余两，乾隆十四年，奉旨：海关正额盈余悉照雍正十三年例额解银六万两。其始也不过如此，道光二十三年，五口通商设新关而后规模巨矣。

嘉靖以后为防倭要塞，兵防、兵燹两篇详焉。水利篇备录宋明以来治水之策，田赋篇备录明代赋额名目及均徭项下官署供应名目及顺治九年以后奉裁情形，皆难得之史料。惟风俗列疆域之后，兵燹列艺文之后，似稍失次。

〔同治〕上海县志三十二卷

同治十年苏松太道应宝时属俞樾、方宗诚撰。书成之后，复属冯桂芬稍加厘订。

据应序，县志"创于明洪武间顾彧，弘治间郭经成之。其后郑洛书、颜洪范、史彩、李文耀、范廷杰重修者五，而嘉庆十七年李林松复为编辑，是为嘉庆志。既成，县人陆庆循著《嘉庆志修例》一卷以订其失"。

本书盖以嘉庆志为主，凡云前志即嘉庆志也。又咸丰十年知县刘郇膏得郑志，延宝山蒋敦复作沿革及列传若干卷，本书之沿革表即以蒋本为之。皆见凡例。

其体例则略取嘉庆志而调停陆氏之说。分门二十，首图说，次疆域，次建置，次水道，次田赋，次物产，次学校，次祠祀，次兵防，次职官，次选举，次人物，次艺术，次游寓，次列女，次艺文，次名迹，次杂记，而以旧序终焉。

详观是书，语皆核实，较胜旧志多矣。就中如风俗一门论前明习尚，而引史志云："明季搢绅多收奴仆，世隶之邑，几无王民。然主势一衰，甚有占主田产、抗主货财、转献新贵因而兴讼者。有司亦惟力是视而已，复奉功令绅士自好，积弊已清，而子孙世隶者未之改也。"此种蓄奴之风，亦明季南方社会一异象，散见私乘者颇多。本志能注意及此，可云精识矣。

董家渡徐家汇教堂附载寺观之后，自云仿《日下旧闻考》之例，此已胜于旧志之疏略。然租界之建竟无一语及焉，其教堂条下按语云："各国租地造房界址附见关榷下"，检之亦殊不见。

杂记篇中之遗事一门，实有应分入各门者。例如所引《农政全书》诸条应入物产，所引《莼乡漫笔》〔应为"赘笔"〕诸条应入风俗之类是。

本书成后，县诸生秦荣光复仿陆庆循修例之举，作《（同治）上海县志札记》。博採群书，钩稽字句，补遗订误，至六卷之多。其纠本书之失最显者，厥惟沿革中误读《新唐书》苏州为雄州句而云"大历十三年更名雄州"一事。夫雄为州之等第，非州之名，稍谙史学者宜无不知。当时簪豪之彦如林，不解何竟贻此笑柄。至所增遗阙尤美不胜收，略举一二，如据《五茸志》而知邑有棉布之始，据戴有祺《寻乐斋集》而知顾绣始于缪氏。此其关于掌故，岂浅鲜哉?!

叶昌炽为秦氏作序云："文章者天下之公器。况夫方志之学出于古史官，观政者将于此咨故实、揽风俗。作者非一手，成之非一时，本非一家一人之学。山川道里之远近，田赋壤则之高下，建置形势之大略，职官氏族之旧闻，关于民生之利病，礼乐之举坠，差以豪厘，谬以千里。前贤草创之，后贤讨论而润色之，又从而缺者补之，讹者订之，庶几文献有征而可以传信于将来，不其美欤?"善哉斯言，足为党同伐异者之棒喝矣。今兹撰《方志考》，于前人之所未及亦严以绳之不少回护，正以文章为公器之旨。庶几识者谅此衷也。

〔民国〕上海县续志三十二卷

民国元年知事吴馨请县人姚文枏编纂，王庆平点定。七年刊成。据其例言引孙星衍沈刻《云间志》序曰："余病今世修志无善作好手，不如刻古志于前，以后来事迹续之，或旧有遗漏舛误，不妨别为考证一卷。"是书专为同治志之续，盖宗斯旨。然则不肯轻于变革，其慎有如此也。至其时代之断限则起同治十年讫宣统三年，其繁简之准则愿以长编自居，而以裁择简练俟后。姚氏自跋亦极谦执。

是书之善盖有三焉：图绘详明并据旧志补沿革图，盖姚氏兄子明辉长于舆地之学故，一也；虽一以同治志为依归，而仍不乏订证之处，是仿《松江府续志》之例，二也；卷末叙录载修志始末甚详，三也。

惟卷三十引姚氏《纪事编》历年物价而不能详列一表为可惜。其他应增之事皆因旧例所无不克备载，亦势所必至也。

〔光绪〕南汇县志二十一卷

光绪四年知县顾思贤修。

南汇以雍正二年割上海分建。勒方锜序曰："长兴钦公连首宰是邑，因据上海志、鹤沙志成县志十六卷。旋有陆公学渊著副志以补苴罅漏，考证讹谬。厥后乾隆五十九年孝感胡公志熊宰是邑，因钦志之旧而续修之，成新志十五卷。距今八十年矣。"又据刘世芬序，称同治十三年金福曾权是县时曾请于大府请县人张文虎司其事，未几金君去而顾君来综其成也。

凡为二十一卷，一疆域志，二水利志，三建置志，四、五田赋志，六户口志，七学校志，八祠祀志，九兵防志，十官司志，十一选举志，十二艺文志，十三至十八人物志，十九名迹志，二十风俗志，二十一方外志。

中如风俗志所载皆本邑特殊情状，引物价以为佐证，有章氏《永清志》之风。附载物产亦以本邑特产为限。皆能矫俗者也。然寺观、僧道概入方外志已属不伦，乃并天主教堂亦列于此，何其名实相去之远耶？

其凡例末条云："凡载笔之事，必先不私于己而后能不私于人，一有偏徇，反唇立至。钱少詹言近代士大夫一入志局，必欲使其祖父族党一一厕名卷中，于是儒林文苑车载斗量，徒为后人覆瓿之用。窃尝以此自律。"斯则犹存古之道者矣。

〔光绪〕青浦县志三十卷

光绪五年丙子知县吴康寿刊成，前任陈其元等修。

前有勒方锜序曰："先是，未建县时，青龙为重镇，海舶商贾之所丛集。盐场酒务，宋时极盛。故梅圣俞、林鉴皆尝撰述《青龙镇志》。此则志之最古者。至前明嘉靖间始置县，犹以青龙镇为县治，寻废，复置则在万历元年，乃筑城迁治唐行，即今县治是也。于是王圻始作《青浦县志》。康熙时，知县魏球修之，秉笔者邑进士诸嗣郢也，文字简核有法度。后刻本为县宾客所羼乱，嗣郢深以为憾。至乾隆四十六年王述庵司寇重修之，欲汰前所羼者而未能竟也。今梅、林二志既不传，而圻志原本亦求之不可得。加以烽燹之后，典籍散佚，文献凋落，历时愈久，搜采愈难。此志稿本始自同治九年，历任不一，类能精心考订，而卷帙浩繁，编纂濡滞，越十年而成于冯君少渠之手。"

凡例云："王志例载王西亭先生《文献私议》，云：'康熙初建安魏令球延诸乾一重修邑志，秉笔者殳山夫叶岳心也。稿成魏令解任，索稿于退署中，与二三不学之人窜易增加，遂成秽史。此二三人者任意私于其亲厚，事不核实，言乖体例，乾一大懊恨而不能止也。魏本廉吏，轻信眩听，为人所卖，比雕板又为有力者收板于家，刊落旧文，窜入祖父之传，愈失其初。其后又有私增私减，大抵假公事嵌入祖父亲戚之姓名，事实尤为猥冗。后之修志者欲因之断不可，欲大正之又疑于刻，且丛怨谤，甚不易也。存此说俟百年之久，有贤者因吾说而考正刊削之，庶乎其可也。'盖前贤之矜慎如此，足以垂戒来兹。"斯亦乡里修志之苦心，不独为青浦言也。

名迹志有汉太子少傅孔潜避地所遗之宅，谓之孔宅，相传有至圣衣冠环璧葬于此。卷首有图，以第宅列图绘，他志所无矣。凡三十卷，一、二疆域，三建置，四、五山川，六、七、八田赋，九学校，十兵防，十一、十二名迹，十三、十四职官，十五、十六选举，十七至二十二人物，二十三至二十六列女，二十七八艺文，二十九、三十艺文。

〔康熙〕常州府志三十四卷

康熙三十三年中书陈玉璂撰。

据《（光绪）武阳志余》经籍篇云："案是志体例颇合史

裁，繁简得中可为师法。惟卷首列《咸淳志》史能之原序，
云《常州府志》原序，是直改其书名矣。名宦陈刚中判江阴
军，职官表县令内无其人，是刚中未尝为江阴令明矣。志于
通判县令并为立传，传语亦无他异。曹廷慧由岁贡任江阴主
簿在明万历间，志误以为宋时人，列刘敞之上。人物传不分
门类，后人撰志各立子目，多所芟削，故有府志有传而邑志
反无者。艺文不免有芟改之病。皆由是志成书太促，校刊讹
舛尤多，后人訾议太过，亦不免存私见耳。近时翻印是志有
校勘记一卷，颇有纠正焉。"

〔乾隆〕阳湖县志十二卷

乾隆乙酉知县陈廷柱修，吏部郎中虞鸣球、庶吉士董潮
编纂。

凡十二卷，一疆域，二营建，三食货，四学校，五禋祀，
六官师，七选举，八人物，九列女，十、十一艺文，十二捃遗。

阳湖古晋陵地，唐以后晋陵、武进均为常州附郭县，明
初合晋陵于武进，雍正二年复析县。虽析县而营建等类仍难
划分，则亦徒具空名之县志而已。

〔道光〕武阳合志三十六卷光绪十二年重刻本

道光二十二年知县孙琬属李兆洛编纂。

　　万历乙巳县人唐鹤征始为《武进县志》。入清以后，一修于康熙癸亥，再修于壬申。雍正四年析县境设阳湖两邑，各自为志。及是始为合志焉。本书所依据则大抵为乾隆三十年知县王祖肃所修《武进县志》及陈廷柱所修《阳湖县志》。

　　综为三十六卷，一至三舆地，四五行，五营建，六兵防，七至十赋役，十一食货，十二学校，十三、十四坛庙，十五、十六官师，十七、十八选举，十九至二十一旌表，二十二至三十一人物，三十二、三十三艺文，三十四金石，三十五事略，三十六摭遗。李氏属稿未竟而卒，今书人物志、文学传中已有李名，则固不得称为李撰。又事略叙述南北朝兵事殊简略，摭遗志漫录零闻，不知所自，似亦非李氏笔法。惟是武阳大邑，前志完备，故故实罗陈颇丰，终为详核之志耳。

　　据《（光绪）武阳志余》经籍篇云："是志兆洛仅手定条例，寻婴疾卒，分纂洪齮、孙阳、成烈、薛子衡、蒋彤等踵成之。体例大半循董志之旧，而事文则扩而详著之。原定凡例有艺文，而是志以时久费绌，亟于告成，遂置不录，论者颇以为憾。（案光绪志余经籍篇网罗赅遍，虽李氏复生亦当首肯，可无憾矣。）又病其繁冗。顾兵后犹赖有是志之存得以考镜，迨光绪新志出，一主于简，始佥谓是志之善，遂有翻印之举。"

　　据翻印凡例，山川、古迹有讹误及太简者，今遵庄氏、许氏校本附注，其他亦类此。是光绪翻印之有功于李氏原志，颇为不浅。

〔光绪〕武阳合志三十卷

光绪二年知县王其淦主修，盖道光二十二年李兆洛始为《武阳合志》，未竟而卒，邑人踵成三十六卷行世。咸丰庚申粤寇之难被毁，于是始有重修合志之举。阅三载告成，增损为三十卷。（据光绪重刻道光合志金吴澜序。）

书为卷三十，为类十二，一舆地，二赋役，三营建，四禋祀，五学校，六兵防，七旌恤，八官师，九选举，十人物，十一艺文，十二杂事。

详其凡例，所自矜创获者俱不甚惬当，如云："近世为县志者每多髣拟史裁为表、志、传各名类，并僭窃史称。志有食货、五行，传立儒林、循史，窃谓大非志体，今故尽避诸称。"殊不知表、传诸称自属因体立名，何得以僭窃为嫌而强一之？又云："赋役类于停止编审之后不再赘详丁数，以示盛世滋生日广，宽大逾常。"殊不知志以纪实，非以纪恩。且即赘详丁数，与宽大之政何害？又云："地方官告示及听鞫之词，有因一时一事之公允传颂不置者，究未足垂为后法。今概从删。"殊不知史者积一时一事而成，苟以为此一时一事不足纪，则当纪者何在耶？又云："县之利弊与民俗急公之举，非奏请兴革及实有裨于乡里者，不得详于志乘。如两县各乡定限日期完纳钱漕，逾限议罚，名曰议图。顾事非奏闻，志乘例难搜辑。今故删其事于志中，存其说于例后。"殊不知事

必奏闻而后可纪，则国史之书尽可当方志之用，更何必劳此
修志之举哉？凡此皆一意求简而不达体例之过。故观其志直
如簿书之目，无可究寻。宜乎金吴澜之序重刊道光合志颇有
不满斯编之意。至于舛缪疏漏之处，为《（光绪）武阳志余》
所摘，更属其细焉者也。

人物篇中赵申乔传附子凤诏名，云"官山西太原府知府，
有政声"。案凤诏因案获重典，即令罚非其罪，亦应列举实证
以明其冤。仅以"有政声"三字囫囵包括，其为秉笔者之徇
曲可知。虽曰隐恶扬善，终乖史法。无怪《（光绪）武阳志
余》讥其"自诩谓如《新唐书》事增文减，而其新辑宦绩诸
传则又详叙履历，虚誉显要，以此取媚搢绅"矣。

大抵以邑人而当史职，难期予夺之公，尤以名邦世族为
甚。《（光绪）武阳志余》评董潮《武进阳湖县志》云："陈
睿谟及子咨稷卓有政绩，并祀乡贤。是时郡绅以钱人麟为首，
主志局事，以张承恩后裔上踞先贤祠产事，追憾于椒峰，削
去其祖父旧志之传，其舍公论而逞私忿，此陈志之所无云
云。"正同一例。此非其邑人自道之，又孰从而举发之哉？

〔光绪〕武阳志余十卷

光绪十二年知县金吴澜重刊。道光合志时，邑人庄毓鋐、
薛绍元等鉴于光绪新志之简略，增辑是编。据薛氏序称："国
朝自乾嘉以来府、厅、州、县志为海内达人所称诵者，如洪

稺存先生《泾县志》、孙渊如先生《三水志》、陆祁生先生
《郯城志》、董晋卿先生《怀远志》、董方立先生《长安志》、
李申耆先生《凤台志》，皆雅瞻有法，皆武进阳湖人也。绍元
尝怪诸先生著述擅一时，而独于敬梓之乡，未能裒集旧闻蔚
为绝作，非憾事欤?! 乾隆间余姚卢抱经先生主讲龙城书院，
尝修府志矣。稿成，为众口所排，不授刻。所刻《八邑艺文
志》即稿中文征一类，其体例谨严，固足法也。申耆先生修
道光志，凡例甫创，遽归道山。今《武阳合志》成于众手，
而先生原定目录绍元尝于先君子文集中见之，固与《凤台县
志》同一精密者也。夫二志之作，或得其人而不及成，或成
而不谐俗，书以不传，岂非天事哉? 光绪五年修新志，操翰
者莫不攻合志之失。及成，读新志者又皆讴歌旧志。迄今八
年，俊甫庄先生从舆论以次印行陈氏旧府志、李氏合志若干
卷，复以其暇与陆君彦和辑《志余》十二卷以补新志所阙。
昔西河毛氏撰《萧山县志刊误》，仅八十条，《四库提要》称
之，与明康对山《武功志》、韩五泉《朝邑志》皆以精简著录
文渊阁。是书虽不为纠谬而作，而网罗散佚，其慎其难，当
亦后来修邑志者所不能废也。"

　　盖本书不独以补新志之略，亦且有功于旧志之发明。据
其凡例，为类凡四十有二。其沿革、风俗、物产、赋役已详
新旧志者，率不著录。新志成于光绪五年，迄于今应增者续
之。不列总目，避正志体也。

　　两邑近代大事端惟咸丰庚申之变，本编采私家记载之可

信者附之大事，别录《庚申团练纪实》二卷附于书后。是良史法也。

〔康熙〕无锡县志四十二卷

康熙二十九年知县徐永言修，严绳孙、秦松龄纂。

据凡例："旧志今所有者，始于元处士王仁辅及明景泰中学博冯善、弘治中儒者吴凤祥、李庶及万历中秦布政梁诸所撰辑，兼张运使恺、唐太常鹤征前后府志。余若释至迪《惠山志》、顾提举起经《勾吴佚典》之类不可得见，翟隐士厚《锡山遗响》，莫工部息续之，不皆锡事。后唯尤州判镗《无锡山水志》近推博雅，吴制府檄修时已多采入，而兹所闻为参订者有黄知县广之《史逸》，王职方永积之《景物略》，皆颇源本于尤。又尤处士晋之《勾吴闻见录》、谈文学修之《县学笔记》《惠山古今考》及其孙高祐之《锡山别考》，近则孙文学秉禾之《邑志辨讹》……"本书继万历秦志而作也。

凡四十二卷，一图、建置表、分野、疆域，二山，三水，四城郭、乡都，五坊巷、桥梁，六廨署、学校、兵防，七古迹、园亭，八坛壝、祠庙，九寺观，十冢墓、风俗、土产，十一令佐表、教职表，十二进士表、举人表，十三贡生表、举辟表、武科表，十四封赠、荫叙乡饮、赐谥，十五吴太伯世家，十六、十七、十八遗爱宦望，十九儒林，二十文苑，二十一忠节、孝友，二十二行义、隐逸、方技，二十三贞烈，二十四流寓、仙释、祥异，二十五杂识，二十六著述，二十七至三十户口、赋役，三十一南巡圣制诗古歌，三十二五言古诗，三十三七言古诗，三十四五言律诗，三十五六七言律诗，三十七五言七言绝句，三十八至四十一碑记，四十二序、书、颂、说、引、辞、题跋。

其凡例自云："旧志先立为舆地、食货、宫室等名，乃复以诸类属之，然按其分部繁而未该。今但列一切记载于前，因已各有条目，而列传诗文一例类分以次其后，不复更立总名，似径直而不烦。"其实依其所列，前后凌杂，豪无伦理，其失正同。至据王志录《史记·吴太伯世家》附以《春申君列传》独为一卷，谓为落落大雅，殊不脱明人陋习。惟云："旧志土产凡邑所可得之物一切并载，则东南郡县日用所同，亦不胜书矣。兹唯取邑所独产与其异于他邑之产者书之，土宜、人力各有所至，不必以为富也。"此则足破历来锢蔽。然综观诸条，识多凡近，盖亦以成于众手之故与。

至徭役一篇述役法沿革、利弊颇详尽，非他书能及。盖承明季弊政之后，亟于呼吁痛苦也。

〔光绪〕无锡金匮县志四十卷

光绪七年浙江候补道无锡秦缃业纂。

其序曰："吾锡之志昉于有宋，其书佚之已久，而元王仁辅志四卷则往时藏书家多有之。其后明凡三修，我朝康熙、乾隆两志均修于庚午。雍正初析无锡地为金匮县，华征君希闵别为《金匮志》。然锡、金既同城，山川人物未可分属，故先侍郎重修嘉庆志，合无锡、金匮而名之允矣。道光中未及统修，有续志之刻，阅今又四十余年。"乾隆志者，乾隆庚午王镐延华希闵、顾栋高、浦起龙等修；嘉庆两县志者，嘉庆十八年刑部右侍郎秦瀛纂；道光志者，道光二十年太常寺少卿侯桐等纂也。据本书凡例云，宋时有《无锡县志》，久佚不传，而《（咸淳）毗陵志》两引其说。今所见者，惟咸淳志，康熙、乾隆两庚午志，嘉庆志，道光续志而已。外此之可资参讨者，则有黄印〔应为"黄卬"〕《识小录》、华湛恩《锡金志外》、周有壬《锡金考乘》三家之书也。

凡四十卷，一建置沿革表、疆域，二山，三水、水利，四城郭、乡都，五街坊、桥梁。六廨署、学校，七兵防、兵事，八至十一赋役，十二祠祀、冢墓，十三寺观，十四古迹，十五职官表，十六、十七选举表，十八世家、名宦，十九、二十宦望，二十一儒林，二十二文苑，二十三忠节，二十四孝友，二十五行义、耆硕，二十六隐逸、艺术，二十七、二十八列女，二十九流寓、释道，三十风俗、善举，三十一物产、祥异，三十二至三十九艺文，四十杂识。

〔道光〕江阴县志二十八卷

道光二十年知县陈延恩修，李兆洛等纂。

《江阴志》始于宋绍熙五年，知军事施迈主修，教授郑应甲纂，曰施志；绍定三年知军事颜耆仲、教授郭庭坚再修，曰颜志，其后至元二十三年、洪武九年两次重刊；洪武二十四年县丞贺子徽又修，曰贺志；永乐十六年训导陈赟又修，曰陈志；弘治十一年知县黄传又修，曰黄志；正德十五年知县王泮又修，曰王志；嘉靖二十七年知县赵锦又修，曰赵志，其后万历四十七年重刊；崇祯十三年知县冯士仁又修，曰冯志；康熙二十二年知县沈清世又修，曰沈志；乾隆九年知县蔡澍又修，曰蔡志；其后五十四年知县牛兆奎修而未竟。可谓富矣！然旧志已多散佚，存者惟黄、赵、冯、沈、蔡五志而已。（据凡例。）

江阴之为县在萧梁，实吴暨阳县地也。唐武德中曾置暨州，旋废，五代迄宋建江阴军，元且升为江阴路总管府，其雄重可知。明以来始降为县，又析设靖江，属常州府。然江苏学政自万历以后犹循例驻节于此（原驻宜兴），故本志官署以学政署列首。

其时任学政者为祁寯藻，寯藻为撰序以张之。陈氏仲父希曾于乾隆十八年以兵部侍郎来使，亦陈氏所引为光宠者也。

书凡二十八卷，一建置，二疆域，三山川，四民赋，五学校，六武备，七秩祀，八祥异，九风俗，十物产，十一、十二职官，十三、十四选举，十五名宦，十六至十八人物，十九、二十列女，二十一方外，二十二古迹，二十三寺观，二十四至二十七艺文，二十八识余。

明以前诸志虽已不存，而旧志辗转征引尚多，故展卷之余犹恍然复见宋志风格，其驯雅鲜可几及也。就中风俗一篇所载农、工、商、妇女、二氏状况，多实事，绝非恒饤空言可比。而县署、学署诸图精美详悉，亦其余事之胜人者。

〔光绪〕江阴县志三十卷

光绪戊寅知县卢思诚等修，编修县人季念诒等纂。

前志源流已见陈志条下。据本志凡例，今所存者陈、金两志。蔡志间有全帙，余均散佚也。体例则一仍前规，惟增入《忠义总纲》及《寇变纪略》。

中有补充前志之语，如云"学署割季科清机园为之，署中荷花池即雪浪湖，池边有屋五楹，即赐闲堂"，前志失载也。

凡三十卷，一建置，二疆域，三山川，四民赋，五学校，六武备，七秩祀，八祥异，九风俗，十物产，十一、十二职官，十三、十四选举，十五名宦，十六至十八人物，十九、二十列女，二十一方外，二十二古迹，二十三冢墓，二十四寺观，二十五至二十八艺文，二十九忠义总纲，三十识余。

〔嘉庆〕宜兴县志十卷 附新志四卷

嘉庆二年知县阮升基等撰。

按万历徐显卿志序云："自晋周孝侯有《风土记》，宋单氏续之，正统间邹令旦以属训导危山，因旧编而节之，成县志。更七十年，正德之季，韩令儒以属教谕林文聪重修。又七十年为万历初，韩令容延杨别驾阜、李学谕延谥暨诸文学分任参考，垂成而韩以制去。今陈侯造王别驾升、周学谕国宾而属之，重订辑成新志十卷云云。"陈侯，陈遴玮也。其后康熙间知县李冀闻又属邑人徐喈凤重修，即今志所据也。

雍正三年分宜兴为荆溪，本志乃以是年以前为宜兴旧志，四年以后为《新宜兴县志》《新修荆溪县志》，此变例也。

宜兴为汉阳羡县，晋惠帝时以周玘三兴义兵讨贼有功，立义兴郡，隋废郡存县，属常州，宋太平兴国中以避讳改今名。

旧志、新志体例略同，旧志凡十卷，一疆域志，二营建志，三田赋志，四学校志，五职官志，六武备志，七选举志，八人物志，九古迹志，十艺文志。

新志凡四卷，一疆域志、营建志、田赋志，二学校志、职官志、选举志，三人物志，四古迹志、艺文志、杂志。

本书营建志有废署、亭馆，与古迹复出；古迹一志多载前人诗文，与艺文复出。至艺文志强分细目，若五排、五截、六截、七截，皆乖大雅。若夫人物必分忠义、治迹等目，则不能为周延儒立专传；工艺无所附属，则不能为陶业立专篇。又乖于纪实也。

〔嘉庆〕荆溪县志四卷 附《（道光）续宜荆志》十一卷

嘉庆二年知县唐仲冕修。

其例一如宜兴志，以分境故，弥窘于言矣。后附《（道光）续宜荆志》十一卷，道光二十年知县龚润森修，县人吴德旋撰。其目曰营建志、田赋志、学校志、职官志、名宦志、选举志、人物志、古迹志、艺文志、杂志。然谨守绳尺，但续前志，无所发明。其序自云："本无学术，年老遗忘，两邑侯遂以总纂之名见属。"盖德旋徒以文望典其名，固无意于著述欤?!

〔光绪〕宜兴荆溪新志十卷

光绪八年知县周镡、钱志澄等修，候选教谕吴景墙纂，继道光志而作也。

书仍十卷，而次序离合大改旧观，前志未安者悉加整正。一疆土，曰星野记、建置沿革记、区图记、山记、水记、要隘记、水利记、风俗记、物产记；二营建，曰城池、廨署记、坛庙记、坊表记、仓储记、津梁记、善堂记、义阡记；三赋役，曰户口记、田亩记、科则记、解支记、漕运记、蠲振记；四文教，曰学宫记、学额记、礼乐器记、书院记、义学记；五武事，曰营汛记、咸丰同治年间粤寇记、殉难绅民记、殉难妇女记；六职官，曰县令表、学秩表、宜兴僚属表、荆溪僚属表、城守营表、水师营表；七选举，曰科贡表、武科表、例仕表、武职表、封赠表、荫袭表、恩叙表、荣寿表；八人物，曰名宦录、忠节录、治绩录、儒林录、孝友录、文学录、义行录、隐逸录、艺术录、寓贤录、方外录、列女录、补录；九古迹，曰遗址考、名胜考、邱墓考、寺观考；十艺文，曰载籍考、金石考。

其文字之雅，搜辑之宏，诚为后来居上。然殉难绅民、妇女及列女三项已占全书篇幅之半，未免胫大于股。物产一篇斤斤名物训故之考据，抑末矣。

〔光、宣〕宜荆续志十二卷

民国九年知事陈善谟等修。断代为书，故号"光宣志"，其民国以后事亦附入焉。

凡十二卷，一地理志，二建置志，三经政志，四武备志，五新政志，六社事志，七官职志，八选举志，九、十人物志，十一艺文志，十二杂志。

〔光绪〕靖江县志十六卷

光绪五年知县叶滋森修。

据旧序，弘治十八年知县周奇健创志，正德七年知县殷云霄、嘉靖四十三年知县王叔杲、隆庆三年知县张秉铎、万历四十七年知县赵应旗、崇祯十四年知县陈函辉、康熙十一年知县郑重、乾隆五十六年知县毕取密〔应为"毕所密"〕、五十七年知县牛兆奎各一修。其万历二十年县人朱正初修者曰《马驮沙小志》。盖靖江本马驮沙，成化七年始置县，属常州府。

　　书凡十六卷，一皇仁恭纪，二营建志，三舆地志，四赋役志，五食货志，六学校志，七兵防志，八禨祥志，九艺文志，十职官志，十一选举志，十二良吏志，十三至十五人物志，十六古迹考。

　　其摭余篇有两条事实相同而重见者，则疏于编摩可知。

〔乾隆〕镇江府志五十五卷

　　乾隆庚午知府朱霖修，前志修于康熙二十四年知府高龙光也。按序，旧志修于正德六年，主之者杨一清，再修于万历二十二年王樵，二人皆郡之闻人。若上溯其源，则有方逢辰之咸淳志，丁元吉之成化志。

　　本书五十五卷，一建置沿革等，二、三山川，四形胜等，五户口，六至十三赋役，十四恤政，十五学校，十六公署等，十七秩坛等，十八津梁等，十九宫室，二十寺观，二十一陵墓，二十二古迹，二十三刺守，二十四参佐，二十五宰贰，二十六师儒，二十七军镇，二十八封爵等，二十九进士，三十乡贡，三十一贡士，三十二武科等，三十三四名宦，三十五六名臣，三十七儒林，三十八孝义，三十九高隐，四十仙释，四十一列女，四十二物产，四十三祥异，四十四至五十三艺文，五十四遗事，五十五河工疏稿。

本书叙云："初丹徒邑令冯叆飔曾以郡志残缺，补刻数万字，复入《桐村艺文》一卷，中有《续丹徒隐逸志》《续丹徒节孝志》……阅今且二十五年矣。斯志也，耗蠹为灾，梨枣亦磨灭，多不可识……《溧阳县志》修于乾隆八年，已有成书，是宜以郡志例类入之。兹以原板之磨灭不可复识与夫溧邑之所应入者，纂序编辑，汇成一书，付之剞劂。"然则其书实即高志原本，而以《（乾隆）溧阳志》增入而矣。

郡为南朝之京口，隋唐之润州，唐以为浙江西道理所，军号镇海，宋初改镇江，嗣以徽宗潜邸升府。清制领丹徒、丹阳、金坛、溧阳四县。

〔光绪〕丹徒县志六十卷

光绪五年知县何绍章等修，编修阳湖吕耀斗纂，以奉修通志之命也。

据凡例引嘉庆志云："丹徒古称名地，纪载甚多，如《南徐州记》《京口记》《丹徒书》，大观、祥符诸图经俱不传，其后则《润州类集》《京口集续集》《润州先贤传》《耆旧传》之类，存者亦复寥寥。郡志自宋元以来屡经修辑，明永乐后诸刻尚有传本。至县志则正德间知县事李东集、举人杨琬、诸生潘浩、毛文汇纂成书四卷，杨文襄一清序之，虽体裁谨严，未免太简。崇祯七年知县事张文光仅据旧板增入选举题名，余如故。国朝康熙二十二年知县事鲍天钟与邑诸生何絜、程世英重修为十卷，卷帙较加繁富，事迹虽增，未尽典雅，且引书不载书名，无从核实。今博考前闻，重加厘定，缺者补之，讹者正之，搜讨之艰，同于创始云云。"嘉庆志修于嘉庆甲子，知县贵中孚等也。详其意盖康熙志主详而嘉庆志主简，本志又自命矫嘉庆志之失也。

书凡六十卷，一至十为舆地志，十一为河渠志，十二至十八为食货志，十九为学校志，二十为武备志，二十一为职官志，二十二至二十四为选举志，二十五至四十五为人物志，四十六至五十六为艺文志，五十七至六十为杂缀志。

其舆地志中以寺观、宫室、陵墓与古迹对列，固属非是。然观其叙列之法，凡有关之文字悉次逐条之后，使读者展卷而得其全豹，实较他志分系艺文、杂志者为良。

末附《京口八旗志》二卷，举人春元纂。自乾隆间定京口驻防制额设兵一千六百余名，老幼丁口至六千余，道、咸两次之乱殉节者至多，不可无以纪之也。

丹徒为秦会稽郡属县，后汉属吴郡，孙吴以来，京口之名始著。南朝置南徐州于此，盖北人移殖之区，所以至今语音犹近于北也。唐置润州为浙江西道理所。地望之崇如此。道光二十三年、咸丰三年两次被兵，精华竭矣。本书于兴废之迹言之若有余慨也。

〔光绪〕丹阳县志三十六卷

光绪十一年知县凌焯继前任修成。

据旧序，正德十四年知县朱方始修，隆庆三年知县马豸重修，康熙三十二年知县吴之彦、乾隆十五年知县邹廷模各一修。但据正德志序，实依据邑人朱密所编志稿也。

凡三十六卷，一建置沿革，二山水，三水利，四城郭、乡都，五至九赋役，十学校，十一祠祀、寺观，十二陵墓、古迹，十三职官表、学职表，十四选举表，十五封爵，十六名宦，十七名臣，十八、十九仕进，二十儒林，二十一忠节，二十二孝友，二十三隐逸、方技，二十四方外、流寓，二十五义举，二十六列女，二十七殉难绅民表，二十八殉难列女表，二十九风俗、土产，三十祥异，三十一至三十四艺文，三十五书籍，三十六摭遗。

丹阳，汉曲阿，自宋以来为镇江府辖县无改，有运河之利与练湖之胜。旧志分山川、练湖、漕渠为三篇，亦未始无深意，今以水利麗括之，自是从简之法。然仕进传与殉难两表已复冗长也。

〔光绪〕金坛县志十六卷

光绪十一年知县夏宗彝修，礼部主事汪国凤纂。

据旧序，正德丙子知县刘天和、万历庚辰知县刘美、康熙癸亥知县郭毓秀、乾隆庚午知县杨景曾各修一次。

其凡例云："体例、目次悉沿旧志，惟新增忠义、节烈二门俱系就闻见所及采辑补增而已。"然其实人物诸传多仍旧志之稿也。末附咸丰丙辰、庚申守城日记。

书凡十六卷，一舆地志，二、三、四赋役志，五职官志，六典礼志，七学校志，八选举志，九至十二人物志，十三、十四艺文志，十五、十六杂志。

〔嘉庆〕溧阳县志十六卷

嘉庆十八年知县陈鸿寿属县人举人史炳纂。

据旧志序，溧阳有志自宋乾道始，万历甲戌知县帅兰曾修，今存浚仪邢一凤序，盖原书久佚矣。据本志云："其时纂辑者邑人陈邦治、宋臣熙、滕养志、彭履常。又有《六居野志》，邑人狄斯彬撰。"然据康熙丁未邑人吴颖序云："江陵徐公履常治溧，予乃举所藏前侯符、帅二公志并乡先生狄公《野志》共三帙及予所自辑《闻史》合而是正于公。"是帅志以前尚有符志，益以《野志》《闻史》凡为四矣。及康熙间则丁未有知县徐一经，癸丑有知县王锡琯，甲子有知县成懋勋三次之修本。

凡十六卷，一至四舆地志，五河渠志，六食货志，七学校志，八武备志，九职官志，十选举志，十一至十四人物志，十五艺文，十六杂类志。

据其卷首图说云，县东西百里南北百五十里，乃旧图东西反三倍。是其一善也。风俗门广征旧记，虽偏古略今，而语无泛设。其二善也。湖荡、河渠分别存废，山川之名亦先据采访后录旧志。其三善也。凡有纪述皆注明所据来历。其四善也。人物志中辟始迁与外徙诸门，志族姓之离合。其五善也。

史之自跋云："溧阳自宋乾道时赵廓夫有志，世久失传。传者明弘治万历间符、帅二志，康乾间徐、王、成、吴诸志，二百六十年之中，修凡六次。班班乎宜其足征矣。顾志书之患在于始作之不精。赵志今不可见，宋周应合《景定建康志》、元张铉《至正金陵志》较为近古。然以溧阳事迹征之，其建置沿革不考正史而每括偏记，又如古之令长自吴凌操至齐乐预凡十余人，皆见于正史而不为题名。皆疏漏之大者……"是则然矣。然梁溧阳公主嫁侯景者不见于人物志中之古爵，何也？

溧阳为县始于两汉，中经分合升降，雍正八年自江宁府割隶镇江。

〔光绪〕溧阳县志十六卷

光绪十九年知县杨家骏先请知府王仁堪，继请金坛冯煦编纂。

据其凡例，体例悉仍前志，惟增忠义、节烈二卷而已。是其意仅在续编，以与前志衔接。然建置沿革仍复历溯，何也？

〔弘治〕太仓州志十卷 光绪壬寅东仓书库重刊

　　弘治庚申知州李端修，柳州通判州人桑悦纂。

　　本书刊本久佚，从常熟瞿氏所藏写本校刻也。

　　书凡十卷，一曰沿革、分野、里至、疆域、形胜、风俗、山川、土产、市镇，二曰城池、坊巷、乡都、桥梁、牌坊、官廨、衙院、仓场、铺舍、坛壝、军卫，三曰学校、户口、田亩、税粮、课程、赋役，四曰寺观、祠庙、宅墓、古迹，五曰科贡，六曰名宦、仕宦、儒林，七曰隐逸、艺文、孝友、义行，八曰列女、杂传、艺术，九曰封赠、游寓、释道、杂志、考证，十曰诗文。

　　其规模已近整齐，然官师名氏即附于官廨学校之后，亦尚未严其限制也。风俗、土产二门最为能纪实者，此在明代诸志中大为杰出者矣。

　　太仓为元以来重要海口，故有庆元等处市舶提举司，有抽分竹木场，有海运总兵公馆，有船场，有太仓。本志备述其地，令人想见当时海市之盛。

〔民国〕太仓州志二十八卷镇洋县志十二卷

　　民国己未邑人王祖畬等修。

　　据邑人洪锡范序曰："有明中叶建州以后，桑氏悦始创为
州志。继之者为都氏穆、龚氏持宪，而张氏寅，张氏采又从而增
修之。洎人有清，黄氏兴坚、朱氏汝砺各著有州志稿藏于家。
雍正间太镇州县分治，越十余年而有《镇洋县志》。迨嘉庆初
年而《太仓直隶州》志成，萃一州四邑之事迹勒为一书，集
邑志之大成焉。自是厥后，兹事垂绝。咸丰壬戌、癸亥间中
丞钱公宝琛谢病归里，曾事续修，仅成人物一门而中辍，今所
传《壬癸志稿》是也。光绪纪元而后，州牧吴公承潞设立志局，
延聘名流，从事修纂，格于嘉庆志先例，傒征属邑志稿汇编成
书，属有草稿，存之州署。迁延者三十年，光绪之季，复议补
辑，人物有《壬癸志》可据，续成封域、水利、学校、祥异若
干门，又以国变未竟。窃尝屈指计之，自明嘉靖迄清嘉庆初二
百四五十年，桑志以外，而都而龚而二张而黄而朱而乾隆之县
志而嘉庆之直隶州志，赓续编纂者八九。自嘉庆初以迄民国，
百二十年，一修于咸丰时，祇成人物。再修于光绪初年，草创
未就，三修于光绪季年，功未及半。"此州志之源流也。今兹纂
修虽在民国，而事实以宣统为断，故州虽废而仍冠州名也。

　　太仓之建州在弘治十年，割昆山、常熟地而置，领崇明
县，隶苏州府。雍正三年增属镇洋、崇明、嘉定、宝山四县。
本书独以《镇洋志》附后者，以镇洋同城而治也。

　　本书封域篇云："至元十九年朱清、张瑄自崇明徙居太
仓，建海漕议。先是刘家港渐西，势日深广，清、瑄因导以
入海，通海外番舶，蛮商夷贾，云集鳞萃，当时谓之'六国

码头'。"此语盖本之桑氏弘治志。郑和出使海外即自刘家港出口（见费信《星槎胜览》）。太仓之关于中外交通者如此，孰料易世而后上海兴而太仓遂废也！

　　凡二十卷，一、二封域，三风土，四营建，五、六水利，七赋役，八、九学校，十选举，十一职官，十二名宦，十三至十五兵防，十六两卫，十七至二十四人物，二十五艺文，二十六祥异，二十七八杂记。

　　究其体例得失有可言焉。封域下篇分古迹、第宅、园林、坟墓、寺观五项。夫古迹云者，前人所留遗，今人所凭吊，固已包第宅、园林诸项而并有之，非能于诸项之外别觅古迹，更非谓诸项之中遂无古迹也。法宜与营建篇酌并，分列衙署、镇戍、坊巷、市肆、第宅、园林、坟墓、寺观诸端，以现存者居前，以今废者列后，则存当今之制，发思古之情，斯为两得。此其一。营建篇有学堂两处，而学校篇专以纪庙学、书院、社学、义塾等。夫本志既以宣统年中事实为断，自当以时制为重。仅记学堂两处，不足以尽教育状况。离学校而别行，尤难免骈枝之诮。此其二。有明卫制，清代早已废止，即使溯其遗迹，止能分入职官、兵防等篇，不宜独成一目。此其三。方志人物宜较史传为详，昔贤论之孰矣。本书古今人传率多略述数语，存其虚评而刊其实事，又不载出处使后人无所覆按，皆非良法。太仓王氏之伦，绪胤绵远，最为一邑文献所存。其他各姓亦绂冕代兴。不能仿《新唐书·宰相世系表》为之扬阐，亦憾事也。此其四。杂记篇搜罗不为不富，而无一条载明出处者。此其五。要而言之，当剧变之世，必有通变之才，然后因应咸宜。若拘拘于一成不变之法，未有不扞格者也。

本志从容掇拾于易世之后，材丰而力备，而所就不过如此，非旧例之拘束使然哉？

《镇洋县志》凡十二卷，体例一仍州志。末有附录一册，则纪州县自治事也。

〔光绪〕崇明县志十八卷

光绪六年知县林达泉等相继修，大理寺卿李联琇纂。

按其志原录旧志源流如左。

至元州志　据至正志张序所称，未详何年何人作。

至正州志　至正十一年辛卯知州程世昌延州人朱晔、朱祯修。黄虞稷《千顷堂书目》有秦约洪武县志，即此志也。

正统县志十卷　正统九年甲子知县张潮等修，见《千顷堂书目》。

正德县志稿　正德十五年庚辰知县陈文修，见《千顷堂书目》。

嘉靖县志十二卷　嘉靖四十年辛酉知县范性修。

万历县志十卷　万历三十年甲辰知县张世臣修。

顺治县志稿　顺治七年庚寅知县刘纬修。

康熙县志稿　见下朱志序。

康熙县志　康熙二十年辛酉知县朱衣点修。按衣点修志之初，樊耀邦独肩其任。稿成镌板，既以有所触犯，毁板重修，然于樊稿犹十存八九焉。

> 雍正县志二十卷 <small>雍正五年丁未知县张文英修。</small>
>
> 雍正县志略附《张志辨误》一卷 <small>邑诸生宋孔传撰。</small>
>
> 乾隆县志二十卷 <small>乾隆二十五年庚辰知县赵廷健修。</small>
>
> 《崇明田赋考》一卷 《邑乘补正》二卷 <small>邑征士张诒撰。</small>

其凡例云，当乾隆时已不睹元明诸志，第本朱衣点、张文英两志及宋孔传志略为之，今踵赵志续修，旁征群书凡数百种，数年始克成书。

崇明镇之置在唐神龙中，就海中所涌之沙而立。至宋时鱼盐之利益饶，嘉定十五年始置天赐盐场，至元十四年遂升为州，洪武中以地坍户减改州为县，雍正二年定隶太仓州。本书风土志云："其隶属自通而扬而苏而太仓，民情随所辖而转移，故邑人杂有江南北风气。乾隆三十三年初置海门厅，拨县境十一沙属之，邑人居海门之半，又自此始也。"

书凡十八卷，一图，二舆地志，三建置志，四风土志，五裸祥志，六赋役志，七武备志，八职官志，九名宦志，十选举志，十一人物志，十二至十五列女志，十六艺文志，十七杂志，十八志原。

〔光绪〕嘉定县志三十二卷

光绪辛巳知县程其珏修，其前任奉同治九年檄修也。

嘉定旧为吴郡属邑，宋嘉定十年析昆山东五乡，因年以纪名，即练祁镇以为治。

据程氏序，万历中有韩志，钱大昕曾摘其讹；康熙中有赵志，乾隆初有知县程国栋志，钱氏复讥其漏；嘉庆中知县吴桓修辑，迄未成书。

凡三十二卷，一疆域志，二营建志，三、四、五赋役志，六、七水利志，八风土志，九学校志，十兵防志，十一至十三职官志，十四、十五选举志，十六至二十三人物志，二十四至二十八艺文志，二十九金石志，三十名迹志，三十一、三十二杂志。

全书包举宏富，即艺文一志已占两册之多。非人文丰美之邦，无以及此。

〔乾隆〕宝山县志十卷

乾隆十年知县赵酉修。雍正三年始分嘉定东偏四乡为县，并隶太仓直隶州。其嘉定旧志，则据本书凡例称修于万历三十三年者知县韩浚，修于康熙十二年者知县赵昕，又经知县闻在〔应为闻在上〕于二十三年续修，分县后知县程国栋分修，竣事于乾隆二年。

凡十卷，一地理志，二建置志，三禨祥志，四物产志，五田赋志，六职官志，七人物志，八选举志，九艺文志，十杂识志。地理志中之开浚水利及方音，田赋志中之永折漕粮始末、扇差沿革等篇，皆至有关系之文字。

〔光绪〕宝山县志十四卷

光绪八年知县王树棻继前任吴康寿修。

雍正三年析嘉定置宝山，逾二十年知县赵酉始修县志，至是百三十余年矣。县名宝山者，以永乐十年新筑土山锡名宝山也（本书沿革表漏列此语，民国志据永乐碑文补）。

凡十四卷，一舆地志，二营建志，三赋役志，四水利志，五学校志，六兵防志，七职官志，八选举志，九至十一人物志，十二艺文志，十三名胜志，十四志余。

舆地志中引李辉祖《胡家庄考略》："胡家庄者，胡氏之庄也，胡氏先居于兹土而后我李氏因之。我李氏不始于胡庄，始于庄之东北紫藤树下也。紫藤在茭泾之西，大可合抱，故宅亦以紫藤树下名也。胡庄之先有郭氏居之，故东园沟名郭家沟，庄西黄泥沟上现有郭家坟，时代已不可考矣。东园沟出蕴藻浜，南有石桥，桥之东有瓦房几座，张姓居之，名曰张家宅。傍桥有栅，其朝南瓦房则姚氏居之，迤西一带则胡氏居之。后河亦出蕴藻浜，南有大石条为桥，傍桥亦有栅，桥西则俞氏居之。共四姓，而胡氏居多。栅内开张店肆贸易往来，故曰胡庄。自我南山公创立，庄中四姓凋零，而李氏浸盛，向有'江湾李''浦北李''殷行李''真如李'之称，兹则曰'胡庄李'。著而明之，庶知胡庄之有自来也。"此篇于居宅之源流辩之至析，撰志者倘能推此意以列表，则一邑故家之兴废，人物之隆替，村居之分合，地名之变迁，胥如指掌矣。惜乎以章氏之闳识尚止为士族表而不为里居表也。又赋役志中引明嘉定知县赵昕《官布考》及乾隆二十四年总督尹继善、巡抚陈宏谋定《征收条银章程》，皆可考见当时物价。

〔民国〕宝山县志十七卷

民国十年县人钱淦等撰，继吴志而作也。

宝山与上海接境，其江湾、彭浦两乡已于民国二年划归闸北，故于县治以外须兼及商埠。志于前志所已详者皆不赘述，而于民国以来变革诸端胪举无遗，可谓知所先后矣。

凡十七卷，一舆地志，二水利志，三营缮志，四财赋志，五礼俗志，六实业志，七教育志，八交通志，九兵防志，十警务志，十一救恤志，十二职官志，十三选举志，十四人物志，十五艺文志，十六名胜志，十七杂志。除实业、教育、交通、警务等志纯属新增外，大致仍旧例而稍加以增并。

就中如舆地志中之增经纬度、面积、气候，营缮志之增路街，财赋志之增公款、公产，礼俗志之增教会，皆因时立制者也。

〔乾隆〕通州直隶州志二十二卷

乾隆乙亥知州王继祖修，检讨高邮夏之蓉纂。

　　据所列旧序，嘉靖三十三年《通州志》四卷，两淮巡盐御史黄国用、扬州府知府吴桂芳修；三十八年《通州志》八卷，知州喻南岳李汝杜修；万历五年《通州志》八卷，知州林云程修；康熙十一年《通州志》十五卷，知州王宜亨修。其属于海门县者，嘉靖十五年《海门县志》十卷，知县吴宗元修；顺治十三年《海门县志》八卷，知县庄泰弘修。其所考订不如光绪志之详也。

　　通州在汉为海陵地，其建州始于周显德五年，康熙十一年海门县并入通州，隶扬州府，雍正二年升直隶州，以泰兴、如皋属焉。故今志以旧海门县及泰、如两县事实附列也。

　　凡二十二卷，一舆图，二疆域志，三山川志，四建置志，五民赋志，六学校志，七礼仪志，八祠祀志，九、十秩官志，十一宦迹志，十二军政志，十三选举志，十四十五人物志，十六列女志，十七风土志，十八古迹志，十九至二十一艺文志，二十二杂志。

　　通州虽无悠久之历史，然自周世宗得此以通吴越之路，渐为军事必争之地。州南之狼山在唐末已有名，吴越淮南尝交兵于此，故明以来设总兵兼防陆海。嘉靖间倭祸烈焉，志不为纪事，而但以历代军事附军政志，名实稍不符矣。

　　光绪志纠其绘图无说，横纵宽窄不以里计，读者茫然。疆域志星野"今之六安临淮郡"句本《汉书》，误称"旧志云六安误六合"。如皋在唐曰"场"，沿革表概称县诚为疏舛。其他摘举误字，则未免吹求矣。

〔光绪〕通州直隶州志十六卷

光绪元年知州莫祥芝继前任梁悦馨修，编修江阴季念诒等纂，念诒曾纂《江阴志》也。

其志原一篇所载嘉靖以前志如左。

宋《通州志》十卷　孙昭先修

明永乐十六年《通州志》一卷　知州严敦大修

景泰五年《通州志》一卷　知州孙徽修

弘治四年《通州志》二卷　训导施纪修

嘉靖九年《通州志》六卷　知州钟汪修

其凡例云：“乾隆甲戌志并隶泰、如两属邑，例准府志，编纂实繁。高沙夏检讨主裁斯役，纂辑非出一手，舛误冗复，未为完书。道光时郡中锐意兴修，将成忽败，止存例稿七册。今详加搜讨，条分件系，征信阙疑，成功缓而立体较严。”然所纠前志之失多涉吹求。

凡十六卷，一疆域志，二山川志，三建置志，四民赋志，五学校志，六仪典志，七军政志，八、九秩官志，十、十一选举志，十二、十三人物志，十四、十五列女志，十六艺文志。

〔嘉庆〕如皋县志二十四卷<small>附道光续志十卷</small>

嘉庆九年知县杨受廷修，十三年知县左元镇刊成。

杨氏序，县志始于天顺八年，不知其何所据。检所录旧序，则先后所修如左。

嘉靖十五年县志六卷　教谕陈源清修

嘉靖三十九年县志十卷　知县童蒙吉、教谕谢绍祖修

万历二十八年县志十四卷　张星修

万历四十六年如皋县志十卷，教谕吕克孝修

康熙二十二年县志十六卷　知县卢綖修

乾隆十五年县志三十二卷　知县郑见龙修

如皋东晋时立，属海陵郡，五代以后隶泰州，雍正二年改隶通州。据江海之会，盐灶、海防其要政也。

凡二十四卷，一星野志，二疆域志，三建置志，四、五赋役志，六物产志，七盐法志，八方俗志，九学校志，十礼典志，十一军政志，十二秩官志，十三、十四选举志，十五名宦传，十六至十九列女传，二十、二十一艺文志，二十二古迹志，二十三祥祲志，二十四别录志。

其疆域篇引刘氏十五世明经记略："宋理宗朝刘氏基以明

经令扬子，扬子介六合、江阳之间，基之子孙遂家如皋治北之水竹园。自基以下，曰杰，曰巨，曰鉴，曰永，曰林，曰昂，曰瑷，曰谟，曰诩，曰科，曰应祥，曰梦星，曰震，曰学贤，曰沾，曰滋，曰灏，曰昌运，曰愈焰、愈爔，曰玠，曰之彦，曰之彪，曰增巚，曰行健，曰钟悦，凡二十七人，历世十五，皆以明经起家。先是洪武初，巨举经明行修科，任本县训导，讲学于治东五十里，皋人呼其地曰'刘师铺'。"于其卜居之所记其聚族之由，此自良法，可为撰志之式。然如皋冒氏风雅凤振，其水绘园仅略述于古迹篇中，时人题咏则又别入艺文，而主人事迹又分为列传，何又不循此例耶？大抵一邑名家世系繁衍者，宜用魏收书例，集为一传，凡有关涉其家之掌故并附列焉，虽冗长无嫌，而别于疆域志中明识所卜居之处，如是则人地益彰而方志之用乃尽也。

然其列传中分别子目，曰人物，曰儒林，曰孝友等。夫儒林、孝友非人物乎？宜其为光绪续志所纠也。

后附道光续志十卷，道光十七年知县范仕义修，仪征举人吴铠撰。一如前志，补入三十余年事实而已。

〔同治〕如皋县志十六卷

同治癸酉知县周际霖等修。

例略如嘉庆志，而嘉庆志中最荒陋之例如列传分列人物孝友等名，则已改正；冒襄姬人蔡女萝文采可称，而旧志屏不书名，今为补入。皆征卓识。

凡十六卷，一建置志，二赋役志，三学校志，四军政志，五秩官志，六选举志，七名宦志，八、九列传，十、十一、十二列女传，十三艺文志，十四名迹志，十五祥祲志，十六补遗。

〔光绪〕泰兴县志二十八卷

光绪十二年知县杨激云修。

据卷首志原一篇，称嘉靖十三年县志四卷，知县朱篪修；万历九年县志十卷，知县高桂修（万历二十五年知县陈继畴又修一次，见康熙志序）；康熙十三年县志四卷，知县李蛰英修，书未竟；二十二年知县钱见龙、二十七年知县吴朴先后重修；五十五年县志六卷，知县宋生修；嘉庆十八年县志八卷，知县凌坮、张先甲修。

凡二十八卷，曰区域志、建置志、经制志、秩官志、人物志、列女志、志余。区域曰沿革、准望、分率、乡聚、河渠，建置曰城垣、公署、义宇、名迹，经制曰赋役、学校、典礼、营伍，秩官曰古今官属年表、仕绩列传，人物曰选举表、宋元明人列传、国初以来见旧志者列传、嘉庆以来列传，列女曰节妇前录、节妇续录、节妇今录、贞孝义烈合录，志余曰述异、谈逸。其分析门类，似甚犁然。然风俗、方言、物产皆隶于区域分率之下，而名迹门中兼列山川，概归建置，皆有未当也。

泰兴本海陵县济川镇，南唐升镇为县，宋以来因之，雍正二年升通州为直隶州，遂为通州属县。

〔光绪〕海门厅图志二十卷

光绪二十六年同知王宾继前任修成，前江浦县训导厅人周家禄纂。

其沿革志曰："海门自五代周始置县属通州，国朝康熙间县圮于海并入州，乾隆三十三年割通州十九沙、崇明县十一沙复置海门直隶厅，而改并州侨置之海门乡为静海乡以别于海门厅。自五代以来海门之事絜于县者乡志之，乾隆以来海门之事絜于厅者厅志之。"故前无已行之志乘，惟有董曰申志稿四篇也（据叙传）。

凡二十卷，一地图，二沿革表，三官师表，四科举表，五仕宦封赠表，六旌礼表，七、八列女表，九地志，十物志，十一赋役志，十二建置志，十三学校志，十四祠祀志，十五艺文志，十六名宦列传，十七、十八耆旧列传，十九寓贤列传，二十叙传。其叙传一篇仿马、班例自述家世，以县人而为县志，苟不自述将成湮没，不得以其袭古而少之也。但胪引自著各书，不免矜张之嫌耳。

〔乾隆〕淮安府志三十二卷

乾隆十三年知府卫哲治修。

　　淮安自南朝以来为山阳郡，唐以来为楚州，明以来为淮安府，雍正以后定辖山阳、盐城、阜宁、清河、安东、桃源六县。

　　书凡三十二卷，一舆图，二建置沿革，三疆域，四山川，五城池，六河防，七海防，八水利，九漕运，十学校，十一公署，十二赋役，十三盐法，十四关税，十五风俗，十六兵戎，十七营制，十八职官，十九名宦，二十选举、勋爵，二十一封建，二十二人物，二十三列女，二十四物产，二十五五行，二十六坛庙，二十七驿传，二十八古迹，二十九、三十艺文，三十一辨讹，三十二杂纪。

　　按其纂修中有顾栋高名，然其全体必非栋高所手定。盖其失有甚者焉，全书不著前志源流是也。其辨讹篇云："旧志创于成化，其本不传，增修于正德、隆庆，体制谨严，讹错尚少，天启志遂多纰缪，康熙志因之又加甚。"其所纠订，如云："同一山阳，不问其为兖州为河内，而概以为晋义熙中所立之山阳；同一淮安，不问其为东平为泌阳，而概以为宋开宝中所改之淮安。兖州则南兖、北兖之不分，楚州则东楚、西楚之不别。以光武子为分封于此，据郦道元《水经注》，是未尝读范史也。列曹竟为忠烈之首，据历代《忠义传》，是未尝读《鲍宣传》也。梁适知淮阳军未尝知淮安军也，张吉守怀安镇未尝守淮安镇也。以至因交陵之名遂迁楚元王墓于此，因元王王楚遂移申公穆生于此。"诚为精当。然旧志撰自何人，体例因革何似，乌可无一语及之也？

〔光绪〕淮安府志四十卷

光绪六年知府孙云锦修。

凡四十卷，一郡县建置沿革表，二疆域，三、四城池，五、六、七河防，八漕运，九至十四职官表，十五至二十民赋，二十一学校，二十二至二十五贡举表，二十六军政，二十七仕迹，二十八至三十四人物，三十五、三十六列女，三十七古迹，三十八艺文，三十九、四十杂记。

其古迹不注存废，艺文书目不注存佚，一蹈乾隆志之覆辙。

〔同治〕山阳县志二十一卷

同治十二年知府存葆、知县孙云修，编修何绍基、内阁中书丁晏同纂。

前志康熙四十七年县人张鸿烈、乾隆十四年知县金秉祚两次修。张氏曾置局杭州，得毛大可、邵戒三之助，然书未付梓，金氏就其遗编辑成之也。本书凡例云："邑旧有宋嘉定志，《郡国利病书》多采其说，盖当时犹有传本，久而佚去。"是数百年中仅有金氏一本，可为凭借也。

凡例云："原志前列沿革等三表，次为三十二志，又次为十六列传，而以上谕御制诗文冠之编首，云傲本纪，将以规模全史。夫详沿革之殊异始可见疆域之离合，览物产之登耗即可觇风土之盛衰，事虽多端，义原一贯，本无烦于分析。至于天文、圣制久已登诸册府，非下邑志乘所得编次，从古史家亦无仅录诏令、诗文即称本纪者。谨按《钦定四库全书总目》论地志云：'传记、舆图，各有本例，以志为名而用史体，文虽创义则乖矣。'今遵往式，合疆域、沿革为一篇列之卷首，次以建置、水利、漕运、职官、民赋、学校、选举、军政、人物、列女、艺文、古迹、杂记总为十四类，而以子目四十余种散附其中，删去表、传标目以一体例。"其说殊与章实斋分道背驰，故其目次但依疆域、建置、水利、漕运、职官、民赋、学校、选举、军政、人物、列女、艺文、古迹、杂记而编，不复区记、表、考、传之名，共为二十一卷。

山阳实古淮阴射阳县境，晋义熙中于射阳县境立山阳县，与郡俱立，隋开皇十二年置楚州，至元而升为淮安府路，明以来遂为淮安府附郭县。雍正十年以东北境割入新置之阜宁，乾隆二十七年以西境割入新置之清河，辖境始定。本书疆域志谓："旧时漕舟抵境，率陆运过坝，逾淮达清，劳费甚巨。永乐中陈瑄自城西管家湖凿渠二十里，导湖入淮，由是漕舟直达于河，南北经行遂为孔道。……纲盐集顿，商贩阗咽，关吏颐指，喧呼叱咤。春夏之交，粮艘牵挽，回空载重，百货山列。市宅竞雕画，被服穷纤绮，歌伶嬉优，靡宵沸旦。……然风俗与世移易，自票运经西坝而纲盐废，河决铜瓦厢而漕运停，居民专一弦诵佃作，无他冀幸，闲艺园圃课纺绩，贫者或肩佣自给。曾不数十年，坚贞守约耳目易观。……咸丰庚申豫逆东窜，北郊外毁于火，高粱大栋郁为战场，乃益编茆营，立围砦，刀弓结束，布衣帛冠，一洗绮靡之旧。"于一邑形势风气之变迁，叙之至精核。其详则更见于漕运篇及所附盐课、关榷二门中。漕运沿革虽非山阳志所宜独具，然自明以来为督漕官吏驻所，则详漕运即所以详山阳也。

有清一代儒学之士出于是邑者辈接，如阎若璩、阮葵生、鲁一同，本书虽各为立传，而并无一语及其著作。又古迹篇所列古迹未尽著明存废，至楚州大事零星录入杂记，皆未免草率。文词虽雅，史裁则未尽善矣。

〔光绪〕阜宁县志二十四卷

光绪十二年知县阮本焱继前任修成。

阜宁为明代之庙湾盐场，分隶山阳、盐城二县。万历二十一年，以备倭始设海防同知。康熙时同知侯悴延、陈一舜著《庙湾镇志》十二卷。雍正九年始设县，乾隆时知县冯观民著《草检》八卷，未刊。

凡二十四卷，一疆域，二建寘，三、四川渎，五民赋，六场灶，七职宦，八仕迹，九学校，十选举，十一武备，十二至十九人物，二十列女，二十一灾祲，二十二艺文，二十三四丛志。

其疆域篇以都邑沿革并历代大事为一篇，综合诸书，贯串而成，不复更分子目，略如汪氏《广陵通典》体裁，使读者乘高瞰下尽于一览，亦志中之上乘文字也。然人物有臧洪而无王敬则，其去取之间亦仍有俗见亘胸中耳。县滨海，淮水、射阳湖复为巨浸，场灶、堤防为县要政，故志于此加详焉。

〔光绪〕盐城县志十七卷

光绪二十一年知县刘崇熙修。

据旧序，万历十一年知县杨瑞云始修，顺治丁酉知县贾国泰、康熙癸丑知县陈继美、乾隆辛酉知县程国栋、丁卯县人沈俨各一修。凡例云："杨氏开辟鸿蒙，程志于杨志多纠正，沈志于程志力为诋诼。"刘氏序云："披阅旧志，见忠烈一门无司石磐而有司邦基，云与孙光烈北向恸哭，慷慨殉节死，仅附录于李幹才、乐大章二人之后而无专传，且又不载其起兵被执事，几疑石磐与邦基非一人矣。及阅《射州文存》及新修郡志而知磐石为邦基字，而叹旧志之多陋略。"是本志更于前志有订正之功也。

晋太康始立盐渎县，安帝更曰盐城，明以来为淮安府属县。

凡十七卷，一、二舆地志，三河渠志，四食货志，五学校志，六武备志，七、八职官志，九选举志，十至十四人物志，十五、十六艺文志，十七杂类志。

〔咸丰〕江苏清河县志二十四卷附同治附志二卷

咸丰四年知县吴棠修，山阳鲁一同纂。

按其序略，知县志创始嘉靖中知县吴宗吉，其书久缺佚。及康熙壬子因修《一统志》之令而知县邹兴相为之重修，凡四卷，亦佚。康熙乙亥知县管巨再修，亦不存。及乾隆戊辰卫哲治府志成而知县朱元丰据府志见〔当为取〕旧志而厘定之，凡十四卷，始渐美备。乾隆二十七年县治迁清江浦，三十九年以后河变益多，道光末有修志之议而棠实继成之。

凡二十四卷，一图说，二疆域，三建置，四至六川渎，七、八民赋，九学校，十贡举，十一军政，十二至十五官师，十六至十九人物，二十至二十二列女，二十二古迹，二十三艺文，二十四杂记。

清河为黄淮运交汇之区，本书列万历来河口变迁诸图，亦地理沿革之要。县之始立在宋咸淳九年，即淮阴故地也。自徙清江浦以来始非旧境。疆域篇云："自县治左移，官省吏舍，冠盖相望，市廛杂遝，浩穰百端，春夏有粮艘之载挽，秋冬有盐引之经通，河防草土之事，四时之中无日休息。贫民失业，力食致饱，或白手空游而得厚实，民乍富乍贫，日月异趣。于是四方游士、文人墨客、郑商秦贾、奇工异匠总集。"清河盛时，宜有此状。末附同治四年附志二卷，亦吴棠任漕督时所修也。

〔光绪〕江苏清河县志二十六卷

光绪丁丑知县胡裕燕等修，县人吴昆田、山阳鲁賁纂。距咸丰志仅二十余年也。自云："河道之更徙、兵燹之扰害，其为变故亦云实繁。至于民赋豁减尤为邑之大政。虽有附篇及再续篇两次纪载，而首尾不具，使阅者茫无归宿。今故总荟为一，名曰创始，实皆仍旧，惟于前志空文一皆裁节也。"然吴氏跋盛称妖人翦辫大王显灵之事，何识度之卑哉！

凡二十六卷，一图说，二疆域，三建置，四至六川渎，七至九民赋，十学校，十一贡举，十二军政，十三至十六秩官，十七仕迹，十八至二十二人物，二十三、二十四列女，二十五古迹，二十六杂记。

〔光绪〕安东县志十五卷

光绪元年知县金元烺修。前志修于雍正五年知县余光祖，康熙三十四年、雍正五年两次所修姓氏佚矣。

安东者，汉之东海襄贲县，隋开皇初改名涟水，宋景定中升安东州，洪武以来降为淮安府属县。其地近海多硗卤。自李全乱后，直至咸丰十年捻匪窜境，始有兵革之患。

凡十五卷，一疆域，二建置，三水利，四、五民赋，六学校，七贡举，八、九秩官，十至十三人物，十四列女，十五古迹杂记。

其人物传必以陈球列首，而不以旧志采张雄、冯弘铎为
然。盖乡人讳恶之见，横亘胸中。其实无论雄、弘铎固非必
恶人，即令其恶，岂遂容削而不书哉？

〔乾隆〕江苏桃源县志十卷民国六年知事汪保诚重印

乾隆三年知县眭文焕修，继康熙二十六年知县萧文鲁本
作也。县本宿迁之桃园镇地，金兴定二年立淮滨县，至正十
三年改今名，明以来隶淮安府。

凡十卷，一舆地志，二营建志，三、四田赋志，五河漕
志，六典礼志，七秩官志，八人物志，九、十艺文志。

其艺文志录己作之诗，已属不让，乃并其子侄所作而亦
列入，真成笑柄。其他更不待言。

〔嘉庆〕扬州府志七十二卷

嘉庆十五年知府张世浣等修，奉两淮盐政阿克当阿之
命也。

按所录旧序，嘉靖壬寅太仆寺卿致仕郡人盛仪、万历辛
丑知府杨洵、康熙甲辰知府雷应元、乙卯知府金镇、乙丑知
府张万寿、雍正癸丑知府尹会一各一修。

金志有汪懋麟序。其言曰："执笔其间者不过取旧集而缮

录之，妄有所增益，数月而集成，署其端曰某年某官修，要名而已。以是为修，何可以为志？"可谓切中历来修志者之隐衷。府志修纂之频，恐亦坐此耳。

凡例云："旧志采录正、杂各史，虽注明出某书，及覆校原文，则臆改甚多。兹所修辑，但有删节而无妄添。"能道及此，其识趣已自不凡，故本书虽采撷未甚宏博，而语语必有来历，足为传信之作。

全书七十二卷，一至四巡幸，五建置沿革，六星野，七疆域，八山川，九至十四河渠，十五城池，十六都里，十七津梁，十八公署，十九学校，二十赋役，二十一盐法，二十二至二十四兵志，二十五六祠祀，二十七冢墓，二十八九寺观，三十至三十四古迹，三十五至三十八秩官，三十九至四十二选举，四十三至四十五宦迹，四十六至五十九人物，六十风俗，六十一物产，六十二三艺文，六十四金石，六十五至七十事略，七十一二杂志。

广陵自永嘉南渡以还为控御三齐之地，尝使青、兖二州刺史镇此，元嘉中始定为南兖州治所。隋初置扬州大总管府于此，炀帝制江都太守秩与京尹同，已骎骎有置为陪都之意矣，自此广陵专有扬州之名。唐代江南财赋以此为转输枢纽，士女镪货之盛甲于宇内，《容斋随笔》论之详矣。宋元以来迭遭兵革，稍复萧条，然犹为淮左名都也。清定制领州二县六，曰江都、甘泉、仪征、高邮州、兴化、宝应、泰州、东台。

〔同治〕扬州府续志二十四卷

同治十三年两淮盐运使方浚颐修，前浙江巡抚仪征晏端书、前福建巡抚仪征卞宝第、前国子监司业归安钱振伦同纂。

续嘉庆志而作。原书为门二十八，今续纂者十九门，仅编纂公牍而已。

凡二十四卷，一、二河渠，三城池、公署、学校，四赋役、盐法、兵志，五祠祀、冢墓、寺观、古迹，六秩官，七选举，八宦举，九至二十一人物，二十二三艺文金石，二十四事略、杂志。

〔乾隆〕江都县志三十二卷

乾隆六年知县五格修，八年知县黄湘刊成。

据旧序，江都县志始于嘉庆壬戌知县赵讷，万历丁酉知县张宁继修，雍正己酉知县陆朝玑再修。其后二年而析县之西北境立甘泉县，故必别修也。

是志仍从陆氏体例而稍加变通，其隶江都者详著于前，析甘泉者附目于后，其有不容割裂者仍备载之。

凡三十二卷，一建置，二星野，三疆域，四山川，五学校，六赋役，七秩官，八祠祀，九军政，十风俗，十一物产，十二选举，十三仕籍，十四名宦，十五乡贤，十六古迹，十七寺观，十八冢墓，十九至二十八人物，二十九列女，三十经籍，三十一艺文，三十二杂记。

其卷首绘图有宋二城图及宋大城图，考订至为精审，宋敏求、吕大防之次也。全书类皆摘比故书中关于广陵事而成，颇似朱彝尊《日下旧闻》体裁。然风俗篇云："旧志有冠服、宴会二条，皆琐屑无关典要，故略之。"不知民间习尚最宜详纪。又杂纪篇采宋明人小说多有关扬州故实而晦其出处，抑其失计处也。要之其考古之功有余而史识未足也欤？！

〔嘉庆〕江都县续志十二卷

嘉庆十六年知县范溁盛刊（光绪续志表作"臻盛"，盖光绪志偶误也），前任王逢源属前扬州府教授李保泰撰也。

是编以续为名，盖悉依前志编纂。若建置、星野、山川、风俗、物产等门皆未缀入。保泰以儒官久寓其地，所闻间巷故事自多，参以所见诗文、杂记诸书，颇能淹洽。虽不以史裁见长，故识小之录也。录其论扬志二则于左。

扬志书以宝祐志为最，旧间见于各家所引，今已不可得矣。《文渊阁书目》内旧志有《维扬志》十五册、《广陵志》五册，新志有扬州府并属县志，则皆元时及明初所辑，已一概无存。世共推盛太常仪嘉靖《维扬志》，尚有流传。而盛志前三十余年有郡人赵副使鹤所著《郡乘正要》，盛志大略本之。曾见赵志于秦敦夫太史处，殆仅有存者。前志以盛志为二十卷，实三十八卷，赵志为八十卷，实只三十六卷，俱系传袭之讹。当由未经目见故也。江都有陆贡士弼所辑志，最简核不苟。若康熙中李志，则陆志固已议其多滥矣。

编辑既毕，视续甘志之成已越一年余矣，亦已力祛重复，仍不免间有互出者，则势相联也。观江左分邑之志，其近出同城如常之宜兴、荆溪，苏之常熟、昭文，与昆山、新阳皆系合志，体裁较得。乾隆壬寅、癸卯间，甘泉曾拟修志，延余姚邵太史晋涵主笔，邵议始自分邑之日，其前统属江都者悉删不载。裁断殊有见，而因袭既久，事寻中辍。今二邑但并续前，各仍其类，亦体例当然也。后有君子重加订定，庶合志为得其衷尔。

〔光绪〕江都县续志三十卷

光绪九年知县谢延庚修。延庚，会稽人。

其序词甚娴雅，体例亦正。凡三十卷，记之属曰圣泽记、大事记，表之属曰官师年表、选举年表、女行旌门表、咸丰三年以来兵事月日表、职官殉城表、军营乡团死事表、士民殉城表、妇女殉城表，考之属曰建置考、河渠考、民赋考、盐法考、学校考、兵防考、祠祀考、名迹考、艺文考，传之属曰列传、寓贤列传、列女列传，曰拾补。

其特创之式若女行旌门表，第一格为受旌年月，第二格为节孝，而孝妇、孝女附，第三格为节妇，而贞女附，第四格为烈妇，而烈女附，其明季及瓜洲海氛各次殉烈妇女则别为表。其善有三，年月可稽一也，事迹可详二也，地位可省三也。

又若兵事月日表以年月为经，以将帅为纬，而分城守东路、南路、西北路，与大事记相辅而行，可得详略互见之效，皆创例之善者。

其补前志之未及者，则盐法考也。其言曰："前志仅书食岸引课之数，盖以事不领于县官，又盐法已有官书耳。县之当志盐法，义与旁郡县异，今杂采官书及接于闻见者书之。"按其所述，于咸丰同治间淮岸盐法之更张，积牍数千而不能举其委曲者，仅费数纸而如指诸掌，非工于文而长于史者不能为也。

至于祠祀考之统诸神以天神、地示、人鬼之义，艺文考甄录前志所遗书目三百余种，皆卓然有异于凡手所为焉。

〔光绪〕甘泉县志十卷

光绪六年知县徐成敛修。

甘泉自雍正十年析江都县置，取境内甘泉山为名。乾隆七年知县吴鄂峙始修县志，及嘉庆十五年知县陈观国续修，

盖其时方修府志，征志于属县也。陈志有李保泰序，即续修
《江都县志》者。县为新析，往事无从强割，故与江都分限为
难。大抵未析县以前事实统收，既析县以后则专取属于甘泉
者。此乾隆志之主旨也。嘉庆续修时仅为续志别行，而原志
不之变易，盖其谦慎。本书之修也，志已亡失，百计搜求，
仅得一部，故不得不先列原志，次列续志，更次列新增。其
新增诸款则大抵取诸同治府志而益以采访所得也。

　　凡十卷，一考正，二葺补，三祥异、城池、桥渡、水利、
河防、赋役、军政、盐法，四学校、职官、廨宇、选举，五名
宦、祠祀、寺观、古迹、冢墓，六人物、忠节、孝友、笃行、
文苑、寓贤、方技、方外，七列女、碑碣、经籍，八、九艺
文，十丛缀。

　　原志仿《日下旧闻》体，至为精审。盖据志云，乾隆壬
寅、癸卯间，初延童钰至扬，将开局而童卒，复延邵晋涵主
之，又得县人黄文旸助理。其时物力富盛，文学昌明，固自
不苟。然今志所纠尚有引用错谬处，以此知著书之不易也。

　　扬州自唐中叶为商胡麕集之处，杜诗"商胡何日下扬州
〔何日应为"离别"〕？忆上西陵旧驿楼。为问淮南米贵贱，
老夫乘兴欲东游"，可见当时侨商操纵之势力。田神功之变，
惨杀至数千人，其人数之多又可惊也。本书引《庶斋老学丛
谈》："扬州之西有园，西域人种植，每岁以无花果酡醋供御
案。《内则》注：'无花而实者名柿'。江东人以杨梅煎汁饮
之，《内则》名醷。桃诸、梅诸，诸即菹也。又曰滥，即干橑

也。"又称:"按《本草·果部》无花果引《酉阳杂俎》云:阿驵出波斯拂林,人呼为底珍;《方舆志》云:广西优钵不花而果,状如枇杷,皆即此物也。今《搢绅录》载以为扬州土产,究之不专产扬。观《丛谈》此条,其来有自,然不闻有酝醋者。"此则西方植物移植扬州,足为侨民影响之证。又引《焦氏丛书》:"元末经张士诚之乱,洪武定户江都止存十八家,其最著者火、郝二姓,北湖火家洪、郝家楼其聚族处也。今二姓他徙,无一存者。"火姓亦疑西方人姓氏也。

甘棠小志四卷

咸丰五年甘泉董恂撰。

甘棠者,甘泉县所辖,邵伯镇之别名。董氏生于其地,故取而志之,仿焦循《北湖小志》例也。故其序即引阮元序《北湖小志》之语曰:"使各郡县数十里中皆有一人载笔以志其事,则郡县之志可不劳而成。"伟哉是言,其所成就虽未副斯旨,固倬然异乎寻常之作矣。

凡四卷,一记建置,二记运道,三记湖潴,四记河渠,五记修防,六记坊铺,七记里巷,八记村镇,九记祠庙。其建置记首驳焦循今召伯镇非古召伯埭之说,于疆界四至之外,历述镇之今状,而以昔时沿革证之。其运道记述运河水道之移徙;湖潴记述邵伯、黄子、赤岸、新城、白茆、朱家六湖上承高宝诸湖,旁受西山之水以入运济漕者;河渠记述运河以外之沟渠；修防记述堤工制度；坊铺记述保甲制度；里巷记述街市之今状，兼详其历史，略如《京师坊巷志》体例而加详。村镇记、祠庙记纤悉必综，篇简尤繁焉。露筋祠为唐宋以来其地名迹，其本事足为近古社会对于礼教观念最强之表现也。

综其全书，独于人物风俗未及一字。其跋云："昔宋乐子正史撰《太平寰宇记》，讥贾耽漏落、李吉甫缺遗。盖病《十道述》《元和郡国志》未叙人物，于是所撰记于地里外编入姓氏、人物、风俗数门，因人物又详及官爵并诗词、杂事。阳湖洪亮吉序此记，以为乐所撰若此，遂致祝穆等撰《方舆胜览》宁略建置沿革而人物琐事必登载无遗，实皆滥觞于此，意多不满。于是洪所自撰乾隆府、厅、州、县图志概不旁及人物。醇维山川、道里实天地之自然，要必有人焉以经纬之而后即其习尚以成为风俗人物，亦乌可不记？……天下方有事，不获久居乡里，爰嘱吾二三知旧，凡有忠孝节廉、文武英特以及隐逸、方外，一材一艺，代疏状略汇存，采访略备当踵成之。"则董氏亦有志焉而未逮也。

〔康熙〕仪真县志二十二卷

康熙五十七年知县陆师撰。

其序曰："始到官即取县志阅之，旧者体例善而事不续，新者件目具而义未精。"今按所录有《嘉定真州志序》，嘉定间扬子令丁宗魏等奉府命即旧志增修者，所谓旧志则绍熙间韩志也；有《嘉靖仪真志序》，则嘉靖戊戌知县孙仲所修也；有《隆庆仪真志序》，则隆庆元年知县申嘉瑞所修也；有《崇祯新志序》，则崇祯十二年知县姜采所修也；有《重修仪真县志序》，则康熙七年知县胡崇伦所修也；有《增修仪真县志序》，则康熙三十二年知县马章玉所修也。

按其体例颇为殊特。卷一旧序及图说，二、三沿革及秩官表，四选举表，五、六建置志，七、八、九山川志，十、十一民赋志，十二学校志，十三军政志，十四五祠祀及艺文志，十六至十八名迹及祥祲志，十九至二十二列传。

综其大体典赡而具史裁，一洗明季滥习。方其时乾嘉史学家未出，而陆氏得风气之先，可谓豪杰之士矣。陆氏归安人，康熙十四年进士。据王芑孙《婥雅堂集》〔按，应为《渊雅堂集》〕称，其令仪真时，故事上官往来驿夫临时取给铺户，仓卒滋扰，师一切革去，但令铺户日赋一钱归驿，不劳而事办。与本志所载其自撰清单记相合。单者，额设夫马，官不能应，遂取办于民，视其货物多寡、行户肥瘠，给单认差输钱应役之谓也。又称其以行取迁京秩擢御史，授充沂曹道，未几卒，在京师与方苞、储在人、何焯友善，尤善张伯行。宜乎政事文学卓荦不凡，能出贤有司之绪余为此佳志也。

县地为唐扬子县之白河镇，五代为迎銮镇，宋初升为建安军，大中祥符中再升真州，其铸圣像之地建为仪真观，由是政和中赐名仪真郡。明改为县，清属扬州府，雍正以后避嫌名改真为征。此其沿革大略也。

仪真为五代以来重镇，漕盐之利所萃，迄于近代不衰，故史料甚丰。尤以建置志中所述古建筑始于唐扬子巡院，详稽博考，纤悉无遗，《唐两京城坊考》《日下旧闻》而外殊所罕见。惟图说与此互相发明，而析置数卷之外稍未惬耳。

其崇尚、礼仪二篇亦颇存史料。如云："邑在明初风尚诚朴，非世家不架高堂，衣饰器皿不敢奢侈。若小民咸以茅为屋裙布钗荆而已，即中产之家前房必土墙茅盖，后房始用砖瓦，恐官府见之以为殷富也。其嫁娶止以银为饰，外衣亦止用绢。至嘉靖中，庶人之妻多用命服，富民之室亦缀兽头，循分者叹其不能顿革。万历以后，迄于天、崇，民贫世降，其奢侈乃日甚一日焉。"

名迹考搜采唐宋人诗文至富，每条注明今无考或今废之语，实历来诸志所不及，而亟宜取法者。

民赋考中述明代户籍之制，引旧志云有民户、军户、匠户、寄籍、官户、校尉户、力士户、渔户、船户、红船户、僧道户、医户。清制有民户、匠户属县，有军户属卫。其客户、外户有田地、坟墓者二十年准其入籍，俱为民户，无田地者曰白水人丁。亦可存也。

据阮元《道光仪征县志序》云："嘉庆修颜志时，余属江君郑堂别为校补陆志一卷。"今载道光志卷尾，其所掇拾多有可观，然不能举其甚大之疵也。

〔道光〕仪征县志五卷 光绪十六年邑人张丙炎重刊

　　道光三十年知县王检心修。

　　前有阮元序曰："史家之志地理昉于《汉书》，其志首列《禹贡》全篇，次列《周礼·职方氏》，然后述汉时疆域。盖旧典与新编前后相联而彼此各不相混，乃古人修志之良法。是故《益部耆旧传》及《豫章旧志》俱有续撰之作。此分为二部而显示区别者也。《襄沔记》及《剑南须知》均系裒集以成，此合为一书而明注出处者也。上溯汉晋，下迄宋元，旧式具存，昭然可考。明代事不师古，修志者多炫异居功，或蹈袭前人而攘善掠美，或弁髦载借而轻改妄删，由是新志甫成旧志遂废，而古法不复讲矣。……《四库全书·地理类》都会郡县之属首载《吴郡图经续记》，又载《宝庆会稽续志》《至正金陵新志》，皆取其分析详审，断限谨严，故特为录存，俾修志者知所取法也。嘉庆丁卯余读《礼》家居，邑侯颜公议修《仪征县志》，余举昔贤修志之例以告，劝其但续新志而旧志不必更张。道光戊戌予告返里，同邑诸君复议重修县志，商之于余。余告以欲得新志之善必须存留旧志，当于各门之中皆列申志于前（原注：隆庆元年知县申嘉瑞所修，凡十四卷，邑志之现存者以此为最古），次列胡志（原注：康熙七年知县胡崇伦所修，凡十二卷，先是崇祯十二年知县姜采修志十卷，书成而未刻，胡公得其遗稿为之增修），次列马志（原

注：康熙三十二年知县马章玉所修，其书全以胡志为本），次列陆志（原注：康熙五十七年知县陆师所修），次列李志（原注：雍正元年知县李昭治所修，凡三卷。项氤序云："续成得三十，方拟开雕，不意遽归道山，嗣君择其切要者录为一编。"据此则李志本不止三卷，今所刻者摘录陆志未载之事耳），次列颜志（原注：颜志凡例云："邑人程检讨元基暨诸生陶鉴草志二十三卷，迄乾隆三十八年而止，今采择成书。"是颜志所补者乃乾隆三十九年以后之事也），然后再列新增。凡旧志有异同则详注以推其得失，新增之事迹则据实以著其本原。其旧志缺漏舛讹有他书可以订正者，别立校补一类……昔陆澄集地理志一百六十家，任昉又增广八十四家，至唐初修经籍志，存者仅四分之一，余皆赖陆氏、任氏之书以传。是书之单行者虽亡而汇纂者仍在，则其文犹可考也。仪征志乘修于宋南渡以后者有绍熙、嘉定两志（原注：绍熙志七卷，知真州韩樋州学博士蒋佑编；嘉定志二十二卷，知真州吴机、扬子县令丁宗魏修，真定录事参军张端义补修），今皆散失不存。（原注：嘉庆己巳冬，余在翰林院检《永乐大典》，见其中有《绍熙仪征志》《嘉定真州志》，命小史抄一副本，藏诸箧笥。道光癸卯春，里第为邻火所焚，此书遂遗失。）修于明中叶以前者有永乐、正德、嘉靖三志（原注：永乐志七卷，县学教谕胡彦成修；正德志二十四卷，知县李文瀚修；嘉靖志六十四卷，知县杨孙仲修。据嘉靖志序，则正德志未及刊行，嘉靖志即因此增辑），今亦寻访不获。良以未

经荟萃，遂致湮没无传耳。若夫旧志之存于今，申志、胡志、马志、李志久已无版，即陆志、颜志之版亦渐觉残损不完，更历数十年，恐亦如绍熙诸志之佚矣。所幸新修之志包括旧志于其间，学者读此一编即可见诸志之崖略。其有裨于掌故，岂不伟哉！"明人好毁前志以为新制，往往摭拾一二细故，颠倒变易以自矜张，必使前志泯然无存而后快。陋习相沿，莫之或悟，故志弥多而弥不能传。阮氏此论足为俗流棒喝。其所述前志源流远胜陆志，故全录于右备参稽焉。

又据同治府志称，尚有嘉庆十三年知府伊秉绶修《广陵图经》未见。书凡五十卷，一、二建置志，三至九舆地志，十、十一河渠志，十二至十五食货志，十六至十八学校志，十九、二十祠祀志，二十一至二十三武备志，二十四至二十六职官志，二十七至二十九选举志，三十至四十三人物志，四十四、四十五艺文志，四十六、四十七杂类志，四十八旧志序文，四十九旧志论赞，五十校补陆志。

〔嘉庆〕**高邮州志十二卷** 道光二十五年知州范凤谐重刊

嘉庆十八年知州冯馨据乾隆杨志增修。

据旧序，《高邮志》在明初远莫可稽，厥后一修于隆庆六年，一修于康熙二十二年，一修于雍正二年知州张德盛，一修于乾隆四十八年知州杨宜仑。本书即杨氏修本。其凡例云："州志自宋鲁颖秀以后，明成化以前各志版册无存，今只就隆庆志及康、雍二志增定，其中间有移易，止期便于览观，非求新于耳目。"至新增各条，则但视旧版之分合，或分入各门，或统入卷末，以增修二字别之。故核其实仍宜题乾隆志也。

高邮，汉县，宋为承州，元为高邮路，寻改府，明为州，属扬州府。

书凡十二卷，一舆地志，二河渠志，三民赋志，四食货志，五学校志，六典礼志，七军政志，八秩官志，九选举志，十人物志，十一艺文志，十二杂类志。

其中风俗属于典礼志，漕运属于军政志，颇未尽当。

〔道光〕续增高邮州志 附再续志八卷

道光二十三年知州左辉春修。其凡例云："乾隆四十八年修志，后嘉庆十八年增修，今又三十年。"故谓之续增州志也。又云："此次续增州志，前志未及详者补之，昔无而今有者续之，昔是而今非者易之，其原目所列，至今无可增损，如星野、疆域之类，概不重载。"

凡为六册，一天章等，二舆图等，三秩官等，四人物等，五、六艺文等。

后附再续州志八卷，光绪九年知州龚定瀛修，编修州人夏子镐纂。其书虽别起义例，而前志所已载者亦不再录。一舆地志，二河渠、民赋、典礼、军政、学校志，三秩官、选举志，

四、五人物志，六艺文志，七善举、灾祥、轶事志，八禁革志。

其善举志所载实与建置中之育婴堂、养济院无殊，而禁革志专纪禁火葬、溺女诸公牍，尤为无谓。诸如此类，皆应专立社会风俗一篇，而以旧志中之风俗入之，斯一邑之民风如指诸掌矣。今求其义而不得，则漫增名目，适以乱例而已。

〔咸丰〕兴化县志十卷

咸丰元年知县梁园棣修，编修刘熙载等纂。

据旧序，万历十九年知县欧阳东凤始修，康熙二十三年知县张可立重修。欧志以前尚有胡志，则已佚也。

兴化本海陵县地，杨吴始立县，属江都府，明以来为扬州府属县。

凡十卷，一舆地志，二河渠志，三食货志，四学校志，五武备志，六秩官志，七选举志，八人物志，九艺文志，十杂类志。用《江南通志》体也。然艺文分古文、诗赋等目已属舛陋，乃复以明代诰敕列于古文，弥为可怪。

〔道光〕宝应县志二十八卷

道光辛丑知县孟毓兰修。

其凡例曰："县志始于嘉靖时县令闻人公诠，著《志略》六卷，范氏天一阁有藏本。万历间吴南华敏道等撰志十二卷，康熙间乔石林莱等撰志二十四卷，两书并存。"题曰重修，盖续乔志而作，故多录原文也。

宝应在南朝为阳平郡之安宜县，唐上元三年获定国宝于县，遂更为宝应。宋宝庆中升州，元仍为县，明属高邮州，清降高邮为散州，遂为扬州府属县。定国宝者，见于《酉阳杂俎》，刺史郑辂有《宝应录》记其事。

凡二十八卷，一建置沿革等，二山川等，三公署等，四园圃，五祀典等，六水利等，七铺庄等，八田赋等，九灾祥等，十、十一秩官表，十二、十三选举表，十四武选，十五名宦，十六、十七列传，十八循良等，十九文苑等，二十、二十一列女，二十二金石，二十三至二十七艺文，二十八撫记异闻。

县有射阳湖，又运河经其境八十里，舟楫鳞萃，渠闸纵横。志于水利颇致意焉。但其列传组织史传以成文，而不著取裁所自，转不如前志悉用原传者犹为妥慎。自其大体言之，搜罗翔博而鲜空言滥载，终为近志中之佼佼者。

〔道光〕泰州志三十六卷

道光间知府王有庆等修。

志既刊成，州绅于明伦堂聚议，谓州学正梁桂等吞渔志局公款，人物一门不协舆论，并指出高鸾嫡支十三人并无科名事迹实据，滥登十二，又以銮母入孝妇、祖母入贤妇，竟成高氏家乘，禀官揭发。嗣经多年，仍未改定。于是仿毛西

河《萧山县志刊误》之例订为《泰州新志刊谬》两卷，并刊
登同学公启于卷首。

按旧序，州志始于天启甲子知州翁延寿，然据艺文篇则
正德志八卷，知州金廷瑞修；嘉靖志州人全英修；万历志十
二卷，州人章举修。盖皆佚也。崇祯癸酉州人右参政刘万春
又修，雍正戊申知州诸世暄又修，本志即继诸志而作也。

其邑人公揭之语详检实无佐证，而所云《刊谬》两卷亦
无其书，不知何缘书此空名。乡里人物易启争端，首由秉笔
者不能豁大公之心，而乡人亦不尽解志乘之真意。故为避口
实计，莫如公延卓具史识而与本邑无关之人主持志事为善也。

晋安帝时始置海陵郡海陵县，南唐升为泰州，清为散州
隶扬州府，乾隆三十三年分州东北境置东台县。

凡三十六卷，一建置沿革，二疆域，三山川，四河渠，
五风俗、物产，六城池，七公署，八学校，九人丁、田地、杂
办、解支、屯田、赋役，十军政，十一盐法，十二祠祀，十三
四秩官，十五选举，十六封荫，十七事略，十八寺观，十九
古迹、冢墓，二十名宦，二十一至二十七人物，二十八、二
十九列女，三十至三十三艺文，三十四金石，三十五杂志，
三十六旧序。

〔嘉庆〕东台县志四十卷

嘉庆二十一年知县周右修。

　　东台本泰州境，自乾隆三十三年始分壤为县，其所辖即旧隶泰州分司之中十场也。

　　凡四十卷，一县境诸图，二建置沿革表，三、四职官表，五选举表，六建置沿革，七星野，八疆域，九城池，十、十一水利，十二学校，十三祠祀，十四官署，十五风俗，十六赋役，十七军政，十八盐法，十九物产，二十名宦，二十一忠节，二十二孝友，二十三仕绩，二十四儒林，二十五文苑，二十六笃行，二十七尚义，二十八寿考，二十九隐逸，三十流寓，三十一方技，三十二三列女，三十四古迹，三十五寺观，三十六至三十八艺文，三十九撰述，四十杂记。

　　县之建置既晚，撰志者无所依据，不得不取材于府志、州志、场志，兼录案牍而成。卷帙虽多，立目殊为丛碎也。

〔同治〕徐州府志二十五卷

　　同治甲戌徐海道吴世熊、知府朱沂修，内阁中书南丰刘庠、候补直隶州知州阳湖方骏谟纂。

　　其叙称徐志不知所自，明时弘治、嘉靖、万历间皆掇辑之，书已散佚，至顺治十年淮徐兵备胡廷佐、知州余志明重修，康熙六十一年知州姜焯复辑之，乾隆七年改州为府，知府石杰、虞山王峻同纂府志。本志继石志而修也。

　　凡二十五卷，一宸翰；二为图之属，曰徐州府全境图、铜山等县境图、徐州府城等图；三至九为表之属，曰晷度表、

沿革表、纪事表、职官表、爵封表、选举表、人物搜古表；十
至二十为考之属，曰舆地考、山川考、田赋考、河防考、祠
祀考、学校考、建置考、兵防考、古迹考、经籍考、碑碣考；
二十一至二十三为传之属，曰宦绩传、人物传、列女传；二
十四志余；二十五叙录。

其人物搜古表为特创之格，盖以故书中徐州人物有姓名
而无事迹者难于立传，则别为此篇，用此法以驭史传之繁，
可以省文而博载也。然所采《路史》所记汉高祖父祖之名实
邻诬滥。

至其排列之大纲，先表而后考而后传，则舆地与沿革不
能相应，人物与选举不能相应，此种牵制实足为全体之累，
则泥于表列考、传之前之误也。

〔万历〕徐州志六卷

万历中萧县教谕姚应龙等修，而不箸刊行年月。

观选举表人名止于万历四年，知其编于是年以后也。

徐州在明为直隶州，辖萧、沛、砀、丰四县，其时未立
彭城县。《学部志目》有《（正统）彭城志》写本一册，盖取
古地名而名之耳。

其目曰：第一卷州总图一、州境图一、州治图一、县境图
四、县治图四、沿革、星野、疆域、形胜、风俗、山川、城
池，第二卷古迹、土产、职官、公署、学校，第三卷兵防、漕

政、河防、赋役，第四卷祀典、选举、宦迹，第五卷人物，第六卷封建、灾祥、方外、杂记。

自云纂修规式具遵《大明一统志》，间有不合者，亦以郡县之编书不嫌加详也。

其人物不载汉高祖、梁太祖而载其昆季，卷六杂记中略载高祖佚事，关于燕子楼之诗篇分载古迹、杂记两卷中，皆窭裁未纯者。

〔道光〕铜山县志二十四卷

道光十年知县崔志元修。

雍正十一年升徐州为府，置铜山县，又十余年知县张宏运成县志。据本志凡例云，旧邑志仍府州志为之，其间多有抄袭舛误者，则创始之难也。

凡二十四卷，一分野等，二山川等，三河防，四赋役、物产，五学校，六兵制，七坛庙、官署，八古迹，九、十职官，十一、十二名宦，十三选举，十四、十五人物，十六、十七列女，十八至二十二艺文，二十三祥异，二十四杂纪。

〔嘉庆〕萧县志十八卷

嘉庆十九年知县潘镕修。

据旧序，万历中有知县康炜辑志二卷，康熙二十七年知县阎允吉就前任祖永勋稿续修成十二卷。

萧为春秋时国，秦汉以来为县，未之或改也。北宋河决滑州，东南流至彭城，直至咸丰间北徙之日，县当河流之冲，故宣防之政为此县当务之急。

凡十八卷，一星野等，二形势等，三河防，四赋役，五物产，六学校，七公署等，八职官，九选举，十封爵，十一名宦，十二、十三人物，十四列女，十五至十七艺文，十八祥异等。就中沿革纪事诸篇皆精心搜采而成者，然其引《水经注》"萧县南对山"已为同治志所纠矣。

〔同治〕续萧县志十八卷

同治十三年知县顾景濂修，县人河南河陕汝道〔似缺"尹耕云"三字〕、河南粮储盐法道段广瀛同纂。以续为名，故前嘉庆志所已载者不再列。

凡十八卷，一县境图，二职官年表，三选举年表，四疆域志，五河渠志，六田赋志，七营建志，八学校志，九、十兵防志，十一循政志，十二、十三人物志，十四、十五列女志，十六、十七艺文志，十八杂录。

中如疆域志所补山水古迹考，足为前志争臣。兵防志之采录咸丰中团练始末，殊有关系。

〔光绪〕续萧县志十八卷 〔按，实即前（同治）续萧县志〕

光绪元年知县顾景濂修，河南河陕汝道县人尹耕云同纂。

据序前志修于嘉庆甲戌知县潘镕，兹编一依其例，故曰续志。凡十八卷，一县境图，二职官年表，三选举年表，四疆域志，五河渠志，六田赋志，七营建志，八学校志，九、十兵防志，十一循政志，十二、十三人物志，十四、十五列女志，十六、十七艺文，十八杂录。

其已详于潘志者概未重列，例如山水一门仅将名称错互、疏于讨论者为考辩之，附疆域志。其他多以公牍原文录入，虽乏镕铸之工，亦善存故实之一法也。

〔光绪〕丰县志十六卷

光绪甲午知县姚鸿杰修。

据旧序称，正德中知县裴爵草创志稿，乾隆二年知县尹梓编成之，顺治初年知县阎珀重辑，至乾隆二十四年知县卢世昌、道光三年知县德丰各修一次。

凡十六卷，一封域类，二营建类，三、四职官类，五赋役类，六学校类，七选举类，八至十一人物类，十二、十三艺文类，十四祠祀类，十五古迹类，十六纪事类。观其体例，盖等于类书之纂组，惟末卷附《咸丰戊午兵事始末》一篇差可传也。

　　丰在秦属沛县，汉高祖以邑人起为帝王，遂置县至今。隋唐以来属徐州，元属济宁路，明初复隶徐州。

〔咸丰〕邳州志二十卷　光绪十年知州杨激云重校本

　　咸丰元年鲁一同撰。

　　据其后序，《邳州志》创自明嘉靖中者曰陈志，修于康熙十二年者曰蒋志，今并无传。今所传者一成于康熙三十二年，再成于乾隆十五年，三成于嘉庆十五年。此编肇始于道光三十年，成书于咸丰元年，相传推为良志。然考其编目，第一卷疆域寥寥五纸，举建置沿革、天文分野、民风礼俗、物产之宜无不包焉。其于行文诚便矣，奈非史体何。第二卷沿革，按其实际，正当名曰编年事纪乃稍相符，号曰沿革，则殊与前卷之首叶蹈叠床之诮。此姑无论矣，即就所谓沿革而言，其末段"唐末属朱梁，宋南渡属金，属宋，属元，明初属张吴"数语，直令人如堕五里雾中莫名其妙。一同号工古文词者，乃尔尔邪？然第三卷建寘分叙旧城新城，盖旧城毁于康熙七年之大水，新城则成于康熙二十八年。此编据《淮安志》等书存旧城之可考者，不没故迹。其善一。旧志有祭祀，或云坛庙，或云祠祀，今悉附入建寘以省繁文。其善二。第四卷山川，以运道河防附。第五、六卷民赋。第七卷学校，以贡举、艺文附。州不以文著，故艺文不能成篇，因事制宜，

固其所也。第八卷军政。自第九至十二卷皆官师，累牍连篇，
几占全书之半，或约取旧文，或仅存名姓，又或系以褒贬，
轶出范围，无画一之方，乖谨严之意，非所语于史例矣。第
十三至十五皆人物，凡史传所已有者则全录旧文，史传所未
载者则仅系短语。详于古而略于今，正与章实斋氏之宗旨相
反，不足为训，奚复可疑？自第十六至十八皆列女，与人物
一篇等量齐观，知其剪裁实为非当也。卷十九古迹而以金石
附。卷二十杂记，以纳无所系属之各条，然按其义类，宜入
编年事纪也。

　　以上按其编次先后，义例之间，分别短长，具为论列。
更观其后序所称"以私意所裁，条举数端"，则略如下述。
"（一）自岛夷索虏更相指斥，加兵则辄云讨伐，称谓则相为
中外。凡所援引，悉改旧文。但以彼此为辞，以明一家之作。
（二）宋武、齐高、梁武诸君，史家于其微时便已正名称帝，
衡义准法，未为精允。今悉裁革，必待受命始崇尊号。
（三）历代官守必由王命，非是族也，虽正必削。夫以吕布、
刘备之雄俊，关、张之忠勇，然非汉官之威仪，终属权时以
承乏。（四）梁习事魏而系汉官，石苞佐晋列之魏代。君子不
以不肖度人，彼自逾其短垣，于论古者何有？若夫向靖、刘
钟、孟怀玉之伦，虽策名义熙，断归霸府，或求之而不与，
或欲盖而弥彰。（五）陈珪父子驰驱曹刘，观其本怀乃心汉室。
此事论迹，不入当涂之代。（六）凡厥官师人物，或称位号，
或举谥法。详则纪其始终，略则囊括数语。既昭情实，兼寓

抑扬。（七）时代相嬗，略用编年，如当分裂之秋，各以本朝为次。至若靖难革除建文年号，义士犹或非之。乃于官师则书建文四年，捐振书洪武三十五年，一以明臣子之义，一以诛成祖之心。"凡前所举，或为事至微，不劳标揭；或漫越史例，徒资笑谈。而反沾沾自喜，其所见隘矣！

书之有序，所以标举宗旨，叙记原流，宜居卷首以资提挈。而好袭古貌者，必学史迁自叙，殿于篇终，实为不达古今之宜。若此篇竟纸不露撰人姓名，使人不知所谓余者为谁，尤为可怪。至其行文摇曳，效颦马班，腐谈陈说，空占篇幅，甚至句夹标点类似村塾读本，皆徒供大雅之嗤点而已。

〔康熙〕睢宁县志十卷

康熙二十二年知县葛之莫修。

万历十四年知县申其学始修，崇祯十五年知县高岐凤再修，康熙六年知县石之玫三修，及是而四修也。

凡十卷，曰舆地志，建置志，官师志，田赋志，人物志，选举志，风俗志，物产志，灾祥志，艺文志。

其凡例云，参之府志及《文献通考》《纲目》诸集以补其阙，而近今事实亦分汇增入。然肤泛之词杂充篇幅而已。

睢宁本宿迁县地，金兴定三年以宿迁之古城置今县，属泗州，元改属邳州。本书述沿革简陋殊甚。

〔光绪〕睢宁县志十八卷

光绪十二年知县侯绍瀛修，继康熙五十七年知县刘如晏志而作也。

其凡例曰："我朝府、厅、州、县地志不下数千部，而此分彼并，此略彼详，此去彼留，此增彼减，言人人异，各有师承。此稿悉遵《钦定四库全书总目提要》而集其成，形势、山水、殿宇则为图以状其略，沿革、职官、选举则为表以识其变，山河、兵农、典礼则为志以纪其要，人物、官宦、列女则为传以彰其善。四库中宋、元、明地志佳本，体例几同一辙，绨经庙览，悉惬宸衷，规模旧章，不敢歧异，尊王之义也。明袁桷《延祐四明志》分十二考，条例精明，考核审密，有良史之风。是篇记载虽详，考别未当，不敢曰考，并不能言志，聊儗初创之稿耳。"其知取法乎上，故胜于悠悠之辈。然《四库提要》何曾为方志一定之体裁哉？

凡十八卷，一图考，二沿革纪事表，三疆域志，四山川志，五河防志，六建置志，七古迹志，八学校志，九艺文志，十武略志，十一职官表，十二宦绩传，十三田赋志，十四选举表，十五祥异志，十六人物传，十七列女传，十八杂录志。

沿革纪事表中辨《徐州府志》以蒲姑为蒲如之误等文，以视康熙志之率略胜之多矣。

〔同治〕宿迁县志十九卷

同治甲戌知县李德溥修，候补直隶州知州阳湖方骏谟纂。

据卷末旧志源流："《宿迁县志》创始于明知县南昌喻文伟，主纂者为邑教谕西充何仪、训导文登刘算，邑人刘懋元、何九州、罗允贵、吴希孟等编次之。书成于万历五年丁丑，越二十年知县弋阳何东凤以万历二十四年丙申重修，何九州纂成之。又越七十年为康熙三年甲辰，知县永城胡宗鼎招同邑练贞吉秉笔续纂。又越二十年为康熙二十二年癸丑，邑人曹鎣复修。又越百三十年为嘉庆十六年辛未，知县怀宁丁堂再修，邑人臧鲁高主纂。自万历以来官修凡五次。民间私纂则邑人张忭作于康熙间，秀水高均儒、邑人王禹畴作于咸丰间。今见存者惟曹、臧两志，张、高诸作仅得钞稿，练志及明代原本今已散佚。"

宿迁为春秋宿地，庄公十年宋人迁宿，故曰宿迁。秦汉为下相县，晋以来曰宿豫，唐宝应元年改今名，隶徐州。

本书十九卷，一宸翰，二县境等图，三纪事沿革表，四职官表，五选举表，六旌奖表，七疆域志，八山川志，九田赋志，十河防志，十一祠祀志，十二学校志，十三营建志，十四兵防志，十五古迹志，十六宦绩传，十七人物传，十八列女传，十九辨例。

观其辨例于旧志颇有评弹，然风俗、物产概削不载，抑不免于因噎废食也。

〔嘉庆〕海州直隶州志

嘉庆十六年知州唐仲冕修。

据所引旧志："《海州志》明嘉靖元年知州怀安廖世昭初修，嘉靖四十三年州同惠安张峰重修，赣榆人光禄寺卿裴天祐增订。隆庆六年知州仁和郑复亨校刊，凡十卷。分舆图、山川、户赋、治典、教典、名宦、人物、杂志、恩典、词翰十门。八卷以上多仍张氏旧本，因事著论，切中窾要，而人物门别张筠于外传，颇具史裁，至恩典、词翰则裴氏所附益也。天启三年知州沁州刘梦松重修，顺治十五年知州文水庞宗圣欲增修未果，十七年知州湘乡刘兆龙重修，凡十卷。总目因郑复亨之旧，而赋役子目删盐课，人物子目删外传，其疏略多类此。然自天启以来数十年之文献借以不湮，其功亦未可泯也。"

其述《沭阳县志》源流曰："《沭阳县志》万历二十年知县德化徐可达初修，康熙七年知县乾州梁文焕重修，十三年知县奉天张奇抱重修，凡四卷。"

海州在汉属东海郡，东魏以后置州，明属淮安府，雍正二年升直隶州，领赣榆、沭阳二县。

本书凡三十二卷，纪之属二，曰宸翰、恩纶；图之属六，

曰舆地、山川、建置、学校、食货、海防；表之属五，曰沿
革、纪事、职官、选举、旌奖；考之属七，曰舆地、山川、建
置、食货、学校、祀典、海防；传之属三，曰良吏、人物、列
女；录之属六，曰艺文、金石、寺观、冢墓、拾遗、叙述。

其舆地考直录诸史地理志，山川考兼及古迹，寺观、冢
墓又别为录而不隶于建置、古迹，皆于名实不符。唯是所采
诸条多注明出处，不没旧志之善，为可取耳。

〔光绪〕赣榆县志十八卷

光绪十四年知县王豫熙属通州张謇纂。张氏叙曰："以长
沙唐仲冕《（嘉庆）海州志》所录先后叙目考之，樊兆程志成
于万历十八年，草创者附生唐时熙，订正者教谕李一凤，而
兆程总其要。当其政典图新方始，土训、诵训前无所因，朱
维藩叙所谓缮城池，厘田赋，兴学校，修马政，广盐利，建
祠祀，并公牍而载之，又无卷数目录，比于汉代朝仪，兹为
绵蕝矣。董杏续志成于崇祯十三年，踵樊余绪，网罗遗佚，
备剟缉而已。康熙十二年俞廷瑞志四卷，采访者诸生张其美、
阎永康、王运开、邵恕、柏良枢、董瑾，分辑者徐竞若弟珏，
而进士倪长犀总其要，五阅月而成。自谓删胜国之官檄与乡
宦之告身，视旧志加详慎矣。顾其为目分建革、星野、形胜、
疆域、城池、山川、古迹、风俗、署制、学校、坛庙、坊镇、
津梁、铺递、武备、荒备、寺观、田里、户口、丁徭、租赋、

官庄、课税、马政、醝政、土贡、物产、官秩、宦迹、人物、侨寓、科目、岁贡、援例、武科、武勋、辟举、德行、忠孝、节孝、封荫、灾异、兵燹、艺文，凡四十四门。卷末知县李俊有又缀载所为《周烈女传赞》及请免缺丁、摊带、漕粮、解运诸议。孙一致叙之至比于邱明子长之次。观其标目，义例纠纷，贡谀之辞，殆不足信。要其事类具备，后有冯借。搜讨之勤，远轶樊志矣。嘉庆元年王城志四卷，采访者诸生王士槐、宋璘、周同元、朱希看、周恩隆，分纂者韦服裾、吴懋源、朱尧望，而进士周莘元总其要，六阅月而成。分目次第悉仍俞旧，唯易丁徭、户口、租赋为丁口、赋役，易荒备为仓储、岁贡为正贡，删铺递、官庄、马政、土贡，而增坊表、寿考，小有差分。校其得失，举食货、军政考镜之资而等于空文复字删并之列，义未尽当也。许宝善叙独斤斤于匹夫匹妇未彰之行，务广搜采以发幽潜，可谓知二五而不知一十。要其赓续旧闻之功，不可没也。王稿易署制为官廨，增绘图殉难而删土贡，又自以坊镇、津梁、官廨、学校次于古迹，风俗、坊表、武备、仓储、丁口、赋税次于坛庙，殉难、忠义次于兵燹。而自嘉庆八年以来，国家蠲赋振饥、增广学额、盐法之变更、武备之因革，壹切置焉，弗讨弗究。将文牍之无征、胥吏之失职欤?! 何其简也! 夫前人有作，来者短焉，转相訾謷，大雅所弃。况旧志但观叙目，未识全书，庸可观一节以量侏儒，索瘢者而议逸足? 窃不自量，内谋于心，凡所裁取，一本《唐志》，而上溯《诗》、《书》、《尔雅》、《春秋》、十九代之史，旁考山经、地志、《说文》、《玉篇》、《通典》、《通鉴》、《通志》、《通考》、《吕览》、《淮南》。若国朝考经论史百家之书，不敢附和以谬是非，不敢自用以立崖异。义不敢不师乎古，制不敢不遵乎今，因绪绅寻，随原甄别，无取沸諧，更为例言。"

其盱衡之壮，足以凌轹凡近矣。观其自定之例，一图说，二疆域，三建寘，四山川，五食货，六学校，七贡举，八武备，九、十官师，十一、十二人物，十三、十四列女，十五古迹，十六艺文，十七杂记，十八叙述。则犹乎近人诸志之体也。疆域之中兼及风俗、物产，而村镇之名反列建置，诸如此等皆有未安。

赣榆在春秋为纪郯祝其地，秦汉以来置县，属东海郡，隋以后属海州，雍正二年升直隶州，乃专隶焉。其曰赣榆者，据张氏说以山为名，《南齐书》有弇榆山，说自可通。

附

录

志例丛话

引言

　　不佞以十九年之春，为南开大学高材生述方志概要，秋间在清华、燕京两大学亦授此科，同时为任振采君撰《方志考稿》。一时贤达猥赐商榷。北平研究院方有《北平志》之辑，征及颛蒙，属为草定纲要。因之益致覃思。去年夏间上海市府筹备志馆，复预授简之役。顷来为河朔参佐，知者咸相谓曰："《河北通志》设馆逾年，志例未立，子宜为试定之。"余应之曰：兹事体大，甚未敢承。况北平、上海两志皆发凡未就，丛稿盈篋，何可造端三四，复取讥弹？"无已则假宾坐之谈，为随笔之录，逞臆而对，以俟裁鉴，庶免大戾。客退，辑为兹编。编中多旧稿，去年沪变前寄付东方杂志社，既为炮火所毁，聊复补缀迻录成之。二十一年岁将竟记。

通诠

　　方志者果何物乎？章实斋氏以方志为国史要删之说，识度夐绝，确乎其不可拔矣。顾国史要删之说，为操觚之家立论，所以矫昔时轻视方志之习。昔时以方志为点缀风景馈赠寅僚之物，得章氏之说，诚足以破之而有余。章氏但曰方志非可轻视而已，曰方志乃国史之基而已。方志果为何物，章氏惜未尝明确之也。今使有人焉，正襟端坐而发问曰：方志果何物也？则摇笔鼓唇之徒将由此而生支离惑乱之解。此方志之学所以终不明而志例所以多不轨于正也。

　　方志者地方之史而已。集无数地方区域而成国家，每一地方区域各有其发展之序。发展之序不同，故一国之中民风之文野不同，民生之菀枯不同，民德之刚柔不同，《王制》所谓"广谷大川异制，民生其间者异俗"。必如是而后形成一大国家、一大民族。故欲了解国家与民族粲然万殊之习性情状，必自了解各地方之史始。

　　善夫梁启超氏之序余氏《龙游县志》也，曰："吾侪诚欲自善其群以立于大地，则吾群凤昔遗传之质性何若，现在所演进之实况何若，环境所熏习所驱引之方向何若，非纤悉周备真知灼见无以施对治焉。舍历史而言治理，其言虽辩，无当也。中国之大，各区域遗传实况环境之相差别盖甚赜，必

先从事于部分的精密研索然后可以观其全，……有良方志然
后有良史，有良史然后开物成务之业有所凭借。故夫方志者
非直一州一邑文献之寄而已，民之荣瘁，国之污隆，于兹
系焉。"

　　方志之作岂苟焉而已？必认清题义，是为此一地方作史，
是纪述此一地方生育长养之序程。譬犹为人作传焉，岂直记
其姓名、爵里、生卒年月而已？岂直记其作传之时作何状而
已？必溯述其所生之家世，其所受之教育，其所交之友朋，
其所历之境界，其所营之事业，其所溺之习性，其容止、语
言、起居、饮食、服御、好恶，举无一不当精研而深著之，然
后所传之人跃然如在目前，其人之美恶功罪然后可以昭然共
见。善为志者，何以异此？吾为上海志，则当使人读志而可
以知上海之何以为上海；吾为杭州志，则当使人知杭州之何
以为杭州。夫使人知某地方之为某地方者无他，为此地方作
一活泼而详尽之史而已。

　　尝见近修《霸县志》以方志为记现状之书，又闻浙江省
府有解散省志旧例为"一年鉴二专门调查三省史"之拟议。
（此案未见公布仅据传闻。）由前之说，则以为方志非史，仅
等于年鉴之类。其说允当与否，正恐不烦剖辨。由后之说，
则以为地方史亦不过方志之一种性质，是盖未审夫史与史料
之说也。凡史必以史料为依据，年鉴也，专门调查也，是皆
所以备修史之史料也，无此则史不可成。故与其谓年鉴、调
查与地方史为并列，则无宁谓年鉴、调查为地方史之长编，

差合于史之通义。非然者于年鉴、调查之外别求所谓地方史焉，则吾恐来日全县所修之方志尽托于故纸空谈，徒饱蠹鱼之腹而已。

一切学问贯串最难。史也者正所以奏贯串之功者也。史料也者，未曾贯串之事实也。试设例以明之，如云上海五十年之雨量平均为若干寸，此一事实也，此史料也，此年鉴与调查之好材料也，凡人所知止于此而已矣。一入史家之手，则由此雨量一事可以研寻而得其与农田丰歉之关系也，由农田丰歉之关系而可得金融消长之关系也，由金融消息之关系而可得社会宁扰之关系也，由社会宁扰之关系而可得政治倚伏之关系也。以何因缘而成某时代之状况，以何因缘而某时代之状况，演化以成今日之状况。纵横两方，千端万绪，大弥六合，细入无间，皆在史家分擘综辑之妙腕中，然后可以得真史。此史之所以贵也。

论者将曰，信如子言，则吾曹今日所皇焉恐后者，但能保存史料可矣。若史则不妨俟之方来，有贤者起，得吾人今日之史料而整理之，徐徐焉以之修史，未为晚也。应之曰：此言诚是也。不得真史家，则无宁但存史料。章实斋"文征""掌故"之说，与其请立州县志科之议所由来也。其意固曰，解人难得，则姑教人以存史料之方法而已。虽然，君等当知以实斋之大声疾呼奔走一生，而并此存史料之方法亦未尝易索解人也。实斋之书已出百余年，此百余年中所修之志，几曾有尊其意旨者？黄茅白苇岂不依然一望无际？地方史料之至可珍而遭无知之劫者，岂复可以数计？故知不独修史难，即存史料亦殊未易。吾曹所以斤斤言志例，日聒而不休者，岂以为即此便能修史哉？固亦不过差信如此，稍能鉴别史料之真伪与良窳，期相继自今勿再任其湮没散佚而已。

　　实斋创州县立志科之议，而听者藐藐，卒无起而行之者，盖地方政府之实权不操于行政官而操于胥吏。胥吏利于档案之湮没以为舞文弄法地步，决不肯轻以示人。加以保藏不得其法，一遇水火寇盗之变，辄复荡然。不佞游踪所至，访询州邑文献，其长官多瞠目不知所对。穷诘椽曹，则必诿以兵燹之后散失无存。然果使长官稍有奉公之念，自其莅任之日始，严立法程，以存案牍，固犹未晚。无如近岁令宰多数月而更，席不遑暖，跋来报往，送旧迎新，而一邑之文献亦随之以成乌有矣。北都部院档案多毁于庚子之役，然庚子以后，存者复有几？正亦坐此病耳。前朝军机处为大政中枢，辛亥以后，由总统府移入国务院，统未中绝而所存旧档已至零落。今其余尚存大高殿，故宫博物院为之整理，然亦仅矣。其毁于无知细人之手者不可追矣。中国为最富历史之国，而亦为最不善保存历史之国。地方之史则保存者尤希焉。严格论之，今日修志尚非急事，取章氏立志科之说而厉行之，乃真刻不容缓之事耳。

　　论者动以方志为兼具地理、历史两性之书。其实误也，此误由来固已久矣。宋以前有图经而无方志，名曰图经则明为地理书而非历史书。韩愈过岭，先借《韶州图经》，与朱嘉知南康军下车问志之事若合符契。故知此误始于唐宋之间。
由是相沿，遂以方志为图经之变象。不知方志纪地方之史迹，
其体裁与《越绝书》《华阳国志》实为一家。《周礼》外史掌
四方之志，郑君明谓若晋《乘》、楚《梼杌》。洪亮吉《澄城
县志》序亦云："一方之志，始于《越绝》，后有常璩《华阳
国志》。《越绝》先记山川、城郭、冢墓，次以纪传，实后世
志外县者所昉。"不幸古人方志之书仅存此一种，渐为后人所
淡忘，遂改祧其祖而专祀其祢。《四库提要》既不能明辨乎
此，修志者皆不知以常志为法，于是遂真无地方之史矣。

　　方志之失其传也久矣。凡志中之各门类于古皆有专书，
洪亮吉、胡虔①二氏皆尝一一考证其由来，今比而观之，则所
援据之故籍，今泰半已无传世者。是知唐宋以来都不讲地方
之史，不独无佳方志，即志中之一节亦无人过而问也。洪、
胡二氏之说迻录如次：

　　　　洪亮吉《登封县志·叙录》："曰皇德记，则仿侯瑾
　　《汉皇德记》也。曰舆图，则仿《隋志·周舆图记》也。
　　曰土地记，则仿晋朱育《会稽土地记》也。曰山川记，
　　则仿齐刘澄《宋初山川古今记》也。曰大事记，则仿汉
　　司马迁等大事记也。曰道理记，则仿隋《西域道理记》
　　也。曰风土记，则仿晋周处《风土记》也。曰坛庙记，

---

　　①　按，胡虔字雒君，瞿氏讹为"胡虔雒"，径改之。

则仿齐《坛庙记》也。曰伽蓝记，则仿晋杨衒之《洛阳伽蓝记》也。曰冢墓记，则仿宋李彤《圣贤冢墓记》也。曰职官表，则仿汉班固《百官公卿表》也。曰选举表，则仿唐《选举表》、宋《选举格》也。曰户口簿，则仿宋《元康六年户口簿记》也。曰会计簿，则仿宋李常《元祐会计簿》也。曰学校志，则仿宋《崇宁学校新法志》也。曰衙署志，则仿宋无名氏《衙署志》也。曰名胜志，则仿□□□《名胜志》也。（原文有缺字，疑系宋王象之《舆地纪胜》也。）曰物产志，则仿《唐经籍志》地理类无名氏《诸郡土俗物产记》也。曰循吏传，则仿魏明帝《海内先贤传》也。曰列士传，则仿晋华俊《广陵列士传》也。曰列女传，则仿汉刘向《列女传》也。曰逸人传，则仿晋张显《逸人传》也。曰高僧传，则仿释惠皎《高僧传》也。曰丽藻录，则仿唐人《丽藻录》也。曰金石录，则仿宋赵明诚《金石录》也。曰杂录，则仿《后汉杂事》《晋朝杂事》也。曰序录，则仿汉王符《潜夫论·序录》也。"

桐城胡虔著《柿叶轩笔记》曰："府县志体例本于史部之地理而附益以传记。专详地理，若《太康地记》、朱育《会稽土地记》之类是也。记载一方大事，若应思远《汜南故事》、晋世朝《三辅故事》之类是也。郡县沿革，若《并帖省置诸郡旧事》之类是也。星土之记，若《海中二十八宿国分》之类是也。（徐文靖《山河两戒考》专

论分星。）疆界道里，若易祓《禹贡疆里广记》之类是
也。户口田赋，若《元康六年户口簿记》《元和会计簿》
之类是也。风俗物产，若万震《南州异物志》《陈留风俗
传》《隋诸郡土俗物产》之类是也。山川水利，若刘澄之
《永和〔初〕山川古今记》、单锷《吴中水利》之类是
也。建置古迹，若《列国都城记》、《三辅黄图》、《洛阳
宫殿簿》、羊衔之《洛阳伽蓝记》、刘璆《京师寺塔记》、
李彤《圣贤冢墓记》之类是也。艺文金石，若宋孝王
《关中风俗》（内专辑本朝一方人著述）、刘泾《成都刻石
总目》之类是也。人物有传，若《兖州先贤》《襄阳耆
旧》之类是也。（传内应仿《京口耆旧传》例一概称名，
明徐象贤作《两浙名贤录》极论称公称君之非。）贤惠有
传，若刘向《列女》、杜预《女记》之类是也。方外有
传，若刘向《列仙》、宝唱《名僧》之类是也。征辟科
第，若《宋登科录》《五代登科录》之类是也。职官名
宦，若《魏晋百官名》（周百官在位名数、先后之次掌于
御史，《汉书·百官表》其遗制也）、胡纳〔讷〕《民表
录》之类是也。缀辑见闻，若《钱塘逸事》、龚明之《中
吴纪闻》之类是也。选录诗文，若孔延之《会稽掇英》、
程遇孙《成都文类》之类是也。（元遗山《中州集》体例
尤善。）凡此皆各自为书，分门著录，作地志者合诸体例
成一书，又必分诸书以还各体，方为体备而用宏。章实
斋学诚撰《永清志》取士族作表，盖本《寰宇记》每州

载姓氏之意，而用《唐宰相世系表》之例，体裁最善。
癸丑《修湖北通志》亦用此例，乃大致訾议。流俗之难
与为言如此！"

曾国荃在山西檄属修志，办法简而易行。其言曰："经费
支绌不得不设法变通，应将府志暂缓兴修，州县原有志书亦
无庸更动，先令各牧令查明原修志书以后应载各事实另修补
志一册，即照原分门类挨次编纂。其有原修志书以前事实前
志未载应行添入者，另列补遗一门，或前志已载尚须辨正者，
另列纠误一门，以期简便。"（载《广灵灵志》。）有保存地方
文献之实而不居修志之名，亦不致有修志之费，诚良法也。
孙星衍序沈刻《云间志》曰："余病今世修志无著作好手，
不如刻古志于前，以后来事迹续之，或旧有遗漏舛误，不妨
别为考证一卷。"曾氏盖深得此意者，但诸吏奉行仍不切
实耳。

张误之续《会稽》，梅应发、刘锡同之续《四明》，皆不
变更前志。明以来官绅陋习好张门户之见，喜营流俗之名，
动攘前人之作为己有，每修志一次必将前志毁荡无存，另立
炉灶，甚至前志修成甫及数年，又复更张。究其实则换汤不
换药，所以志多滥而庸也。今后修志当严立规程，只可将前
志加以整理而约取之，不得叠床架屋修而又修。如自揣不暇
及此，尽可即以采访取得汇成刊布，毋庸遽行修志，空耗物
力。今代保存图书之法远胜前人，旧志但存一部即不虑其坏

佚，他日物力有余，正可从容根据旧志融会新料而成良史也。

方志之书，范围大则难工，细则易审。大抵南方稍大之乡镇较西北一县之文献而有余，是宜分令四乡各成分志汇送县志局以待成书。乡志不必侈言体例，但令就所见、所闻、所传闻据实写录即得。江浙二省小志反多佳构①，如《甘棠小志》《南浔镇志》之流是。民国八九年，余在上海法华镇，见写本《法华乡志》数册，似是嘉庆年中所撰，其中甚饶故实。乃后来重修法华志竟不道及此本，其所存故实远不如前志之丰，询之乡人，已不知前志所往矣。阮元序《北湖小志》曰："使各郡县数十里中皆有一人载笔以志其事，则郡县之志可不劳而成。"善哉是言。

或问实斋以前群奉武功、朝邑二志为不刊之典，继则震于陆陇其《灵寿县志》之名而辄称引弗衰。自实斋之书出，多已晓然此数者皆不得为志矣。今日通行诸志中究以何者为最善，可资取法邪？应之曰：订例之善者，章氏《永清县志》而外，吴汝纶之《深州风土志》、吴恭亨之《慈利县志》可称矣。考证之博者，钱大昕《鄞县志》、段玉裁《富顺县志》俱为杰出，而孙、洪二君在毕沅幕下诸作亦并可代表乾嘉朴学大师之作风矣。文词之美者，王闿运之《桂阳州志》《湘潭县志》，蔑以加矣。至于众手合成之通志，则阮元之《广东通

---

①　原作"结构"，据《东方杂志》本径改。

志》、谢启昆之《广西通志》、缪荃孙之《顺天府志》皆精心结撰之作矣。其他有一节之长者固未能一一偻指。操觚之士有志史裁，欲得博观约取之道，则拙撰《方志考稿》罗列差具似可供一得之献也。

方法

凡著书有一定方法，司马温公撰《通鉴》，先为长编。宋人记其事云分修诸人，按年录写，联为长卷，然后公审其同异，定其去取。观其《考异》三十卷，可知其用力之勤。其长编稿存洛阳至盈两屋，可知其取材之博也。以近代史学方法言之，则所谓原料之搜集与整理也。近时惟《顺天府志》秉笔者多通人，尚见针缕之密，故舛误较少，足为不朽之作。

为长编之法最要者，注明出处，则来源之虚实、传说之异同不难覆按。高似孙《剡录》、潜说友《临安志》之例甚善。此事本为著书不易之规，而修志者多忽视之，以致精粹杂糅茫不可辨。不独为长编如此，即定稿时亦应如此。尤须注明卷数。至新出之书并须注明叶数，罕见之书并须注明所藏之地，复见之文则须注其初见之处。凡学术上之著作，通例如此不可违也。

引用之书决不可改易文字，凡有删节，宜以删节符号表出之。引书起讫尤应表以引用符号，此则古人所不讲求而今兹宜注意者。众手修书，自古难之。古人官修之书所以能佳者，全在有一学识超卓精力弥满之人，一手鉴裁，尤必其分修之人皆学有专长能举其职，且必假以优闲之岁月。温公以两汉属刘攽，南北朝属刘恕，隋唐属范祖禹，其成之也以十九年。光绪间之《顺天府志》，坊巷属之朱一新，故事属之洪良品，而缪荃孙擅目录之学，既自纂金石、艺文二志兼为覆辑全书，其成之也亦阅八年。盖其难也。

分修之人虽极一时之选，而无负责者为之主裁，则仍于无绩。《（嘉庆）宁国府志》未尝不分聘贤硕①，如疆域、舆地属之洪亮吉，沿革表属之凌廷堪，食货志、武备志属之震泽举人沈沾霖，选举表、营建志之芜湖举人葛蓥。然观其沿革、疆域为表冠于卷端，而舆地志于星野之后继以风俗，遂于郡土之广轮、乡社之区域无一语及之。此宁非众手修书无人主裁之过邪？

宣统间所修《山东通志》则其总例自云："凡各志皆有志有表有考，皆先为长篇，稽之正史以溯本源，考之国朝官书以昭法守，再参之杂史、别集以及私家撰述，乃定著于册，皆注其所出于下。"其言曷尝不善？乃覆检其书殊未尽注出处，金石一门凌乱尤甚，至人物志之未能完善更为本书附识中所自道。近年众手所修之志，殆无不如此矣。

虽然，有贤史家为之秉笔裁定矣，若地方人士不能了解

———————————
① 按，原作"未尝聘贤硕"，据《东方杂志》本改。

志之意义而尽力以扶助之，则史家亦不能为无米之炊也。《（光绪）登州府志·序》有云："夫留心文献未可责于俗吏，而能以论著成书有资文献者亦未可以望之于俗人。彼其人已雅意著述矣，类不乐与俗吏相周旋，使出其所著投诸吏手，鲜有不按剑以相盻者。此其秘而不出也固然，其无足怪。伏愿自今以往，长民者皆不以俗吏自为，而乡人士君亦有以树文献之望，无使郡邑故事至于颓败不可收拾焉。"其言盖为乡里人士不肯举故实以相资也。《（光绪）常昭合志·凡例》："在海虞试院邀集同人广发告白，原冀各抒闻见，博采兼收，四五年中，来告者殊尠。"则采访材料之难可以概见。夫方志之撰集仰给于乡人之佽助者，若谱牒也，传状也，著作也，古物也，传闻也。非以公诚之心悉索而献之于秉笔者之手，则虽班马复生亦难成传世之作。无如乡人狃于蔽习，其送上官府者，类为空洞不实之家状，苟冀附名邑乘，取宠一时，甚至请托赠遗，踵门而至。其失也，盖由乡里人士不能深明撰志之宗旨与夫著作之必资忠信而后传，而采访诸人亦不能明订标准，躬自探讨，若章实斋之亲访妇女，咨其生平，于是求之者与供之者两皆趋于歧路耳。

地理

纪山川之文，郦注最为可法。以其随宜叙记，不拘成格，摹绘景物，能使读者如亲历其地也。夫水道与年递变，山脉虽无古今之异，亦恒有名号之殊，以今日实际之山川，比附古人所记之山川，容多不能悉合者。孙星衍、洪亮吉二氏修志，于考证古今山川，细针密缕，纲举目张，最具苦心。据孙氏《偃师县志·自序》，称与县令并骑联镳，遍历境内山川，升高望远，准道里，核形势，浩乎有得。后于深谷荒茔、野燐土绣中，遣人披剔金石文字，来者麇至，几倍于前，于是发史传以下诸书，悉心勘订，无怪其精湛不苟。修志者几人能得似之哉？

俗志于古今山川往往混为一说，最足误事。苟无孙、洪之能，则尽可无庸顾及古书，但将目前亲历之实况据实纪之，终胜于不知而作也。《（光绪）绛县志》之山川图分列今山川图及《水经注》山图，与各史志山川图对照，此则尤非能手不办矣。

《（道光）怀宁县志》山水篇仿《禹贡》导山导水之例，循序以求，殊无凌杂之患。间采佚文，缀于其下，视他志转为创体。若王闿运之《湘潭县志》、吴恭亨之《慈利县志》则纯采郦书之体也。

或曰：纪山川之文以简洁为上，不宜泛及他事失其归宿。应之曰：文之简洁与否不系于其数景之多寡，更不系于事之丰啬。苟无条理，则事虽俭，字虽约，其不能简洁犹是也。苟具条理，则虽枝流万派，朝宗于海，起讫分明，必愈形其简洁。世有患《水经注》之不简洁者乎？然《水经注》之牵条引蔓固极多也。凡工于纪山川者，必能将其地之整个状态摹写逼真。若但疏举某山在某处，绵亘若干里，某水源出何处，经若干里，流入何水，此帐簿式之地记，何足以入方志哉？徐继畬为近代地理专家，其所著《五台县志》摹绘山川，包举一切事物，一若无意为文者，而曲折疏达，尽态极妍。试读其书，每惟恐其终卷。更取他志观之，寥寥数纸，其不惝然思睡者几希矣。

乡村地名，亦修志者一棘手之事也。凡土名多随时变易，其较为固定者，惟某乡某都或某保某甲，尚易钩稽。然亦互有利弊。盖乡都保甲之称，已成官样文章。若实际上某姓居某处，亦非两法参用，难免失真。《（光绪）寿阳县志》尝著其说曰：

> 考旧志村庄不满三百，而不枚举其村庄之名。今户口日繁，统计所九十有二，村庄四百十一，民俗以某村属某所，相沿已久。今仍其俗，备列其名，兼载其距城里数，而所谓某乡某都者则略之。盖某乡某都之称用以纳正供，虽迁居而不改。故有家于西而尚称东几都，家于北而尚称南几都者。某所某村，则民居土著之实，可按籍而稽耳。

旧志于舆图之画法多不讲求，此由机械之未精，固难苛责。吾所见旧志，惟《（嘉庆）东流县志》出李兆洛之手，于绘图之法斤斤言之，而《（光绪）山西通志》中之疆域沿革图谱，朱墨分明了如指掌，均为可贵。自余则能用开方法者已为上乘。若《（乾隆）太原府志》会城、府城二图本同一地也，而一则以北为上，一则以南为上，舛谬若此，他复何言？吾意今后舆图之胜于旧志必不待言，所当注意者，沿革图应取《（光绪）山西通志》为法也。

凡纪一地之建置沿革，当断自地名始见古籍之时，不得泛云于古为某处，例如浙江某县之志，不当云于周属扬州，于春秋属吴，于汉属会稽郡。何年立县即始于其年可也。

建置

旧志中建置之图多粗疏模糊，久为读者所厌，然此亦绝好资料。试以明代旧志中之州县廨署图较近代诸图，可知其规模制度已大不相同。更试检《（景定）严州图经》，则知南宋之城郭衙署街衢又复不同：宋州城内有子城而今无之，宋州衙即在城之中央而今不然，宋城街衢颇正直而今亦多不然。由此参验群书，则知唐宋之城市建置规制大非后世所可及。（顾氏《日知录》曾有是说。）即明、清两代亦有隆污之殊焉。此等事须在极敝黯之纸墨中求之，非有心人不办。往时每新修一志则将前志之图削而去之，遂失其因革损益之迹。惟《广东县志》尚有将明志之图并列者①，大可取法也。

---

① 《东方杂志》本作"《南海县志》独将明志之图并列"。

　　今日摄影之术至精，径以照片入志，可祛漫漶不正确之弊。然照片仅能示建筑之片面，全部位置尤关重要，则非绘平面图不可。近《北平志》为《庙宇志长编》，即以照片与平面图并列。

　　不独公共建筑也，即民居亦应以图片存其实状。吾昔游于宣化、大同，见民居门闼屋脊多饰兽吻，颇以为异而不得其解。嗣读《（乾隆）宣化县志》乃知此为明代边军官房之遗。凡如此类，其关于史事何等重要耶？

　　各省旧志风气不同，有深可异者。如各省府县在京多有会馆，此即汉代之郡国邸，唐之诸道进奏院颇复似之。此为外省与都城联络之机关，亦即人民活动力之表现也。《顺天府志》既阙而不载，各省府县志亦罕及之。惟江西诸志颇能注意于此，并有加绘图以明其地址者，录契据以证其年代者。故汇阅江西诸志，又平添《北平志》中不少资料。他省不效法之何也？

　　吾国庙宇亦为人民活动力所表现之一端。修志将不当独详其建置时代与位置而已，其属于何宗派也，有僧众道侣若干人也，有产业值若干也，有何法器古物也，皆所当纪。揆之事实，若辈每不愿以其经济状况示人，而秉笔者亦不欲以此涉恩怨，然于古固有之也。《南浔镇志》即有宋时寺院檀施数目，《上方山志》（属河北房山县）亦载寺产田亩，纤悉不遗。余考中国当业之由来，即起于唐宋僧寺之长生库。故寺院关系社会经济最巨，不得忽视之也。又旧志建置图多仅及衙署、书院、学宫三项，而地方名迹转不以图传，惟《（乾隆）鄞县志》出于钱大昕之手，有天一阁及天童寺阿育王塔图①。

古迹

　　方志中古迹二字，自来无确切之诠释。以建置中之具有历史性而年代稍久者为古迹乎？以建置已泯徒留遗址足供后人之凭吊者为古迹乎？以载籍所传而今亡其处无从指认者为古迹乎？此三者界限本不分明，旧志并为一谈，东拼西凑，总而目之曰古迹，迄无人起而觉其谬者。甚矣名之不辨也。

　　今试以北平之古迹言之，苟谓建置中之具有历史性而年代稍久为古迹，则自城阙宫禁以至于廨署、寺院、第宅、园林何一而非古迹？谓建置已泯徒留遗趾或载籍所传今亡其处者为古迹，则足以当古迹之目者又复有几何？

　　故古迹二字直不可用也。吾人既作地方史矣，则地方之一事一物皆当作古迹观，皆当求其历史而纪述之，则凡今存之建筑物无一不当具其历史。若仅有其地而今无建筑物者，则当于纪述该地之时篇中见之。例如某乡某都某山之下有某朝所建之某屋是。若虽知有其事有其地而今无可指认者，则

――――――――――

　　①　按，"天童寺"原作"天量寺"，据《东方杂志》本改。

当别为传说一门以纪之。经此分析之后，则古迹一篇直可以不作也。非废古迹也，正惟重视之也。

旧志又往往误以神话逸事等传说误为古迹，此真俗说。迹之云者，有迹可寻者也。如云某朝某人曾在某山之下饮酒赋诗，此无迹可寻之事，宜归入传说类中为是。但此传说见于何书，抑属本地口传，亦宜分别记之。

且古迹云者，谓史迹之可珍者也。若古树木，若古器玩，若古图书，若古人饮食服御之手泽，无不足珍。《（嘉庆）凤台县志》云："夫山川、都邑、室屋、祠墓、名贤轨躅之所寄，书史图籍之所志，可以见时会之盛衰，地势之险易，陵谷之变迁，政治之得失，风俗之厚薄，以之斟酌条教，风示劝惩，览一隅知天下，其所裨甚巨。故于舆地志外别出古迹，非徒网罗散失凭吊俯仰为风雅之助而已。亦欲使此邦人士知往事留遗，即一树一石皆当贵重保护，如子孙之宝其世守法物然者。"循是言之，与其泛名之曰古迹，不如将历代留传之古器物汇而记之为古物一门之为愈也。

即专以建置上之古迹言之，旧志多以第宅、寺观、陵墓、古迹等别为门类，不知此数项皆附丽于坊巷、乡社、山川者，使隔越叙之，则后之读者不知其至今尚在否也，亦不知某在某处。蔡元培《上虞志》例以图为宗以说辅之，凡属于某区之建筑皆详志焉，而以志山志水为两篇次于图后，陵墓、寺观、桥闸、塘坝之属又分附焉。如是则记地之文尽此一篇，一览无余，诚可师也。

旧志记古迹多忽视居宅，殊不知古之胜迹今为民居，或今之民居建自前代者，其可记之价值正不亚于寺观之流。蔡氏为《（光绪）上虞县志》定地篇之例：有古寺观则记之，附注某年建某年修，有先贤第宅则记之，附注今为某氏宅，东西南北乡各为图若干，都里民居屯落及田野湖泽所占皆识也，图后识乡都里广轮之数及附识古寺老屋之属。此能注意及于居宅者也。

一村之民，某姓家何在，有何胜景，有何传说，建自何年，何时易主，若以活泼之笔写之，真良史也。尝见《（光绪）宝山县志》有《胡家庄考略》云：

> 胡家庄者，胡氏之庄也，胡氏先居于兹土而后我李氏因之。我李氏不始于胡庄，始于庄之东北紫藤树下也。紫藤在茭泾之西，大可合抱，故宅亦以紫藤树下名也。胡庄之先有郭氏居之，故东园沟名郭家沟，庄西黄泥沟上现有郭家坟，时代已不可考矣。东园沟出蕴藻浜，南有石桥，桥之东有瓦房几座，张姓居之，名张家宅。傍桥有栅，其朝南瓦房则姚氏居之，迤西一带则胡氏居之。后河亦出蕴藻浜，南有大石条为桥，傍桥亦有栅，桥西则俞氏居之。共四姓，而胡氏居多。栅内开张店肆，贸易往来，故曰胡庄。自我南山公创立，庄中四姓凋零而李氏寖盛，向有"江湾李""浦北李""殷行李""真如李"之称，兹则曰"胡庄李"。著而明之，

庶知胡庄之有自来也。

旧志于坊志中兼记居宅者尚偶见之，而记及市肆者则绝少。不知各地皆有至古之店肆，足以左右其地商业者。此而不记，何史之足云？《三辅黄图》《洛阳伽蓝记》皆详述市制，古人非不见及此。俗手辄以为前无此例，不敢为之。惟《（乾隆）余姚县志》于疆里篇中备载市肆所在。

经济

县邑文献，以田赋一门为最繁杂，难寻端绪。然民生利病，大半系于此。若掉以轻心，恶其害已而去其籍，则大误矣。旧志之草率者，多仅录现行之制而略去宋明以来旧制，甚或以别有《赋役全书》遂不复详载于志。殊不知《赋役全书》极难保存，若不附志以行，则久将无考。余绍宋《龙游县志》以旧采访册中《（同治）赋役全书》得之不易，拟一并编入田赋，又患其卷帙太繁，与全书体例不称，特改入掌故，且一仍旧式以存其真。夫同治旧案且不易得，况前于此者乎？《（乾隆）献县志》为县人戈涛所撰，其食货篇全录明万历年条鞭赋役额款。盖据明志张汝蕴所辑本录之，时为万历十三年，去九年初定条鞭时未远，犹足见其本末，且正供、杂办纲目分合之故皆心国计民生者所必详。（原按语。）如所谓马草银、农桑丝折绢银、盐钞钱、地亩绵花绒银、宫勋子粒银、牧马子粒银，他志固多从刊落，即清代各种地亩税款亦无如此详悉者。中如退出石之亨遗造行差地二顷四十三亩，《赋役全书》且误作六亩，不有详明之县志，曷由参稽而互证之？戈氏又谓尝读陆清献《灵寿志》至于田赋一门几当全书四分之一，自洪嘉旧制以及万历初定条鞭之法，顺治、康熙间之所斟酌损益，无不纤悉备具，夫乃得其纲目分合之著，《明史》之所不详。夫一代之史，于政治之大，未尝不各为一志，然率皆提其大纲，其随时随地设施之详不可得而概见。能详举而备列之，宜莫如诸县之志，而作者不皆审知体要，往往详所可详而略其宜详云云。实切中旧志之弊。

史迁《货殖》之篇久无嗣响。在近代工商业化之都邑中，尤应有此专篇以穷社会经济之变。旧志中若博山之于玻璃，浮梁之于磁业，类有专篇，固其宜矣。即寻常贸易，亦应详实纪之。章氏《永清县志》之记制柳器是也。《（光绪）秀山县志·货殖》一篇，述丹砂、桐油、烟草、石炭之货，皆详出产时地、制造方法、交易价格。湘潭为有清中叶商业名都，王闿运撰其县志，亦深能注意及之。

社会

自魏晋以来，各种宗教之活动于社会者何可胜道？《魏书》创为《释老志》者，以其时释、道二教为信仰中心，而他教初未输入耳。唐以后则回教、景教、祆教、摩尼教、基督教纷至沓来，递为宾主，盘据民众脑中，各有历史，各具势力。中古以来，一切政治制度、文化精神，在在受其影响。奈何旧志概置勿道耶？《日下旧闻考》曾以教堂附于寺观之后，已存轻视之念，他志则并此而无之。甚矣庸俗之食古不化难与虑始也。今后志书似不宜再沿用寺观之称，宜并维一切而名之曰宗教建筑。至于宗教之活动，如教徒之多寡、演教之历史，及其所经营之事业，如慈善、教育等等，宜别为一篇，名之曰宗教事业，庶乎克备。《（嘉庆）禹城县志》曾有漯川韩氏一村全奉西洋教之语，此是何等史实？而志仅载于艺文，可知他志之湮没者正多。

人民之社会活动，在往时似甚幼稚。然如善堂、书院、社学、社仓之组织，及一切地方公益之提倡，实未尝缺乏。汉以后绅士国体为中国社会问题中一大案，其活动力实驾官府而上之，若不综合叙述，不能显示社会真状。今后宜将此类问题汇为一篇，名曰社会活动。近代发生之新事业，如教育，如慈善，如卫生，如出版，以及上述之宗教，至是皆有所容纳矣。

旧志于民众信仰虽明知其要，而苦无处以容纳之。盖民间所祠并非秩祀。又在释老以外，不得云寺观也。王闿运《湘潭县志》礼典篇为群祀、佛寺二表。其系群祀曰："古者群姓有祀，国自有祀，今者官为民祀，民各有祀，非独祈祷，兼为会议燕集之地。又因以收恤羁旅、储藏公器，其事宜为司徒之所掌，其神则各祀所尊奉，故兼有僧、道诸寺观之名。昧者乃以为淫祀矣。虽所祀神人杂不可纪，要取其礼意，故表而存之。"吴氏《慈利县志》则为祠祀志而附以家庙表、寺观表等。

风俗

旧志陋习，每述风俗则必摭拾史传陈言以资发端，而于当时民间风俗之实状转不之及。《（道光）大同县志》攻其弊曰：

> "唐俗勤俭"一语，晋人作志者皆引之，不知居今日而犹上溯十五国之风，何异言山者必曰导自昆仑乎？府志以《史记》代北之民"任侠为奸，不事农桑"登之风俗，不知言各有为。《货殖传》太史公发愤之所为作也，今于历代《地理志》等书不钞录一字，而以今日之间阎习向质言之……

读旧志者每苦其叙述风俗，仅具形式，而不得其真，其故由于拘泥成格，必以冠、婚、丧、祭分列，不知冠礼从汉以后久废不行，何容强立此目？且四礼以外可以窥见民俗者甚多，何容概置勿道？今后修志宜标民俗为专篇，所有家庭之组织、职业之选择、社交之往来、信仰之类别，以暨起居、

饮食、服御、娱乐、艺术等等习惯，无不在纪述之范围。歌
谣与谚语为民众文学之所表现，尤应广为甄采，不得以其俚
俗而忽之。

人物

人物不能强分门类，旧志孝友、忠义之属久为诟病，无
俟烦言。然亦不能绝无排比之法，要宜略以时代性质为次。
马、班成式具足千秋，无取好异，翻成笑柄。惟后世人事繁
复，多有以为方技、方外之流不可不特为一类者。然既以类
相从，亦殊不必更为之别标一目，致邻奴主异同之见。且昔
之所谓方技，多仅指医工而言，今则医工以外，尽多他种；
昔之所谓方外，多仅指释道而言，今则释道以外，亦尽多他
种。究竟方技、方外之界说云何，细按未有不哑然者。余绍
宋《龙游县志》即已破此成例矣。

实斋痛恨旧志人物传之肤庸无事实可取，其撰《永清县
志》，将前志人物逐条驳诘，改入阙访列传。余按陈寿、常璩
二氏皆有仅载姓名之例。若似旧志之肤庸，尽可以一表册了
事，但存姓名，殊不为过。今后撰人物传者，自宜痛自箴砭
悬以为戒。凡计荐考语、简牍浮文，概予删汰，亦更不须著
一褒贬之词，唯以事实为主。例如宦绩必须著其兴何利除何
弊，文苑必须著其曾撰何书属于何派。采访之际，悬格尤须
森严，如终不能举出事实，则惟有阙疑以俟后而已。

　　传人物而求其真实，本非易事。钱氏《鄞县志·凡例》云："志中所载人物略仿国史之例，但国史善恶兼书，志则有美无刺，故有名位贵显而不得立传者。若一人之身瑕瑜不掩，则当节而求之。古人事迹当以正史为凭。胡制使、袁学士之书所述迁除次第、参议建白皆灼然可信，虽于乡先达之短或讳而不言，亦见古人敬恭桑梓之谊。读者可于言外得之。后人不仿旧志而好采家传，乍阅之风节矫然，徐考之了无实据。成化、嘉靖志所补宋人传多坐此病。今稍汰其太甚者，而于辨正中详言之。若旧阙而今增，则必引据史传及名人撰述文集信而可征者。"夫志书有美无刺，此语每足为乡愿之干楯。志书之所以不能成信史者，未尝不以此。然乡里之间，亦不得不逊约其辞以避仇怨，要在善为文者于去取之间示其微意。若家传固当慎采也。

　　旧志通例，人物不录生存，官绩不录升任，所以避恩怨杜逢迎。虽曰不无流弊，然与其因此而启幸门，则两害取轻，固不如恪守限制。晚近习尚浮漓，好名为患。《（民国）庆云县志》即以创修县志之人入传，直道难行，于今为烈。吾人亦不忍过于诛求。然请正襟而告之曰，此例纵不必拘，但必以实事为衡，例如其人曾有何事与地方确有关系者，不妨录入。至于虚叙爵里铺叙浮谀，必当坚谢。

　　旧志于一县之人物见于前史者，往往不举其籍贯，意谓既入某县之志，自系某县之人，无须复举也。殊不知在古时为一县之地，在后代或已分为数县，若不确指，则甲乙丙三志同录一人，读者何由辨其孰是耶？举其籍贯矣，倘有可疑，尤应剖析其真伪。例如上海县志中之人物，若仅云松江，则究为今之南汇耶？华亭邪？上海邪？不可不有确切之论证。如其不能，则惟有姑存其名而阙疑以俟。吾见《（乾隆）长治县志》，凡史传人物必注明其为上党人、潞州人，惟明以后不复注。夫县邑之分合不常，要当确举其所居之地为妥也。

列女传之名昉于范书，揆其初意，自班著《女诫》以后①，东汉一代妇人颇以风烈见重，此为时代风气迁变之一关键。范氏特辟新例，足征宏识。后来之史，元可不拘此例，必欲依样葫芦，亦不应专以节烈为限。乃旧志误解此意，竟有书列为烈者。宜乎大为章氏所讥。夫南宋以后妇人大矜节操，此自社会道德观念及经济制度种种方面薰习孕育而成，吾人虽不主张，要不可抹其事实。然撰《列女传》者自应如章氏所称，访求其一生行谊，翔实为之纪述，史家天职，不可逃也。乃旧志踵谬沿讹，但据采访册某氏年若干，守节若干年，一一胪列，累卷连帙而不能休。此而曰"发潜德之幽光"，吾不知幽光何在也。十室之邑，必有忠信，庸言庸行，亦有可观。今后如有守节妇女，宜与其他人物一例征其事实。所谓事实者亦不必有特异之铺张，但述其家世职业何若，因何而守节，守节以后何以自存，使读史者能于此中得少意义，便为已足。若事实已难访求，而又不忍湮没，则编为一表，

---

　　① 按，"班著《女诫》"，《东方杂志》本作"班昭著《女诫》"。

亦足以塞间阎匹妇求名之望矣。

民族①

民族一事在地方文献中最关重要，斯盖文化升降之所由系，而一切社会制度所因依也。隋唐以前几于人人能知氏族之学，《新唐书》作《宰相世系表》犹颇有意从此中寻觅史事关键，不可谓非卓识。宋元以来科举制行，私家谱牒秘不出示，于是氏族之学反晦。然而千百年来社会所以构成纯在于此。此而不讲，何以了解社会真状哉？

郑氏《通志·氏族》一略，本具孤怀，然仅辨氏族之源而未及其分合升降之迹。盖未成之稿。章氏《永清志》创立士族表，而后确然能得古人奠世系之微意，而深有合于近代治史学者重谱牒之精心。顾章氏亦未能溰然贯通其中意义也。

章氏之病在欲以世族率齐民，以州县领士族。（见《永清县志·士族表》序例。）故其表必有生员以上之族始入录，且仿欧阳《宰相世系表》例占幅过多。余绍宋之《龙游县志》也，则力矫此弊。其言曰：

> 余今所为考则不然，不问其是否著姓，是否大族，抑有无生员以上之人，但使有谱而合于是编体例者，罔

---

① 按，《东方杂志》本作"氏族"，下同。

不著录，故不称士族而称氏族。

又曰：

> 凡氏族必冠地名，重其所居也。亦有冠以郡望者，从其谱也。来自何处，何年始迁，必详记之，重其所始也。同宗异派或分迁者则汇记之，明源流也。同姓不宗则以迁来先后为次，别新旧也。族中知名人有可考者，择要记之，著其为望族也。谱之卷数必记，创修谱者必记，重修年分必记。民族所重，重在谱牒也。

斯诚得研究民族之方矣。余氏又曾举其县中氏族所关于文化者曰①："一邑之人民迁徙必有其所由然，或以天灾，或以兵祸，或以其他政治上之作用，皆可与其他史事相印证。欲了解吾国近代制度思想一切变迁，此事端为键钥。顾此等事史册多失于纪录，于何得之，则舍求之于谱牒不可得矣。"所见旧志中之存录此等故实者，如《（康熙）藁城县志》云："县经历代兵燹之后，人物凋耗，土地荒旷，户口存者仅三之一，明永乐十四年徙山西诸户以实藁城，历宣德，正统生息渐繁。"又如《（雍正）洪洞县志》云："洪民自明隆万间生齿浩繁，至崇祯末遭兵燹之变，民多背井离乡，而村落空虚，

---

① 按，《东方杂志》本以下引文较此处多两段文字。

皆极重要之史事。"吴汝纶《深州风土记》创人谱一例，于此等事独有会心。吾于《方志考稿》中引申其说曰："中国自秦汉区分郡县以来，人民里贯遂往往为一切政治社会制度所附丽。试举其大凡：乡举里选则人民参与政治之途径也，月旦评则舆论机关也，乡宦则人民自治团体也，里社则社会娱乐也，社仓义学则社会救济事业也。凡此或导自汉魏，或盛于唐宋，要皆赖有固定之里居，敬恭桑梓，长养子孙，情谊隆洽，根柢盘固，而后能发挥其力量，竭尽其职务，此可睹于承平之世者也。至若戎马之变，饥馑之灾，与夫政治之压迫，不幸被其地，则虽安其土乐其业之民，亦不得不去而他徙。于是乡里之组织必首蒙其破坏，推迁演迤，莫穷其纪，新旧相兼，吐纳相代，譬如植树，往往易地而新萌滋焉。凡此则又与文化之开拓息息相关者也。征之于古，则秦代之徙民实蜀、实咸阳、开五岭，此以政治之压迫而迁徙者也。王莽之乱，开辟江南之渐，建安之乱，洛都转致空虚，永嘉之乱，士族相携南渡，此以戎马之变而迁徙者也。至于饥馑之徙民，更史不绝书矣。验之于迹，则江南巨族多托始于赵宋，湘蜀大姓多启业于清初，黔滇人士多衍支于流宦。故欲推知近代史迹，即私家谱牒而了然，不待他求矣。核而言之，人民里贯是政治社会制度所从出也。其迁徙之迹，又文化升降所从显也。自汉以来，历世久远，苟能举诸巨宗强族，溯其渊源，踪其分合盛衰往来久暂，斯诚治史者之一伟绩，足令吾曹深明历来社会组织之进化情状，且布露吾民族精神与世共见也。惜乎昔之治方志者多忽视谱牒为无从重轻，而私家谱牒又秘不可见，散不可纪，汝纶独以卓然远到之识创人谱一例，网罗散逸，详而不冗，可以垂为法式。其所举安平崔氏自汉至五代千有余年，斯实北方文化史中心问题矣。又云：'自明至今五百余年族姓视前一变，永乐间迁民实畿辅。州所属诸望姓大抵迁自永乐者为多，金、元以前千余年旧族今存者希矣。'然则世变之剧，顾可不深长思欤？表而出之，彰撰者之用心也。"

金蓉镜《靖州乡土志》以人类一篇别州人种族，有回人、撞人、汉、苗之分，以姓系种，以户系姓，部分犁然，可与氏族一篇互证。就中取丁氏谱牒，上溯其由阿拉伯入居中国之始。从来撰志者曾无如是精密。①

通纪

地方之大事宜汇通为纪以尽其变，不得仅于大事年表中叙寥寥数语，亦不宜散置列传中，使读者难于捉摸。盖一邑之事未必为众所周知，非特笔综录之，无由著也。

章氏于《湖北通志》创《宋陈规德安御寇传》及《开禧守襄阳传》，一据淳熙中汤璹之《德安守城录》，一据赵万年《襄阳守城录》而成，自谓本诸左史。又传末附录之人名云本

① 按，此段文字乃据《东方杂志》本增补。

常氏《华阳国志》及郑文宝《江表志》例。此于纪传体中兼寓记事本末体，使因人而及事，穷源而竟委，固良法也。而当事竟信昧者之言，黜而不用，惜矣①。

俗志于此往往全不注意。吾读《（光绪）交城县志》，有左隽序云："康熙初，邑北境有交山为群盗薮，遗民害者垂数十年，赵君设方略相机宜，不数年而渠魁尽殄。余尝读夏子宛来《交山平寇》一书，窃善其伐谋制胜云云。"检志中竟无一语及之，如此要事而可付阙如②，焉望其能为信史矣。

丛录

实斋以为文士华藻，椽史案牍，皆不可以为志，故别为《文征》《掌故》二编附于志后。其所谓"掌故"者，分吏、户、礼、兵、刑、工六科，专列案牍。今按时代变迁，改制易辙有不可拘据者③，不如酌其性质，随事立题，不必预悬格式。其中应包含下列各件：一、本处现行之条例规程等，二、公共机关之文件有永久保存之价值者，三、一切未经发表之史料，四、前志中之表册无文字可传无庸入志者。如选举表、列女表之类。如上所述各类，总而标之曰丛录，亦不必更用掌故之名。

---

① 按，"惜矣"，《东方杂志》本作"惜哉"。
② 按，"阙如"原作"如"，据《东方杂志》本改。
③ 按，"拘据"，《东方杂志》本作"拘墟"，疑是。

　　旧志滥载诗文，固属可厌，然章氏以《文征》附入正志之后，其说亦有可商。夫"文征"云者，以确乎有关于地方史事之诗文为断邪？以本地方之人所著诗文为断邪？使其为僻邑小县，则兼包并载固不为难。若名都大城不将汗牛充栋邪？详方志欲载诗文之例，非以侈观美，乃所以备考索也。果其为已经刊行之诗文，不妨但录其出处，后之读志者自可按图索骥，元不必一一迻录，枉灾梨枣。其未经刊行之诗文确与地方史事有关，或为本地人士所撰足与其人行谊相发明，即可归入丛录，尤为简要。

　　旧志之例有虽甚善而今后不必援用者，如选举表是。此惟适用于宋明以来科举制盛行之日。今日学校已非复选举之事，政治上之选举亦非其伦。强为牵附，只供喷饭。故今后修志仅可将某年某校毕业若干人列入教育状况中，其政治上之选举亦当别为一类，酌与其他人民政治活动同列。若旧志中之选举表但可摘编，与列女表等归入丛录中耳。

　　保存史料最要在不易其原状，盖制度思想各有其时代背景，不得以秉笔者之主观溷乱之也。《（道光）巨野县志》云："碑碣文字除照旧志登录外，间有文义不雅驯及过于冗长而又不能摈弃者，悉就臆见所及，略为删订。"殊不知金石文字不独文不可删订，即字之别体亦不可改也。《北平志》调查各处石刻皆以拓片为主，若地方石刻不多，竟可仿此法，即以拓片制版编入志书。

讥贬

　　往时长官莅任，例向属邑索取志书，于是草草刷印，随牍奉呈。故今时诸图书馆所藏尚有以红纸为书帙者，即当时进奉上官之本也。又有附地图及《赋役全书》者，在内地收觅旧志，尚多见之。此刷印志书之草率也。部院奉命纂修官书，则行文各省索志，各省督抚无以应，则委之道府，道府委之州县，州县委之绅士与胥吏。届时觅取成式，依样葫芦，州县往往为俗吏，不之观也。大府但求塞功令，亦不之审也。此修纂志书之草率也。此种情形自明代修《一统志》以来即已若此，积习深矣。

　　彼绅士但知铺叙文风，逢迎大吏，胥吏但知钞撮公牍，奉行故事，故其上焉者只是一人云亦云之例牍。县立自何年，城修自何年，粮额若干，兵额若干，举人若干，生员若干，节妇若干，寺院若干，加以例行之祭典，庸滥之诗文，肤俗之八景，诞妄之星野图说，如是即可以为志矣。其下焉者，并此亦不能了然，杂糅无章，直不知所云何事。无怪乎穆彰阿诋近时方志为书钞为文录为小说（见《（道光）太原县志》序①）也。

─────────

　　① 按，"《（道光）太原县志》"，原作"《（道光）太原县》"，据《东方杂志》本改。

刘淇撰《堂邑县志》亦历数旧志陋习曰："其近世所为志，多自明以来。大抵随时缀茸，削旧增新。初犹锦蒯相参，继则纯乎大布，寖更寖陋，以迄于今。观天察地则道听而途言，稽古证今则吠声而逐影。曩篇经其剪截，则天吴紫凤颠倒于童褐；今事藉其结构，则街谈巷议浅鄙均于市嚣。冠每篇以小序，乃属宇内公言；载不类之篇翰，斯实无因嫁祸，一切勋勚归之卤莽，遂使尧禹山川沦于讹册，褒鄂面目死于庸毫。"言亦痛切。①

杂例

旧志体例既多，未免分门别类，支离破碎，久为有识所诟病。凡志之作恶不待烦言，但阅其门目便知其有无鉴裁之力。大抵工于鉴裁者，合之则极苞罗之象，分之则尽剖析之能。非然，则如市中之杂货肆，欲取何物，先自茫然。故欲精志例，先求分目之允。但各地方情状万殊，亦不能强为齐一，要在秉笔者之能相体裁衣耳。《地学杂志》有邓之诚氏《今志体例发凡》一篇，寥寥短文，颇费斟酌。然以为借镜之资则可，必拘拘于是亦非邓氏之初意也。

旧志中之经政一门，仅指田赋、武备等数项，自不足以尽

① 按，《东方杂志》本此段后另有两段摘引《（民国）永顺县志》《（光绪）密云县志》序例文字。

今日之制度。宜就一切事业之属于行政范围者，如财政，如警政，如交通，如司法，如公用，分门叙述，而佐以图表。此例《（民国）胶澳志》及《定海县志》差为明备，可资借镜也。

旧志例以图冠于册首而表次于传前，积习相承，不知何意。夫图与表皆所以辅文字所不及，自宜散入各篇为是。今统计图解之法通行，如有适宜之资料，尤应制成图解以便寻究。《（民国）胶澳志》及《定海县志》皆可为法。

旧志每以琐事零闻不入正志，别为一门，或曰杂录，或曰志余，或曰佚闻，或曰璅记，其中实皆绝好史料。聊举一二例，如《苏州府志》纪孙春阳南货店之历史，此不当入货殖篇邪？大抵琐事皆应分别其性质而散隶之各篇，其无所附丽者然后归入丛录为是。

吾意县邑档案中最足窥见社会情态者，莫如狱讼。今修县志宜悉搜罗而董理之，断自若干年，为盗案若干事，为奸案若干事，为争产案若干事，为索债案若干事，某事之特殊性质若何，特殊经过若何，其判决后之影响若何，其时代与地域之分配若何，有特殊案件为地方所传说久而弗衰者，尤宜详予纪载。吾所见诸旧志狃于隐恶扬善之愿说，概屏勿录，实为寡识。惟《（嘉庆）浚县志》取县牍旧案作列女传资料，咸丰中有《刑名汇览》一书，多举实例，为研究社会状况绝好资料。今后修志宜参阅之。若为其县中事实，便应编入也。

吴恭亨于其《慈利县志》胪列新志体要曰："详地略天，详人略物，详俗略政，详独略同，详表略文。其曰详地略天者，所以矫旧志斤斤于星野之非也。其曰详人略物，以旧志滥叙物产为无当也。其曰详俗略政者，以旧志多视风俗为具文也。其曰详独略同者，以旧志滥载通行之典礼为多事也。其曰详表略文者，以旧志不能利用图表也。"此皆有为而言也。吴氏又云："五者而外曰详今略古"，则语病颇多。史家略古乃以资料稀少，不得不略，非预存此见也。吴氏殆深恶旧志侈言古昔而忽视目前，故以此语矫之。若必谓古皆可略，则真年鉴之伦矣，何史之云？①

旧时各省修志多禀承大府檄令通式，例如康熙中陕西、河南则贾汉复，乾隆中陕西、湖北则毕沅，同治中江西则刘坤一，光绪中山西则曾国荃之类是也。然大府所颁格式既未必允协，府县官不能延聘通人为之裁定，则亦仍于参差紊杂而已。

录康熙二十九年河南巡抚通饬修志牌照（见《（康熙）固始县志》）如次，可以见昔时修志标准焉。

一总图（须精详）

一沿革（须照诸史考证，毋得混入，不必过多）

一天文（略摘切要者，勿用混载，以分野所躔者广也）

一四至（疆域要考正）

一建置（城池须载明几时建某人修，一一查明，学校止

① 按，此段后《东方杂志》本增入《（嘉庆）常昭合志》中一篇奏折文字以考证州邑呈送志书于学政始于何时。奏折文字亦见于《方志考稿》中《（嘉庆）常昭合志》篇。

载其起建修茸，不必载闲文，其新定乐舞等宜增入）

一河防（宜先叙前代而以近今所开、所淤，备细入之）

一乡村镇集（止载方隅、里数，有古事者注之）

一公署（止载创建始末）

一桥梁（亦载建造始末）

一仓库社学（止载方隅、建造日月）

一街巷坊第（须注明何处，以上凡有实事者当详考而载之，祀典及书院考证载之勿遗）

一山川　（须考果系封内者方载入，而不可遗漏，河道要将近日所开浚、淤塞变迁等查明，其间事实备细注明，不可以小说搀入，如《宜阳志》之可笑也）①

一古迹（须考明某代，某人将事实备细注明，不得遗漏，不可以小说搀入，如《宜阳志》之全载野史也）②

一风俗（略载之而不自加论断）

一土产（非本地所出及平常草木可不必载，须载其特产者）

一陵墓（须注明某代某人有碑碣与否）

一寺观（必奉敕建或建置已久有可考载之，余删）

一赋税（止载旧额若干新增新减若干，不用一一细注，有关系者全载之）

---

① 按，"如《宜阳志》之可笑也"，《东方杂志》本作"如《宜阳志》之全载野史也"。

② 《东方杂志》本此条缺。

一职宦（须载其爵里、时代、年月，有可纪者略书之，实系名宦则立一小传于后，须考正）

一人物（圣贤、忠贞并入，其科贡等必载其家世、时代、年月、字某号某，分别某科某项，若系乡贤，为立一小传于后）

一流寓、孝义、烈女、隐逸、方技（各考实详核以载，其节烈务在阐发幽光，勿专载世家而遗寒素）

一艺文（须择佳者或关邑乘者载之，八景不可录，录必录其佳者）

近闻政府编纂边疆历史地图，搜集目准共有十七项，亦可为志料搜辑标准之借镜。

（一）历代人口统计

（二）民族种别及分布

（三）语言系统

（四）官制军制沿革

（五）文化教育发达状况

（六）历代名人事迹及作品

（七）风俗习惯特征

（八）宗教派别及由来

（九）僧侣教徒统计

（十）寺庙教堂名称

（十一）建筑年月及所在地

（十二）物产种类分布及产额

（十三）货币种类及流通方法

（十四）山地田园开辟经过

（十五）地丁钱粮税收多寡

（十六）气候高低及雨景统计

（十七）交通机关及交通所用器具

（原载《河北月刊》1933 年第 1 期，据《东方杂志》1934 第 31 卷第 1 号所载文字校对整理。）

图书在版编目(CIP)数据

方志考稿 / 瞿宣颖著. -- 上海 : 上海书店出版社,
2024. 9. -- (方志学名著丛刊). -- ISBN 978-7-5458-
2403-2

Ⅰ. K290

中国国家版本馆 CIP 数据核字第 20242FW372 号

责任编辑　吕高升
封面设计　汪　昊

方志学名著丛刊

方志考稿

瞿宣颖　著者

出　　版　上海书店出版社
　　　　　　（201101　上海市闵行区号景路 159 弄 C 座）
发　　行　上海人民出版社发行中心
印　　刷　上海新华印刷有限公司
开　　本　889×1194　1/32
印　　张　21.5
字　　数　350,000
版　　次　2024 年 9 月第 1 版
印　　次　2024 年 9 月第 1 次印刷
ISBN 978-7-5458-2403-2/K.508
定　　价　128.00 元